친우서

친구(왕)에게 보내는 편지

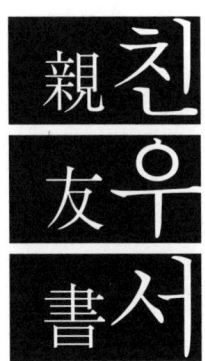

Nagarjuna's Letter to King Gautamiputra

bshes pa'i spring yig

용수보살 지음
수다지 캔뽀 한역 및 강설
지엄 편역

운주사

정례본사석가모니불頂禮本師釋迦牟尼佛!

정례지혜문수보살頂禮智慧文殊菩薩!

정례전승대은상사頂禮傳承大恩上師!

역자 서문

불교신앙에 있어서 중요한 것은 마음을 관하는 것인데, 이는 아집을 조복함과 함께 해야 하는 것이다. 아집을 조복하기 위해서는 스승 삼보께 경건하게 공경하며 공양 올리고 오체투지로 참회법을 닦는 가행을 수행해야 하는데, 이러한 수행 정진은 간절한 보리심이 진실하게 우러나는 바탕에서 행해져야 깊은 깨달음이 생긴다.

티벳 사천성 쎄다 오명불학원 강백인 수다지 켄포[1]께서 수행자의 이 같은 발심에 가장 근접한 사상을 논한 책으로 『친우서親友書』를 선택하여 편역하고 강설한 바 있는데, 이 같은 가치관에 전적으로 동감하는 본인으로서 이 논서를 번역해 한국 수행자들에게 소개하면 좋겠다고 생각하였다.

대승불교는 해탈도의 성취에 있어서 출가와 재가를 구분하지 않는다. 『친우서』는 용수보살[2]께서 재가불자인 낙행왕(樂行國, Gautamiputra)으로 하여금 바쁜 국사 일정 중에도 정법을 쉽게 수행할 수

---

[1] 수다지 켄포(Khenpo Sodargye, 堪布索達吉)는 1962년 중국 사천성 간즈(甘孜) 루훠(爐霍)에서 출생했다. 1983년 사천성 오명불학원五明佛學院으로 출가하여 직매푼촉(晉美彭措) 린뽀체의 제자가 되었다. 중국어에도 능통한 대강백으로 현재까지 중국인 승려와 신도들에게 티벳불교의 심오한 교리를 전수하고 있으며, 수십 권의 티벳 불서를 중국어로 번역하였다.

[2] 용수보살(龍樹菩薩, Nāgārjuna, 150~250)은 또한 '용맹보살龍猛菩薩'이라고도 불린다. 본서에서는 이하 '용맹보살'이라 칭한다.

있도록 돕기 위하여 경전의 요점을 뽑고 수승한 비결을 모아 가르치신 것인데, 이는 오늘날에 이르러도 출가가 용이하지 않은 재가수행자들로 하여금 방황하지 않고 수도의 지름길을 갈 수 있도록 자비롭게 인도하는 보배로운 논서이다.

『친우서』는 대승불교 해탈도의 근본교리인 6바라밀을 중심으로 수도의 요점을 제시하고 있다. 먼저 전행前行으로는 육종수념六種隨念으로써 이 논을 설하는 동기를 정하고 있고, 이어 정행正行에서 선정을 닦는 데 장애되는 산란을 끊는 법을 논하고 사선정을 닦는 방편을 설했다. 다음으로 지혜편에서는 5신근의 도道 본체와 무아정견을 결택하고 염오품을 여의는 이치로 수명무상, 가만난득, 윤회과환을 설명하고, 청정품에 드는 이치로 7각지, 진실연기, 8정도를 설하며, 결론을 회향으로 마무리 짓고 있다. 이렇듯 삼수승에 부합하는 조합으로 구성되어 있어 수행자가 실천하기에 조리가 일목요연하다.

이 중에서도 특히 지혜바라밀에서 설한 바, 죽음의 때가 정해진 게 아닌 수명의 무상함을 두려워하며 준비하는 수행이 없으면 임종할 때 대치로써 필요한 법의를 얻지 못하며, 자기 죄업을 조복하는 참회법을 닦지 않으면 청정상을 관하는 선을 닦아도 탐욕하고 성내는 마음이 일어나 대승법에 들지 못함을 밝힌 것은 큰 의미가 있다.

불교 삼장은 매우 광대하고 전승종파에 따라 수행방편도 무량하며 수행법에 드는 문도 많아서, 진실한 뜻이 모아진 정화를 수행하지 않으면 팔만대장경을 다 외울지라도 임종할 때 생사에 자재하는 이익을 얻지 못한다. 즉 경론을 수학한 공덕이 많아도 자신의 근기와 본인이 선택한 수행법이 딱 맞아 조화를 이루지 못하면 번뇌를 조복할 방법이 없고, 문자 탐구의 생각놀음에 젖어 안심입명하지 못하는 것이다. 결국 마음과 법이 계합하지 못하는 수행자는 도 닦는 모양만 자랑삼을 뿐이고 실질적인 해탈의 이익이 없음을 알아야 한다.

현대사회는 과학의 발달로 인해 인간의 모든 문제를 문명의 이기와 재물에 의지해 해결하려 하므로, 내면의 힘은 약해지고 참마음의 존재에 대한 믿음도 결여되어 더욱 윤회의 미궁으로 깊이 빨려들기 때문에 마음 찾는 공부가 매우 시급한 일이 아닐 수 없다. 이러할 때 이 『친우서』야말로 마음 찾는 수행에 꼭 필요하고 행하기 쉬운 도리를 밝힌 책이다. 따라서 이 『친우서』를 공부하여 자신의 한마음에 하나의 요점을 모아 한길로 수행해 나갈 비결을 익힌 수행자는 많은 사람에게 『친우서』를 전파하고 가르쳐 그들이 해탈을 얻고 많은 중생을 제도하는 데 회향하게 해야 한다. 이것이 이 책을 저술한 작자의 의도에도 부합한다고 생각된다.

특히 회향편에서는 삼계육도의 중생이 과거 자기 부모가 되지 아니한 적이 한 번도 없고(부모중생), 만약 마음에 대비보리심을 내어 청정한 서원을 발하지 아니하면 이타행의 문에 들어가지 못함을 분명히 밝히고 있다. 따라서 우리는 우리의 부모중생이 결국에는 석가모니불과 같은 원만공덕을 얻으며, 무량무변의 중생을 교화하고, 더 나아가 허공이 끝나 없어지기 전에는 중생을 구제하는 사업 또한 끝이 없기를 발원해야 한다. 이것이 진정으로 불조의 은혜에 보답하는 길인 것이다.

2018. 5
지엄 씀

역자 서문 • 5

제목 해설 • 11 / 저자 소개 • 14 / 정례구 • 18

I. 서론 • 23

  1. 친우서 수학을 권함 (게송 1~3) • 25

  2. 육종수념六種隨念을 논함 (게송 4~7) • 39

II. 도道의 본체 • 57

  1. 육바라밀 수행 약설 (게송 8) • 59

  2. 보시바라밀 (게송 9) • 68

  3. 지계바라밀 (게송 10~13) • 74

  4. 인욕바라밀 (게송 14~17) • 103

  5. 정진바라밀 (게송 18~19) • 120

  6. 선정바라밀 • 130

    1) 가행 • 130

      ① 경계의 산란을 끊음 • 130

        a) 생각을 대치하여 근문을 방호함 (게송 20~23) • 130

        b) 경계의 법상을 이해하여 탐욕을 끊음 (게송 24~25) • 149

      ② 세간팔법의 산란을 끊음 • 157

        a) 세간팔법의 대치법 (게송 26~27) • 157

        b) 세간팔법을 끊음 (게송 28~30) • 165

      ③ 재물의 산란을 끊음 (게송 31~34) • 181

      ④ 향유(受用)의 산란을 끊음 - 배우자, 음식, 수면을 탐함을 끊음 (게송 35~38) • 201

      ⑤ 사무량심을 수행함 (게송 39) • 221

2) 정행 – 사선四禪 수행 (게송 40) • 226
3) 후행 (게송 41~43) • 229

7. 지혜바라밀 • 240
   1) 약설 (게송 44~45) • 240
   2) 광설 • 249
     ①정견을 바로 세움 (게송 46~49) • 249
     ②지혜 수행의 본체 (게송 50~52) • 269
     ③금생에 대한 염리심 • 282
       a) 수명무상壽命無常을 사유함 (게송 53~57) • 282
       b) 가만난득을 사유함 (게송 58~62) • 301
     ④일체 윤회에 대한 염리심 • 326
       a) 윤회과환을 사유함 (게송 63~73) • 326
       b) 육도의 고통 ① – 지옥 (게송 74~85) • 368
       c) 육도의 고통 ② – 축생 (게송 86~87) • 401
       d) 육도의 고통 ③ – 아귀 (게송 88~94) • 408
       e) 육도의 고통 ④ – 천상 (게송 95~98) • 425
       f) 육도의 고통 ⑤ – 아수라 (게송 99) • 436
     ⑤해탈을 희구함 (게송 100~102) • 438
     ⑥해탈도의 수행차제 • 445
       a) 견도見道의 수행단계 (게송 103~107) • 445
       b) 수도修道의 수행단계 (게송 108~110) • 469
8. 재가불자를 위한 핵심 수행 규결 (게송 111~113) • 477

Ⅲ. 회향 및 마무리 • 489
   (게송 114~118)

제목 해설

범어로 '써저다레카(Suhrillekha)', 티벳어로는 '시뽀쟝예(bshes pa'i spring yig)'라고 불리는 『친우서』는 제2의 붓다라 칭송되는 용수보살의 저작이다. 저자 용수보살(용맹보살)이, 지금은 안드라 주라고 알려진 남인도 지역의 왕이었던 낙행왕(樂行王, 고타미푸트라Gautamiputra, 또는 샤타바하나Shatavahana, 수라비바드라Surabhibhadra로 나오기도 함)에게 보내는 편지 형식으로 되어 있다. 이 책의 한문본은 미팡 린포체(麥彭仁波切, Mipham Rinpoche)의 『친우서석親友書釋·백련만白蓮鬘』을 수다지 켄포가 번역한 것인데, 의정義淨 삼장법사의 번역본이 한전대장경 안에도 있다.

중국에 전승되는 불교경전 중에 낙행왕은 '선타가왕禪陀迦王', '승토왕乘土王'이라고도 불린다. 인도 불교사의 기록에 의하면, 수많은 중생의 이익과 교화를 위하여 예전에 용맹보살께서 인도에서 북구로주로 오실 때 길에서 한 동자와 마주치게 됐는데, 존자께서 그 동자의 손금을 보시고는 나중에 국왕이 되리라는 수기를 주셨다. 이후 북구로주의 중생교화 사업이 원만해져 존자께서 다시 본토로 돌아가실 당시 이 동자가 국왕이 되었는데, 그분이 바로 '낙행왕'이다.

낙행왕은 존자께 자신의 황궁에서 거주해주시기를 청했고, 존자는 이에 응하여 3년 동안 낙행왕의 황궁에 머무르며 진심진력을 다해 널리 불법을 펴시니, 그로 인해 많은 중생이 큰 이익을 얻었다. 용맹보살께서 낙행왕의 황궁을 떠난 후엔 장기간 인도 남방에 계시면서 편지를 통해 낙행왕에게 두 개의 큰 가르침을 전수하였는데, 그 하나가 『중관보만론中觀寶鬘論』이고, 다른 하나가 바로 이 『친우서』이다. 즉 여기서 '친우親友'라 함은 석가모니부처님의 법을 널리 펴신 용맹보살님의 친밀한 친구인 낙행왕을 말하는 것이며, 그 당시 이 두 분이 직접 만나지 못할 때 용맹보살께서 편지의 형식으로 낙행왕에게 해탈도를 설하신 것을 한데 집약해서 한 권의 논전으로 만들어 『친우서』라 칭하게 된 것이다.

불교 역사에서는 직접 대면이 아닌 서신 방식으로 국왕을 가르치고 계도한 『친우서』와 유사한 예를 더 찾아볼 수 있다. 즉 『교왕경敎王經』, 『묘비청문경妙臂請問經』, 『용왕청문경』 등과 같은 경전들과 『치제자서致弟子書』의 논전이 모두 불교 역사상 각별한 신심을 내었던 인도 국왕들이 각기 다른 인연으로 붓다의 교언을 얻어들은 내용을 기록한 것이다.

중생의 짧은 인생 가운데 『친우서』와 같은 귀중한 정법 논서를 만난다는 것은 매우 어려운 일이다. 그러므로 우리는 마땅히 석가모니 부처님과 그 교법, 그리고 이 논서에 절대적인 환희심, 청정심, 공경심을 내어야 한다. 이러할 때 불법의 가피는 불가사의하며 그 받는 이익이 무량함을 알아야 한다. 모름지기 이 책을 접하는 독자 모두는 이러한 수승하고 신비한 말씀에 의지하여 여래가 가르치는 법의 진정한 뜻에 통달하고, 탐진치의 일체 번뇌를 뿌리 뽑고 모든 중생을 제도하기 위해 끝없이 수승한 보리심을 내겠노라는 견고한 서원을 세워야 할 것이다.

표면상으로 이 경전의 내용은 당대의 낙행왕에 대한 가르침이나, 실제로는 우리 후대의 모든 학습자가 배워야 할 것이다. 티벳 전승불교 중 닝마파, 겔룩파, 까규파, 죠낭파, 샤카파 등 각 계파들이 모두 『친우서』를 중시하고 있는 바, 이 강해를 통해서 중국에서 전래된 정토종, 선종, 화엄종, 천태종 등 종파를 막론하고 모든 불자들이 이 『친우서』의 특별히 뛰어난 점을 중히 여기고 또한 열심히 학습해왔음을 알 수 있을 것이다.

만약 이런 대성자의 가르침인 『친우서』의 전래가 끊겨 수승한 논전이 전승되지 못한다면 이는 참으로 애석한 일일 것이다. 이전의 티벳불교 전승 중에도 각별히 존귀한 교법이 끊어져 훗날에 널리 펼칠 수 없게 된 것이 있다.

이 『친우서』는 중생들에게 의심할 바 없이 분명한 이로움이 있는 책이다. 진정으로 이 책을 홍양弘揚하는 관건은 우리들의 발심에 달려 있으며, 이 홍양의 책임은 단지 출가한 사람들뿐만 아니라 세간에 있는 사람들에게도 있는 것이다. 우리는 반드시 자기 생명이 있는 동안, 더 나아가 세세생생 동안 진정한 교법을 홍양해야 하며, 따라서 중생들이 지속적인 변화를 이루어 선법을 추구하도록 인도하겠다는 발심을 내어야 한다.

저자 소개

이 책의 저자인 용맹보살은 불교 역사상 십지의 보살 지위에 오르신 것이 공인된 분으로, 붓다께서 『능가경楞伽經』에서 친히 "남쪽 뻬이다국(碑達國)에 길상한 비구가 있어 '용龍'이라고 불리며 단견과 상견의 집착을 깨부순다."고 수기를 하신 바 있다. 즉 남방 뻬이다 국에 한 길상한 비구가 있는데 그 이름을 용맹이라 불리며, 붓다께서 열반 후 불교 내부에 쟁론이 일어날 경우 그가 대승중관을 펼 것이며, 그 타파함이 경계가 없고 석가불의 모든 반야바라밀다법문을 해석할 것이라 말씀하신 것이다.

『대고경大鼓經』, 『대운경大雲經』, 『문수근본속文殊根本續』 등과 같은 대승경전과 밀교의 속부논전 가운데에도 용맹보살에 대한 뚜렷한 수기가 있다. 한편으로는 그를 1지보살이라 말하기도 하고, 한편으로는 7지보살이라고도 말하며, 심지어 어떤 주장은 그가 '불과'를 얻었다고도 한다. 티벳 전승불교에서 용맹보살은 '이승육장엄二勝六莊嚴'[3] 중의 한 분이며, 중국 전승불교에서는 용맹보살을 8대 종파[4]의 시조로

---

[3] 이승육장엄二勝六莊嚴: 2승은 계율학에 정통한 석가광釋迦光 존자와 공덕광功德光 존자이며, 6장엄은 남섬부주를 장엄한 여섯 분으로, 중관학에 정통한 용수보살과 성천보살, 유식학에 정통한 세친보살과 무착보살, 인명학에 정통한 진나보살과 법칭보살이시다.

[4] 중국의 8대 종파는 ① 유식종唯識宗 ② 화엄종華嚴宗 ③ 정토종淨土宗 ④ 율종律宗

받들어 모신다. 이처럼 불자들은 용맹보살이 큰 보살이며 위대한 성자임을 아무도 믿어 의심치 않는다.

『대당서역기大唐西域記』중에 말하길, 당시 용맹보살이 계심으로 인해 불법이 날이 갈수록 번성해지자, 마왕 파순이 극도로 불안해져서 낙행왕의 아들인 쥬리(具力) 태자로 태어났다. 그는 왕위를 탈취하기 위해서 어머니와 함께 상의해서 용맹보살을 살해하기로 했다. 그가 보살 앞에 나와서는 말하길, 자기가 불행히 병에 걸렸는데 인간의 뇌가 아니고는 치료가 불가능하니 용맹보살께서 당신의 뇌를 보시해 달라 하였다. 용맹보살이 마음속으로 '옛날에 붓다께서도 셀 수 없이 많은 횟수로 자신의 신체를 보시하셨는데, 금일 이러한 경계를 만나게 됐으니 마땅히 그의 원을 들어줘야겠다'고 생각하여, 손수 길상초 한 가지를 꺾어서 한 숨 불어 칼 한 자루로 변화시켜 당신의 머리를 잘라내었고 이로써 원적에 들어가셨다.

『전행前行』에서의 소개에도 낙행왕의 아들이 용맹보살을 향해서 머리를 구하자 보살께서 흔쾌히 주겠다고 하셨다 한다. 태자가 온 힘을 써서 칼을 휘두르나 꼭 허공을 자르는 것과 같이 보살의 어느 곳도 상해를 입힐 수 없었다. 보살께서 말씀하시길 "나는 오백생 전에 이미 모든 것을 청정하게 해서 아무런 이숙과보異熟果報가 없다. 그러므로 어떤 병기라도 나를 해할 수가 없다. 단 한 가지, 예전에 길상초를 자르면서 작은 곤충을 살해했는데 아직 그 과보를 받지 않았다. 너는 길상초를 이용하면 내 머리를 자를 수 있을 것이다."라고 하였다.

---

⑤ 삼론종三論宗 ⑥ 밀종密宗 ⑦ 선종禪宗 ⑧ 천태종天台宗이다.

태자가 이 말을 듣고서야 용맹보살의 머리를 베어 떨어뜨릴 수 있었다. 보살께서는 원적에 드셨고 극락세계에 왕생하셨다.

왕자는 보살의 머리가 다시 복원될까 두려워서 몸과 머리를 각각 다른 곳에 버렸다. 보살은 이미 지수화풍의 자재함을 얻었기에 몸과 머리를 두 개의 큰 산으로 변하게 하셨다. 그런데 더 기묘한 일은, 세월이 지남에 따라 양자 간의 거리가 한 걸음씩 단축이 되어서 장래에 두 산이 접촉하게 될 때 용맹보살께서 다시 몸을 나투시어 대승반야법문을 펴실 것이라 한다.

당나라 초기에 『친우서』는 의정법사에 의해 번역되어 나온 바 있는데, 의정이 번역에 앞서 말하길, "이런 비결은 십분 수승한데 번역본이 없어 안타깝게도 중국인들은 학습할 수 없었다. 그런데 이를 번역하게 되었으니 원만히 잘 유통되길 희망한다"고 하였다. 후에 송나라 때 거듭 번역이 되어 두 권의 해석서가 현재 『대장경大藏經·논집부論集部』에 수록되어 있어, 중국 전승불교 중 『친우서』는 3개의 서로 다른 판본이 있게 되었다.

역사적으로 당나라 때부터 지금에 이르기까지 사람들이 이 논전을 충분히 중시하지는 않았다. 이제 그 인연이 성숙하여 『친우서』를 펴서 전하니, 용맹보살의 수승한 가르침을 공부할 기회를 얻는 것은 정말로 매우 복된 일임을 알아야 한다. 현재 사교들이 여기저기 생겨나서 그 세력이 매우 강하고 어두운 중에, 사람의 몸을 얻고 불법을 만나고 더욱이 붓다께서 손수 수기를 주신 용맹보살님의 가르침을 들을 능력이 있으니, 참으로 다겁생래에 복덕선근이 많다고 할 수 있다.

이 책에서 말하듯이, 오직 대승 근기와 불교에 대한 신심이 있는 사람만이 완벽하게 큰 이익이 있다. 세간에 활개치는 학문들은 어떠한 가치도 없으며, 최고의 가치는 바로 성자의 다이아몬드 같은 신비한 말씀이다. 이것은 중생으로 하여금 뿌리 깊은 번뇌를 점차적으로 소멸케 하며, 수승한 위력과 큰 가피를 주는 말씀인 것이다. 우리는 모름지기 이를 알고 그 가르침을 소중히 여겨야 하며, 기회와 인연이 닿으면 전력을 다해 각기 다른 곳에 나아가서 이 법을 전해야 할 것이다.

정례구

— 번역의 예를 포함

문수사리동자님께 예경하나이다.

頂禮文殊童子 정례문수동자[1]

티벳 문자에 해석되어 있는 바, 일체의 환(근심)을 멀리하는 것을 일컬어 '文'이라 하고, 더불어 그 두 가지의 이로운 공덕을 만족시키는 것을 '殊'라 하니, 항상 견고하고 안정되어 영원히 쇠락하지 않는 16세의 묘령동자를 닮았다 하여 문수동자라 한다.

문수사리동자 앞에서 상등자는 바른 견해로 정례하고, 중등자는 수행으로써 정례하며, 하등자는 신구의 삼문三門 공경으로 정례한다. 이 책을 번역하는 사람은 선善으로 시작하고 선으로 끝나도록 번역함으로써 악연을 피하고 일체의 순연을 갖추어서 이 정례구頂禮句를 안립해야 한다. 이러한 정례에 의거하여 독자들은 『친우서』가 논장(대법장)에 포함되는 책임을 이해하게 되는데, 이는 일찍이 왕이 티벳 전승 불법의 번역과 관련하여 정해 놓은 바를 따르는 것이다.[2]

---

[1] 정례頂禮는 무릎 꿇어 두 손으로 땅을 짚고 존경하는 사람의 발밑에 머리를 대는 예법으로, 상대에게 가장 존경하는 뜻을 표하는 절을 말한다.

[2] 티벳 츠러빠젠왕이 삼장을 번역하는 데 있어 붙이는 정례구를 정해 놓았다. 경장 번역은 '정례제불보살', 율장 번역은 '정례일체지지붓다', 논장 번역은 '정례문

우리가 문수보살께 정례해야 하는 이유는 문수보살이 제불보살님들의 지혜의 총집이기 때문이다. 『중관장엄론석中觀莊嚴論釋』에서 말하길 "문수보살의 교언을 단지 한 순간만 기억하더라도 우리 앞에 놓인 무명암흑을 없앨 수 있다."라고 하였다. 이렇듯 문수보살의 공덕은 불가사의하니 평소에 문수보살 기도를 많이 해야 한다. 문수보살의 진언과 의궤를 염송하는 것은 무척 중요한 일로서, 경전에서 말하길 문수보살의 명호와 진언을 염송하면 시방삼세제불의 명호를 계속 염송하는 것 이상이 된다고 하였다.

『미생원왕제죄경未生怨王除罪經』에서 전문적으로 강의한 바와 같이 석가모니부처님 역시 최초엔 문수보살의 은혜를 입은 적이 있다. 한 번은 석가모니부처님께서 영취산에서 법회를 여실 때 문수보살이 스물다섯 명의 보살을 수미산에서 모셔와 부처님 전에 다다랐다. 이때는 이백 천자들이 대승불교에 대한 믿음을 잃고 소승인 성문연각의 마음을 내려고 준비하고 있을 때였다. 부처님께서는 그들을 구해내려고 시주로 화현하셔서 부처님께 한 그릇의 발우를 공양하였다. 이때 문수보살이 홀연히 말씀하시되 "발우의 밥을 나에게 나눠주십시오. 주시지 않는다면 옛날의 은혜를 갚지 않는다고 말할 수 있습니다."라고 하셨다.

사리자는 왜 부처님께서 문수보살에게 은혜를 갚아야 하는 것인지 이상하게 생각했다. 부처님께서 사리자 등 성문나한의 궁금증을 풀어주고, 또한 이백 천자로 하여금 대승불교에 대한 믿음을 다시 내게

수사리보살'이다.

하기 위하며 신통을 보여주시고자 했다. 그리하여 그 발우를 땅에 내려놓으시고 땅 속으로 던진 후 항하의 모래 수만한 세계를 넘어 광명왕여래光明王如來의 국토에 가서 발우를 허공중에 떠워 놓으셨다. 부처님께서 사리자에게 발우를 찾아오라고 하셨으나, 사리자는 나한의 신통에 의지하여 일만 국토(찰토)를 돌았어도 발우의 종적을 찾을 수 없어 빈손으로 돌아왔다. 부처님께선 또 다른 나한에게 발우를 찾아오라고 하셨으나, 결과적으로 그들도 모든 신통력을 다 써도 발우를 찾지 못하였다.

수보리가 미륵보살에게 "당신은 십지보살이시고 부처님의 보처이시니 몸을 낮추어 찾아주실 수 있습니까?"라고 말하였다. 미륵보살은 "나 역시 어렵다. 발우를 찾으려면 반드시 특별한 삼매에 들어야 하는데 이런 삼마지는 문수보살에게만 있다. 그대는 문수보살에게 가서 사정을 해보아라."라고 대답했다. 수보리는 다시 문수보살에게 달려가 "당신께선 부처님의 발우를 찾아주실 수 있습니까?"라고 간청하였다. 이에 문수보살께선 미묘한 신통을 보여 오른손을 뻗어 한편으론 빛을 내면서, 한편으론 하방下方 무량세계를 넘어가셨다. 이때 부처님과 문수보살의 가피로 그곳에 있는 권속들은 모두 똑똑히 발우를 보았다. 맨 마지막엔 광명왕여래의 국토로 가셔서 큰 광명을 놓으시고 백천 가지의 상서로운 모습을 나타내셨다.

이 국토의 보살들은 희유함을 느끼고 잇따라 광명왕여래 앞에 나와 물었다. 여래께서 "이것은 석가모니부처님께서 중생을 이롭게 하기 위해서 그의 권속이신 문수보살로 하여금 나타내 보이신 신통한 변화이다."라고 말씀하셨다. 이때 많은 보살들이 "저희도 사바세계를 보고 싶습니다."라고 간청하였다. 광명왕여래께서 바로 그들에게 가피를 내리시어 원하는 대로 사바세계를 보여주셨다. 광길상光吉祥이라 불리는 광영보살光英菩薩은 사바세계의 혼탁한 광경을 보고 석가모니부처님과 여러 보살이 진흙탕 속에 빠진 여의보와 같다고 느껴져 울음을 참지 못하고 일어났다. 광명왕여래께서 말씀하시길 "너는 그렇게 생각하지 말라! 우리가 불국토에서 십겁 동안 정진 수행한 선근보다 사바세계에서 반나절에 잠깐 동안 자비심을 닦은 공덕이 더 크다고 할 수 있다."라고 하셨다.³

　문수보살이 바리때를 가지고 돌아온 이후 대중들은 모두 희유하다고 감탄했다. 왜냐하면 문수보살은 위없이 높으신 분이시기 때문이다. 하지만 이때 사리자의 의혹은 아직 없어지지 않았으므로 부처님께서 그에게 말씀하셨다. "나의 이러한 신통한 공덕력은 문수보살이 과거에 베푼 법의 은덕에서 비롯된 것이다. 오래 전 무적당여래無敵幢如來께서 법륜을 세상에 전하실 때 지당智幢이라는 비구가 있었는데, 마을에 와 탁발할 때 약간의 음식을 구했다. 이때 상인의 아들 무구군無垢軍이라는 사람이 지당비구의 발우 속에 있는 탁발한 밥을 보고 특별히 먹고 싶어서 다가가 달라고 했다. 지당비구는 그에게 밥을 주었다. 그런데도 그는 가지 않고 줄곧 비구를 따라 여래의 면전에 도착했다. 비구는 또 다시 그에게 밥을 주어 그로 하여금 여래께 공양을 올리게

---

3 사바세계는 겉으로 볼 땐 사람들 생김새가 추하고, 입는 것도 좋지 않고 번뇌 또한 특별히 많아 곳곳마다 오욕육진이 충만하고 더럽기가 참을 수 없다. 그러나 여기서도 출리심出離心, 보리심菩提心을 닦을 수 있고 그 공덕은 멀리 청정국토를 넘어선다. 사바세계에는 이렇듯 수행에 유리한 점이 많이 있다.

했는데, 그의 선근력으로 여래와 권속들이 맛있게 공양을 했다. 7일 동안 공양을 했어도 음식이 조금도 줄지 않고 그대로여서, 무구군은 기뻐 날뛰며 선심이 자연히 일어났다. 당시 지당비구가 곧 문수보살이고, 당시 무구군이 바로 지금의 나다."

　석가모니불은 문수보살의 인연을 통하여 무적당여래와 만났고, 그런 연후에 발원을 시작했으며, 현세에 이미 성불하셨다. 그러므로 문수보살은 매우 공덕이 높으신 분이시다.

I. 서론

1. 친우서 수학을 권함 (게송 1~3)

1
친우서 게송들은 모두 경전에 근거한 것임을 설명함

그대는 수승한 법을 배울 복이 있는 현자이기에
공덕을 얻도록 내가 불전에 의지하여
경전 중에 요긴한 글을 게송으로 모으니
그대는 응당 공경히 간절하게 수학해야 합니다.

    爲令堪德善妙者 위령감덕선묘자
    希福我依佛尊說 희복아의불존설
    稍許集成聖梵音 초허집성성범음
    汝當恭敬而諦聽 여당공경이체청

용맹보살이 낙행왕에게 호소하는 어투로 말씀하시기를 '그대는 사람들로 하여금 심오한 불법을 배울 법기임을 인정받은 자이니, 그대의 발원이 원만하게 성취되어 그 선묘한 마음이 해탈, 복덕, 지혜, 자비심, 신심 등의 공덕을 얻을 수 있도록 내가 외도와 십지보살을 뛰어넘어

60가지 범음을 갖춘 붓다의 선묘한 경전으로 이 게송을 결집하여 완성하니, 그대는 마땅히 귀를 기울여 공경히 들어야 한다.'라고 하신다.

세간의 눈으로 보면 국왕은 사람들 중의 우두머리로 위없이 높은 자리에 있지만, 불법의 관점에서 설하므로 용맹보살께서 가르침의 말씀을 전수할 때 국왕은 응당 그것을 매우 공손하게 받아들여야 하고, 오만한 마음이 있어서는 안 된다. 그렇지 않으면 불법의 진실한 이익을 얻을 수 없다. 마찬가지로 지식이나 지위가 있는 사람이 불법을 받아들을 때 반드시 오만한 마음을 버려야 한다. 법을 전하는 자가 높은 사자좌에 앉는 것은 그 사람이 매우 대단해서가 아니라 그가 전하는 법이 위없이 높기 때문이다.

우리들은 법의 뜻에 대하여 존중심과 공경심을 가질 필요가 있다. 사람들이 어떤 지위나 재산이 있든지 간에 불법을 만나서 큰 공경심을 발하는 것은 매우 불가사의하게 보인다. 일부의 사람들은 조금의 명성과 성취가 있으면 많은 상사上師들 앞에서 매우 교만한데, 이것은 매우 불합리하다.

상사 앞에서 법을 들을 때 제일 좋은 것은 역시 공경하는 것이다. 많은 제자들을 데리고 다닐 필요는 없으며, 아주 높은 법좌에 앉아서 법을 듣기를 원하는 것은 불필요하다. 당신이 어떤 신분이든 법문을 들을 때에는 규범을 모두 이해하고 지켜야 한다. 어떤 이들은 비록 법을 듣는 것은 원할지라도 가장 기본적인 공경심도 이해하지 못하여 반드시 전법자보다 높은 소파에 앉기를 원하는데, 이런 규범은 역사 이래 없다. 그러므로 법을 듣는 자는 반드시 오만한 마음을 갖지 않도록 주의해야 한다.

　진심으로 불법을 구하는 자는 마땅히 『중관사백론中觀四百論』에서 "순직한 지혜로 법을 구하면 법을 배울 근기라고 말한다."라고 하는 것과 같이 반드시 3가지 조건을 갖춰야 한다. 첫째, 마음이 정직해야 하며 자신에게 탐착하거나 타인에게 성내고 원망을 해서는 안 되고, 공평 정직하며 참된 마음가짐을 가져야 한다. 둘째, 일정 정도의 지혜를 구비해야 하며 나쁜 말 착한 말을 변별하여 분석할 줄 알아야 하고, 타인으로 하여금 전도케 하면 안 된다. 셋째, 진정한 뜻을 희구하는 마음과 진리에 향하는 마음이 있어야 한다. 만약에 이 같은 희망이 없으면 아무런 까닭 없이 정법을 배우고 수행하는 것이 불가능하다. 이 세 가지가 법을 듣는 이의 기본자세이다. 이 외에 많은 대승고덕들이 2개의 조건을 보충하였는데, 그 하나는 불법과 상사를 반드시 공경하여야 한다는 것이고, 다른 하나는 법을 들을 때에는 반드시 정신을 차려 마음을 모아야 한다는 것이다. 법을 듣는 자는 응당 이런 조건들을 구비하여야 하며, 그렇지 않으면 비록 여래의 법이 수승할지라도 당신의 행이 여법하지 않아 또다시 수승한 가르침을 받을 인연이 없게 된다.

　마찬가지로 법을 전하는 사람에게도 몇 가지가 요구된다. 조사께서 말씀하시길 "경전을 떠나 설하는 한 글자도 마魔의 설이며, 문자에만 의지하여 틀리게 해석하면 삼세제불의 원망이 된다."라고 하시니, 전법자가 만약 불경의 글자만 보고 대강 뜻을 짐작하고 문장에만 의지하여 틀리게 해석하면 사실상 삼세제불의 법을 가치 없게 만드는 것이다. 그러므로 전법자는 전승을 받은 적이 있어야 하며, 불경을 상당 부분 이해해야 한다.

많은 대덕들이 전법자에게 요구하는 몇 가지 사항은 다음과 같다. 첫째, 뒤바뀜이 없이 정직하고 마음이 공정해야 하고, 자신의 종파에 탐착하지 않고 남의 종파에 대해 성내지 않으며 불평등한 눈빛으로 남을 비방하지 않아야 한다. 둘째, 설법이 명백하여 경전의 내용과 그 뜻을 반드시 분명하고 뚜렷하게 하며, 설명이 이치에 합당해야 한다. 셋째, 법의 뜻을 혼란스럽게 착오하면 안 된다. 넷째, 이름과 이익을 구하지 않아야 한다. 전법의 목적은 바로 중생의 이익을 위함이고 중생으로 하여금 반드시 받는 이익이 있게 진력을 다해야 하며, 수입과 명성을 얻기 위함이 아니다. 다섯째, 법락을 이해해야 하니 청중의 의향을 충분히 알아낼 수 있어야 한다. 만약 그들이 중관을 듣기를 원하는데 당신이 소승경전을 끊임없이 말한다면 강의를 반나절 해도 다른 사람들이 받아들이길 원하지 않는다. 그래서 한 사람의 선지식이 되려면 듣는 이의 의향을 기본적으로 이해해야 하니, 법을 전파함에 있어 이와 같은 가르침은 떼려야 뗄 수가 없다.

용맹보살이 낙행왕께 주신 교언에서, 먼저 그로 하여금 자신이 법구를 받아들일 능력이 있음을 알게 했으므로 당연히 낙행왕은 정말로 복 받은 사람이며, 용맹보살의 좋은 제자이므로 마땅히 대승법을 받아 배울 수 있는 법기이다. 많은 사람들이 자기 자신이 대승법을 받아 담을 그릇이 된다고 생각한다. 그러나 우리는 위에 말한 여러 가지 조건들을 지니고 있는지를 사유해야 한다. 수행인으로서 지녀야 할 지혜도 매우 중요하지만 가장 근본은 신심信心이다. 신심은 일체 공덕의 어머니이니, 만약에 신심이 없으면 불교 공부는 반드시 깊게 들어갈 수 없다. 전에 한 대덕이 "소위 불법은 입이나 머릿속에 있는 것이 아니고, 속마음에 있고 내심이 가장 중요하며 이것이 신심이다."라고 훈계하였다.

부처님께서는 『열반경涅槃經』에서 열반에 이르는 4가지 인연을 설하셨다. 첫째는 좋은 친구와 가깝고 친밀하게 교유하는 것, 둘째는 마음을 다하여 법을 듣는 것, 셋째는 정법을 지속적으로 사유하는 것, 넷째는 여법하게 수행하는 것 등이다. 이 안에 모든 차제수행이 포함되어 있음은 아래와 같다.

첫째, 먼저 상사나 아주 좋은 도반에 의지해야 한다. 그렇지 않으면 불도에 들어갈 수도 없다. 법을 듣지 않는 것은 당연히 안 되고, 한두 가지 법문을 듣고 만족하는 것도 안 되며, 마땅히 장기간 법을 받아들여야 한다. 단지 법을 듣는 것으로는 모자라고 들은 법의 뜻을 반복해서 사유하는 것이 필요하다. 한 번 들은 법을 잊어버리면 너무 애석하므로 응당 세 번 이상 사유해야 하며, 한 번 배운 뒤에 다시 보지 않으면 안 된다. 법문 안에 들어 있는 귀중한 가르침은 들을 때에 어깨너머로 지나쳐서 잘 알 수가 없는 경우, 만약 다시 본다면 필경 다른 한 번의 체험을 할 수 있다. 그러므로 법의 뜻은 반드시 사유해야 하며, 사유를 한 후 실재적인 수행을 하여야 한다. 그렇지 않으면 생로병사의 경계를 만나거나 혹은 번뇌가 심하게 나타나게 될 때 대치를 하기가 어렵다.

2

친우서 수학을 겸허하게 권함 - ①

불상이 비록 나무를 새긴 조각품에 불과하더라도
지혜로운 자는 어떻게든 공양을 바치듯이
나의 시구가 비록 화려하지는 않지만
미묘한 법에 의지한 설법이므로 경시하지 마십시오.

佛像縱然以木雕　불상종연이목조
無論如何智者供　무론여하지자공
如是我詩雖拙劣　여시아시수졸렬
依妙法說勿輕蔑　의묘법설물경멸

용맹보살께서 비유로 설하셨다. 비록 나무를 조각해서 만든 불상이라 할지라도, 그것이 단향목이든 침향목이든 난목爛木이든 교목朽木이든, 심지어 흙으로 만들었거나 종이에 그렸거나 돌에 새겼거나 그 질량(품질)이 어떠하든, 조형이 표준이냐 아니냐를 떠나서 불상이기만 하다면 지혜로운 이는 반드시 공경히 정례할 것이다. 한 사람의 불교도가 기와조각이나 백지나 진흙 위에 새겨진 불상을 보게 된다면 바로 정례를 올릴 것이며, 그것을 깨끗한 곳으로 모셔 놓을 것이다.

불교도뿐만 아니라 지혜로운 세간인도 불상을 보면 감히 밟지 못한다. 왜냐하면 그것은 결국 부처님의 신상이기 때문이다. 붓다의 신상에 공경 공양하면 그 공덕이 불가사의하다. 『원각경圓覺經』에서 말하길 "붓다 멸도 후 신자들이 불상을 조성하여 그에 대하여 감사와 은혜의 마음이나 신심을 두고 항상 기억하여 생각을 하면 붓다가 세상에 계신 것과 다를 바가 없다."라고 하였다.

그래서 평소 자기가 다른 사람과 결연을 맺을 때 자주 석가모니 불상을 선물하면 좋다. 왜냐하면 이런 수승한 신상身像은 만나기 어렵거니와 설령 사견邪見으로 한 번 보기만 해도 무량한 공덕이 생기기 때문이다. 경에서 설하길 "꽃 한 송이를 허공에 던져 시방불께 공양 올리면 고苦가 다하고 받는 복이 한량없다."라고 하였다. 만약 어떤 사람이 공경하는 마음을 가지고 시방제불 앞에서 한 송이 꽃을 흩뿌려서 공양을 하면 이 공덕은 심지어 윤회가 다하도록 마르지 않는다. 『화엄경華嚴經』에 또한 설하길 "부처님을 뵙고 명호를 듣고 공양 올린 공덕 선근으로 한량없는 복덕이 증가한다."라고 하니, 그래서 지혜로운 자는 붓다의 신상을 반드시 공경하게 되는 것이다. 이것은 용맹보살이 비유하신 바와 같은 것이다.

같은 도리로 용맹보살이 겸허하게 말하길, 내가 만든 『친우서』 시구의 문구가 비록 평범하고 소박하며 화려한 문체가 못 되지만, 붓다께서 설법하신 미묘한 법에 의거한 이것을 낙행왕 당신이 쉽게 여겨 비방하거나 방치해서는 안 된다. 이런 겸허한 미덕은 많은 성자들이 모두 구비하고 있다. 적천보살이 『입보리행론入菩提行論』에서 말하길 "나의 시구의 운율이 오묘하게 좋지 않아 감히 이타의 언어라고 하기가 쑥스럽다."라고 겸양의 말씀을 하시지만, 사실 성자의 시구가 아름답지 않다면 우리 범부들의 시구는 더욱더 말할 필요가 없다. 각자가 반드시 알아야 한다. 설사 한 법사가 설법할 때의 어휘가 비록 아주 아름답지 않더라도, 그가 선하고 아름다운 마음을 갖고 있고 이름을 날리려는 마음이 없이 강의를 한다면, 우리는 공경하는 마음을 가져야 하며 기쁜 마음으로 받들어야 한다. 왜냐하면 그는 불법에 의지하였고, 붓다께서 펴신 가르침은 누구의 입을 통해서 나오든지 간에 값을 매길 수 없이 귀하기 때문이다.

미팡 린포체의 교언敎言 중 『늙은 개가 황금을 토함(老狗吐金)』이라는 것이 있다. 미팡 린포체가 겸허하게 자신을 늙은 개로 비유하면서 그의 입에서 나오는 말은 황금과 같은 불법이라고 설한 것이다. 많은 사람들이 불법을 들음에 얼마간을 듣고는 바로 만족해버리고, 동시에 맘대로 그 뜻을 가볍게 이해하여 말하나, 근본 뜻을 훼손시켜서는 안 되며 반드시 공경심이 필요하다.

인광대사께서 "만약에 불법의 실다운 이익을 얻고자 하면 공경하는 마음을 가지고 구함이 필요하다. 1분의 공경은 1분의 죄업을 없애며 1분의 복과 지혜를 증가시킨다."라고 하시듯이 공경심이 없이는 불법을 얻을 수 없다. 법문을 듣는 청중들 가운데 개개인이 이익을 받을 수 있는지의 여부는 그 사람의 행위와 정신 자세를 통해서 알아볼 수 있다. 가령 그의 행위가 매우 여법하고 정말로 공경스럽게 법문을 듣는다면 그 법문으로 그는 반드시 이익을 얻을 것이다. 만약 잘난 척 오만한 모습을 보이면 그에게 가장 수승한 법을 설해도 그 의미는 알 수 없는 것이 된다. 그런 아만의 쇳덩어리 위에는 공덕의 물방울을 올려 놓아둘 수가 없다.

  한 사람이 법을 듣는 것과 듣지 않는 것의 차이는 그 행위를 보면 일목요연하게 구분된다. 몇십 년 동안이 아니어도 단지 한두 달만 법을 들어도 그의 상속심과 행위 등에 현저한 변화가 있게 된다.

  불법을 듣는 과정 중에는 상사 삼보에 대하여 일종의 경앙심, 공경심을 마음 안에 깊고 분명히 지닐 것이 요구된다. 우리들은 물방울과도 같은 이 더러운 몸으로 여의주 같은 정법을 만날 수 있게 되었다. 이 같은 기회는 극도로 얻기 어려운 것이니, 조금도 잘못됨 없이 반드시 해탈을 이루고 가혹한 윤회를 벗어나, 무량한 중생을 이롭게 해야 함을 마음속 깊이 깨닫고 알아차려야 한다.

3
친우서 수학을 겸허하게 권함 - ②

대능인大能仁의 많은 교법에 대해
그대는 이미 정통했지만
석회 벽이 달빛에 의해 하얗게 빛나듯이
이 게송들은 전보다 더 아름답고 미묘한 것이 아닙니까?

於大能仁之衆敎　어대능인지중교
王汝雖先已精通　왕여수선이정통
猶如石灰依月光　유여석회의월광
豈非較前更美妙　기비교전갱미묘

용맹보살은 붓다께서 친히 수기를 주신 대덕이며, 그의 지혜는 낙행왕의 그것을 한참 뛰어넘는 것이지만, 뛰어난 지혜자에게도 역시 겸허함이 필요함을 후학자에게 일깨우는 동시에 국왕에게 좋은 방편으로 알려주기 위해서 여기에서 다음처럼 말씀하시고 있다. '일체 번뇌를 조복 받으신 대능인(大能仁, 석가여래) 붓다의 삼장의 가르침에 대하여 낙행왕 당신은 이미 정통하여 장애가 없지만,[4] 내가 편지의 형식을 통해서 이『친우서』를 그대에게 전수하니 이것 역시 필요하지 않다고

말할 수 없을 것이다.'

바다와 같은 붓다의 가르침은 초선初善, 중선中善, 후선後善으로 구분되며 『수념삼보경隨念三寶經』 중에서 말하는 것과 비슷하다. 어떤 중생이든지 간에 가장 처음은 불법을 듣는 것이고, 그래서 상속하는 번뇌를 끊어낼 수 있고 수승한 선근을 심게 되는데, 이것이 일체 공덕의 원천이자 '초선'이고, 들은 모든 법의 뜻을 빨리 해석하여 사유하고 자기 마음속의 더러움과 번뇌를 멀리 쫓아내서 법락을 직접 받아 지니는 것이 '중선'이며, 마지막으로 지혜를 갈고 닦는 것에 의지하여 철저히 삼유에서 멀리 떠나 수승한 과위를 얻게 되는 것이 '후선'이다. 그래서 용맹보살이 국왕에게 이와 같이 선하고 미묘한 여래의 교법을 다시 한 번 펴서 설하는 것은 반드시 요구되는 것이라고 말한다.

간단한 비유를 하나 들어 말하면, 하얀 석회나 백색의 염료로 칠한 벽면 같은 곳은 원래도 매우 빛이 나지만, 만약에 다시 그 위에 휘영청 밝은 보름달이 비춰지면 더욱더 깨끗하고 새하얗게 되어 더 보기 좋아진다. 다시 비유하자면, 금산 위에 금색의 햇살이 내리거나 혹은 설산 위에 백색의 달빛이 비춰지면 더욱더 장엄함을 얻을 것이다. 같은 의미로 보면 국왕이 원래 불법에 십분 정통하지만 용맹보살이

---

4 낙행왕에 대한 구체적인 소개를 찾을 수는 없지만 관련 사료에 기재된 내용에서 보면, 그는 매우 성실하고 선량한 군주이며 또한 불자이기도 하다. 그는 용맹보살을 위시한 많은 상사上師에게 의지했으며 불법의 교의에 상당히 능통하였다. 지금의 군주들이 담배나 피고 음주를 하며 탐욕스러워 불법에 어긋나는 일을 하고, 불교에 대해서는 전혀 아는 것이 없음은 당연하고, 세간의 고상한 도덕에 대해서도 이해하지 못하는 것과 같지 않았다.

다시 왕의 고견을 끌어내기 위해 『친우서』를 전수하며, 왕의 자비와 지혜, 신심 등의 공덕을 점점 높아지게 하여 이해 못했던 지식이 이해될 수 있게 하고, 이미 이해가 된 지식은 단단해질 수 있게 하여 최상의 성취를 이루게 하기 위해서는 용맹보살의 가르침이 필요 있는 것이라 할 수 있다.

이상의 가르침에서 알 수 있듯이 우리는 법을 한 차례만 듣거나 혹은 불법의 뜻을 대강 이해해 만족해버리면 안 된다. 현명한 자라면 여래의 법에 대하여 만족감을 가질 수가 없다. 샤카 빤디따가 설하되 "큰 바다는 강물이 더 보탬을 싫어하지 않고, 국고는 보물이 더 많아짐을 싫어하지 않으며, 욕망이 많은 자는 받음이 많음을 싫어하지 않고, 배우는 자는 격언이 많음을 싫어하지 않는다."라고 했듯이 많은 상사들은 머리가 하얗게 되었어도 법을 듣는 것을 중단하지 않는다. 많은 대덕들의 전기에서 보았듯이 그들이 한 편의 법에 대하여 얼마나 많이 듣기를 원하는지 정확히 알아야 한다. 그러나 학인이 한 편의 법을 듣거나 몇 과를 공부하고, 혹은 이전에 『친우서』를 들어 보았기에 지금은 듣고 싶지 않다고 한다면 이것들은 매우 불합리한 말이다. 어떤 사람이든 당연히 처음 막 시작할 때에는 현교와 밀교의 깊고 깊은 법은 말할 나위 없고, 겨우 간단한 법을 배울지라도 반드시 정통했다고 할 수 없다.

마찬가지로 많은 고승대덕들이 처음 불법에 대해 공부할 때는 아무것도 모르며 또한 법사들도 처음 시작할 때 많은 법의 뜻에 대해서 다 이해하지 못하였으나, 선근이 점차적으로 성숙되어지며 지속적으로 스스로 법 듣기를 중단하지 않아 결국은 불법에 대해 정통해서 아무 장애가 없게 된다. 그러므로 우리는 겨우 한 번 듣고 바로 만족해버리면 안 된다.

『대지도론大智度論』에서 말하길 "보살은 다만 세 가지 일에 싫어함이 없다. 첫째는 부처님 공양을 싫어함이 없고, 둘째는 법 듣기를 싫어함이 없으며, 셋째는 스님들께 공양 드림을 싫어함이 없다."라고 하였다. 『대승비분타리경大乘悲分陀利經』안에서도 네 가지를 말하는데 "보시를 싫어하지 않으며, 법 듣기를 싫어하지 않으며, 중생 돕기를 싫어함이 없고, 발원을 싫어함이 없다."라고 한다. 한 사람의 대승 보살로서 먼저 법을 듣는 것이 가장 중요하며, 가령 법 듣기에 대해 염증과 나태함이 생겨 법 듣기에 소원해지면 바깥의 세계는 너무나 복잡해서 영향을 받지 않을 수 없고, 하는 일들이 쉽게 바른 법과 멀어져 남쪽으로 수레를 끌었는데 북쪽에 바퀴 자국이 있는 격이고, 길과 서로 반대 방향으로 가는 것처럼 결국에는 구제할 방법이 없다.

그러므로 우리는 조금의 기초가 있다고 다시 학습할 필요가 없다고 여기면 안 된다. 단지 그냥 한 번 듣기만 하면 영원히 수행의 종자로서만 있게 된다. 법을 듣는 공덕은 불가사의하다. 예전에 인도의 승호법사僧護法師께서 전법을 할 때 옆에 한 바라문이 그가 어떤 말들을 하는지 알고 싶어서 몰래 법을 들었는데, 결국 반나절을 들어도 이해는 할 수 없었지만 그가 법음을 들은 연유로 사후에 '성과聖果'를 얻게 되었다.

직메푼촉(Jingmey Phuntsok) 린포체께서는 일생 중 경전을 강의하고 법을 말하는 것을 제1순위에 놓았다. 직메푼촉 린포체께서 항상 세친논사의 가르침을 들어 말씀하길 "법을 듣는 지혜는 내세에 이익이 있으며, 보시의 이익은 이것과는 다르다."라고 하시니, 비록 보시가 최고로 좋은 친구이며 가장 주요한 동반자로 그 공덕이 매우 큰 것이지만, 법을 듣는 것은 세세생생의 무명번뇌를 제거시킬 수 있으며 윤회의 근본을 잘라낼 수 있게 한다. 보시의 이익에는 이러한 공덕의 힘이 없다.

『친우서』에서 낙행왕이 이미 아주 대단하지만 용맹보살이 그에게 법을 잘 듣게 하였으며, 이와 같이 전법을 한 것은 금상첨화라 할 수 있다. 여러분 모두는 법을 듣는 것을 견고히 지켜나가야 한다. 법을 듣는 과정 중에는 당연히 먼저 그것의 공덕을 아는 것이 필요하다. 법을 듣는 것을 일종의 형식이나 전통으로 간주해버리면, 마치 보석을 사고서 그 가치를 모르면 내용을 아무것도 이해할 수 없는 것처럼, 당신에게 여의보를 주어도 그 가치를 전혀 모르게 된다.

2. 육종수념六種隨念을 논함 (게송 4~7)

4
믿음의 대상 6가지를 억념함

여래께서 누누이 설하시니
붓다, 법보, 승가, 보시, 지계, 천존의
여섯 가지 수념隨念에 대하여
각각의 공덕자량을 항상 잘 억념해야 합니다.

如來殷切而告言　　여래은절이고언
佛陀妙法與僧衆　　불타묘법여승중
施戒天尊六隨念　　시계천존육수념
各功德資常憶念　　각공덕자상억념

이곳에서 용맹보살은 분명하게 출가인이건 재가인이건 모두 매시간 6가지 억념憶念을 잊어서는 안 된다고 말씀하셨다. 6종 수념법은 대승과 소승이 공통으로 수행하는 법으로, 『현관장엄론現觀莊嚴論』, 『지자입문智者入門』 등의 논전 중에도 언급되어 있다. 수행자는 항상 이 여섯 가지 대상들에게 마음을 의지해야 하는데, 여기서 말하는 6종 수념[5]이란 다음과 같다.

제1 붓다: 대자대비하신 붓다께서는 자리와 이타를 원만히 하시고 일체 공덕을 구족하셨다. 우리들이 그분의 자비심을 관상하거나 그분의 지혜를 억념할 때 또는 그분이 법륜을 굴려 전법하시는 무량한 이익을 사유해보면, 마땅히 능력이 닿는 한 직접 찾아가 붓다를 뵙고 공양 올리고 기도드려야 함을 알 수 있다.

제2 불법: 붓다께서 설하신 법은 분명히 멸제滅諦와 도제道諦이고, 멸제는 제법이 공성임을 말하며, 이는 반드시 도제를 통과해서 깨닫고 증득하게 된다. 이와 같은 정법을 생각하는 것을 잊어서는 안 되고, 힘을 다해 행하고 받들며 항상 자신의 마음이 법에 상응하는지 관찰해야 한다.

제3 승중: 붓다의 추종자인 대승 보살과 소승 성문들은 우리의 본보기이며 또한 우리들이 보리과에 나아감에 있어 조력자가 되시니, 마땅히 그분들을 향하여 배워야 한다.

이상 세 가지는 삼보를 수념하는 것(隨念三寶)이다. 우리들이 평상시 『수념삼보경隨念三寶經』을 염송하는 목적도 또한 이와 같다. 삼보에 대해 간단히 말하자면, 우선 '귀의불'은 바로 깨달은 분에게 귀의함인데, 세간에서 크게 통달하고 깨달으신 분은 붓다가 유일하다. '귀의법'

---

5 6종 수념이란 수념불隨念佛, 수념법隨念法, 수념승隨念僧, 수념보시隨念普施, 수념계율隨念戒律, 수념천존隨念天尊을 말한다.

은 이러한 붓다가 말씀하신 만법의 진리에 귀의함을 말하는데, 이 진리의 법을 반드시 통달하여 행하고 수지해야 한다. '귀의승'은 바로 진리를 희구하는 과정 가운데 희구자의 단체 가운데 가입해 가는 것이다. 우리들 불교도는 마땅히 처음과 끝에 귀의삼보의 신심을 떠나면 안 된다. 마치 세간인들이 감정, 사업, 돈과 재산에 집착하는 것과 같이 밥 먹을 때나 잠 잘 때에도 낮이나 밤이나 항상 삼보를 생각하여야 하며, 이렇게 해야만 훌륭한 수행자로 바뀌어 질 수 있다.

제4 보시: 능력이 되는대로 힘을 다해 법보시, 재물보시를 해야 한다. 보시는 일체 공덕이 나오는 원천이다.

제5 지계: 출가인에게는 출가계가 있고 재가불자에게는 재가계가 있다. 수계를 받은 후에는 자주 "나는 수계자이며, 삼보의 제자이고, 출가인이다."라고 자기를 깨우쳐야 한다.

제6 천존: 천존을 수념한다는 것은 두 가지로 해석된다. 하나는 선법善法을 억념하고 수지하여 사대천왕 등과 같은 천신들의 몸을 받게 되는 것을 말한다. 다른 하나는 천신을 넘어 문수보살, 관세음보살 등 세간을 초월하신 보살을 억념하고 나아가 붓다의 과위까지 얻게 되기를 수념하는 것이다. 그들은 혜안으로 항상 우리를 지켜보시며 우리들 수행의 증명자이시니, 수행자들은 응당 부단히 천존을 억념해야 한다.

붓다는 '승리자'라고도 불리는데 그 이유는 그분이 4가지 '마魔', 곧 윤회의 일체 고통이 비롯되는 오온의 마, 오온이 집합되어 생겨난

탐진치 번뇌의 마, 오온이 찰나에 변하며 일정함이 없이 손상되고 없어지는 죽음의 마, 무생무상의 과위를 증득하는 것을 방해하고 사람으로 하여금 산란하고 방일하게 만드는 천자(예컨대 마왕 파순 같은 권속들)의 마를 물리치셨기 때문이다.

이러한 4가지 마에서 승리하여 초월하신 붓다께서도 『열반경』, 『잡아함경』 등의 경전에서 6종 수념을 말씀하셨다. 그러니 이것은 수행인이라면 출가자거나 재가자거나 모두 처음부터 끝까지 잊지 않고 항상 기억해야 하는 것이다. 또한 당연히 이것은 결코 쉽게 실천할 수 있는 것이 아니다. 가사를 걸치고 있는 출가자도 스스로의 마음을 돌아보면 사실 매우 부끄럽게 여겨 참회해야 할 일이 많다. 비록 세간인이 매일 재산 늘리는 생각, 이름 날리는 생각 등을 하는 것과 같지는 않지만, 출가자라도 마음속을 보면 늘상 선법을 생각하지 않으며 악업 또한 생각하지 않고 아무것도 생각하지 않는데, 세속인은 더욱더 말할 필요가 없다. 세간인은 자신의 사업이나 가족에 대한 생각만 하거나, 아니면 자기의 일만 생각하길 원한다. 학생은 자신의 성적만 특별히 중시하며, 젊은이들은 이성에 대한 감정을 생명과 같이 간주하여 입을 열거나 다물거나 모든 시간과 정력을 이런 방면에만 사용하니, 각종 번뇌가 정말로 무섭다.

사람들이 아주 오랜 기간에 걸쳐 수행을 했는데도 조그마한 느낌도 없다면 이것은 바로 그가 근본적인 6종 수념을 수행하지 않았기 때문이다. 단지 자기 자신이 조그마한 이익을 얻는 것만 생각한다면 그러한 목표 또한 실현이 가능하다고도 할 수 없으니, 만약에 그들이 그런 시간들을 불, 법, 승, 보시, 지계, 천존의 공덕을 기억하는 데에 착실하게 사용한다면 화지 린포체의 말씀처럼 일찌감치 성취할 수 있을 것이다.

　이 6종 수념을 수지한다면 극락왕생 또한 가능하다. 부처님께서 『관무량수경觀無量壽經』 가운데 말씀하길 "6종 수념을 수행하고 발원하여 회향하면 불국토에 나게 된다."라고 하시니, 만약 우리가 수행에 힘쓰지 아니하여 어떤 경계에서 퇴보하여 아무런 감응도 없을 때라도 6종 수념을 통하여 수행의 공덕을 회복할 수 있다. 이것은 마치 굶주린 사람이 맛있는 음식을 얻게 되어서 몸이 점점 건강해지는 것과 같다. 『잡아함경』에서도 말하길 "만약에 비구가 수행경계 중에 구하는 바가 얻어지지 않을 때 6종 수념을 수행하면 열반경계에까지도 들어갈 수 있다. 비유하면 굶주린 사람의 몸이 매우 여위었는데 맛있고 훌륭한 식사를 통하여 몸이 살찌는 것과 같다."라고 하였다.

5

천존을 수념함

몸(身), 말(口), 뜻(意)의 삼문은 항상
열 가지 선업善業의 길을 받들어 행해야 하고
온갖 향내 나는 술을 끊으며
오직 현묘한 삶에 환희심을 내야 합니다.

身語意門當常依　신어의문당상의
奉行十種善業道　봉행십종선업도
杜絶一切醇美酒　두절일체순미주
歡喜賢妙之維生　환희현묘지유생

게송의 글자 그대로의 뜻만 생각하여 보면 열 가지 선업을 닦아야 함을 말하고 있을 뿐 '수념천존隨念天尊'에 대해서는 말하지 않은 것 같지만, 실제상 십선十善을 행하고 일체의 술을 끊으면 천계에 태어날 수 있어 '인因'을 통한 '과果'를 사유하게 하니, 이런 측면에서 수념천존을 설한 것이다.

소위 십선十善이라 함에는 몸(身)으로 짓는 세 가지 악업과 입(口)으로 짓는 네 가지 악업, 그리고 뜻(意)으로 짓는 세 가지 악업을 짓지 않는 것을 말한다. 즉 살생殺生과 투도偸盜와 사음邪淫 같은 죄업을 멀리하여 생명을 사랑하고 보호하며 아낌없이 보시하고 계율을 지키며, 망언妄言, 양설兩舌, 악구惡口, 기어綺語를 끊고 힘써 실다운 말, 원망을 화해시키는 말, 정직한 말을 염송하며, 탐심貪心, 진심嗔心, 치심癡心을 끊고 마음속에 평등심과 중생에게 이익을 주는 마음과 정견에 의지하는 마음을 가득 채우는 것을 말한다. 신체와 언어의 일곱 가지 선업을 '업業'이라 부르며 세 가지 뜻(마음)의 선업을 '도道'라 불러 이를 함께 '십선업도'라 일컫는다. 특히 일곱 가지 종류의 몸과 말의 '업'은 마음의 '도'에 의지하여 지어지는 것으로, 마음의 운용을 통하지 않는다면 몸과 말의 '업'은 완전하게 이루어진다고 할 수 없다. 이러한 십선업도는 『전행前行』, 『구사론俱舍論』 등에서 자세히 해설되어 있다.

출가인뿐만 아니라 재가인들도 모두 반드시 열 가지 악업을 끊어야 한다. 옛날 티벳왕 송쩬감뽀, 티송데쩬 시대에 재가인들은 반드시 의무적으로 삼귀의와 오계를 준수하고 열 가지 불선업을 멀리해야 했다. 현재의 신자들 또한 마땅히 이를 지켜야 한다. 그렇지 않으면 큰 성취를 이루지 못함은 말할 것이 없고 선량한 사람도 될 수 없다. 일부 불교를 공부하는 사람 중에도 살생이 특히 심하고, 도둑질, 사음, 기어, 악어 등도 매우 심한 경우가 있다. 비록 마음속의 탐진치를 제거하는 것은 어려운 일이라 하더라도, 몸과 말의 악업을 행함이 뚜렷하게 보일 정도이면 절대로 불교신자라고 할 수 없다. 오늘날 일부 사람들이 입으로 허풍떨며 자기가 본존을 보았다고들 말하면서 십선의 행조차도 지켜나가지 않으니, 이것은 매우 두려운 일이다.

또한 당연히 불교도의 몸으로 일체의 술은 끊어야 한다. 음주의 과실에 대해서는 앞에서도 말했는데, 애주가는 타인을 이롭게 할 방법이 없으며 자기 자신을 이롭게 할 수도 없다. 『난제가청문경難提迦淸問經』에서는 음주자의 어리석음이나 추함 등 술과 관련된 여러 가지 재난들이 자세하게 서술되어 있고, 화지 린포체의 『음주의 과실(飮酒之過失)』 안에도 음주의 5가지 해악[6]이 말해져 있는 바, 해탈을 원한다면 이 같은 죄업을 모두 뿌리 뽑아버려야 한다.

음주의 과실은 특별히 크니, 역사상 많은 군주들이 술 때문에 국정을 망치고 강산을 훼손시켰다. 지금도 많은 지도자들이 하루 종일 술 마시며 인생을 허비한다. 경전 중에서 말하길 "술 마시는 것을 즐겨 탐하지 말라. 음주는 독 중에서도 독이 된다."라고 한다. 그러므로 불교도는 응당 10가지 불선업을 멀리하는 것 외에도 음주, 흡연 등과 같은 악습을 끊어야 한다.

이와 같은 기초 위에 용맹보살은 마땅히 의식주 행이 10가지 악업에 물들지 않은 선한 생활을 하여야 함을 말하고 있다. 비록 재가인을 전부 출가시켜 제도하는 일이 불가능하고 붓다 시대에 비해 출가인도 매우 작지만, 재가인도 나름대로 생활의 청정함을 마땅히 유지해야 한다. 현재 많은 사람들이 불교를 공부한다고 하면 바로 출가를 생각하는데, 사실 재가 거사로서 지켜야 할 행의 요구에 부합되고, 힘을 다해 10가지 악업을 짓지 않으며, 술 마시지 않고 담배 피지 않으며, 정당한 경제활동을 영위한다면 이 역시 허용된다.

---

6 총체적인 음주의 과실, 해탈계의 위배, 보살도를 배우는 점에서의 위배, 밀종의 서원에 대한 위배, 금주의 공덕과 이익.

만약 재가인으로서 장사를 하거나 밭을 경작하며 생활하는 가운데 조그만 죄업을 범하게 되었다면 금강살타 심주[7]를 염하며 참회해야 한다. 티벳은 대다수가 불교신앙을 하는 가정이고 평상시에 살생하지 않으며 자기의 능력 닿는 대로 청정한 음식을 마련하는데, 이런 점은 매우 필요한 것이다. 세속사람으로서 오욕을 탐하고 악을 그치지 아니하며 매일 술 마시고 살생하는 등 미친 듯이 인과를 거스르는 행이 지나치지 않아야 하니, 짧은 인생 가운데 자기 스스로 청정한 계율을 수지하며 착한 생활을 유지해야 한다. 『정법념처경正法念處經·십선업도품十善業道品』 가운데 말하길 "정법을 파괴하지 않고 오래 법에 안주하면 생사윤회를 면하고 선법이 구족하게 된다."라고 하니, 가령 정법을 훼손함이 없고 오랫동안 여법한 행위 가운데 임하면 스스로 생사윤회에 빠지지 않게 되며 완전히 각종 선법을 구족하게 된다.

그러므로 재가인은 응당 생활을 청정하게 하며 매일 술 마시고 악업을 지으며 하루하루를 보내지 말 것이니, 이는 필경 세간 향락이 모두 허무하고 가식적인 것이기 때문이다. 그렇지만 자식이나 가정은 방치한 채 홀로 산 정상에 올라 앉는다면 이것 또한 매우 비현실적인 일이다. 당연히 재가자도 그의 발심이 매우 견고하면 마지막 성공의 희망이 있다. 우리들 각자의 신분에서 재가인은 재가인의 청정한 계를 지키고, 출가인은 출가인의 계를 지키며 각자의 위치에서 스스로 선업을 받들어 행하면 불법을 펴고 중생을 구제함에 매우 큰 이익이 있게 될 것이다.

---

[7] 옴 반저 삿더 훔. 범어 발음으로는 옴 바즈라 사트와 훔(OM VAJRA SATTVA HUM).

6
보시布施를 실천함

재물은 변동하는 것이니 실재함이 없음을 알아
비구와 바라문, 친지들과
가난한 사람들을 위해 보시해야 하나니
남김없이 보시하는 것 이외에 수승한 벗은 없습니다.

知財動搖無實質 지재동요무실질
如理施比丘梵志 여리시비구범지
親朋貧者爲他世 친붕빈자위타세
施外無餘勝親友 시외무여승친우

우리들은 알아야 하나니, 축척된 재물은 물방울과 같아 실재적이지 않고 찰나에 소멸되며 신뢰할 수 있는 실질이 있지 않음이다. 어떤 사람들은 돈이 많음에도 불구하고 탐욕이 끝없으니, 이와 같은 도리를 분명히 알게 된 후 마땅히 법답게[8] 보시해야 한다.

---

[8] 만약 자기의 명성과 내세의 부와 재산을 위함이면 이것은 매우 청정하지 않으니, 우리들은 반드시 이를 막아야 한다.

보시의 대상을 말하면, 응당 공덕을 구비한 비구, 사미 등을 복전福田이라 할 수 있다. 왜냐하면 그들은 심상속心相續 중에 '계'의 체를 품고 있기 때문이다. 혹은 인도의 바라문도 가능한데 그들은 일생을 선법을 받들어 행하며 오통五通을 증득하였다. 당나라 번역본인 『친우서』를 보면 '선사仙師', 즉 선인仙人도 언급하는데, 그들은 고요하고 청정한 곳에 임하며 초월적인 공덕을 지니고 수행하기 때문이다. 그리고 나아가 은덕이 매우 크신 부모님 같은 복전福田, 혹은 수행 과정 중에 이익을 주는 자신의 좋은 벗, 또한 매우 빈곤한 사람들, 약소자, 병약자, 약한 자 등도 다 보시의 대상이 된다. 우리는 이런 대상들에게 마땅히 힘을 다해 보시해야 한다.

보시는 내세에 대하여 이익이 매우 크다. 내세를 위해서는 보시만큼 수승한 친구도 없다. 곁에 있는 세간의 친구들은 인간 세계를 떠날 때 한 사람도 데려갈 수 없지만, 진심진력을 다해 보시를 행하면 내세에는 정해진 많은 복과 공덕이 당신을 따라가고 보살피며, 비록 아귀로 태어나게 될지라도 재산을 가진 아귀로 변하여 태어나게 된다.

사실상 세간의 재물은 허망하고 실체가 없으며, 오늘 당신이 억만장자라 할지라도 내일은 씻은 듯이 한 푼 없는 빈곤자가 될 수도 있다. 억만장자가 여러 가지 원인들로 인하여 재산이 다 없어져서는 신변에 돈 한 푼도 남아 있지 않게 되는 사례가 많다. 그러므로 당신이 재산을 가지고 있을 때, 마땅히 재산은 소실되며 실질적인 보장이 없는 것임을 알고 널리 보시하여 복을 짓는 중생이 되어야 한다.

2006년, 주식의 신인 워렌 버핏은 그가 거둬들이는 85%의 개인 배당금을 빌게이츠 자선기금회에 기부하기로 했다. 그 가치는 370억

달러가 넘는다. 2008년 6월에 빌게이츠는 전 세계에 은퇴를 선포하여 경제계를 뒤흔들었는데, 그가 퇴직 후 행한 선언은 사람들을 더 크게 놀라게 했다. 그는 자기의 580억 달러 재산 전부를 자선기금으로 쓸 것이며, 자기의 자녀에게는 한 푼도 물려주지 않을 것이라 선포하였다.

이런 사람들이 이렇게 재산을 자발적으로 선행에 사용하는 것은 사실상 현명하고 지혜로운 결단이다. 따라서 우리도 조건 닿는 대로 응당 힘껏 보시하는 것이 좋다. 다만 상황이 여의치 않을 때에는 『현우경賢愚經』에서 "아주 가난한 사람이 몇 개의 깨끗한 돌멩이를 주워서 스님께 공양하였는데, 그의 성심 때문에 후 91겁 동안 안락을 향유할 수 있었다."라고 말하는 것과 비슷하게 실행할 수 있다.

이런 방면의 사례들은 비교적 많다. 한번은 까따야냐 존자(가전연존자)께서 사위국으로 가는 도중 물병을 들고 강가에 앉아 크게 울고 있는 한 여인을 만나게 되었다. 존자께서 우는 이유를 묻자 그녀는 "나는 기구하게 가난한 사람이라 매일 아귀나 마찬가지로 고통과 괴로움을 받으니 진짜로 더 살고 싶지 않습니다!"라고 하였다. 존자께서 그녀에게 위로하며 말하길 "상심하지 말고 빈곤을 다른 사람에게 팔아버리면 된다."라고 하셨다. 여인이 놀라서 말하길 "그런 황당한 말씀 마세요. 어떤 사람이 있어 빈곤을 사겠습니까?" 하였다.

"나에게 팔아라. 내가 반드시 사겠다."

"어떻게 팔 수 있죠?"

존자께서 말씀하시길

"보시가 필요하다. 빈곤한 사람은 전생에 보시를 하지 않아서이고,

부귀한 부자는 전생에 보시를 했기 때문이다. 그러므로 보시는 빈곤을 팔아서 부를 살 수 있는 최고의 방법이다."

여인이 듣고 깨닫고는 "당신 말씀이 매우 맞습니다. 하지만 아무것도 가지고 있지 않고 손에 들고 있는 이 물병마저도 주인의 것인데, 제가 보시를 어떻게 할 수 있을까요?"라고 물었다. 존자께서 바리때를 그녀에게 주며 말하길 "보시에 반드시 돈이 필요한 것은 아니고, 다른 사람이 보시하는 것을 보게 될 때 기뻐하는 것도 보시이다. 지금 당신이 이 바리때에 물을 담아서 내게 주면 내게 보시하는 것이 된다."라고 하셨다. 여인은 그제야 보시의 바른 뜻을 명백하게 알게 되었으며 바로 가르침을 받들어 행하였다. 후에 그녀는 존자께 물을 대접한 공덕으로 사후 천계에 왕생하였으며, 복을 구비한 자가 되었다.

오늘날 많은 유물론자들이 인과를 몰라 자신이 왜 빈곤한지 알지 못한다. 같은 부모의 소생인 두 아이 중 한 아이는 공부를 열심히 하여 성장한 후 지혜로운 사람이 되고, 다른 한 아이는 공부하길 싫어해서 커서는 일도 갖지 못하게 되어 두 아이의 운명이 천양지차가 되는 것을 생각해 보라. 이와 똑같이 우리들이 금생에서 보시에 힘쓰면 내세에서는 부를 가진 자가 되며, 반대로 특별히 인색하면 당연히 빈곤한 사람으로 변하게 된다. 그러므로 우리들은 결과를 바라는 것보다도 원인을 구하는 것이 더 중요함을 알아야 한다. 어떤 이는 항상 황금재신상黃金財神像을 부여잡고 "황금재신이여, 제가 돈을 벌기를 매우 원합니다. 저에게 빨리 재복을 주십시오! 어서 빨리 재복을 주세요!"라고 한다. 듣기로는 그녀는 법당 안에서 매일 매일 머리를 항상 황금재신상에 붙이고 복을 빈다고 한다. 그러나 황금재신의 위력이 불가사의하다고 해도 힘든 가운데 어떤 보시의 인연이 없는 한 재복의 과는 받을 수가 없다. 이렇듯 보시는 금생과 내세에서의 공덕이 매우 큰 것이다.

7
지계持戒를 사유함

그대는 계율을 깨거나 흠 나게 하지 않으며
탁해져 오염되지 않도록 잘 지켜야 하니
움직이거나 움직이지 않는 일체 만물의 의지처인 대지와 같이
계율은 모든 공덕의 근본이 됩니다.

汝戒未失無缺憾 여계미실무결감
未混未染當依之 미혼미염당의지
戒如動靜之大地 계여동정지대지
一切功德之根本 일체 공덕지근본

❀

 일반적으로 당시의 인도 국왕은 모두 삼귀오계를 받아 지녔기에 용맹보살이 낙행왕에게 말하길, 청정계율의 4종 공덕을 구족한 대왕 당신은 마땅히 계속하여 계율을 의지하고 수지하여야 하며, 일체의 공덕은 모두 계율을 의지하는 데서 나오게 된다고 하고 있는 것이다.
 그러면 4종 공덕은 무엇일까? 계를 수지함에 있어 일체 파계의 화를 멀리하며 청정하고 손상됨이 없게 하는 것, 이를 '미실未失'이라고 한다. 이런 과정 중에 강력한 대치력을 구족하여 계율을 어기게 되는

원인인 번뇌로 인해 더 많은 계율을 범하지 않게 하는 것, 이것을 '무결감無缺憾'이라고 한다. 성실히 적멸 해탈의 과를 희구함에 있어 소승의 적멸을 구하는 발심이 아닌 것을 일러 '미혼未混'이라고 한다. 또한 파계의 원인이 되는 번뇌와 악심에 오염되지 않는 것을 '미염未染'이라고 한다.(이것이 4종 공덕이다.)

개괄하여 말하면, 일체 파계의 과환을 멀리 떠나는 것(未失), 일체 대치하는 지혜의 원만(無缺憾), 세간 욕심의 과보를 희구하는 것을 멀리하는 것(未混), 일체 파계의 인을 끊어 제거하는 것(未染), 이 네 가지 조건을 구비한 계율의 본체는 『보현행원품普賢行願品』에 "더러움도 없고, 깨짐도 없고, 터지고, 새는 것도 없는 것"이라 함과 같은 것이다. 낙행왕은 응당 이를 수지하여야 한다.

낙행왕은 거사계居士戒를 수지한 사람으로서 마땅히 위의 공덕을 갖출 것이 요구된다. 당연히 출가인이라면 『비나야경毗奈耶經』에 근거한 내용대로 청정계율을 수지해야 하니, 이에 대한 금생과 내생의 이익은 말할 수 없이 크다.

티벳의 많은 고승대덕들은 항상 "움직이기도 하고 움직이지 않기도 하는 만물의 의지처인 대지와 같이 계율은 모든 공덕의 근본이 된다."라는 본 게송을 교법의 증거로 인용하며 계율의 중요성을 강조한다. 대지는 만물을 생겨나게 하고 유지하는 근본이다. 조류나 축생, 흙, 물, 불, 바람, 집, 초목 등은 대지에 의지한다. 이와 똑같이 계율은 일체 공덕의 근본으로 해탈계, 보살계, 밀승계 등과 같은 청정계율이 있어야만 일체 공덕이 생겨날 수 있다. 이는 『유교경遺教經』에서 말하는 "마땅히 계는 공덕의 의지처가 됨을 안다."고 하는 것과 일치한다.

말법시대에 있어 계를 지키는 환경이 이전과는 많이 다르지만, 대부분의 사람들은 대치력에 의지하여 응당 청정한 계율을 수지할 수 있다. 계는 일체 공덕이 나오는 원천이며, 붓다를 뵙는 것보다도 자기 자신의 6근문을 지켜내는 것이 더 중요하다고 할 수 있다. 이는 붓다께서 경전(『사십이장경』) 중에서 "자기의 좌우에서 비록 항상 자기를 살펴보아도, 자기를 제어하는 계를 따르지 않으면 끝내는 도를 얻을 수 없다."라고 말씀하신 것과 같다.

청정한 계율을 수호하기 위해서 어떤 이들은 목숨도 아까워하지 않는다. 『현우인연경賢愚因緣經』에 나오는 한 예를 들어보자. 사미승이 한 시주의 집에 머물게 되었다. 당시 시주의 전 가족이 외출을 하게 되었는데, 다만 딸 하나를 남겨서 집을 보게 하였다. 그녀가 잘생긴 사미승을 보고 욕정이 생겨서는 그의 앞에서 각종 교태를 부리면서 사미승에게 음행을 강요하였다. 사미승은 생각하길 "내가 무슨 죄를 지어서 이런 악연을 만나게 되었는가? 나는 신명을 다해 삼세제불께서 만드신 금계를 범하지 말아야 한다. 절대 불법승 삼보에 위배되는 일을 만들어서는 안 된다."라고 하고는, 칼을 꺼내서 합장 발원하되 "나는 오늘 금계를 지키기 위해 목숨을 버릴지언정 계를 파하며 살길을 구하기 원하지 않으며, 출가를 해서 도를 공부함에 모든 행위를 깨끗이 하여 도를 이루어 마치길 원한다." 하였다. 이러한 발원을 마친 후 자결을 하였다. 국왕이 이를 듣고 마음속 깊이 경앙심이 생겨 그곳에 나아가 공양을 올리고 널리 찬탄하였으며 그의 일을 전국에 알리게 하였다.

지금과 같은 말법시대에는 이와 같은 수행인을 거의 찾아볼 수 없다. 하지만 일반적으로 말할 때 출가인은 마땅히 계를 눈동자와 같이 지켜야 하며, 재가인 또한 응당 삼귀의와 오계를 수지하여야 한다. 만약 이 같이 계율로 기초를 삼지 않고서는 어떠한 공덕도 생겨날 방법이 없으며, 어떤 선취善趣에 환생하는 기회를 갖는 것도 불가능하다. 그러므로 수계를 받은 후에는 반드시 지계에 대해 바르게 알고 지켜나가야 하며, 영원히 계율을 훼손시켜서는 안 된다.

모든 사람들이 다 계율을 잘 지켜서 청정한 계율이 있게 된 후에는 일체의 공덕이 자연적으로 증가하게 된다. 『찬계론贊戒論』에서 말하길 "누구라도 청정계를 수지하면 비록 조그마한 문사수 공덕이 없을지라도 죽은 뒤에는 필경 청정한 국토에 왕생한다. 계를 지키는 것은 선을 행함에 속임 없는 연기緣起의 특별한 법이다."라고 하였다. 『찬계론』의 저자 우진왕뽀·단증뤄오(格蒙旺波·丹增諾吾)는 평생 동안 계율을 청정히 수지하였고, 원적에 들 때에는 "나는 우진 연화생(Padmasambhava)이고, 생도 없고 사도 없는 붓다이며, 보리심체는 기울임이 없고, 사문팔과沙門八果의 헛된 명성을 떠났다."라고 염송하시면서 서서 입멸을 보이셨다.

이로 보아 청정계율은 각각의 수행인들에게 매우 중요하며 일체 공덕이 나오는 원천이고 의지처이다. 『교비구경教比丘經』 가운데 말하길, 어떤 이들에게는 계율이 고통의 원천이고 어떤 이들에게 계율이 즐거움의 원천이니, 파계자는 악취에 떨어져서 한없는 고통을 받으며, 지계자는 잠시 선취에 나게 되고 필경에는 무상열반을 얻게 된다고 하였다.

II. 도道의 본체

1. 육바라밀 수행 약설 (게송 8)

8
육바라밀 수행에 대한 약설

보시와 지계, 인욕, 정진과 선정,
지혜의 한량없는 바라밀로
생사의 바다 건너 저 언덕에 나아가
여래의 정등각을 원만히 성취하십시오.

施戒安忍精進禪　시계안인정진선
如是無量智慧度　여시무량지혜도
圓滿趣向有海岸　원만추향유해안
成就如來正等覺　성취여래정등각

이 게송은 육바라밀다의 수행을 통한 성취의 요점을 말하고 있는 것으로, 특히 초학자들에게 육바라밀 수행을 요구하고 있다.
　육바라밀은 일체의 대승도를 포함하는 것으로, 이를 제외하고는 따로 더 수행할 다른 것이 없다. 중국 전승불교 중에는 이 육바라밀

사상으로 결집되어 있는 논전이 비교적 많은데, 티벳 전승불교 중에 미팡 린포체의 『석가모니불광전釋迦牟尼佛廣傳・백련화론白蓮花論』에서도 육바라밀 차제를 배합하여 붓다가 보살도를 행하실 때의 공안에 대해서 강설하고 있다.

평범한 사람이 육바라밀을 원만하게 행하는 것은 그리 쉬운 일이 아니다. 『십지경十地經』이나 『입중론入中論』에서도 말한 바와 같이 보시도를 원만히 하는 것이 제1지 보살인데, 이로써 미뤄보면 지혜도를 원만히 이뤄서 육지보살에 이르기까지는 육바라밀다를 원만히 행해야 한다. 우리들이 완전히 이러한 경계를 깨닫기에는 어려움이 있다 하더라도 지금 보살행을 하는 동안 마땅히 힘을 다해 육바라밀을 본받아 수학, 수행해야 하는 것이다.

아래에 육바라밀의 각 법상에 대해 명백하게 논술하였다.[9]

1) 보시도布施度

보시라 함은 가지고 있는 모든 것을 중생에게 주는 것을 말한다. 내가 쥐고 있는 모든 대상에 대한 탐심의 집착을 끊어버리는 것이다.

보시는 재시財施, 법시法施, 무외시無畏施[10]로 나뉘는데, 재물보시는

---

9 불법은 들은 것만으로 되는 것이 아니다. 마땅히 여러 가지 다른 방면으로 이해해야 하며, 이후에 자신이 일을 실행하는 것을 돌아봐야 하는데 이 방면은 더욱더 관찰할 가치가 있다. 육바라밀을 실천할 때 모두 보리심으로 섭수하여 결국엔 중생에게 일체를 회향해야 하는 것이다. 그렇지 않으면 세상의 선근이나 해탈로 나아가는 작은 소승 선근 정도만 이룰 뿐이다.

10 무외시란 부처나 보살이 중생을 보호하여 두려운 마음을 없애주는 것을 말한다. 무외심을 베푸는 자를 시施무외자라 하고, 또 관세음보살觀世音菩薩을 시무외보

보통보시, 광대보시, 초특대보시 3가지를 포함한다. 자신의 신체와 재산, 심지어 가족들도 모두 마땅히 중생계에 보시해야 한다. 그러나 실상 이것은 무척 실천하기 어렵다. 어떤 이들은 보시를 간단한 것이라 여기기도 하지만, 실제로는 쥐고 있는 재물들에 집착이 있고 특히 가족들에 대해서 특별한 집착이 있는 사람은 보시한다고 말하지 못하니, 다른 사람들이 자신의 재물을 한번 엿보는 것조차도 불쾌해한다. 붓다께서 살아 계셨을 때 모든 것을 베푸신 것처럼 우리 범부들이 그와 같이 하는 것은 터럭만큼도 바랄 수 없다.

2) 지계도持戒度

악행을 금하도록 제지하고 선법을 행하는 한 가지 마음을 가리키는 것으로, 금악행계, 섭선법계, 요익유정계[11]를 포함한다. 여기에서 제일 중요하게 말해지는 것은 '모든 악을 짓지 않고 모든 선을 받들어 행하는 것'으로, 대승은 여기에 '모든 중생을 이익 되게 하는 것' 한 가지를 보탠 것이다. 진정한 지계도란 스스로 깨끗하게 계율을 수행함으로써 중생을 이롭게 하고 중생을 도우며, 단 한 명의 중생이라도 혼란케 하지 않는 것이다.

살이라고도 한다. 이는 일체 중생을 교화하며 모든 중생을 두려움 없이 편안하게 살게 하기 때문이다.(출처: 두산백과)

11 불교의 삼취정계三聚淨戒를 말한다. 금악행계禁惡行戒는 살생과 투도 같은 열 가지 악업을 금하는 것이고, 섭선법계攝善法戒는 대승 보살이 온갖 선善을 닦는 것을 말하며, 요익유정계饒益有情戒는 자비와 희사로 중생에게 이익을 베푸는 계율을 말한다.

3) 인욕도忍辱度[12]

각종 위연違緣 앞에서 마음을 약하게 먹지 않으며 쉽게 위축되지 않는 것을 말한다. 그것은 안수고인安受苦忍, 내원해인耐怨害忍, 제찰법인諦察法印으로 나뉘는데, 이런 몇 가지 인욕은 수승한 선근과 연분이 없다면 자기 혼자서는 지키기 어려운 것이다.

먼저 안수고인은 정법을 성취하기 위하여 모든 힘든 고초를 달게 받는 것이다. 예를 들면 수행 과정 중에 자신의 신체의 불편함을 돌보지 않는 것이라든가, 법을 듣기에 날씨가 좋지 않은 등과 같은 갖가지 악연을 만나게 되더라도 마음을 강건하게 먹고 굴하지 않으며 조금도 위축되지 않는 것이다.

다음으로 내원해인은 원수와 당면하거나 암암리에 원수 때문에 다치게 되더라도 그들에 대해 분노의 감정을 품지 않는 것을 말한다. 어떤 도반이 발심하는 과정 중에 심한 소란을 피우더라도 그것을 완전히 받아들이는 것도 이에 포함된다.

마지막으로 제찰법인은 진리를 자세히 관찰하여 불생불멸하는 이치에 안주하는 것이다. 공성의 깊은 실상, 혹은 대승의 광대한 실천에 대해 듣게 되었을 때 이에 대해 조금도 의심치 말아야 한다.

경전과 논전에서의 설명에 따르면 이상의 보시도, 지계도, 인욕도 이 3가지는 복덕자량과 관련이 있는 것이다.

---

12 원문은 안인도安忍度이나 독자들의 편의를 위해 인욕으로 수정한다.

4) 정진도精進度

선법을 수행함에 지극한 환희심을 내면 이것이 곧 정진의 본체가 된다. 정진은 피갑정진, 가행정진, 불퇴전정진[13] 등으로 나뉠 수 있다. 인연이 있는(所緣) 복덕자량이 쌓이든, 인연이 없는(無所緣) 지혜자량이 쌓이든 그 어느 것에 관계없이 모두 정진에서 벗어날 수 없으니, 만약 정진하지 않으면 일체의 공덕은 높아지기 어렵다. 이에 대해서는 월칭논사月稱論師 또한 "공덕은 모두 정진 수행과 같이 쌓이며, 복과 지혜 두 가지 자량의 원인이 된다."라고 하셨다.

세간의 일만 보더라도 정진 없이는 이루어지는 것이 없다. 어떤 이들은 무지몽매하고 게을러서 하루 종일 헛되이 시간만 보낼 뿐만 아니라, 먹고 자는 것조차 해결하지 못하며 실질적인 의미 없이 하루하루를 지낸다. 수행자는 마땅히 나태하지 말지니, 아침에 좀 일찍 일어나고 저녁에는 좀 늦게 잠들며, 평소에 특별히 어지럽게 분산되지 않고 반드시 자신과 타인의 해탈을 위해 무언가 의미 있는 일을 해야 할 것이다.

---

[13] 피갑정진被甲精進은 병사가 갑옷을 입고 진지에 들어가 전투를 하되 추호의 공포심이 없이 대위세大威勢를 보이며 싸우는 것과 같이, 어떤 일을 하든지 이와 같이 중생을 구제하고 악을 제거하면서 보살행을 실천하는 것이다. 가행정진加行精進은 견고하고 용감한 자세로 더욱 근면하고 자책하여 목적한 바의 과업에로 매진하는 노력을 뜻한다. 불퇴전정진不退轉精進은 개인을 떠나서 오직 중생만을 생각하고 중생이 잘살 수 있는 낙토樂土를 건설하는 데 모든 힘을 기울이는 것을 뜻한다.(출처: 한국민족문화대백과, 한국학중앙연구원)

5) 선정도禪定度

마음을 순직하게 선법에 집중함을 말하니, 이것이 곧 선정의 본체이다. 그것은 세간의 정려精慮와 출세간의 정려 두 가지로 나뉜다. 세간의 정려는 4선정, 4무색정[14]을 포함하는데 이러한 선정은 윤회의 한 요인이 되고, 출세간의 정려는 성문, 연각, 보살, 붓다의 선정을 가리키는데, 이런 선정들은 해탈의 요소가 된다.

선정은 선근을 증장시키는 근본원인이며, 만약 마음이 안정되지 않으면 일체의 선법을 성취할 수 없다. 여러분은 모두 시간이 있다면 마음을 안주함에 두어야 하나니, 무시이래로 계속 분별망념을 따라서 육도 중에 윤회하며 고통을 받으므로, 만일 현재에도 여전히 멈추지 않는다면 언제 생사의 큰 바다를 벗어날 수 있겠는가?

6) 지혜도智慧度

일체 법의 진상을 변별할 수 있는 것이 곧 지혜의 본체이다. 이는 문소생혜聞所生慧, 사소생혜思所生慧, 수소생혜修所生慧[15]로 분류되는

---

[14] 색계 선정 4가지, 무색계 선정 4가지를 합쳐 8선정이라 한다. 색계 1선정으로 5감(色聲香味觸)을 버리고, 색계 2선정으로 생각함을 버리며, 색계 3선정으로 기쁨을 버린 후, 색계 4선정으로 행복과 고통을 버린다. 무색계 1선정으로 물질을 대상으로 하는 생각과 여러 가지 성질이 있는 생각과 부딪침 때문에 생기는 생각들을 제거하며, 무색계 2선정으로 무색계 1선정을 버린다. 무색계 3선정으로 무색계 2선정을 없음이라는 명칭을 관하는 선정으로 끝없는 허공을 관하는 것을 버린다. 무색계 4선정으로 무색계 3선정을 생각도 아니고 생각 아님도 아닌 것으로 조금의 대상도 없는 선정이라는 생각을 제거한다.(출처: 『37수도장』, 법수, 생각나눔, p.230)

데, 혹자는 승의勝義[16]와 세속의 두 가지 큰 지혜로 나누기도 한다.

붓다께서 보살도를 행하실 때 수행 중에 깨닫기를, 단지 육도를 수행하는 것만으로도 이미 충분하니, 넘치는 것이 불필요하며 부족함 또한 불가하다 하셨다. 수행자가 된다는 것은 이 육바라밀의 실천을 반드시 원만케 하여 이 삼유대해三有大海를 떠나 해탈의 피안에 도달하는 것을 말한다. 그러므로 우리들은 대승 보리심을 발한 사람으로서 마땅히 능력이 닿는 범위 내에서 보시, 지계, 인욕, 정진, 선정, 지혜를 수행해야 한다. 만약 이와 같이 한다면 여래의 바다와 같이 원만한 32상과 묘한 공덕을 얻어 궁극에는 피안에 도달할 날이 있을 것이다.

『선계경善戒經』에서 육도 수행에서 얻는 공덕을 말하길 "첫째는 베푸는 데서 받는 것은 복이고, 둘째는 지계에서 받는 것은 용모이며, 셋째는 인내함에서 받는 것은 힘이며, 넷째는 정진함에서 받는 것은 장수이며, 다섯째는 선정에서 받는 것은 편안함이고, 여섯째는 지혜에서 받는 것은 변별력이다."라고 하였다. 이 중에서 지혜도가 제일 중요한데, 삼세제불이 모두 이에 의거하여 보리과를 얻었기에, 『반야심경般若心經』에서 "삼세제불三世諸佛 의반야바라밀다依般若波羅密多 고득아뇩다라삼막삼보리故得阿耨多羅三藐三菩提"라고 설하고 있는 것이다.

『화엄경華嚴經』에서도 비유로써 육도를 형용하길 "반야바라밀은

---

15 문(聞: 듣고), 사(思: 생각하고), 수(修: 육바라밀을 행하며)를 통하여 일체종지一體種智를 얻게 되는 것을 말한다.

16 승의는 ① 범어로 paramārtha로 가장 뛰어난 이치, 궁극적인 이치, ② 열반을 뜻한다.(출처; 『시공불교사전』)

어머니이고, 방편선교는 아버지이며, 단나바라밀은 유모이며, 지계바라밀은 양모이고, 인욕바라밀은 장엄구이며, 정진바라밀은 양육자이며, 선나바라밀은 세탁하는 사람이니, …… 보리심으로 집을 삼는다."라고 하였다. 이러한 비유는 보리도 중에서 성장 성숙하고 최후에는 중생의 이익을 위한 일을 원만하게 함에 있어서 모든 단계를 오르는 부분은 모두 이 육바라밀행에 의거해 성취해야 함을 말하는 것이다.

우리들은 선법을 수행하는 과정 중에 육도의 중요성을 명백히 하는 것이 필요하다. 평소에 계를 지키는 것 또한 좋으며 보시하는 것 또한 좋은데, 반드시 보리심으로 섭수하여 행해야 한다. 설령 불쌍한 걸인에게 단 한 푼을 주더라도 처음엔 발심을 갖고서 해야 하며, 중간에도 좋은 마음과 좋은 뜻을 품었던 그 상태로 있어야 하고 그 사람을 모욕하거나 멸시해서는 안 되며, 종국에는 대승에 회향함으로 그 선업을 섭수해야 하니, 이렇듯 육도에 의거한 인연으로 장차 이신二身, 곧 색신과 법신의 열매를 성취할 수 있게 되는 것이다.

용맹보살께서 『보만론寶鬘論』 중에서 말씀하길 "제불의 색신色身은 복덕자량에 의해 형성되었으며, 법신法身은 지혜자량에 의거해 생긴 것이다."라고 하시니, 각각의 중생들은 장차 모두 색신과 법신을 원만히 하겠지만, 당장은 마치 학생들이 공부를 통해서만 대학에 들어가는 것처럼 오직 이 이신二身의 원인을 지금 바로 준비해야 한다. 우리들은 보살도를 행하는 동안 "육도는 단지 하나의 설법에 불과하니 우리와는 무관하다."라고 생각지 말아야 한다. 선배 고승대덕과 불보살께서 어떻게 육도만행을 수행했는지를 알고 배워, 마땅히 마음과 힘을 다해서 본받아 행해야 한다. 이러했을 때 마음의 힘은 비로소 점점 높아지며 번뇌의 장애도 천천히 사라질 것이고, 결국에는 여래의 법신을 이룰 수 있으며 천하의 모든 사람들에게 이익을 줄 수 있는 것이다.

2. 보시바라밀 (게송 9)

9
보시바라밀

부모와 친족을 공경하는 수행인은
청정함을 갖춘 아사리[17]가 되고
그들을 잘 공양한다면 효자로 이름이 나며
내세에 선취善趣에 태어나게 됩니다.[18]

何者孝敬父母親　하자효경부모친
彼族具梵阿闍黎　피족구범아사리
供養彼等今名揚　공양피등금명양
他世亦轉善趣中　타세역전선취중

❁

여기서는 보시의 주요한 대상이, 그 은혜가 산과 같이 높은 부모임을

---

17 아사리阿闍梨: 제자를 가르치고 제자의 행위를 바르게 지도하여 그 모범이 될 수 있는 승려.
18 선취에 태어남은 삼선도(三善道; 인간·아수라·천상)에 태어나는 것을 말한다.

말하고 있다. 대승 수행자는 마땅히 일체 중생을 부모로 생각해야 하나, 다만 먼저 금생의 부모에게 효도와 공경을 다해야 한다. 그렇지 않다면 기타 중생을 부모 대하듯이 한다는 것이 현실적인 말이 될 수 없다.

대소승의 불경은 모두 양친 부모에 대한 효경을 매우 강조한다. 어떤 한 사람이 효를 행한다면 그의 가족들이나 그 사람 자신이 범천, 제석천왕, 사대천왕 등과 같은 선법 천존의 가호와 가피를 받을 수 있다. 제불보살이 화현한 모든 선지식들 또한 이런 사람을 매우 좋아하는데, 그에게 가피를 내린 후에 그의 가족 중에서 인간 세상의 공양을 받을 만한 아사리로 태어나게 된다.

『친우서』에 쓰인 글귀나 문자의 뜻을 보면 바로 이해할 것 같아도, 몇몇 게송은 그 풀이가 쉽지 않으므로 반드시 열심히 그 의미를 사유해야 하며, 자신의 이해가 어떠한가를 돌아보고 강의 내용의 풀이와 대조해보며 어떤 차이가 있는지를 찾아봐야 한다. 즉 자신의 그릇된 분별념에 의거하지 않고 이 게송을 해석하여야 하는 바, 평소에 경론을 학습할 때에도 성자의 본래 의도를 결코 바꿔서는 안 된다.

부모를 공경하는 사람의 집안에는 호법 천존의 가피로 선지식의 환생이 끊이지 않는다. 또한 금생에 부모님의 은혜에 보답하는 공덕을 이룸으로써 명성을 널리 떨칠 수 있고 곳곳에서 사람들의 칭찬을 얻게 되며, 내생에는 선취 중에 환생할 수 있다. 이러하니 만약 어떤 사람이 부모에게 거역하고 불효한다면 그 비참함이 어찌될지는 짐작할 수 있을 것이다.

불교나 전통문화 모두 부모에게 효경하는 것을 제일 중요한 일로 여기니, 효에 의거해 한 사람의 인격과 덕행을 살펴볼 수 있다. 출가인이든 재가인이든 부모께서 만약 여전히 건강하게 살아계신다면 스스로 마음과 힘을 다해서 돌봐드려야 하며, 만일 형편상 실제로 돌볼 수 없다 하더라도 항상 그분들을 안위해드리고 문안을 여쭤야 한다. 불교의 관점에서 뿐만 아니라 세간의 시각에서 말하는 것도 이와 같다. 만약 부모가 낳고 길러주시는 은혜가 없었다면 우리들은 근본적으로 문화지식을 이해하고 지혜를 취할 수 없었을 것이다.

아충대사(阿瓊堪布)의 『대원만전행필기大圓滿前行筆記』[19]는 자식에 대한 부모의 은덕과 세간 지혜의 은덕을 포함하여 출세간 지혜의 은덕, 그리고 특히 사람 노릇을 실천하는 도리에 대해서 깊이 있게 다루고 있다. 만약 부모의 가르침과 지도가 없었다면 우리는 어려서부터 우매한 군중 속에서 성장했을 것이고, 지금도 식사할 때 젓가락조차 들 수 없었을 것이다. 그러므로 보은의 마음을 갖는 것은 매우 중요하며, 이를 실천하는 사람은 금생 동안에는 명성이 널리 퍼지고 다음 세상에서는 인간계나 찬상계의 선취 중에 다시 태어나는 기쁨을 가질 수 있을 것이다.

그러나 현재 세상은 무서울 정도로 변하여, 옛사람들은 부모 존중을 당연하게 여기었는데, 작금의 사회에서는 자식이 단지 문화지식을 학습할 뿐 부모께 효도할 줄 모르니, 이것도 교육과 관계되는 것이다. 중국문화는 효도의 기초 위에 건립되었다. '효孝'란 글자는 위는 '노老'라는 글자, 아래에는 '자子'라는 글자로 되어 있다. 즉 '효'의 뜻은

---

19 『전행비망록』. 전행에 관한 전법필기문.

자녀가 부모를 머리 위에 받들어 모심을 이르는 것이다. 그러나 현대인들은 부모께 효도하는 것은 매우 희소한 일로 여기며 위정자의 공적이나 찬양하는데, 이것은 실로 뒤바뀜이 매우 심한 것이다.

지금의 시대는 예전과 같지 않다. 이전에는 각 가정에 3~4명의 자녀가 있는 것이 보통이었다면, 지금은 여러 가지 요인으로 인하여 출산되는 자녀가 많이 줄어서 만일 이 자녀들이 효도하지 않는다면 그 부모는 평생 동안 믿고 의지할 곳이 없어지는 것이다. 어떤 이들은 "나는 이미 집을 나와서 승려가 되어 부모의 은덕에 보답할 길이 없다."라고 말한다. 그러나 이런 말은 잘못된 것이다. 화지 린포체(華智仁波切)께서 『전행』에서 불경의 가르침을 인용해 말씀하길 "자식이 부모를 좌우 양쪽 어깨 위에 받들어 모시고 지구를 몇 바퀴 돌아다닌다 하더라도 부모의 은혜에 보답하기 어려우니, 만약 부모로 하여금 정법에 들게 한다면 오히려 은덕에 보답할 수 있는 것이다."라고 하셨다. 또 연지대사(蓮池大師)께서도 교언 중에 말씀하길 "효 중에 큰 효는 부모로 하여금 염불하시도록 인도하여 결국에는 정토에 왕생하시게 하는 것이다."라고 하셨다.

그렇지만 현재 어떤 부모는 자녀가 만약 출가하면 곧 모든 것이 끝났다고 여겨 자녀로 하여금 영원히 돌아오지 말라고 하고, 그렇지 않으면 주위 사람들에게 비난 받는다 여기고는 자신 또한 고개도 들지 못하고 지낸다. 또한 티벳의 어떤 지역에서는 오히려 이와 반대로, 한 집안에 출가한 사람이 없으면 곧 이 집안은 특히 영예롭지 못한 백정 집과 같다 여긴다. 그래서 일정한 시기가 되면 부모는 갖가지 방법으로 자녀를 출가시키고 이를 자랑거리로 삼아 곳곳에 가서 알리곤 한다.

  당신들에게 만약 출가할 인연이 있다면 이는 당연히 매우 복된 것이나, 이러한 연분이 없다면 어떻게 하든지 부모께서 건재하실 때 부모를 봉양하며 섬겨야 한다. 『대집경大集經』 중에서 이르기를 "만약 세상에 부처님이 없다면 부모를 섬길 것이니, 부모가 곧 불교이다."라고 하였다. 세상에 불교가 나타나지 않았다면 부모를 봉양함이 곧 부처님을 섬기는 것이다. 그러니 설령 부모가 이미 세상을 떠났다 하더라도 법회에서나 성지를 순례할 때 부모의 이름을 제시하고, 승려에게 보시를 올려 부모님께서 가피를 받을 수 있도록 하는 방법 등으로 효도를 행할 수 있다. 고인이 되신 부모께서 우리를 양육하기 위해 지었던 수많은 악업으로 인해 지옥, 아귀, 축생계에 빠져 있다면, 승도의 위력에 의지하여 부모님께 경을 읽어 회향해드리고 악도를 뛰어넘어 그곳에서 빠져나올 수 있도록 기회를 드려야 한다. 『대승본생심지관경大乘本生心地觀經』 중에서도 말하기를 "부모에게 효도하는 것과 신자가 부처님께 공양함은 복덕이 다르지 않다."라고 하였고, 『육조단경六祖壇經』에서도 "은혜는 곧 부모께 효도하는 것이다."라고 하였다.

  이렇듯 우리는 마땅히 부모의 은덕에 보답해야 하며, 실제로 은혜에 보답하지 못하더라도 적어도 부모의 뜻을 거슬러 부모로 하여금 화나게 하지는 말아야 한다. 결국 노인들은 곧 세상을 떠날 것이니, 짧은 세월 속에서 부모를 즐겁게 해드릴 능력이 없다 하더라도 크게 분노하게끔 해서는 안 되는 것이다. 성정이 좋지 못한 부모도 있는데, 여기에 화를 크게 내시어 돌아가시게 한다면 자식의 잘못 또한 커지는 것이며,

이미 '무간죄無間罪'를 짓게 되는 것이다.

자식 된 자로 부모께 효도하면 곧 호법선신의 도움을 얻게 된다. 또한 매우 많은 스승들이 그를 좋아하게 되며, 사원의 대화상이나 주지스님께서도 분명히 그에게 가피를 주어 지혜공덕을 내리신다. 부모에게 효도하지 않는다면 어떤 스승은 "친부모에게조차 이처럼 모질게 한다면 어느 날인가 나에게도 또한 이렇게 할 수 있지 아니하겠는가?"라고 걱정하면서 그를 가까이하지 않게 된다.

지금의 교육체계는 부모의 은혜에 감사하게 하거나 효도의 이념에 대해 교육시킴이 부족하니, 이러한 가운데 자녀들이 장성한 후에는 부모에게 냉담하여 전혀 관심을 갖지 않고 생사를 도외시하게 된다. 간혹 부모는 평생 매우 심혈을 기울여 자식을 키우는데, 자식은 장성한 후 부모를 마치 원수 대하듯 대하기도 한다. 밀라레빠의 도가道歌 중에서도 이 방면에 대한 가르침이 비교적 많다.

이미 출가한 사람이면 평소에 쌓은 선근을 마땅히 살아 있는 부모를 위주로 한 유정중생들에게 회향해야 하고, 그것으로써 그들의 은덕에 보답해야 한다. 부모가 이미 세상을 떠나셨다 하더라도 기회가 있을 때마다 부모에게 회향을 많이 해야 한다. 부모가 돌아가셨는데 수승한 경계인 큰스님을 만나도 부모의 이름을 올려 가피를 구하지 않고 약간의 선근 회향조차도 안 하면 이는 불효의 표현이다. 부모께 효도를 다한 이후에 뭇 중생에게 관심을 기울일 줄 알아야 하니, 이는 매우 중요한 일이다.

3. 지계바라밀 (게송 10~13)

10
팔관재계 구족의 공덕을 찬양함

살해, 투도, 음행을 하며
망어, 음주, 때 아닌 때 먹기를 하고
높은 침상과 가무를 즐기며
화장과 보석으로 치장하는 일 등을 끊습니다.
이렇듯 아라한의 계율을 따라서
팔관재계를 다 갖추고
오랫동안 수호해 장차 선취善趣에 나고자 하면
응당 선남선녀로 태어나게 됩니다.

損害盜奪與淫行　손해도탈여음행
妄語貪酒非時餐　망어탐주비시찬
喜高廣床與歌唱　희고광상여가창
舞蹈花鬘皆當斷　무도화만개당단
隨行羅漢之戒律　수행나한지계율
若具此等八齋戒　약구차등팔재계
持長淨轉欲天身　지장정전욕천신

當賜善男善女人　당사선남선녀인

🌸

여기에서 이야기한 것은 팔관재계八關齋戒에 관한 것이다. 낙행왕은 재가불자로서 장기간, 단기간 두 종류의 거사계를 지켜야 했다. 이 중 팔관재계는 단기간, 즉 '하루의 계'를 이르는 것이다.

　팔관재계를 지키는 사람은 먼저 마땅히 계의 항목들을 명확히 알아야 한다. 그렇지 않으면 도대체 어떤 계를 지켜야 하는지조차 이해할 수 없게 된다. 당연히 소승 팔관재계는 출가인은 받아 지킬 필요가 없는 것이나, 대승 팔관재계는 재가인, 출가인 모두 다 수지해야 하는 것이다.

　팔관재계에는 8조 계율이 있으니, 재가불자로서 『삼계론三戒論』 중에 언급되어 있는 바대로 오랜 기간 동안 삼귀의 오계를 지키는 것이 제일 좋으나, 만약 지키지 못한다면 상서로운 날짜 가운데 특수한 길일 중에 팔관재계를 받는다면 그 공덕 또한 매우 크다.

　팔관재계는 다음과 같다.

1. 오늘 일체의 생명 있는 중생을 해하지 않으며
2. 각종 방식을 통해 취하거나 훔치지 않고
3. 일체의 부정행위를 끊고
4. 망어(거짓말)를 하지 않으며
5. 술을 마시지 않고
6. 때가 아닌 때에 먹지 않으며
7. 크고 넓은 침대를 사용하지 않고

8. 노래 부르거나 춤추고 몸에 장식품을 걸치거나 화장하는 일 등을 않는 것이다.

앞의 4개 조는 근본계율 조목에 속하는 것이고, 다섯 번째 술을 금함은 마음대로 방일치 못하게 하는 조목이며, 뒤의 3개 조는 특정 행위를 금하는 조목이니, 이상 8종은 예외 없이 일률적으로 실행하여야 하는 것이다. 옛날에 목건련 존자, 사리자 등의 성자들이 어떻게 수계를 받고 성취했는지를 알고, 우리들 또한 마땅히 그를 본받아 계를 지녀야 하나니, 이렇게 관찰하고 생각한 후에 선지식의 면전에서 팔관재계를 받아들여야 한다. 이렇게 오랫동안 깨끗하게 계율을 지님으로써 미래에 욕계천의 좋은 몸으로 환생할 수 있고, 근본적으로 나쁜 몸으로 전생하지 않을 수 있다. 그러므로 용맹보살이 낙행왕에게 스스로 계를 지닐 뿐만 아니라 인연이 구족하고 조건이 성숙된 상황 하에서 도리에 따라 인연이 있는 선남선녀에게 전수할 것을 요구하고 있는 것이다.[20]

중국의 많은 신도들은 보편적으로 팔관재계를 받아 지킨다. 팔관재계를 받을 때 제일 좋은 것은 스승이 있는 곳에서 계율을 받는 것이고, 다음으로는 매일 아침 하늘이 아직 밝기 전에 불상 앞에서 스스로 받는 것이 좋다. 이것은 오랜 기간 동안 계를 수호하며 지닐 수 없는 재가인들에게는 매우 중요한 일이다. 물론 가정이 있는 사람은 계를 지키기에 어느 정도 곤란함이 있다. 어떤 때는 술도 마셔야 할 것이며,

---

20 일반적으로 재계는 출가 승려에게서 전수받아야 한다. 하지만 조건이 충분하지 않다면 특별히 허가를 받은 별해탈계를 지키는 거사가 전수할 수 있다.

그 밖에 많은 행위 또한 지키기에 불편할 것이다. 커다란 침대에서 잘 수도 없으며, 노래 부르고 춤추는 것도 허용되지 않고, 텔레비전을 보는 것도 계를 범하는 것에 속하게 되니, 시중의 재가인들은 오랜 기간 동안 계를 지키기에 어려운 점이 있을 것이다. 그러나 하루는 마땅히 지킬 수 있지 않겠는가?

많은 거사들이 팔관재계를 지킬 때 스스로 눈을 감고 가족들로 하여금 텔레비전을 끄게 한다. 어떤 이들은 또한 차 안에서 음악을 듣고 있다가 갑자기 그날의 팔관재계를 지켜야 한다는 것이 생각나서 바로 음악을 끄기도 한다. 이렇듯 어떤 이들에겐 평소에 스스로를 제약하는 인내의 선근이 적기 때문에 비록 단 하루의 계율 수호라 할지라도 매우 힘든 일이 되는 것이다. 평소에 관정을 받는 것도 또한 의미가 있지만, 제일 중요한 것은 곧 청정한 계율을 지키는 것이다. 오랜 기간 동안 계를 지니는 것이 당연히 좋은 것이나, 만약 실제로 행할 수 없다면 반드시 하루라도 최선을 다해 지키도록 해야 한다.

팔관재계의 공덕을 입은 엄청나게 훌륭한 공안을 하나 소개한다면 다음과 같다.

월당상사月幢上師와 제자가 어떤 지방에 갔는데, 중병에 시달리고 있는 한 여자를 보았다. 그 여자는 고통에 이리저리 구르고 있었다. 머리카락이 한 올 한 올 다 곤추서 있는 모습이었으며 눈을 뜰 수도 없는 상태로 땅에서 뒹굴고 있었다. 월당상사께서 가엽게 여겨 가피를 주신 후에 그 여자에게 말하되 "너의 고통은 분명히 이전에 지은 불선업의 과보이니, 반드시 안인安忍하여라!" 하였다. 여인이 울며 "단지 이전뿐이 아닙니다. 현세에도 저는 무한한 죄를 지었습니다." 하면서 연이어 말하기 시작하였다. 그녀는 원래 한 상인의 아내였는데 7살의 아들이 하나 있었다. 남편이 네팔에 가서 장사를 하는데 3년이 되도록 오질 않으니, 여자는 바깥의 유혹에 빠져 다른 남자와 동거하다가 한 아들을 낳게 되자 후에 그 아이를 죽여버렸다. 또한 이로 인해 그간 도움을 주던 어느 한 스승의 가피를 더 이상 얻을 수 없게 되자 이 스승도 죽여버렸다. 어느 날 남편이 돌아온다는 소식을 전해들은 아들이 여자에게 말했다. "아버지가 곧 돌아오신다 하는데 어머니, 당신은 어쩌실 겁니까?" 여자는 이 말을 듣더니 크게 화를 내며 발로 있는 힘껏 아들을 찼는데, 뜻밖에 아들의 간장을 정통으로 맞혀서는 이 아들 또한 죽어버렸다.

상인이 집에 돌아온 후 한 하녀가 이 일이 이루어진 과정을 그에게 알렸다. 그 말을 들은 그가 크게 분노를 참지 못하고 말하길 "내일 아침에 내가 이 악독한 여인의 눈을 파내버릴 것이다." 하였다. 이 말을 듣고는 여자가 너무 무서워서 그날 저녁에 술에 독을 타서는 상인과 그 부하들 11명, 이웃의 남녀와 한 명의 스승 모두를 독살해버렸다. 여자는 경황없이 달아났고, 그 후로 병들기 시작했다.

이후 월당상사가 이 여인을 위해 팔관재계를 전하셨다. 이 여인은 몇 번 팔관재계를 지킨 후 나중에 목숨이 다하여 죽었는데, 악도에 빠지지 않고 도리어 인도의 한 부귀한 집안에 태어났다.

이렇듯 팔관재계를 지키는 공덕은 지극히 크다. 특히 재가인들이 삼귀의와 오계를 지키는 것은 매우 중요한데 반드시 스스로 계율의 약속을 잘 지켜야 한다. 그렇지 않으면 사람의 몸을 다시 얻을 수 없다. 『구사론』에서 말하는 바, 계를 지켜야 비로소 환생할 때 선취의 복을 받을 수 있으니 기타 선근으로는 오히려 이를 얻을 방법이 없다. 그러므로 인생은 매우 짧으니 스스로 반드시 청정한 계율을 보호하고 유지해야 하며, 이러했을 때 비로소 해탈의 희망을 가질 수 있다.

11

8종 번뇌와 5종 교만을 경계함

인색함, 속임, 위선, 탐착과
게으름, 색욕, 성냄, 증상만 등과 같은 번뇌와
가문, 용모, 학식, 젊음과
권세에 대한 교만을 적으로 보십시오.

慳吝諂誑貪懈怠 간린첨광탐해태
貪欲嗔恨增上慢 탐욕진한증상만
及以種貌聞韶華 급이종모문소화
權勢而驕視如敵 권세이교시여적

※

청정한 계율을 수호하는 것을 어기는 번뇌에 대한 게송이다. 작자는 8종의 번뇌와 5종의 교만에 대해 얘기했는데, 이는 수행 중에도 매우 쉽게 나타나므로 우리들은 마땅히 이를 끊어야 한다.

8종의 번뇌는 다음과 같다.

1. 간린慳吝: 인색함. 갖고 있는 재물을 중생에게 보시하고 위로는 공양하며 아래로는 베푸는 것을 원치 않으면서, 자신이 누리기조차도 아까워하며 계속 꽉 쥐고서 놓지 못하는 것을 말한다. 이를테면 "재물

사랑을 목숨과 같이 한다." 혹은 "한 올의 털도 날려버리지 못하게 한다."라고 말하는 것과 같다. 이러한 번뇌는 보리도의 큰 장애가 되므로 우리들은 재물을 소유하게 되었을 때 될 수 있는 한 그것으로 의미 있는 일을 행해야 한다. 그렇지 않으면 죽은 후에도 한 푼의 돈도 가지고 갈 수 없으며, 단지 가까운 가족에게 남기거나 혹은 원수가 누리게 될 뿐이다. 이러하니 인색한 마음을 단절해야 한다.

2. 첨諂: 『구사론』에서 말하길, '첨'은 마음이 정직하지 못하여 자신의 과실을 덮기 시작하는 것에서 야기된다고 하였다. 『법화경』에 이르길 "교만함으로 스스로를 높이 뽐내고 아첨하며 왜곡된 마음은 실답지 못하다."라고 하였다. 이러한 이치에 의거해 말하자면 스스로의 과실은 마땅히 제불보살과 성자나 도반의 면전에서 발로참회 해야 한다. 다만 드러내기를 원하지 않으면 그 마음이 성실하지 못한 것이다.

3. 광誑: 기만. 본래 스스로 어떠한 공덕도 없으면서 도리어 어느 정도 공덕이 있는 것처럼 보이게 허세를 부리고 스스로 본존을 뵈었던 것처럼 말하며, 꿈속에서 수기를 받은 것처럼 대중들 앞에서 위선적으로 속이는 것을 말한다.

4. 탐貪: 생활상 필요한 재물에 필요 이상으로 매우 탐착함을 가리킨다. 『유가사지론瑜伽師地論』에서 말하길 "모든 번뇌 중에 탐함이 제일 크다."라고 하였다. 우리 욕계 중생들은 탐심을 끊기가 매우 어려우니, 만일 약간이라도 탐욕의 마음을 제거할 수 있다면 의미 있는 일을 쉽게 행할 수 있다.

5. 해태懈怠: 태만함, 곧 정진을 어기는 것을 말한다. 『유가사지론』에서 말하기를 "태만이란 무엇인가? 말하자면 드러누워 잠자는

즐거움에 빠져 있고, 주야로 헛되이 보내는 걸 이른다." 하였다. 어떤 이들은 잠자는 것을 하나의 즐거움으로 여기고 책을 보지도 않고 암송하지도 않으며, 하루 종일 배부르면 자고 귀중한 시간을 허망하게 보내버리니, 이는 참으로 애석한 일이다. 욕계 중생들은 매일 약간의 휴식을 취하는 것은 필요하다. 그러나 어떤 이들은 번뇌가 나타났을 때 하루쯤 자는 것은 문제가 없다고 하는데, 이 같은 게으름은 해서는 안 되는 것이며, 중생과 불법에 이익이 되는 일을 마땅히 해야 한다. 우리들은 때때로 다른 사람이 열심히 정진하는 것을 보고 스스로 감히 나태해지지 못한다. 그런데 어떤 이들은 표면상으로는 잘하는 것처럼 보이지만, 실제로는 매우 게을러 남의 지탄을 받기도 한다.

6. 탐욕貪欲: 이성에 대한 음행의 욕망에 매우 집착하고 탐욕스러운 것을 말한다.

7. 진한瞋恨: 화냄이며, 이는 일체 번뇌의 근본이다. 『화엄경』에서 말하길 "하나의 분노심이 일어나 백만의 장애의 문이 열린다."라고 하니, 증오의 한스러움은 무량한 선근을 모두 파괴해버릴 수 있다는 것이다.

8. 증상만增上慢: 자신 스스로 본래 공덕이 없는데도 스스로 갖췄다고 생각해 안하무인이 되고, 오만하기가 하늘을 찌르는 것을 말한다.

다음으로 5가지의 교만이 더 있는데 종성교, 상모교, 광문교, 소화교, 권세교를 말한다. 만慢과 교驕는 차이가 있는 것으로서 '만'은 사람의 말 중에서 나오는 것이고, '교'는 반대로 마음속의 생각에서 나오는 것이다.

1. 종성교種姓驕: 국왕, 바라문 등 고귀한 종류의 계급이 일종의 우월감을 가지는 것을 말한다. 혹은 부귀한 집, 영도자의 집안의 자녀가 줄곧 스스로를 남보다 우월하다고 느끼는 것을 말한다.

2. 상모교相貌驕: 잘생겨서 항상 우쭐거리며 뽐내고, 스스로 생각하길 자신이 천자, 천녀와 다름이 없다고 생각하는 것을 말한다.

3. 광문교廣聞驕: 법을 약간 듣고 배웠거나 세간의 지식을 조금 갖고서 스스로 대단하다고 느끼는 것을 이른다.

4. 소화교韶華驕: 청춘의 나이로 젊음을 뽐낼 수 있는 자산이라고 여기고, 늙어서 동작이 부자유스런 사람을 무시하니, 그들의 경험과 경력이 풍부함을 모르는 것이다.

5. 권세교權勢驕: 빛나는 권세, 고관의 지위가 있어 높은 자리에 있으면서 스스로 도취되어 있는 것이다.

우리들은 이런 자만이 필요 없다. 사실은 지위도 좋고 외모도 좋고 계급도 좋지만, 이것들은 모두 하나의 허상일 뿐이다. 윤회의 길고 긴 세월 속에서 지금 현재 특별히 저열한 사람도 전생에는 한 나라의 군주였을 수 있다. 현재 외모가 단정하고 엄숙한 사람도 옛날에는 또한 못생겼을 수도 있으며, 지금 거드름을 부리더라도 내세에서는 특히 비천하게 변할 수 있다. 그러므로 우리가 재산, 계급, 지혜 등 어떤 방면의 공덕이 있다 하더라도 모두 교만한 마음을 내지 말아야 한다. 사실 자신의 지혜, 용모가 어떻다 하더라도 별 대단한 것은 없다. 만약 자기와 비교해서 더 나은 사람이 없다 한들, 천인은 자신보다 나을 것이다.

우리는 응당 선배 대덕의 겸허함을 따라 본받아야 하며, 자만하거나 거만해서는 안 된다. 잘생기고 몸도 건강한 젊은이들이 늙거나 약하고 병들거나 비참한 사람들을 보면서 거만하게 행동한 몇십 년 후에는 자신들도 또한 그렇게 변함을 알아야 하나니, 늙는 것의 무상함은 자연적인 규율이며 누구도 그걸 제지할 수 없다. 그러므로 항상 무상을 억념하고서 환상 또는 물거품과 같은 재산, 용모, 청춘을 갖추었을 때 마땅히 그것에 의지하여 중생에게 이익을 주어야 한다. 이것이야말로 제일 의미가 있는 일인 것이다.

총괄적으로 말해, 위에서 기술한 이 13가지 번뇌를 우리는 마치 원수를 보듯이 힘써 끊어내야 하며, 완전히 끊어내지 못하더라도 그것이 근심거리가 됨을 알아야 한다. 결국 번뇌란 유위법有爲法이기에 본래면목을 알고 나면 번뇌의 종적을 감추게 할 수 있다. 이를 위해서는 항상 삼세제불과 전승상사를 향해 기도하고 그분들의 가피가 자기 마음에 융합해 들어오게 해야 한다.

법에 융합해 들어옴이 없다면 어떤 번뇌에든 대응할 방법이 없다. 법이 마음속에 융합되었을 때, 표면상으로는 자신의 행위가 법과 같지 않더라도 자신의 경계는 줄곧 불법의 분위기 속에 처해 있게 되는 것이다. 이럴 때 선법의 천신 또한 시시각각 가피를 내릴 수 있고 전승상사 또한 안위의 마음을 베풀 수 있으며, 종국에는 수행의 좋은 시작이고 좋은 끝맺음이 될 수 있는 것이다.

12

불방일에 힘쓸 것을 권함

불방일은 불사의 감로의 길이며
방일은 죽음의 길이라고 붓다께서 설하십니다.[21]
그대는 선법을 증장하기 위하여
항상 진지하게 불방일을 행해야 합니다.

佛說不放逸甘露　불설불방일감로
放逸乃爲死亡處　방일내위사망처
是故汝爲增善法　시고여위증선법
當恒敬具不放逸　당항경구불방일

❀

붓다께선 요의경전了義經典에서 우리에게 가르치고 경계하셨다. 대승 불자는 반드시 언행을 불방일不放逸하게 해야 하니, 불방일은 감로[22]의 경계이다. 붓다께서 보드가야의 금강좌에서 성불하셨을 때 "매우 고요하고 심오한 희론을 떠난 광명의 법, 이런 감로의 법을 나는 이미

---

21 불방일不放逸은 마음이 불선업不善業을 향하지 않도록 항상 살피는 것을 말하고, 방일放逸은 그러한 살핌 없이 아무렇게나 부도덕한 행위를 하는 것을 말한다.
22 감로는 무생무사無生無死의 묘약 또는 그런 경지를 말한다.

깨달았다."²³라고 말씀하셨다. 이로 인해 알 수 있듯이 불도를 배우는 과정 중 반드시 불방일을 갖추어야 한다.

불방일은 불과를 성취하는 근본원인이 된다. 만약 우리가 방일하여 법도 없이 자기방식대로 방임하며, 조금의 약속約束²⁴과 대치對治²⁵도 없이 마음속 욕망에 따라 하고 싶은 대로 하면 결국에는 사망 후 윤회의 굴레를 벗어날 수 없다. 어떤 사람들은 매일 술 마시고 담배 피고 각종 비법을 저지르는데, 이것이 바로 방일한 행동이다. 지금의 세간 사람들은 악행을 하지 않는 것이 없고 매일 악업을 만들며 어떤 대치법도 없이 사는데, 이 같은 행동은 바로 생사윤회의 원인이 되는 것이다.

이 때문에 용맹보살께서는 낙행왕에게 "대왕은 선법을 날로 증가시키기 위해 신구의身口意를 반드시 논리에 맞게 유지해야 하고, 선법에는 공경심恭敬心, 항상심恒常心, 정진심精進心을 갖추어야 하며, 악법에 대해서는 엄격히 제지해야 하고, 불방일을 반드시 구족해야 합니다."라고 말씀하시는 것이다. 불경에서도 말하길 "불방일은 감로처이

---

23 부처님께서 성불하시기 바로 전에 그의 다섯 명의 제자는 부처님 곁에 있지 않고 바라나시로 갔다. 이로 인해 부처님은 혼자 계시고 아무도 법을 구하는 사람이 없었다. 붓다의 깨달으신 법을 누구에게 강의할 것인가, 세속의 중생은 이미 현세에 집착함이 습관이 되어 있고 인과와 공성을 강의하는 것은 그들에겐 너무 심오하여 이해할 수가 없다. 이래서 부처님께선 법을 강의하지 않으시고 홀로 숲속으로 수행하러 가셨다. 그래서 부처님께선 이렇게 말씀하신 것이다.
24 계율을 지키는 것.
25 대치對治는 참회 등의 수행을 통해 악업을 소멸하고 선업을 증장시키는 것을 뜻한다.

고, 방일은 곧 사망처이다. 불방일하는 자는 사망하지 않고, 방일한 자는 항상 죽음의 위태로움에 있다."라고 하였다.

『입행론入行論』에는 불방일에 대해 전문적으로 강의하는 품品이 있는데, 신구의 삼문을 이치와 법에 따라 유지하고, 불법에 의지하여 자신의 번뇌를 대치해야 한다고 되어 있다. 만일 불방일의 이념이 없다면 대승의 과위를 말하지 말아야 하며, 소승의 아라한 과위조차도 얻을 수 없다. 『문수국토장엄경文殊國土莊嚴經』에서 말하길 "방일한 자는 성문[26]의 길조차도 성취할 수 없거늘, 하물며 무상의 보리정도[27]에

---

[26] 부처님이 가르치는 음성을 듣고 수행하는 사람, 산스크리트로는 '가르침을 듣는 자'를 뜻한다. 원시불교 성전에서는 출가와 재가의 구별 없이 불제자佛弟子를 의미했으나, 나중에는 출가한 수행승만을 의미하게 되었다. 특히 대승불교에서는 깨달음을 구하는 불제자들의 태도에 가치를 개입시켜 자기의 깨달음만을 얻는 데 전념하여 이타행利他行이 결여된 출가수행승을 성문이라고 하여 소승小乘의 무리에 속하는 것으로 본다. 즉 자기의 깨달음밖에 생각하지 않는 성자, 자기의 완성만을 구하여 노력하는 출가승을 가리킨다. 한편 보다 넓은 의미로 '성문'은 가르침의 음성을 듣고서야 비로소 수행할 수 있는 제자를 가리킨다. 이런 성문은 부처의 가르침을 듣고 무한히 오랜 시간에 걸쳐 수행한 결과로서 아라한의 지위에 도달한다. 이들이 수행에서 주로 힘쓰는 것은 사제四諦를 관찰하는 것이다. 『법화경』에서는 10대 제자 중에서 가섭·수보리·가전연·목건련을 총칭하여 4대 성문이라 한다. 대승에서는 성문·독각(獨覺: 스승 없이 깨달음에 이르는 자로서 연각緣覺이라고도 불림)·보살菩薩을 아울러 3승三乘이라고 칭하며, 이 중 성문과 독각을 소승 또는 2승二乘이라 하여 낮게 평가한다.(출처: 브리태니커)
[27] 궁극적인 깨달음을 말하는데, 이로 인해 윤회의 사슬에서 벗어나 열반涅槃에 이르게 된다. 이러한 깨달음을 성취함으로써 석가모니는 '부처'(깨달은 이)가 되었다. 궁극적인 깨달음은 모든 불교도의 궁극적인 이상이며, 자신의 잘못된 믿음을 없애고 욕망을 제거함으로써 얻을 수 있다. 즉 깨달음은 8정도八正道로

오를 수 있겠느냐?"라고 하시니, 이런 이유로 불방일은 불법의 수학과정 중 결손이 있으면 안 되는 것이다.

『구사론』의 관점에 따르면 '불방일'이란 불선不善을 제지하고 선법을 계속 유지하는 것을 말한다. 모두들 평소에 "나는 마땅히 주의해야 한다."는 생각을 가지고 있어야 한다. 그렇지 않으면 설사 지계持戒, 다문多聞, 박학博學 등 각종 공덕을 구족했다고 하더라도 기초가 없는 담장과 같이 그러한 선법 공덕이 조만간 하루아침에 무너져버린다. 바로 이렇기 때문에 대자대비의 붓다께서는 『삼마지왕경三摩之王經』에서 말씀하시길 "내가 말한 바와 같은 선법인 계율, 문법, 보시, 인욕 등은 이 불방일이 근본이 되며, 이를 이름하여 붓다의 가장 고귀한 재산이라고 한다."라고 하신 것이다. 누군가 수승한 재산인 불방일을 구족했다면 이 사람은 즉 큰 복을 받은 부자이다. 반대로 만약 불방일을 갖추지 않았다면 하루 종일 악법을 행하여 물질로는 매우 충족할지라도 사실상 가난뱅이라 할 수 있다.

불방일은 사실상 매우 큰 선법이다. 이전에 강의했듯이, 두 비구가 길을 갈 때 마귀들이 그들을 해치려고 준비하며 몰래 상의하였다. "만약 이 두 비구가 선법을 말하면 그들을 해치지 말자. 만약 선법을 말하지 않으면 바로 그들을 죽여버리자!" 그 두 분의 비구는 매우

알려진 정신적 수련과정을 밟음으로써 성취된다. 그러나 그 궁극적인 깨달음의 내용에 대해서는 부처님 입멸 이후 각 학파에 따라 서로 다른 주장이 제기되었다. 소승불교의 깨달음을 궁극적이지 않은 낮은 경지로 규정한 대승불교는 이러한 깨달음의 이상을 추구하면서, 동시에 모든 중생을 구제하기 위해 열반에 들기를 미루는 보살의 자비에도 큰 가치를 부여한다.

산란하여 계속 세간사에 대해 얘기할 뿐 선법에 대해서는 한마디도 안 하고 헤어질 때 비로소 서로에게 축원하길 "방일을 삼갑시다!" 하니, 한 마귀가 말하길 "그들은 선법에 대해서는 한마디도 얘기하지 않았으니 먹어버려도 되겠다." 하였다. 하지만 다른 마귀가 말하길 "그들은 깊은 선법에 대해 얘기했는데 다만 우리가 이해를 못했을 뿐이다!" 하고는 이어서 무엇이 불방일인가에 대해 이야기했다고 한다. 대소승 중 불방일이 어떠한 공덕을 갖추었는가 하면, 모든 불법 중에 불방일이 가장 수승한 선법이라고 할 수 있다.

이런 이유로 우리는 평상시에 타인과 헤어질 때 "주의하십시오! 조심하십시오!"라고 당연히 이야기한다. 주의하라는 이 말을 불법을 활용해 해석하면 불방일의 뜻이다. 우리는 스스로 자신을 자각하여 경계하되 "나는 불교도이고 불문에 귀의한 사람이니 이렇게 할 수 없다. 그렇지 않으면 살아서 좋지 않은 과보를 초래하게 되는데, 내세엔 더 말할 필요가 없다."라고 하며 자신의 언행거지에 대해 구속하고 통제해야 한다.

그러나 많은 사람들이 근본적으로 이런 대치법을 갖추지 않고, 행동하는 것이 늘 법답게 하지 않는다. 그러므로 우리는 응당히 『입행론』에서 "만약 몸이 무언가를 하고자 하거나 입으로 무슨 말을 하고자 할 때, 마땅히 먼저 자신을 관하고 안온하게 이치에 맞게 행해야 한다."라고 설해진 것처럼 해야 한다. 즉 몸으로 무엇을 하려고 하든지, 입으로 무엇을 말하려고 하든지 간에 먼저 자신의 마음을 관찰해야 하고, 그 동기가 선한지 아닌지를 봐야 하며, 또한 불교의 교리관과 세간의 법규에 위배되는지 아닌지를 살피며, 시종일관 신중하고 경건한 마음을 지녀야 한다.

　지금의 많은 사람은 어렸을 때부터 수행을 잘 닦지 못하여 행동들이 근본적으로 여법하게 행하여지지 않는데, 이것은 매우 두려운 일이다. 무엇을 하려고 하든지, 무엇을 말하려 하든지 우리들은 반드시 대치심을 지녀야 한다. "나는 대승불교도인데 이렇게 해도 되겠습니까? 안 된다면 절대로 규정을 어기면 안 됩니다."라고 스스로 자신을 각성하고 자신을 검사하여 반드시 번뇌를 멈추어야 한다. 이것이 바로 불방일이다.

13

불방일의 이익을 비유로써 설명함

수행자가 예전에는 매우 방일했다가
점차로 후에 더욱더 삼가 근면하면
구름이 걷힌 달처럼 매우 아름다우리니
난타, 지만, 구견, 능락과 같게 됩니다.

何者昔日極放逸　하자석일극방일
爾後行爲倍謹愼　이후행위배근신
如月離雲極絢麗　여월리운극현려
難陀指鬘見樂同　난타지만견락동

어떤 사람들은 이렇게 생각할 수도 있다. "나는 지금은 불방일을 실행하는 정도가 괜찮은 편이지만, 나의 업력이 매우 깊어 불법을 만나기 전에 지었던 죄업이 헤아릴 수가 없는데, 지금 이렇게 나이가 많아 후회해도 이미 늦었겠지요?" 이런 의심을 풀어 없애기 위해 저자인 용맹보살은 비유를 써서 불방일의 이익에 대해 설명하고 있다.

어떤 사람들은 지난날에 번뇌가 깊어 선지식과 불법을 만나지 못했을 때에 방일하고 법도가 문란하여 극악무도한 죄를 매우 많이 저지르기도 한다. 그러나 나중에 선지식을 만나 선악의 취할 것과 버릴 것을 깨달은 후에, 스스로 나쁜 것을 바로 고치고 다시 사람이 되어 이때부터 조심하여 계율을 지키고 선법을 수행하며 참회를 통해 이전의 죄업을 소멸해나가면 불가사의한 선법의 위력에 의지하여 나중에 해탈의 기회가 있을 것이다. 이는 곧 달이 처음엔 검은 구름 뒤에 숨어 있어서 달빛을 볼 수 없었는데, 바람이 불어 구름이 걷히고 달빛이 나와 밝은 빛을 뿜는 것과 같다. 이와 같이 탐심이 비교적 중하거나 남을 미워하는 마음이 매우 심하거나 어리석은 망상이 매우 커 서슴없이 매우 많은 악업을 지었더라도, 나중에 불방일에 의지하면 모두 난타(難陀, Nanda), 지만(指鬘, Angulimala), 구견(具見, Ajatasatru), 능락(能樂, Udayana) 등과 같이 해탈의 기회를 얻을 수가 있다.

여기에서 네 사람의 공안을 사용하여 이 도리를 설명한다.

1) 난타難陀의 공안[28]

난타는 석가모니불의 이복동생이다. 그는 반자라가(白蓮花)와 결혼하였는데, 두 사람의 사이가 매우 좋았다. 한번은 부처님께서 성에 들어가 걸식을 하실 때 난타의 집에 들어가셨는데, 마침 그의 아내가 화장을 하고 있었다. 난타가 나가서 인사를 하려는데 그의 아내가 말하였다. "당신은 빨리 가서 빨리 돌아오세요, 내 화장이 끝나기 전에 반드시 돌아와야 해요." 난타는 매우 착해서 단정하고 예의바르게 부처님께

---

28 『잡보장경雜寶藏經』에 설하되 "붓다의 동생 난타는 부처님의 강권에 의해 출가하여 수도하는 인연에 들게 되었다."라고 한다.

나아가 부처님의 발우를 받아 방으로 돌아와 음식을 가득 채워 부처님께 드렸다. 그러나 붓다께선 받지 않으시고 돌아서서 가셨다. 난타는 또 발우를 아난에게 주었다. 아난 역시 받지 않으며 말하였다. "너는 누구에게서 가져와 누구에게 돌려주느냐?" 난타는 어쩔 수 없이 발우를 들고 붓다를 따라 정사로 갔다.

정사에 도착한 후 붓다께선 이발사를 불러 난타의 머리를 깎게 했다. 난타는 허락하지 않으며, 화가 나서 주먹을 휘둘러 이발사를 때리려고 하며 말했다. "너는 어째서 나의 머리를 깎으려 하느냐? 내 머리를 깎으려면 전국의 모든 사람들의 머리를 전부 깎은 후에야 할 수 있다!" 이발사는 부처님 전에 이르러 말하였다. "저는 도저히 못하겠습니다. 그는 굉장히 난폭합니다." 붓다께서 들으시고 아난과 함께 난타에게 오셨다. 난타는 붓다를 무서워하여 어쩔 수 없이 이발사에게 머리를 깎게 했고, 이에 붓다는 난타에게 삼의[29]를 주어 출가를 하게 하였다.

난타는 비록 머리를 깎고 출가를 하였지만 항상 집에 있는 예쁜 아내 생각뿐이었다. 하지만 붓다께서는 항상 그를 데리고 출타를 하시어 빠져나가 집으로 갈 수가 없었다. 그러다가 하루는 난타가 정사를 지킬 차례가 되었다. 그는 속으로 기뻐하며 "드디어 오늘 집에 갈 수가 있겠구나. 붓다와 다른 승려들이 모두 탁발을 나가면 나는 바로 집으로 가야지!"라고 생각했다. 붓다와 권속들이 모두 탁발을 떠나신 후 "나는 마땅히 붓다와 승려들이 쓰실 목욕물을 길어 목욕물병

---

29 비구가 소유할 수 있는 세 가지, 곧 옷, 가사, 승복을 말한다.

을 다 채운 뒤에 집에 가야겠다."[30]라고 생각하였다. 난타는 이런 생각이 들자 바로 물을 길러 갔다. 하지만 막 한 병을 채우면 다른 병을 엎지르기를 계속하여 많은 시간을 허비하였다. 결국엔 목욕물병을 다 채울 수가 없었다. 이에 난타는 "됐다. 그냥 그들이 와서 자신의 물은 자신이 긷도록 하지! 그러나 내가 나가기 전에 승방의 문과 창문은 닫고 가야지."라고 생각했다. 그러나 그가 막 이쪽 창문을 닫으면 다른 쪽 창문이 열리고, 이 문을 닫으면 다른 문이 열렸다. 붓다의 가피가 그로 하여금 많은 시간을 방에 머무르게 한 것이다. 결국 그는 "기왕 닫을 수 없는 거라면 그럼 닫지 말자! 설령 승려들이 물건을 잃어버린다 해도 나는 돈이 많으니 내가 변상해주자!"라고 생각하고는 바로 승방을 나와 집으로 갈 준비를 하였다. 그러고는 그는 잠시 생각하되 "붓다께선 반드시 이 길로 오실 테니 나는 다른 길로 가야겠다." 했으나, 붓다께선 그의 마음을 다 아시고 역시 그 길로 돌아오셨다. 난타는 멀리서 붓다를 보고 재빨리 큰 나무 뒤에 숨었다. 하지만 이번에도 난타의 뜻대로 되지 않았다. 나무의 신이 나무를 들어 올려 난타가 드러난 것이다. 붓다께선 난타를 보신 후 다시 그를 데리고 정사로 돌아가셨다.

　　붓다께서 물으시되 "너는 집에 있는 예쁜 아내가 보고 싶으냐?" 하셨다. 난타가 대답하였다. "솔직히 보고 싶습니다." 이어 붓다께서 늙고 눈먼 어미원숭이를 가리키며 물으셨다. "네 아내와 이 어미원숭이를 비교해보니 어떠냐?" 난타는 화를 많이 내며 말하였다. "내 아내는 세상에 둘도 없이 예쁩니다. 이 원숭이와 제 아내를 어떻게 서로

---

[30] 그 당시엔 승려 한 명이 목욕물병을 하나씩 썼다.

비교하실 수 있습니까?"

붓다께서는 이어 그를 천상계에 데려가 각각의 천궁을 둘러보게 하였다. 마지막에 본 한 궁에 오백의 천녀가 있는데 천자는 없었다. 난타는 매우 이상하다고 느껴 앞으로 나가 그 이유를 묻자, 천녀가 대답하였다. "붓다의 동생 난타가 억지로 출가하였는데, 출가하여 도를 배운 인연으로 나중에 여기에서 환생하게 되어 우리들의 천자가 될 것입니다." 그는 매우 기뻐하며 서둘러 천녀에게 말했다. "내가 바로 난타입니다! 이왕 이렇게 왔으니 가지 않을 것입니다."라고 말하고 나서 천궁으로 들어갔다. 천녀들이 말했다. "당신의 계율은 아직 원만하지 않아 여기 머물 수 없습니다. 당신은 우선 인간 세상에 돌아간 후 명이 다 한 후에 천궁으로 올 수 있습니다." 난타는 할 수 없이 붓다의 곁으로 돌아왔다. 붓다께서 물으셨다. "네 아내가 예쁘더냐? 천녀가 더 예쁘더냐?" 난타는 말하였다. "제 아내를 천녀와 비교하니 마치 눈먼 원숭이와 같습니다."

난타는 인간 세계에 돌아와 천상에 나기 위해 정진하여 계를 지켰다. 아난이 그를 보고 그에게 시 한 수를 선물했다. 그 시에 이르되 "비유하자면 영양의 머리 같아서 앞으로 나가되 다시 물러나니, 너의 욕망을 위한 지계는 그 일이 이와 같다."라고 하니, 이는 표면상으론 난타가 청정한 계율을 지키는 것처럼 보이나 내심으론 욕망에 끌려가니, 발심이 청정치 못함을 비웃은 것이다.

붓다께선 또 난타를 가르치기 위해 그를 지옥으로 데려가셨다. 각각의 끓는 기름 솥에 모두 지옥 중생을 삶고 있는데, 한 개의 큰 솥만이 비어 있는 것이 보였다. 난타는 이상하게 여겨 붓다께 여쭈었다.

붓다께서 말씀하시되 "네가 직접 가서 물어 봐라!" 하셨다. 난타가 옥졸에게 가서 그 연유를 묻자, 옥졸이 대답하였다. "붓다의 동생인 난타가 죽은 후 지옥에 올 것이다. 우리는 지금 솥에 기름을 끓여 그를 위해 준비하는 것이다." 그 소리를 듣자 난타는 공포에 질려 뒤돌아 달려 나왔다. 그러나 옥졸이 그를 막으며 "너는 이왕 왔으니 여기 남아 있어라!"라고 외쳤다. 그는 곧장 큰소리를 질렀다. "붓다시여! 저를 인간 세상으로 데려가 주십시오!" 그는 붓다의 가피로 인간 세상으로 돌아왔고, 이때부터 진실로 삼계를 떠나는 출리심이 생겼다. 붓다께선 그를 위해 불법을 강의하셨다. 그는 즉시 일체의 탐욕을 멀리하여 아라한 과위를 얻어 붓다의 제자 중에 '모든 근문(감각기관)을 다스림이 제일'이라는 칭찬을 받았다. 원래 그는 '탐심 제일'이었는데, 그 누구의 것도 탐내지 않았고 근문을 지키는 것이 매우 청정하게 된 것이다.

이상이 난타의 이야기로, 그의 출가 전후의 차이로 알 수 있듯이 한 사람의 번뇌는 변할 수 있는 것이다.

2) 지만왕指鬘王의 공안

지만왕(앙굴리말라)은 일찍이 바라문 학자를 따랐다. 하루는 바라문의 아내가 음탐을 내어 그를 꼬였으나, 그가 거절하자 창피하고 화가 나서 지만왕이 자신을 욕보이려 했다고 바라문에게 일러 바쳤다. 바라문은 지만왕이 쉽게 대적할 수 없는 상대임을 알고 고의로 그를 속여 말하길 "당신이 만약 칠 일 안에 천 명을 죽여 천 명의 손가락을 꿰어 목이나 손목에 장식을 하면 범천 과위를 얻을 수 있다."라고 하면서 칼을 땅에 꽂고 주문을 외웠다. 바라문이 주문을 다 외우자 지만왕에게 악심이 생겨 바라문이 건네 준 칼을 들고 미친 듯이 사람을 보면 바로 죽이고 손가락을 베어 몸에 지니게 되었다.

칠 일째 아침, 그가 이미 벤 손가락이 999개가 되어 한 개만 더하면 천 개를 채우게 되었다. 그러나 큰길이나 골목에나 사람들이 모두 벌써 숨어버려 단 한 사람의 그림자도 보이지 않았다. 이때 지만왕의 어머니가 칠 일 동안 오로지 사람을 죽이기 위해 먹지도 않은 아들을 불쌍히 여겨 사람을 시켜 밥을 보내려고 했으나 종들이 무서워 가려고 하지 않자 그의 어머니가 직접 밥을 주려고 갔다. 지만왕이 멀리서 어머니가 오시는 걸 보고 죽이려고 하자, 어머니가 그를 야단쳤다. "이 불효막심한 놈아! 어머니마저 죽이려 하느냐! 네가 기어코 수를 채우려면 나를 죽이진 말고 내 손가락을 잘라가라."

이때 붓다께서 신통으로 지만왕을 제도하여 교화할 수 있음을 관찰하시고 비구로 변하여 그의 앞에 오셨다. 지만왕이 이를 보고는 바로 어머니를 포기하고 날듯이 비구를 향해 달려왔다. 비구는 천천히 걷고, 지만왕은 있는 힘을 다해 쫓아갔지만 따라잡을 수가 없었다. 그가 소리쳤다. "비구여! 멈추시라!" 비구가 말하길 "나는 줄곧 서 있었고 움직인 적이 없는데, 다만 네 자신만이 멈출 수 없을 뿐이다." 지만왕은 이상하게 여겨 곧 묻되 "어째서 당신은 그대로 있고 나만 움직인다 합니까?" 비구가 대답하되 "나의 육근은 모두 매우 고요하여 계속 그대로 있고, 너는 나쁜 스승의 꼬임에 빠져 마음이 산란하여 쉬지 못하고 뛰어다니니, 밤낮으로 사람을 죽이고 끝없는 죄업을 짓는 것이다."

지만왕은 이 말을 듣고 불현듯 깨달아 칼을 한쪽에 버리고 멀리 엎드려 머리를 숙여 절을 올렸다. 붓다께서 본래의 모습으로 돌아오니 태양과 같이 상호가 원만하여 필적할 만한 것이 없었다. 지만왕은 붓다의 위엄 있는 용모를 보고 저절로 오체투지를 하며 붓다를 따라 출가하고자 하였다. 이에 붓다께서 신통력으로 그의 수염과 머리카락이 저절로 깍이게 하고 입은 옷도 가사로 바꾸어주셨다. 붓다께서는 그를 위해 설법을 하셨고, 그는 법문을 들은 후 마음의 때가 모두 없어져 아라한 과위를 얻었다. 당시 그가 죽인 999명의 사람도 성과를 획득하였다. 『백업경百業經』의 기록에 의하면, 어떤 사람이 오천 명을 죽였는데, 나중에 자신의 발심과 부처님의 가피로 아라한의 과를 얻었다고 한다.

3) 구견具見의 공안

마갈타 국왕 구견은 미생원왕未生怨王 또는 아사세왕阿闍世王이라고 한다. 그에 관해선 『관무량수경』에 비교적 넓게 설명되어 있는데, 여기선 간단하게 말한다. 그는 성내는 마음이 매우 크고 심하여, 나쁜 친구 제바달다의 꼬임에 넘어가 부왕을 일곱 겹의 실내에 가두어 굶겨 죽이려 하였다. 그의 어머니는 대왕을 공경하여 몰래 몸에 꿀을 바르고 영락瓔珞[31]에 포도잼을 잔뜩 발라 왕을 문안할 때 그가 먹도록 했다. 경건한 불교도이었던 미생원왕의 아버지는 그것을 먹은 후 합장 공경하여 멀리 세존께 예를 갖춰 말하되 "나의 좋은 벗인 목건련이

---

31 구슬을 꿰어 몸에 달아 장엄하는 기구를 말한다. 인도의 귀인들은 남녀가 모두 영락을 두르며, 보살도 영락으로 장식하고 단장한다.

기꺼이 자비를 베풀어 팔관재계를 주시기를 바랍니다."라고 하자 바로 목건련이 신통으로 그의 앞에 나타나 매일 그를 위해 팔관재계를 주었다. 붓다께선 또 '설법의 일인자'인 부루나 존자를 파견하여 그를 위해 설법을 하게 하셨다.

이렇게 21일이 지난 후 구견이 부왕의 죽음을 살피니, 그는 아직 죽지 않았을 뿐더러 평소와 같이 설법을 들으며 안색도 좋지 않은가! 이에 미생원왕이 문지기를 책문하니, 문지기가 말하기를 "당신의 어머니가 자주 여기에 오셔서 먹을 것을 주십니다. 불제자들도 하늘에서 내려와 그에게 설법을 해줍니다." 하였다. 미생원왕이 매우 화가 나서 칼을 들어 어머니를 죽이려 했는데, 한 대신(지바카)이 그를 말리며 말하되 "자고이래로 왕위를 찬탈하기 위해 아버지를 죽이는 일은 어디에나 있었으나 어머니를 죽인 예는 없으니, 당신은 무도하고 아둔한 군주가 되지 마십시오." 하였다. 이에 그는 어머니를 감금하였고, 그에 따라 아버지도 굶어죽었다.

나중에 그는 이를 크게 뉘우쳤는데, 붓다의 위력과 자신의 참회로 어떤 경전에는 그가 보살의 과위를 얻었다고 하고, 어떤 경전에는 팔만 겁을 지나 성불하였다고 한다. 어찌 되었든 무간죄를 지은 미생원왕은 최후에는 성취를 얻었다.

4) 능락能樂의 공안

그(능락, 우다야나)는 탐심과 진심이 매우 중하였다. 그가 한 여인을 탐하였는데, 그의 어머니가 보기에 법에 맞지 않아 계속 그를 말렸으나 그는 듣지 않았다. 밤 약속에 그가 나가지 못하게 해야겠다고 생각한 그의 어머니가 밤에 문지방 옆에서 자며 출구를 막았다. 그는 매우 화가 나서 보검을 들어 어머니의 머리를 잘랐다.

그는 탐애하는 여인의 집에 도착해서도 계속 몸을 떨었다. 그 여인이 "여기는 나밖에 아무도 없으니 두려워 마세요."라고 말하자, 그는 '만약 그녀에게 사실을 얘기하면 나를 더 좋아할 거야!'라고 생각하고 "나는 당신을 만나기 위해 방금 어머니를 죽였다오!"라고 사실대로 이야기했다. 그 여인은 매우 똑똑하여 마음속으로 생각하되 '이 사람은 어머니까지 죽이니 끝내는 나도 죽게 할 것이다.' 하고는, 그를 속여 말하길 "당신은 정말 대단하네요. 당신이 나를 이렇게나 좋아한다니 매우 기쁘네요. 당신이 조금만 기다리면 내가 나갔다가 금방 돌아올께요."라고 하고는 단숨에 지붕에 달려 올라가 큰소리로 "살려주세요! 살인자가 왔습니다!"라고 소리쳤다. 능락은 이 소리를 듣고 재빨리 집으로 돌아와 보검을 어머니 시체 위에 던져놓고 큰소리로 "살려주시오! 나의 어머니가 피살되었오!"라고 외쳤다. 이런 속임수로 사람들은 그가 살인자임을 알지 못했다.

대역죄를 지은 그는 내심 굉장히 불안하여 여러 곳으로 중죄를 없앨 방법을 찾으러 다녔다. 나중에 그는 한 사원에 출가를 하고 정진 수행하여 아주 짧은 시간 내에 삼장[32]을 널리 걸림 없이 통달하였다. 다른 사람들이 그에게 왜 이렇게 정진하냐고 물으면 그는 어머니를

---

32 불교의 경전, 즉 경經·율律·논論. 석가모니불께서 하신 설법을 모은 경장(經藏, Sutta Pitaka), 교단이 지켜야 할 계율을 모은 율장(律藏, Vinaya Pitaka), 교리에 관해서 뒤에 제자들이 연구한 주석 논문을 모은 논장(論藏, Abhidharma Pitaka)을 합해서 삼장이라 한다.

죽인 죄를 참회하려 한다고 말하곤 했다. 모두들 이 일을 붓다께 알리니, 붓다께선 어머니를 죽인 자는 출가할 수가 없으니 승단에서 즉시 제명하라[33]고 말씀하셨다.

그는 제명을 당한 후 가사를 입고 불법이 흥성하지 않았던 변방으로 갔다. 그곳에서 경당을 열고 경전을 설하기 시작하였는데, 굉장히 많은 사람들이 법을 들으러 왔고, 어떤 사람은 법을 들은 후 나아가서는 아라한 과위를 증득하였다. 이리하여 그는 중생을 위해 설법하고 승중을 배양한 공덕이 매우 커서 죽은 후 일순간만 무간지옥에 들었다가 바로 생이 바뀌어 천계로 갔다. 그 후 그는 천자의 모습으로 인간계에 와서 붓다 앞에서 묘법을 듣고, 끝내는 예류과[34]에 도달하여 드디어 참된 도리를 획득하게 되었다.

이로 보면 설령 이전에 하늘에 닿을 대죄를 지었더라도 후회하는 마음이 있고 불방일하여 선법을 유지하면 마지막엔 해탈을 할 수 있음을 알 수 있다.

우리는 이 게송을 배운 후 마땅히 자신이 이전에 지은 업이 매우 두려운 것을 알아 항상 금강살타 심주를 외우며, 잘 듣고 사유하며 수행하고, 이제부턴 다시 죄업을 짓지 않겠다고 서원하면 내세엔 반드시 지옥에 들어가지 않을 수 있을 뿐더러 해탈을 할 수도 있다.

---

33 『비나야경』에 이르되 "만약 모친을 살해한 자가 출가를 구하면 다른 출가자에게 영향을 주어 불법종단을 파괴하는 원인이 되므로 곧 바로 쫓아버려라."라고 하셨다.

34 무루성도無漏聖道의 과위果位를 도달한 지위.

이렇듯 모든 사람은 먼저 불법을 바르게 이해해야 한다. 그렇지 않으면 어떻게 수행을 하는지, 어떻게 죄를 지었는지 아무것도 모르게 된다. 물론 이를 이해한 후에도 문자상으로나 말로만이 아니라 반드시 마음 속으로 "내가 이전에 어떤 사람이었던지 간에 지금부터는 짧은 인생 중에 심력을 다해 참회하고, 심력을 다해 좋은 일을 하여 업이 전도되는 사람이 되지 않겠다."라고 다짐해야 한다.

무엇이 업력의 전도인가? 오늘은 출가하였다가 그 다음날 바로 환속하고, 오늘은 한 사람의 신자였다가 그 다음날 불교 공부를 버리고 외도에 가입하거나 어떤 종교도 배우지 않는데, 이런 사람이 제일 불쌍하고 무서운 것이다. 우리는 이렇게 변하면 안 되며, 후회하고 참회하는 것만이 깊은 죄업을 청정하게 할 수 있음을 알아야 한다. 포와법(왕생법) 중에 설해져 있듯 사람이 임종 전에 강렬하게 관상을 하며 "나의 죄는 이미 철저히 청정해졌고 내가 행한 선법은 매우 많지!"라고 생각만 하여도 극락왕생을 할 수 있다.

모두들 이생에 있는 동안 수행의 방향을 바꾸지 말고 이것을 기초로 해서 응당 진력을 다해 참회해야 한다. 많은 사람들이 불법을 수행하는데, 비록 성자와 비교했을 땐 아직은 부끄러울 정도로 항상 번뇌가 생기며, 선법도 아직은 모두 원만할 수 없고 참회의 여지가 많이 있다. 그러나 불법을 배우지 않는 사람과 비교한다면 역시 영광스러울 만하며 최소한 매일 경전을 독송하며 염불을 조금이라도 하고, 관상을 하며 착한 일을 계속하면 그 공덕은 불가사의하다. 그러므로 설사 자신이 죄를 지었더라도 자신을 방치하지 말고 반드시 불법에 귀의하여 잘못을 고치고 바른 길로 돌아와야 하며 정진 참회하여야 한다.

4. 인욕바라밀 (게송 14~17)

14
화를 나게 하는 인因을 끊어버림

사실 인욕만큼 어려운 고행은 없으니
그대는 '성냄'이 기회에 편승하는 것을 막으십시오.
성냄을 끊으면 불퇴전과를 얻는다고
붓다께서 친히 말씀하십니다.

如是無等忍苦行　여시무등인고행
汝莫令嗔有機乘　여막령진유기승
斷嗔獲得不退果　단진획득불퇴과
此乃佛陀親口說　차내불타친구설

❁

세상에는 여러 가지의 고행이 있어, 어떤 외도는 인체의 오장육부의 열로 몸을 태우고, 어떤 사람은 하루 종일 항하에서 목욕을 하기도 하며, 또 어떤 이는 뜨거운 태양을 쳐다보며 자신을 학대하고, 어떤 이는 축생처럼 행동하며, 어떤 이는 말을 하지 않고, 어떤 사람은 밥을 먹지 않는 등 갖가지 고행을 한다. 하지만 모든 고행 중 인내를 닦는 것이 가장 어렵다. 만약 일정한 성취의 경계가 없다면 사람들은 모두 다른 사람이 자신에게 욕을 하고 자신의 과실을 나무라는 일을 참을 수 없을 것이다.

『입행론』에 설하되 "죄업은 화냄을 넘는 것이 없고, 고행은 인내를 이길 것이 없다." 하니, 우리는 '성냄'이 기회에 편승하지 못하도록 해야 하고, 시종일관 정지정념正知正念으로 정진하여야 하며, 성내는 마음이 일면 곧 붓다의 교언을 생각하며 온갖 방법으로 그것을 끊어야 한다.

붓다께선 일찍이 친히 말씀하시되 "모든 비구들은 진심嗔心을 없애야 장차 불퇴전과를 이룰 수 있다."라고 하셨다. 『구사론』에서도 설하듯이 욕계에 머물게 되는 원인은 곧 진심과 탐욕이다. 만약 진심을 끊는다면 탐욕도 끊을 수가 있으며, 이렇게 해나가면 다시 욕계에 흘러들어 올 필요가 없게 된다. 즉 '원인'이 없어졌으므로 '결과'가 나타날 수 없는 것이다. 그러므로 진심을 끊는 것은 매우 중요한 일이다.

『불유교경佛遺敎經』에서 말하되 "성냄의 해로움은 모든 선법을 부순다."라고 하니, 성냄의 해로운 점은 지계, 보시, 불공 등 모든 선근을 해친다는 것이다. 중국의 대덕이 말하길 "화내는 마음은 수행인에게 있어서 불법의 근본이 파괴됨이다."라고 하였다. 또한 『삼마지왕경三摩地王經』에서 설하되 "화내는 자는 계를 지키고 널리 배움으로도 그를 구할 수 없고, 조용히 참선함으로도 구할 수 없으며, 보시공덕으로도 구할 수 없다."라고 하니, 만약 진심이 생기면 청정한 계율, 널리 듣고 배움, 위로 공양하고 아래로 베풂, 적정한 곳에 머묾 등과 같은 선근도 모두 그를 구해줄 수 없는 것이다.

그러므로 성냄이 많은 사람은 반드시 그것을 조치하고 대치할 방법을 생각해야 한다. 그 대치방법은 『입행론·안인품安忍品』안에 많은 비결이 있다. 내가 몇 년 전 중국에 갔을 때 어떤 사람이 나에게 "내가 예전에는 성내는 일이 많았는데, 「안인품」을 수학한 이후 현재는 성내는 마음이 쉽게 생기지 않는다."라고 했다. 나는 이 말을 듣고 무척 기뻤다. 사실 저러한 경계에 이르기는 어려운 일이 아니다. 관건은 본인이 수행을 하느냐 안 하느냐에 달려 있는 것으로서, 수행을 안 한다면 어떤 수승한 묘법도 아무 쓸모가 없다.

『본사경本事經』에서 말하길 "내가 관찰하니 성내는 마음에서 말미암아 중생이 오염되나니, 만일 이를 영원히 끊어버릴 수 있다면 곧 불환과不還果를 얻게 된다."라고 하였다. 이것으로 보아 우리는 모든 방법을 생각하여 성내는 마음에 대치해야 한다.

이상은 '원인'의 각도에서 말한 것이고, 다음은 '결과'의 측면에서 분석한 것이다.

15
회한(懷恨, 원한을 품음)의 과果를 끊어버림

내가 이 사람에게 모욕과 비난을 입었고
구타와 재산 강탈을 당했다고
마음에 미움을 품으면 충돌이 일어납니다.
원한과 적의를 끊으면 편히 잠들 수 있습니다.

我爲此人相責罵 아위차인상책매
毆打擊敗奪吾財 구타격패탈오재
耿耿於懷起沖突 경경어회기충돌
斷除懷恨卽安眠 단제회한즉안면

다른 사람에게서 직접적인 모욕을 당하거나 암암리에 비방과 구타를 당할 때, 혹은 누군가가 나를 여지없이 실패하게 하고 심지어 나의 집과 재산을 강제로 빼앗을 때, 내 마음 속에 그것을 계속 원망으로 남기면 반드시 몸과 말로 충돌을 일으키게 된다. 사실 많은 충돌이 '나'와 관련이 있는데, 만약 '나'가 없다면 국가와 국가, 사람과 사람, 가정과 가정의 모순 역시 일어날 수가 없다. '나'에 대한 집착이 있어야 성냄의 인因이 생기고, 나아가 원망의 과果가 야기되며, 마음속으로 항상 원망을 품고 기회를 엿보고 있으면 신체의 충돌과 언어의 다툼이 꼬리를 물고 계속 나오게 된다.

만약 '나'라는 집착이 없고, 다른 사람이 나에게 주는 피해를 허상으로 간주한다면 일체의 진심과 회한이 생길 수 없어 현생에서는 쾌락하고 내세에도 죄를 짓지 않을 것이다. 만약 성내는 마음이 매우 중하다면 『입행론』에서 "즐거움은 생기기 어렵고 초조하여 잠을 못 이룬다."라고 말한 바와 같이, 비록 편안함과 즐거움을 얻기를 원해도 그것을 얻기가 하늘을 오르는 것만큼 어려워 매일매일 초조하고 불안하며 밤에는 잠을 이루지 못할 것이다. 반대로 이러한 원망을 제거할 수 있다면 적천보살이 "진심을 없애는 데 정진한 사람은 금생과 내세에 다 즐거울 것이다."라고 말하듯이 마음속으로 고뇌를 멀리할 수 있고 금생과 내세에서 모두 즐거울 것이다. 또한 밤에도 아무 걱정 없이 잠들며, 아주 조용하고 편안하게 생을 마감 할 수 있다.

성내는 마음을 끊는 것은 매우 중요한 일이다. 하지만 일정한 수행과 증득함이 없다면 이에 확실히 대치하기란 매우 어렵다. 광흠廣欽 노화상의 일화를 살펴보면, 당시 그는 복건福建에서 출가를 하여 승천사承天寺에 있었다. 그는 자신이 복덕이 없다고 생각하여 차마 공양을 받지 못하여 동굴에서 살았으며 13년을 계속 수행했는데, 그동안 호랑이를 항복시켰다고 한다. 13년 후 그는 사찰로 돌아갔으나, 여전히 사찰의 방사에 살지 않고 대웅전을 지키고자 매일 밤 눕지 않고 대웅보전에서 좌선을 하였다.

얼마 후 사원지기가 사찰 내 대중을 모두 소집하여 대웅보전의 불전함을 도둑맞았다고 선포하였다. 불전함의 돈은 이 사원의 주요

수입이고 이전에는 이런 일이 발생하지 않았기 때문에 모두들 자연히 그곳에서 좌선을 하고 있던 광흠화상을 의심하였다. 모두들 그를 바라보는 눈이 180도로 변하여, 그가 산속 동굴에서 13년을 살더니 결국은 이렇게 부끄러운 일을 저질렀다고 생각했다. 하지만 광흠화상은 자신이 훔치지도 않았고 누가 훔치는 것도 보지 못했다고 자신을 변호하는 말은 한마디도 하지 않았다. 다른 사람들이 모두 그를 의심하고 비난해도 이 일은 자신과 무관한 듯 태연자약하였다.

이렇게 일주일이 지난 후 사원지기는 다시 모두를 불러 모아 사실 복전함은 도둑맞은 것이 아니며, 이 일은 광흠화상의 수행경계를 시험하기 위한 일이었다고 밝혔다. 이때도 광흠화상은 여전히 마음에 동요가 없어 이렇게 된 것을 기뻐하지도 않았다.

많은 사람의 수행에는 정말로 차이가 있다. 우리는 입으로는 성내는 마음을 일으키지 말라고 말한다. 그러나 진실로 역경계의 인연을 만나면 그것을 자제하지 못하기가 쉽다. 인광대사는 우리에게 "역경계로 맘이 편하지 않을 때 죽음의 무상함을 생각하고, 그것을 체념하고 단념한다면 진심嗔心이 생길 이유가 없다."라고 말씀하셨다. 그러나 실제 역경계에 부딪혔을 때 과연 나 자신이 이렇게 해낼 수 있을까? 우리는 어쩌면 상대가 부처님일지라도 상대의 공덕과 법력은 인정하되 내 주장이 옳아 물러설 수 없다고 할지 모른다.

16
중생 마음 상태의 3가지 특징을 논함

마음은 수면이나 흙 혹은 돌 위에 그림을 그리는 것과
같은 것임을 마땅히 알아야 하나니
그 중에 번뇌 망상은 처음 것(물)에 그리듯 하고
수승한 법 구함은 마지막 것(돌)에 그리듯 해야 합니다.

當知心如於水面　당지심여어수면
土石之上繪圖畫　토석지상회도화
其中具惑如初者　기중구혹여초자
諸求勝法如末者　제구승법여말자

중생의 마음은 천차만별이니, 옛사람이 말하길 "사람의 마음은 각자 달라 그 얼굴 생김과 같다."라고 하였다. 생김새로 말하면 어떤 사람은 뚱뚱하고 어떤 사람은 마르고 어떤 사람은 머리가 크고 어떤 사람은 머리가 작다. 이처럼 우리의 마음 역시 각양각색이다. 일찍이 어떤 찻집에서 손님의 마음 상태를 관찰하기 위해 같은 가격대의 찻잔을 각기 다른 색깔과 다른 모양으로 만들었다. 다섯 명의 손님이 왔는데, 매 사람마다 선택한 것이 달라 어떤 사람은 노란색을 좋아하고 어떤 사람은 흰색을 골랐다. 이로 말미암아 진정으로 좋은 물건 나쁜 물건이라는 것이 없고 모두 다 분별심으로 인해 좋고 나쁘게 됨을 알 수 있다. 이렇듯 중생의 기호만 다를 뿐 아니라, 불경 중에 설하신 중생의 탐심도 서로 다르다. 어떤 사람은 노년의 사람을 좋아하고 어떤 이는 젊은 사람을 좋아하고 어떤 이는 중년의 사람을 좋아한다.

모든 중생들의 심리상태가 다르고 그들의 기억 역시 차이가 있는 것은 세 가지 비유로 설명될 수 있다.

첫째, 견고하지 않음. 수면 위의 그림같이 그리고 나면 금방 없어져버리고 파도를 따라 생겼다 사라져 어떤 것도 남지 않는다.

둘째, 비교적 견고함. 흙 위에 쓴 글씨처럼 바람과 비를 만나지 않는다면 쉽게 사라지지 않는다.

셋째, 매우 견고함. 돌 위에 새긴 꽃무늬같이 몇백 년의 바람과 비에도 변함이 없다.

우리들의 마음은 세 가지로 나눌 수 있다. 어떤 사람은 기억이 매우 확고하여 오랫동안 잊어버리지 않고, 어떤 사람은 듣는 즉시 모두 잊어버린다. 우리의 번뇌와 관련지어 말하자면 탐심貪心, 진심嗔心, 치심癡心 그 어떤 것이든지 간에 제일 좋은 것은 첫 번째인 '견고하지 않음'과 같은 것이다. 즉 물 위에 그리는 꽃무늬처럼 금방 없어져버리고, 또 마음이 매우 즐거워 복수는 생각지도 않는 것이 제일 좋다.

세간 사람들은 "군자가 원수를 갚는 데는 10년이 걸려도 포기하지 않는다."고 말한다. 이런 심리는 합리적이지 않다. 어떤 사람이 나에게 "보복하지 않으면 안 된다. 내 평생 잊지 않겠다!"고 말했다. 하지만 이렇게 서로 보복하면 자기의 죄업만 늘어날 뿐이다. 어떠한 복수심도 마땅히 물 위의 꽃 그림처럼 당장 없애는 것이야말로 제일 좋은 것이다.

선법 방면에선 불법을 희구하면 신심과 비심悲心이 생긴다. 정법을 닦고 지키는 사람들은 교증教證[35]이나 논전論典, 상사上師의 교언教言을 바탕으로 하여 착한 마음과 착한 행동하기를 돌 위에 새긴 문자처럼 하여 잊지 않아야 한다. 이는 용맹보살께서 말씀하시되 "지혜가 있는 사람은 쉽게 승낙하지 않는다. 허나 일단 승낙한 후에는 돌 위에 새겨진 문자처럼 목숨을 잃을지언정 꼭 지킨다." 하신 바와 같다.

우리들의 선법 수행은 길게 해야 하는 것이다. 오늘 이 부분의 논전을 배우고 내일 모두 잊어버리고 하나의 교증도 생각나지 않으면 안 된다. 반면에 악업 방면에서는 10년 전에 다른 사람이 말한 당신이 듣기 싫어하는 한마디 말을 지금까지 분명하게 기억하고 있어서는 안 된다. 탐하고 화내는 번뇌는 마음에 새기고 선법은 도리어 잊어버리는 경향이 매우 심한데, 이것은 불합리한 것이다. 반드시 바꿔야 한다. 불교의 교증과 이증理證[36]은 오랜 세월을 지나도 잊지 말아야 하고, 머릿속엔 선법만 가득 채우고 악업이 추호도 남지 말아야 한다. 오명불학원 직메푼촉 린포체(如意寶 法王 혹은 上師 如意寶라고도 함)의 일생이 바로 이러했다. 그는 교증이든 공안이든 어렸을 때 배운 불법을 나이 들어서도 막힘없이 줄줄 암송하였다. 다른 사람이 증오하여 해치려

---

[35] 불법 중의 심오한 도리로 우리 자신만의 지혜와 육근 의식으로는 추론할 수 없고, 붓다의 성언聖言이나 대득도자인 성인의 논전論典으로 설명하고 불경과 논전을 의거로 판단할 수 있는 것을 교증이라 한다.

[36] 그렇게 심오하지 않은 문제에 대하여 반드시 불경을 인용하여 증명할 필요가 없고, 자신만의 지혜로 분석을 이용하여 합리적인 결론을 내릴 수 있는 과정.

한 것이나 세상 사람들이 잊지 못하는 번거로운 일을 조금도 마음속에 두지 않았다. 탐진치, 질투, 오만, 금생과 내세에 실의와 번뇌, 심지어 해탈의 생각까지도 곧 물 위의 꽃무늬처럼 전부 소멸되었다.

사람들의 심리는 각각 서로 다르지만, 장기적으로 익히고 배우는 것은 매우 중요하다. 본래 당신들은 선법은 잘 기억하지 못하고 악법에 대한 기억은 매우 견고했다. 그러나 이는 선지식의 인도를 통해 천천히 바뀔 수 있는 것이다. 만약 논전을 잘 기억하고 악법에 대한 흥취가 없다면 당신의 상속相續[37]은 완전히 바뀔 것이다.

여러분들은 항상 자신의 마음이 어느 종류에 속하는지 관찰해야 한다. 선법 방면에서 물 위의 꽃무늬 같은가, 흙 위의 글자 같은가, 아니면 돌 위에 새겨진 글자 같은가? 나는 어떤 사람인지 스스로에게 물어보면 당연히 그 답을 알 것이다. 당장 내일부터 온갖 원한은 다 잊고 모든 선법은 분명히 기억해야 한다. 만약 20년이 지난 후 '『친우서』의 내용을 낭랑하게 말할 수 있고, 『입행론』의 게송도 유창하게 암송할 수 있다.'고 생각할 수 있다면 당신의 학습에 진보가 있다고 말할 수 있다.

앞서 분석한 바와 같이, 중생의 마음은 천차만별이나 선심善心, 보리심菩提心, 인과를 믿는 마음은 당연히 견고해야 한다. 오늘 배운 법을 내일 곧 잊어버리고, 막 일어난 자비심과 신심은 며칠 지나면 소리 없이 자취를 감추어버려 공덕을 쌓는 일은 상당한 어려움이 있다. 하지만 번뇌하는 마음, 근심하는 마음, 원한을 품는 마음은

---

[37] 의식에 연속되는 습관을 말한다.

오래 간직하지 말아야 한다. 어떤 사람은 기억해야 할 것은 기억하지 못하고, 기억하지 말아야 할 것은 줄곧 기억한다. 이것은 범부들의 특징이기는 하지만, 자신의 습관과 관련이 많은 것이다.

  우리는 이 논서를 공부한 후 마땅히 항상 수행해 나아가야 한다. 타인과 충돌했을 때 공손하지 못한 말을 해 지울 수 없는 응어리가 생기고 상처가 아물지 않더라도 잊어버리려고 노력하면 물의 파문과 같이 소멸해갈 것이다. 나아가 스승님의 가르침의 말씀, 제불보살의 금강 같은 말씀, 자신의 선심 등의 선법을 생각하고 장기적으로 기억하고 실행하려는 것이 우리가 노력해 도달하려는 하나의 목표이다.

17

성냄의 연緣인 거친 말(粗語)을 끊음

부처님께서는 세 가지 종류의 언어를 말씀하셨으니,
마음과 뜻에 부합되는 말, 진실된 말, 전도된 말을
꿀과 꽃과 오물에 비유하셨습니다.
이 중 마지막 말은 마땅히 버려야 합니다.

佛說語言有三種   불설어언유삼종
稱心眞實顚倒說   칭심진실전도설
猶如蜂蜜鮮花糞   유여봉밀선화분
唯一當棄最末者   유일당기최말자

부처님께서 대승경전에서 친히 말씀하신 바와 같이, 중생의 언어는 대략 세 종류로 분류할 수 있다.

첫째, 상등의 언어.
마음과 뜻에 부합하는 말이니, 곧 육도중생의 근기에 맞추어 기쁘게 듣도록 말을 하는 것이다. 여래께서 말씀하시길 "천룡, 야차夜叉[38], 구반다鳩槃茶[39] 내지 인간과 비인간 등 모든 일체 중생에게 말이 있는 바, 각자에게 맞는 적절한 소리로 설법한다."라고 하시니, 이 같이 제불보살과 전승상사께서 전하는 금강어는 해탈의 정도正道를 가르치고 중생을 이롭게 하여 바로 성불에 이르게 할 수 있는 것이다.

둘째, 중등의 언어.

진실어, 즉 힘을 다해 성실을 추구하며 마음과 입이 일치하는 진실된 말이다. 이런 말을 하는 사람은 깊은 도리를 말할 수는 없고, 단지 하나이면 하나, 둘이면 둘이라고 말할 뿐이나, 허황된 말을 하지 않으며 사실을 날조할 줄 모른다.

셋째, 하등의 언어.

거짓말 혹은 전후가 뒤바뀐 말, 사실이 아닌 망어妄語, 악담, 이간어, 꾸밈말 등 전도된 말을 가리킨다. 이것은 범위가 넓은 것으로 대체로 듣기 싫은 말, 내용이 없는 말, 실의實義가 없으며 사기성, 교활성을 지닌 말 등 모든 안 좋은 언어가 여기에 포함된다.

이 세 종류의 언어는 비유로써 하나하나 설명할 수 있다. 마음과 뜻에 딱 맞는 말은 달콤한 꿀과 같으며 단맛은 누구나 좋아하는 것이다. 진실한 말은 아름다운 꽃과 같아 곳곳에서 사람들이 좋아한다. 거짓

---

38 불교 팔부중(불법을 수호하는 여덟 신장: 천중, 용중, 야차, 건달바, 아수라, 가루라, 긴나라, 마후라가)의 하나. 하늘을 날아다니며 사람을 잡아먹고 상해를 입힌다는 잔인한 귀신.

39 범어 kumbhāṇḍa의 음사. 염미귀厭眉鬼·동과귀冬瓜鬼라고 번역. 수미산 중턱의 남쪽을 지키는 증장천왕增長天王의 권속으로, 사람의 정기를 먹는다는 귀신. 말 머리에 사람 몸의 형상을 하고 있다.

혹은 전도된 말은 더러운 대변과 같아 진정한 접촉이 없을뿐더러 설령 한 구절만 귀에 들려도 극도의 혐오감을 느끼게 한다.

사람과 사람 사이의 상호교류에서 말은 아주 중요한 매개체이다. 불교를 배우든 안 배우든 관계없이 듣기 좋은 말을 해야 한다. 불경에 말하기를 "온유한 말을 하고, 기쁘지 않게 하는 말을 하지 말며, 귀에 즐거운 말을 하면 선을 이루고 죄업이 없다."라고 하니, 부드러운 말과 듣기 좋은 말을 하면 죄를 짓지 않을 뿐만 아니라 오히려 공덕이 증장될 수 있다. 세간 사람들에 의하면 "좋은 말 한 구절은 추운 겨울에도 따뜻하게 하나, 악한 말은 사람을 상하게 하여 유월에도 춥게 느낀다." 하니, 귀에 자극적인 말은 타인에게 상처를 주고 오랫동안 치유할 방법이 없다. 그러므로 용맹보살께서 우리들에게 요구하는 바는 사람과 교류할 때 진실에 근거하고 부드럽고 완곡하게 말을 해야 하고, 거짓말을 해서는 안 되며, 더욱이 폭력적인 말은 사용하면 안 된다는 것이다.

어떤 사람은 거친 말엔 힘이 있어 일을 성사시킨다고 생각하지만 이런 사고방식은 잘못된 것이다. 나는 프랑스 작가 라퐁텐이 말한 우화를 말한 적이 있다. 북풍과 남풍이 기량을 겨루면서 누가 행인의 옷을 벗길 수 있는지 겨뤄보자고 하였다. 북풍은 아주 맹렬하게 불어댔고, 이에 행인은 찬바람에 저항하기 위해 옷을 더욱 꽉 묶었다. 반면 남풍은 서서히 불어 한순간에 태양이 아름답게 비치자, 이 사람은 점점 더위를 느껴 외투를 벗어던졌다. 여기에서 북풍은 악어惡語에, 남풍은 미어美語에 비유된다. 거친 말은 어떤 일을 쉽게 해낼 수 있다지만 이것은 단지 자기기만에 불과하다. 어떤 일을 아주 원만하게 처리하고 싶으면 반드시 완곡한 언어를 써야 한다.

『입행론』에서 말하기를 "말을 할 때는 뜻에 맞아야 하며 뜻과 말은 상관이 있다."라고 한다. 타인과 담화를 할 때는 상대방이 즐겁게 받아들이고 어느 정도 마음에 드는 말을 해야 하며 의미를 분명하게 표현해야 한다. 어떤 사람은 장시간 말을 했어도 상대방을 칭찬한 것인지 비방한 것인지 모르며 자기 자신도 무엇을 말했는지 명백하지 않은 경우가 있다. 이것은 성격과 관계가 있는 듯하다.

우리들의 대화는 주제가 명확해야 하고 동시에 상대방의 느낌도 고려해야 한다. 티벳 지방에 전해지는 말에 "한마디 말을 하려면 백 사람의 얼굴빛을 살펴보아야 한다."는 것이 있다. 또 "말은 칼날이 없지만 사람의 마음을 찌를 수 있다."라고 한다. 그러므로 대화를 할 때에는 어느 정도의 기술을 갖추어야 한다. 그렇지 않으면 많은 사람에게 죄를 범할 수 있다.

당연히 수행이 부족한 사람은 자주 말의 상처를 받을 수 있다. 하지만 만약 당신이 수행을 많이 하면 다른 사람이 당신에게 억울한 누명을 씌우고 모욕을 주더라도 그것이 두렵지 않고 귀에 스치는 바람처럼 여겨져 번뇌나 고통을 일으키지 않는다. 그러나 보통사람은 이런 높은 경지에 이르기 힘들므로 말의 영향을 크게 받을 수 있다. 그러므로 말을 할 때는 항상 주의해야 한다.

『친우서』를 배운 이후에는 말을 할 때 겸손하고 예의를 갖추어야 하며, 거친 말이나 오염된 말을 하지 말아야 한다. 어떤 사람은 평소에는 그다지 말을 할 줄 모르나 남을 욕하기 시작하면 마치 위험한 강물과 같이 도도하며 각종 '교증'도 풍부하게 들기도 한다. 『석량론釋

量論』혹은 『입중론入中論』은 말할 필요도 없고, 그에게 『입행론·회향품回向品』의 게송을 해석하라고 하면 입속에 돌덩어리를 문 것처럼 말을 못한다. 하지만 생각지도 않게 다른 사람을 욕할 때는 말이 끊이지 않고 속마음에서부터 술술 욕이 절로 흘러나온다.

평소 수준이 낮은 사람은 욕을 잘하기 쉽다. 또한 일부 장사하는 사람들은 서로 말다툼을 하며, 더 나아가 부모가 자식에게 욕할 때 특히 듣기 민망한 말을 많이 쓴다. 『백업경百業經』, 『현우경賢愚經』 속의 공안公案을 배웠는데, 이렇게 나쁜 말로 욕을 하는 과보가 어떠한가는 여러분 모두가 비교적 확실하게 알고 있어야 한다.

말하는 중에는 반드시 진실을 말해야 하며 마음에 있는 생각과 같은 말을 해야 한다. 이 게송을 배워 여러분의 마음속에 서원이 있기를 바란다. 어떤 서원이냐 하면, 이전에는 말을 할 때 그다지 주의를 기울이지 않고 또 욕도 했던 적이 있으므로, 지금부터 제불보살과 스승님 면전에 서원을 발하되 '이제부터 입을 깨끗이 하고 까마귀처럼 종일 사람에게 재앙을 가져오는 말을 하지 않는다.'라고 해야 한다. 만일 여러분이 정말 말재간이 있으면 『입행론』의 교증을 좀 더 외워서, 화가 날 때 몇 구절 쓸 수 있는지 시도해볼 수도 있을 것이다. 그러나 대개의 경우 사람들은 화가 났을 때 아마도 '옴마니반메홈' 진언조차 생각하지 않을 것이다.

『입행론』에서 말하기를, 정진의 본체는 선한 법을 좋아하는 것이라 했다. 이 문제는 우리들이 반드시 분명히 해야 한다. 어떤 부류의 사람들은 장사를 해 돈을 버는 데에 아주 열심이고, 어떤 사람은 개인의 이로움과 독서에 열심히 정진한다. 이것은 모두 진정한 정진이라 할 수 없다. 나와 남의 금생과 내세의 행복을 위해 분투 노력해나가는 것이야말로 진정한 정진이라 할 수 있다.

5. 정진바라밀 (게송 18~19)

18
금생과 내생의 명암에 따른 4가지 삶의 과보를 논함

오늘이 밝고 내일이 밝으면 궁극의 행복에 이르고
오늘과 내일 모두 어두우면 업보의 종말에 이르며
지금이 밝고 내일이 어두우면 업의 과보를 받고
지금이 어둡고 내일이 밝으면 원만한 성취를 얻습니다.
이와 같이 네 가지 종류의 사람이 있는데
국왕은 마땅히 첫 번째 종류의 사람이 되어야 합니다.

今明後明至究竟 금명후명지구경
今暗後暗至最終 금암후암지최종
今明後暗至終點 금명후암지종점
今暗後明至圓滿 금암후명지원만
如是四種類型人 여시사종유형인
國王當做第一種 국왕당주제일종

사람마다 금생과 내세에 각기 다른 명암[40]이 있는데, 이는 각자의 업력과 인연이 다르기 때문이다. 어떤 사람은 금생에 광명이 있고 내세도 광명이 있는가 하면, 어떤 부류는 금생도 암흑이고 내세도 암흑이고, 어떤 부류는 금생이 광명이고 내세는 암흑이며, 어떤 부류는 금생은 암흑이지만 내세에는 광명이 있다. 이렇게 네 부류의 사람이 있는데, 국왕은 마땅히 첫 번째 부류에 속해야 한다. 네 가지 종류의 삶에 대해 좀 더 구체적으로 말하면 다음과 같다.

1. 오늘이 밝고 내일이 밝으면 궁극의 행복에 이른다.

금생에서도 광명, 내세에서도 광명을 가리킨다. 다시 말하자면 금생에서 살아가는 생활이 원만하고 즐겁고 행복하며, 내세 내지 세세생생에서도 안락과 즐거움을 누린다. 예컨대 불교 역사상 샤카 빤디따(薩迦 班智達, Sakya Pandita)는 오백 세 동안 삼장법사로 지냈으며, 뽀마모자(布瑪莫箚, Vimalamitra)도 오백 세 동안 대강사를 했었다. 속세의 범부와 달리, 생활 속의 부담과 마음의 고통 등 일체 속세 일을 뛰어넘어 금생에 법열이 충만하고 내세도 광명이 이어져 어떤 고통도 맞닥뜨리지 않는 수많은 고승대덕이 있다.

---

40 '명明'은 행복의 비유이고, '암暗'은 고통의 비유이다.

2. 오늘과 내일 모두 어두우면 업보의 종말에 이른다.

금생의 고통은 이루 말할 수 없고 내세에서도 아주 고통스럽다. 예를 들면 백정이나 기생 등 악업을 짓는 직업을 가진 자들이다. 백정, 어부들은 매일 아침부터 밤까지 아주 고생스럽다. 그들은 먹고 입는 것이 초라하고 사는 곳이 개집과 같으며, 금생에서 돈을 벌지 못하고 배불리 먹는 일조차 해결하지 못하여 언제나 번민하고 걱정하며, 무수한 중생을 살생한 과보로 말미암아 내세에도 지옥, 아귀, 축생에 떨어져 한량없는 고통을 받게 되는 것은 추호의 의심도 없는 일이다.

혹자는 말하기를 어떤 중생은 금생에서는 축생인데 내세에서도 다시 축생 또는 악인이 된다고 한다. 마치 연화생 대사 등이 옛적에 탑을 조성할 때 흙을 운반하던 한 마리 황색 소가 악한 원을 발하여, 나중에 랑다르마 마왕(朗達瑪 魔王)으로 환생하여 아주 무서운 악업을 지었으며, 후세에서도 끊임없는 고통을 받고 있는 것과 같다.

3. 지금이 밝고 내일이 어두우면 업의 과보를 받는다.

금생에서는 비할 바 없이 안락하지만 후세에서는 고통을 감당할 수 없다. 가섭불迦葉佛 때 시아서쟈(西哦色嘉)라는 출가인이 있었는데, 당시 인간 수명이 2만 세였고 그의 생활환경은 아주 안락했다. 그런데 오만한 마음이 일어나 불손하게 많은 비구에게 '소대가리, 말대가리, 호랑이대가리' 등의 악명을 붙였다. 그는 죽은 후 거대한 고래로 환생했는데 몸에 말머리 등 18개의 머리가 달려 있었고, 인간의 수명이 백 세에 불과한 석가모니불께서 출현한 때에 이르러서도 해탈을 얻지 못했다.

현재에도 이런 사람들이 많다. 금생에서는 비교적 부유하고 돈도 많아 자주 오성급 호텔에 가서 즐기며 겉으로 보기에 아주 복이 있어 보인다. 그러나 그들은 돈을 벌기 위해 도살업이나 생선 구판장 등을 열어 아주 많은 악업을 지었으며, 생명을 살생한 과보로 이생을 마감한 이후에는 고통의 여행길에 들어선다. 일부 탐욕스런 관리도 금생에 호의호식하며 백성의 피와 땀을 헤프게 낭비하는데, 이들의 미래는 상상하기 어렵지 않다.

4. 지금이 어둡고 내일이 밝으면 원만한 성취를 얻는다.

이는 금생에서는 고통을 받지만 후세에서는 행복의 길로 밟아 나가는 것을 말한다. 어떤 이는 중생의 이익과 불과를 위해 고행을 한다. 주거환경은 보잘 것 없고, 매일 배불리 먹지 못하고 따뜻하게 입지 못하여 보기에 아주 가엾다. 그러나 실질적으로 금생의 이런 고행을 통해 죄업이 모두 깨끗이 씻어져 미래에는 광명이 한량없을 것이다. 어느 한 병자가 금생의 병으로 하루하루가 고통에 시달리는데, 현실상으로는 아파서 살아갈 의욕이 없지만 이로 인해 큰 죄업이 소멸되어 내세에는 아주 좋을 수 있다.

위에서 이제까지 서술한 네 부류의 사람 중 자기가 어떤 부류의 사람인지 관찰해 보라. 여기에서 용맹보살이 국왕에게 요구하는 것은 응당 첫 번째 부류를 선택하여 금생에 선법을 행하며, 나아가 일체의 애욕경계를 놓아버리라는 것이다. 그리하면 고통이 있을 수 없으며 내세에서도 아주 즐겁고 행복하게 된다. 밀라레빠의 전기 중에서 말하기를, 한 국왕이 초청했는데 그는 어떻게 해도 응하지 않았다. 이에 심부름꾼이 "황궁은 모든 것이 다 갖추어져 있어서 다른 사람은 국왕의 초청을 받으면 기뻐하는데, 당신은 왜 가지 않는가?"라고 물었다. 밀라레빠가 그에게 도가道歌 한 수를 불러주었는데, 그 중 한 구절은 다음과 같다. "탐욕을 쌓고 쾌락을 원하는 너의 왕과 신하가 밀라레빠를 본받아 행하면 금생과 내생 모두 즐겁다." 다시 말하면 그들이 만약 밀라레빠를 본받으면 금생과 내세에서 모두 아주 즐거움을 누릴 것이니 황궁 안의 쾌락은 필요하지 않다는 것이다.

진정한 수행자는 만법의 무상함을 알고 일체 사물을 탐하지 않는다. 세상 사람들은 이러한 사실이 아닌 허상에 집착하는 것은 유감이다. 만약 만법의 진리에 통달하면 어떤 미혹에도 달관할 수 있다. 이런 인연으로 금생에 나쁜 업을 짓지 않으며 내세 내지 해탈의 순간에 이르러 광명에서 광명으로 해탈할 수 있다. 경론에서도 말하기를 "수행 정진하는 사람은 현생 중에 즐거움이 항상 같이하며, 죽을 때 천인들이 무리를 이뤄 강림하여 즐거운 음악소리 중에 천인이 그를 영접하여 좋은 방향으로 나간다. 그러므로 선법을 행하는 사람은 금생과 내세 모두 즐겁다."라고 하였다.

용맹보살께서 이렇듯 사람들의 선행과 악행을 종합적으로 분류했다. 우리들도 응당 이를 생각하고 번뇌가 있어도 목표에 부합하는 선법을 수행하면 금생 중에 아주 즐겁고 내세도 삼악도에 떨어질 수 없으며, 최후에는 반드시 윤회에서 벗어나게 될 것이다.

19

안과 밖이 모두 같은 정진을 행하길 권함

정진하는 사람의 유형을 망고에 비유하여 알 수 있나니
겉은 익은 것 같지만 속이 익지 않은 것이 있고
속은 익었지만 겉이 익지 않아 보이는 것이 있으며
겉과 속이 모두 익거나 익지 않은 것도 있습니다.

當知人類如芒果　당지인류여망과
外似成熟內未熟　외사성숙내미숙
內成熟外似未熟　내성숙외사미숙
內外未熟內外熟　내외미숙내외숙

❀

정진할 때 사람들을 몇 가지 유형으로 분류한다면 망고와 같이 네 종류로 분류할 수 있다.

첫째, 겉은 이미 익어서 먹을 수 있는 것 같지만 속은 아주 설익은 것.

둘째, 속은 이미 완전히 익었는데 겉은 아직 초록색이어서 아직 익지 않아 보이는 것.

셋째, 속이 아직 익지 않았고 겉도 익지 않은 것.

넷째, 속도 익었고 겉으로 보기에도 아주 무르익은 모양인 것.

망고라는 과일은 여러분들에게 비교적 익숙한 것이라 믿는다. 하지만 이전 티벳에는 이런 종류의 과일이 없었다. 50년대 티벳의 유명한 여행자 근등군패(根登群佩, Gendün Chöphel) 대사가 인도에 갔을 때 『인도 여행기』에 기록하기를, 그가 망고를 맛보았을 때 아주 부러워하며 "티벳 사람들은 복이 없어서 이렇게 맛좋은 물건도 없구나······ 망고는 신선한 수유酥油⁴¹처럼 어찌나 단지······."라고 하였다 한다. 하지만 내가 알기론 인도 어디에도 찾아볼 수 없는 지금의 불법이 티벳 전역에서 흥성한 것은 장족藏族의 복덕이 작지 않기 때문이라 생각한다. 한 지역의 복덕의 크고 작은 것은 망고 같은 과일의 유무에 비유할 것이 아니라, 해탈의 유일한 인과가 어디에 있는지를 봐야 한다. 지금까지 동서양을 막론하고 티벳과 같이 이렇게 불법이 흥성한 곳이 있었는가는 여러분이 분명히 알 수 있을 것이다.

망고의 비유를 통해 사람을 대략 네 분류로 나눌 수 있다.

첫째, 외면은 성숙하지만 내면이 미성숙한 사람.

이런 부류의 사람은 행동으로는 아주 여법하지만 내심은 행동과 서로 일치하지 않는다. 비유하자면 대천비구大天比丘 같은 사람이다. 그는 부모를 살해하고 또 아라한을 살해해 3가지의 무간죄를 짓고 탐진 번뇌가 아주 치성하였지만, 바깥으로 보이기엔 엄숙한 용모와

---

41 소나 양의 젖에서 얻어낸 유지방. 장족藏族과 몽고족 식품의 일종. 등불을 밝히거나 기타 용도로도 쓰인다.

태도를 갖춘 비구였으며 중생을 교화할 능력이 아주 커서 주변의 제자가 십만에 이르렀다. 역사의 기록에 의하면 석가모니불 열반 후 대천비구처럼 수많은 권속을 섭수한 적이 있는 범부는 다시없었다.

오늘날 일부 수행자는 표면적인 행위도 특별히 장엄하고 내면적으로 아주 성숙한 듯하여 사람들마다 그를 칭찬하는 말이 끊이지 않는다. 하지만 그의 내면의 탐심貪心과 진심嗔心, 악심은 아주 두려울 정도이다. 때때로 어떤 사람은 표면상 아주 좋은 사람같이 보이지만 사실상 그렇지 않음은 자신이 제일 잘 안다.

둘째, 내면은 성숙한데 외면은 미성숙한 사람.

내심과 불법이 완전히 하나로 융해되어 있지만, 단지 표면상 성숙하지 않아서 심지어 정신 나간 것처럼 보이는 자가 있다. 예를 들면 제공화상濟公和尙과 같은 분이다. 사실 육조대사六祖大師도 여기에 포함되니, 그가 깨달을 때에 글자도 모르고 여전히 재가인이었고, 외면상 성숙하지 못한 것처럼 보였지만 내면의 깨달음은 이미 궁극에 달해 있었다. 티벳과 중국 역사상 마음이 제불보살의 경지와 구별이 없는데도 외면의 형상은 도리어 사냥꾼이나 기녀 등과 같았던 이러한 성취자는 아주 많다.

셋째, 내면과 외면 모두 미성숙한 사람.

이런 경우는 보통의 세상 사람이다. 일부 대도시 사람들은 무도회장 등 청결치 못한 장소에 가기를 좋아하고, 내심에는 한 무더기 탐진치의 습기 외에 아무 것도 없다. 외면적으로도 알아볼 수 있듯이 반들거리는 긴 머리에 종잡을 수 없는 옷차림을 하며 휘청거리는 걸음걸이에 담배 피우면서 술 마시고 입에 유행가를 흥얼거린다. 그의 내면과 외면은 모두 똑같다.

넷째, 내면과 외면 모두 성숙한 사람.
자고이래로 공인된 대성취자나 대수행자 분들로서, 여의보법왕如意寶法王도 이에 포함된다. 그들의 경지는 불법과 하나로 융화되어 있으며, 외재적인 행위 역시 사람들로 하여금 신심이 일게 한다. 모든 행동에 어떤 모순도 없으며, 내면과 외면 모두를 원만성취하여 마치 금으로 된 병과 같아서 세간의 장엄이 된다.

이렇게 네 부류의 사람은 『수목격언水木格言』에서도 "부처님께서 말씀하시기를, 내외의 성숙 정도를 망고와 같이 네 종류로 나눈다. 내심과 행위에 근거하여 사람을 현명한 사람, 비열한 사람 등 여러 부류로 나눈다."라고 기술하고 있다. 외면이 여법하지 않다고 해서 정말로 그 사람이 여법하지 않다고 볼 수는 없다. 부처님께서 경전에서 말씀하시기를 "나와 같은 보특가라補特伽羅[42]를 제외하고 다른 중생은 모두 다른 사람의 마음경계를 이해할 방법이 없다."라고 하시니, 한 사람이 전도된 것처럼 보일지라도 반드시 경지가 없는 것만은 아니며, 한 사람이 위의가 아주 장엄하여 땅도 조심하여 밟을 정도라 할지라도 입문한 지 하루 이틀 지난 비구일 수 있고 그것이 진실한 경지가

---

[42] 범어 pudgala의 음사. 인人·중생衆生·삭취취數取趣라 번역된다. 사람, 중생, 자아自我, 영혼.

아닐 수 있다.

　이렇게 네 각도에서 분석한 모습들을 우리들은 자신 혹은 타인에 의해 관찰될 수 있다. 결국 '내심과 행위가 모두 여법한가? 아니면 하나가 여법하지 못하거나 둘 다 여법하지 못한 것인가?'가 핵심이다. 비록 게송 중에서 명확히 설명하지 않았지만, 초학자는 반드시 속과 겉이 잘 익은 '망고'이어야 한다. 이렇게 하면 다른 사람도 사견을 일으킬 수 없다. 그러지 않고 자신의 내면이 성숙하지 않은데 외면은 각종 성숙한 모습을 하면 이것을 '위선 행동'이라 한다. 혹은 자기 자신에게 초월의 경지가 있다 해도, 외면적 행위가 실성한 것 같으면 역시 다른 사람들이 그 경지를 인정하고 받아들인다고 할 수 없다. 그래서 초학자는 당연히 겉과 속이 같아서 내면과 외면이 모두 성숙한 자가 되어야 한다. 이렇듯 한 사람의 범부가 되어 자기의 근본을 지키는 것이 아주 중요하며, 그렇지 않으면 장기간 선법을 지키고 행하기가 상당히 곤란하다.

6. 선정바라밀

1) 가행

① 경계의 산란을 끊음

a) 생각을 대치하여 근문을 방호함 (게송 20~23)

> 20
>
> # 남의 여자를 탐하지 않도록 근문을 경계함

남의 아내를 탐내어 보지 말 것이며
만약 보더라도 나이에 따라
모녀나 누이동생처럼 여기십시오.
만약 욕망이 생기면 부정不淨한 본성을 관해야 합니다.

切莫眼瞧他妻室　절막안초타처실
若睹亦隨其年齡　약도역수기연령
作母女兒姊妹想　작모녀아자매상
若貪眞觀不淨性　약탐진관부정성

한 사람의 범부로서 자기의 근문을 수호하는 것은 아주 중요하다. 그렇지 않다면 장기간 선법을 지니고 행하는 것이 곤란해진다. 이런 이유로 저자는 낙행왕에게 이런 가르침을 주고 있는 것이다.

낙행왕은 재가 거사이다. 재가 거사의 측면에서 보면 일체 번뇌 중 탐욕이 제일 엄중하다.[43] 그래서 저자는 낙행왕에게 말하기를 "타인의 처자를 음탐하게 바라보아서는 안 되며, 고의로 보지 않았다면 자신의 나이와 비교하며 만약 자신보다 나이가 많으면 어머니가 된다고 생각하고, 자신보다 젊으면 딸이라 생각하고, 자기 나이와 비슷하면 누이라 생각하라."고 하고 있는 것이다. 『잡아함경』에서도 말하기를 "만약 연로한 사람을 보면 어머니라 생각하고, 중년자를 보면 누이라 생각하며, 자신보다 어린 사람을 보면 딸이라 생각하라."고 하고 있다. 이렇게 해도 탐욕이 일어나는 것을 피할 수 없으면 그것은 생각이 청정하지 못하기 때문이다.

거사 혹은 남자 출가자를 대상으로도 계율 중에 이렇게 관상하는 방법이 정해져 있다. 반대로 여신도나 여성 출가자들도 이런 방향으로 미루어 생각하여 남성 신도를 보면 그들을 부친이나 오빠, 남동생, 아들이라 생각하라.

그런데 현대사회에는 특히 정신이 혼미한 사람이 많아 절제함이 없는 경우가 많고, 특히 재가불자의 행위가 아주 법답지 못한 경우가

---

43 우리들 있는 곳을 '욕계慾界'라 하는데, 이것은 중생의 욕망이 제일 강렬하기 때문이다.

6. 선정바라밀 131

많다.『화엄경』에서 말하기를 "보살도를 행하는 자는 자신의 배우자에 대하여 항상 법도를 지켜야 한다."라고 한 바와 같이, 보살도를 행하는 사람은 자기의 가족 안에서 만족해야 한다. 그렇지 않으면 세상의 바른 규범을 무너뜨릴 수 있고 자신의 거사계도 파괴된다.

출가인은 당연히 반드시 모든 음행을 단절해야 한다. 이것은 뭐라도 예외를 둘 수 없다. 실제로 번뇌를 대치할 방법이 없으면 상대방의 몸이 부정의 본질이라고 관상한다.『중관보만론中觀寶鬘論』에서는 "여색은 모두 부정한데, 탐욕은 어떻게 일어나는 것일까?"라고 묻고 있다. 이성의 신체를 머리부터 발끝까지 속속들이 분석해보면 한 곳도 깨끗한 데가 없다. 이런 방식을 통해 분석하면 계속 습관화되는 탐심을 단절시킬 수 있다.

이런 비결은 매우 심오한 도리이다. 어느 날 한 도반이 말하길 "나는 사회에서 불법도 모른 채 보낸 시간이 비교적 길어서 출가할 때 남녀문제에 관한 번뇌가 특별히 심각하지 않을까, 자신이 계를 지키지 못할까 걱정했었고 줄곧 이 방면에 우려가 있었다. 나중에『입행론入行論·정려품靜慮品』을 공부한 후 마음의 사유로부터 몸이 청정하지 못하며 탐할 어떤 것도 없는 것임을 알았다. 그 후 또 「지혜품智慧品」을 공부했는데, 근본적으로 탐내는 주체와 탐욕의 대상 모두 존재하지 않는다는 것을 알았다. 나의 이런 견해 역시 순간적인 것에 불과한 것이지만 나에게 이런 이해가 생겨났다!"라고 하였다. 나는 이 말을 듣고 나서 큰 환희심이 일어났다. 이른바 불교를 배운다는 것은 마땅히 이런 방식을 통해 전도된 마음을 조복해 나가는 것이다.

우리들이 예전에 불교를 배우지도 않고 출가하지 않았을 때에는 번뇌가 아주 심했을 터이나, 불법의 가피와 신심으로 지금은 완전히 새로 태어날 수 있었다. 사실 예로부터 지금까지 어떤 대덕들이든 이와 같았을 것이다. 그들도 출가하기 전에 진심이 심하거나 치심이 심하거나 탐심이 심하거나 했겠지만, 단지 나중에 자기 습관을 대치할 수 있는 적합한 방편에 의지하여 자신을 조복했을 뿐만 아니라 무량한 중생을 교화했다. 이런 현상은 어느 때나 많이 일어나는 일이다.

현대의 대도시에서는 아주 많은 사람이 자주 싸우고, 가정 내의 관계도 좋지 않아 최후에는 이혼을 초래하는 등 바람직하지 않은 일이 발생하는데, 이런 것은 모두 불합리한 일이다. 여러분은 응당 용맹보살이 교계한 낙행왕과 닮아야 하며, 출가인이 되려면 청정한 생활을 유지해야 한다. 비록 부정한 행동이나 탐심을 철저하게 없애지는 못할지언정 응당 또한 일종의 만족감을 가져야 하니, 청정한 생활 중에 불법을 행해 나아가는 것이야말로 최고의 선택이라 할 수 있다.

21
근문을 지켜 기타 욕락欲樂을 방호함

만일 선지식의 교언을 전수받으면
요동치는 마음을 잘 보호해 지켜서
맹수와 독약, 칼날, 원수와 적을 싫어하고
맹렬한 불길 피하듯 욕락에 대처해야 합니다.

當如聞子寶藏命　당여문자보장명
守護動搖之內心　수호동요지내심
猶如猛獸毒刀刃　유여맹수독도인
怨敵烈火厭欲樂　원적열화염욕락

❀

색色, 성聲, 향香, 미味 등 외부환경이 매 시간마다 우리들을 유혹하고 있으며 우리들의 마음을 한순간도 안주하지 못하게 하므로, 우리들은 각종 방식을 통하여 이에 대처해야만 한다. 예부터 수많은 성취자들도 처음에는 그들 마음 역시 동요하고 불안정했지만, 선지식을 만나 수승한 교언을 전법 받은 후 반복되는 수행에 의지해 최종에는 위없는 성취를 얻었고 마음도 여여부동한 상태로 전환되었다. 그래서 열심히 노력만 하면 누구나 수행을 감당하고 마음을 조절하는 불제자가 될 수 있으며, 이런 점에는 어떠한 어려움도 없다.

그러면 어떻게 이 마음을 수호할 수 있을까? 법을 듣고 수호하는 것을 자식이나 보물, 생명을 지키는 것처럼 하고, 여러 가지 방법으로 여섯 가지 근문[44]을 지켜나가며, 외부환경의 색, 성, 향, 미 등 대상경계에 탐애가 일어나는 것을 방지한다. 우리들 마음은 정말 무섭다. 예를 들어 작은 음식점에 가서 식사를 한다고 하자. 고작 반 시간 남짓 되는 시간 동안 이 한 조각 마음이 얼마나 사방으로 흩어져 안정되지 못하는가. 주방장이 무슨 채소를 볶는지 그의 동작이 어떤지, 무슨 옷을 입었는지를 잠시 보다가, 금방 텔레비전에 빠져서 스크린 속 야크가 멋지다느니 저 산양 대단하다느니 하고, 눈앞에 어떤 배경이 나타나면 마음에 또다시 기복이 일어나기 시작한다. 『묘비청문경妙臂淸問經』에 "마음은 원숭이와 같고, 모든 경계를 좋아하여 탐욕하고 애착하여 그만두지 못한다."라는 구절이 있다. 또한 중국의 고사성어에도 '심원의마心猿意馬'라는 것이 있는데, 그 뜻인즉 범부의 마음은 원숭이나 야생마와 같아 한순간도 안주하지 못함을 설명하는 것이다. 만약 마음이 계속 이렇게 가면 우리를 위험한 경지에 들게 하므로 우리는 제불보살과 상사의 비결에 의지하여 힘껏 자신의 마음을 수호해야 한다.

다음은 마음을 수호하는 것을 네 가지 상황에 비유하여 말한 것이다.

1. 문법聞法 – 법을 들을 때 집중하듯이 마음을 수호함.

---

[44] 안眼, 이耳, 비鼻, 설舌, 신身, 의意이라는 6근六根에 의존하여 각각 색色, 성聲, 향香, 미味, 촉觸, 법法이라는 6경六境을 지각하는 안식眼識, 이식耳識, 비식鼻識, 설식舌識, 신식身識, 의식意識의 여섯 가지 인식작용이 일어난다.

불법을 들을 때는 반드시 온 정신을 모으고 집중하여 마음이 완전히 대상에 몰입하게 해야 한다. 마음이 흩어져 어지러우면 무엇을 듣든지 간에 기억할 수 없다.

2. 모친이 갓난아이를 돌보듯이 마음을 수호함.

어머니가 만약 마음이 종종 분산되어 매 시간 아이를 잘 돌보지 않으면 아주 위험한 상황이 발생할 수 있다. 예를 들어 자식이 큰물에 휩쓸려간다거나, 차에 깔려 죽거나, 나쁜 사람에게 납치되는 것 등이다. 그래서 요즈음 어머니는 매일 자식을 근심걱정하여 자녀가 학교 갈 때 데려다 주고 또 하교 때에도 가서 데리고 오며, 낮에 직장에서 일을 하여도 마음은 줄곧 자식을 염려한다.

3. 간호보장看護寶藏 - 소중한 재산을 지키듯이 마음을 수호함.

말법세대에 비록 여의보는 없을지라도 돈, 지갑, 은행카드는 소중한 재산이므로 사람들은 언제나 이것을 조심스럽게 보관하며 도둑이 훔쳐 갈까봐 잘 지킨다.

4. 생명 - 아끼는 생명을 보호하듯이 마음을 수호함.

모든 중생이 최고 아끼는 것은 생명이다. 일단 생명에 위협을 느끼면 전력을 다해 저항한다.

우리가 마음을 보호하는 것도 또한 반드시 위의 비유와 같이 해야 하며, 매 시각 마음을 잘 보호해 마장에 오염되어 위험한 인연으로 바뀌지 않게 해야 한다. 『방광장엄경方廣莊嚴經』에서는 독 있는 잎사귀와 맹렬한 불, 보검의 비유로 색, 성, 향, 미 등 욕망의 위해성을 설명하고 있다. 무착보살께서도 말하기를, 오욕락五欲樂[45]과 육진경계六塵境界는 물고기를 낚는 미끼와 같아서, 물고기가 탐욕에 이끌려 미끼를 무는 순간 낚이는 것과 같이, 일반 범부도 탐욕에 낚이어 윤회의 굴레에 나아가 영원히 해탈할 방법이 없다고 경계하고 있다.

오욕 애락은 곧잘 흉악한 맹수, 극렬한 독약, 예리한 칼날, 잔인한 원수, 맹렬한 불길에 비유된다. 우리가 조금만 이것들을 범해도 큰 손상을 입는다는 것을 감지하면 이것들의 위해는 무량하다. 일찍이 성자들은 이런 점을 잘 알아 이론상 명백했을 뿐만 아니라 실제 행동 중에서도 탐욕스럽게 집착하지 않았다. 그러나 우리 초학자들은 입으로는 매번 욕망을 잘 대처한다고 하면서도 이에 대해 깊이 깨닫지 못하고 있다. 사실 색色과 법法에 집착하는 것은 나방이 불에 돌진하는 것과 같고, 소리에 집착하는 것은 들짐승이 사냥꾼의 활 쏘는 소리를 듣는 것과 같다. 이런 비유는 모두 응당 오욕 경계에 탐욕으로 집착하지 않아야 함을 말하는 것이다. 탐욕과 집착이 일어나면 우리들은 금방 알아차리어 "이렇게 계속해서 집착하면 나는 윤회의 철망 속에서 영원히 벗어나올 수 없다."고 자각해야 한다. 그리고는 제불보살이 내려주신 지혜보검을 들어 미혹하고 어지러운 그물을 잘라버리는 데 분투해야 한다.

---

45 외적 대상인 색色·성聲·향香·미味·촉觸의 5경五境에 대한 탐욕 또는 집착인 색욕色欲·성욕聲欲·향욕香欲·미욕味欲·촉욕觸欲을 말한다.

22
근문을 지키지 못함으로 인한 과환

모든 오욕은 재앙을 초래하는 것으로서
목별과木鱉果⁴⁶와 같다고 부처님께서 설하십니다.
세간 사람이 그 욕망의 쇠사슬로
윤회의 감옥에 묶이는 것을 꼭 끊어버리십시오.

　　　一切欲妙生禍殃　일체욕묘생화앙
　　　佛說如同木鱉果　불설여동목별과
　　　世間人以其鐵鐐　세간인이기철료
　　　縛輪回獄當斷彼　박륜회옥당단피

앞서 말했듯이 우리들은 자기 자신의 마음을 잘 지켜서 마음이 색, 소리, 향기, 미각 등 오욕으로 인해 산란케 되는 일이 없도록 해야 한다. 이런 오욕은 마치 순식간에 자신을 망치는 맹수나 독약처럼 지혜를 잘라 없애며, 원한 깊은 원수와 같아서 찰나에 모든 선법

---
46 낌빠가 나무의 열매로, 겉은 먹음직스러우나 먹으면 독이 있어 죽게 된다고 한다.

공덕을 태워 소진시키므로 그 과환過患이 매우 크다. 이렇게 세간 오욕에 대해 말하면 몇몇 초학자들은 받아들이기를 어려워한다. 그들이 느끼기에는 세속의 삶이 이렇게 아름답고 좋으며, 즐겁게 생활하고 있는데 왜 만법이 무상하고 고통이라고 하는지 알기 어렵다. 즉 그들의 이념과 불교 진리 간에 충돌이 생기게 되는 것이다.

이런 과정 중에 우리 모두는 마땅히 공정한 입장에서 도대체 자신이 옳은지, 아니면 불교의 가르침이 맞는지에 대하여 지혜롭게 관찰해 나가야 한다. 관찰을 하면 여러분들은 불교의 교리를 능가하는 것을 찾지 못하고, 결국에는 석가모니부처님의 관점만을 마음과 입으로 따르게 될 것이다.

이번 장에서는 계속해서 선정바라밀의 세 번째 문제, 곧 근문을 지키지 못했을 때의 과환에 대해 상술하겠다. 여기에서 '근根'은 '육근六根'을 가리키는데, 특히 주요한 것은 '의근意根'이다. 우리들 모두는 마음을 바른 앎(正知)과 바른 생각(正念)으로 지켜나가야 한다. 만약 이와 같지 않으면 바깥경계에 탐하고 집착하는 과환이 끝도 없게 된다.

세간의 아름답고 묘한 색법色法, 심금을 울리는 소리, 코를 찌르는 향기, 입에 맞는 맛, 부드러운 촉감이 가져오는 쾌락 등은 잠시 동안 사람으로 하여금 편안함과 환희를 느끼게 하지만, 세세하고 면밀히 관찰을 하게 되면 그 쾌락의 배후에 견디기 어려운 고통이 숨겨져 기다리고 있음을 알게 된다. 부처님께서는 이런 일체의 '욕락'이 목별과木鱉果와 같다고 말씀하신다. 『염처경念處經』에 의하면, 서방의 바다 섬 가운데 한 그루의 나무가 자라는데, 그 과실은 외형상 싱싱하고 먹음직스럽게 보이고 맛과 향도 입에 매우 달지만, 만약 오전에 먹으면 오후에 바로 목숨을 잃게 된다. 마찬가지로 우리들이 색, 성, 향, 미와 같은 외경에 탐착했을 때, 비록 표면상으로는 그것들이 좋게 느껴지며 각종 쾌락을 가져다줄지라도, 본질적으로 보면 일체 과환의 근본이며 통제할 수 없는 오욕의 족쇄에 묶여 윤회의 감옥에 속박되게 하는 것이다. 유사 이래 무수한 수행인들이 윤회 가운데 해탈을 얻었음에도 불구하고, 우리들은 끊임없이 윤회를 하고 있는 것은 오욕락에 대해 그 해로움을 파악하지 못했기 때문이다.

'오욕'을 목별과에 비유한 것은 정말로 좋은 비유이다. 실제로 월남 등 남아시아 국가에 목별과라고 불리는 과일이 있다. 민속의학자들에 의하면, 이 과일은 얻기 어려운 훌륭한 보양식품이며 수명에 이익이 되는 좋은 약이라고 한다. 그러나 이는 단지 이름만 같은 것이다. 게송에서 말하는 '목별과'는 불교 사료에 의거하면 먹기만 하면 바로 숨을 거두게 되는 것이라고 한다. 한문 번역의 『정법념처경』에서는 이 과일을 '거수이과佉殊梨果'라 칭하고 목숨을 거두는 과일이라 하면서 "만약 이 열매를 따서 가지면 손해가 적지 않다", "조금만 그 과일의 맛을 봐도 많은 중독의 고통이 있다."라고 기술하고 있다. 당 번역본인 『친우서』에서는 목별과를 '겸박과兼博果'라고도 부르는데, 어떻게 불리든지 간에 이 과일은 신체에 해롭고 이익이 없는 것이다.

용맹보살께서 말씀하시되 "부처님께서는 세상의 모든 원만한 일들이 목별과처럼 믿기 어려운 것들이라고 설하셨다."라고 하셨다. 즉 세간의 부귀영화를 지혜로 관찰하여 볼 때 목별과와 서로 다를 것이 없이 신뢰를 가질 한 점의 가치도 없다는 것이다. 지위가 좋고 재물이 많으며 용모가 훌륭할지라도 이 모든 것이 아무런 가치가 없다. 지나친 낙관주의자들은 모든 것이 고통이라는 도리를 근본적으로 이해하지 못한다. 그러나 단지 외면의 사물에 집착만 하여도 바로 허다하게 그 안에 내재되어 있는 환란에 이르게 된다. 비록 당장 겉으로 드러나지 않아 볼 수는 없어도, 오욕을 향유할 가치가 있다고 여기면 바로 탐심이 끊어지지 않아 만족에 이를 수가 없게 되니, 『방광장엄경方廣莊嚴經』에서 "일체의 오욕을 한 사람이 얻어도 만족을 얻지 못하여 거듭 찾아다닌다."라고 한 것과 같다. 결국에는 여러 종류의 고통만 따라오게 될 뿐이다.

우리들은 반드시 자기 자신의 오욕락의 경계에 대해 명확히 알아야 한다. 오욕을 즐거움의 원천이라 여겨서는 안 되며, 부처님의 가르침에 따라 현대의 생활을 세세히 관찰하여야 한다. 많은 비불교도들은 이러한 가르침을 받아들이기 두려워한다. 모든 쾌락을 말살시키는 것이라 여기고 실제 도리와 부합되지 않는 것이라고 생각한다. 사실 바른 경험에 의거하여 관찰하면 영원히 변하지 않는 쾌락은 바깥경계에서 절대로 찾아낼 수 없다. 이런 연유로 우리들은 오욕에 대해서 반드시 정확히 알고 있어야 한다.

오욕락의 경계를 벗어나 출가하고자 한다면 반드시 자신의 지혜로 그 길을 선택하여야 한다. 만약 자기의 지혜가 부족하다면 지혜로운 사람에게 자문을 구하거나 의지할 만한 전적을 읽고 사려 깊게 선택하여 해탈을 구하는 길 외에는 진정 원만한 길이 없으며, 불교의 이념이 가장 수승함을 알고서 해야 한다. 단지 사람과 하늘의 수양윤리의 입장에서 하루하루 사람들에게 선을 권하는 것만으로는 부족하며,

반드시 세간의 오욕을 간파하여 윤회의 근본을 제거하는 것, 이러한 수행을 위한 도의 여정이 매우 정확하게 바로 서야 한다. 단지 수행자가 조금 선한 일들만 할 뿐이라면 이 범위에서 정체되어 앞날을 기약할 수 없으며, 윤회에서 빠져나올 방법이 없다.

용맹보살이 우리에게 말씀하길, 세간의 모든 아름답고 미묘한 대상들은 목별과와 마찬가지로 표면상 눈부시게 아름답지만, 만약 가져다 쓰게 되면 두렵게도 그 결과가 그렇게 꼭 쾌락적이지는 않다는 것을 일러주시고 있다. 세간인들이 직업을 얻고 결혼을 하며 모두들 즐겁게 길상한 어구로 그러한 일에 대해 칭송을 하면, 인생의 행복이 여기서부터 시작된다고 여겨질 것이다. 그러나 진정 생활을 해나가다 보면 비로소 기대와 현실 사이에 일정한 거리가 있으며, 양자는 완전히 일치될 수 없음을 발견하고 크게 실망을 하고는 원래의 선택을 다시 바꾸게 된다. 이런 연유로 오욕에서 행복을 찾는 것은 근본적으로 가능하지 않다. 티벳의 건덩군패 대사가 "만약 세밀하게 관찰을 하면 세상의 일체 모든 것이 고통의 일이며, 고통의 불을 끄게 하는 유일한 인연은 불법뿐이다."라고 말했듯이, 불법을 구하기 위해 치르는 일체의 대가는 매우 가치가 있다. 우리들은 마땅히 모든 능력을 다하여 이런 좋은 감로묘약을 주위의 가련한 중생들에게 전파하여야 한다.

사람들은 모두 쾌락을 얻고 싶어 한다. 하지만 사람들이 하는 모든 행위들이 고통의 인因을 만들지 않는 것이 없다. 당연히 반드시 모든 사람들이 불법을 믿고 받아들일 수 있다고 말할 수는 없다. 석가모니 시대에서조차 이렇게 될 수는 없었다. 하지만 그저 우리들이 진력을 다해 다른 사람들을 불법에 흥미를 갖게 한다면 그들은 바로 해탈의 길을 찾을 수 있을 것이다. 이런 연유로 어떤 나쁜 경계에 맞닥뜨리게 될지라도 중생을 이익 되게 하겠다는 결심을 내려놓아서는 안 된다. 석가모니부처님께서는 보살도를 행하실 때 인간으로 환생을 하든지 축생으로 환생했든지 간에 이타심을 시종일관 놓지 않으셨다. 우리들도 마땅히 이렇게 할 수 있도록 발원하여야 한다. 동시에 일체의 오욕을 간파하고, 비록 완전히 끊어내는 것은 어려울지라도 먼저 그 이치를 명백하게 이해하고, 더 나아가 항상 수지修持하여야 한다.

23

근문 지키는 것에 대해 붓다께서 찬탄하심

육근의 모든 대상경계를 조복하여
이것이 동요하고 견고하지 못한 것임을 아는 사람과
모래밭에서 적을 이기는 사람 중에서
첫 번째 지혜로운 사람이 참된 용사임을 아십시오.

知伏六根諸對境　지복육근제대경
恒時動搖不穩固　항시동요불온고
沙場勝敵此二者　사장승적차이자
初諸智者眞勇士　초제지자진용사

❁

만약 오욕을 잘라내어 제거하고 싶다면 마땅히 자기의 근문을 방어해야 한다. 이것은 세간 사람들이 칭송하는 것일 뿐만 아니라 경전 가운데 모든 부처님들이 찬탄하시는 것이다.

세간에는 두 종류의 영웅이 있다. 하나는 안眼, 이耳, 비鼻, 설舌, 신身, 의意의 육근을 굴복시킬 수 있어 바깥경계에 산란하지 않는 것이다. 구체적으로 말하면 안, 이, 비, 설, 신, 의는 '근根'에 작용하며 색色, 성聲, 향香, 미昧, 촉觸, 법法은 대상경계(六境)에 작용한다.

육근이 여섯 경계에 접촉할 때 방일하거나 산란하지 않아야 육근의 문을 방호할 수 있다.

사실 이것은 일종의 도전인데 어떤 이들은 승리를, 어떤 이들은 실패를 하게 된다. 예를 들어 아름다운 빛깔에 탐착하여 파계에 이르면 탐착의 습관이 마음과 생각을 산란하게 만든다. 현재 일부 신자는 매우 훌륭하여, 비록 몸은 산란하고 시끄러운 번잡한 세상 가운데 있더라도 평상시 TV를 보지 않고, 나쁜 친구와 어울려 청정하지 못한 장소로 가는 일도 없으며, 밥을 먹거나 일을 함에 불교에서 가르치는 바에 의거하고, 자기의 육근 문을 완전히 조복하여 정지정념正知正念을 섭수하여 지닌다. 그들이 바로 육식六識과 싸워 승리한 자로, 영웅의 한 종류이다.

다른 한 종류의 영웅은 국가와 국가, 부락과 부락 간에 발생하는 전쟁에서 고군분투하여 적을 무찌르는 용사를 말한다. 어떤 이는 싸울 당시 돌멩이나 소똥도 없이 달랑 모자 하나 집어던졌는데 상대방이 놀라 달아난다. 이들 역시 승리자라 할 수 있다.

이와 같이 한 종류는 '근문'을 조복하는 전쟁이고, 다른 하나는 모래사막에서 분투하는 전쟁인데, 이 양자 중 앞에서 승리를 얻은 자가 진정한 영웅이다. 육근의 문을 방호하는 데에 있어서 출가와 재가의 차이는 매우 크고, 재가인으로 거사계를 받은 것과 받지 않은 것도 차이가 크다. 번뇌를 대치하는 방면에서 출가인과 재가인을 같이 비교할 경우, 감정을 억제하고 금주·금연하고 육식肉食도 하지 않으며 청빈한 생활을 지속해온 출가인들이 번뇌를 조복하는 마음의 힘이 매우 강하다. 이렇듯 출가인과 재가인의 차이가 나며, 일부 재가인이 출가인과 같은 이런 종류의 생활을 하길 원하여도 오래 지속하기가 어렵다.

진정으로 근문을 지켜낼 수 있는 자가 완전히 승리하는 영웅이다. 적천보살이 말하길 "번뇌를 파하는 자가 진정한 용사이고, 전쟁 영웅은 단지 시체를 베는 자이다."라고 하였다. 번뇌를 대치함에 비하면 전쟁 중의 적군은 본인이 죽이지 않아도 몇십 년 후에는 죽을 사람이기 때문이다. 적천논사의 말씀처럼, 진정한 영웅은 설령 무수한 고통을 겪었을지라도 '마음이 근에 따라 움직이지 않으며 근도 경계에 따라 움직이지 않는 사람'이다. 즉 마음이 항상 맑고 청정하여서 번뇌와 바깥경계에 움직이지 않으면 이것이 바로 최고 영웅의 경지인 것이다.

어떤 이들은 번뇌에 대치하는 능력이 있어서 어떤 바깥경계에 닥쳐서도 움직이지 않으며 서원이 아주 청정하다. 반면에 어떤 이들은 수행을 시작할 때는 일정한 정도로 계율을 받아 수호하지만 바깥경계에 처할 때에는 그 마음이 완전히 산란하게 된다. 그래서 반드시 붓다가 찬탄하는 사람이란 각종 오욕을 만나서 자기의 마음을 잘 지켜내어 진력을 다해 정법을 지켜나가는 사람임을 분명히 알아야 한다.

우리들은 수행자로서 법우들이 참회의 절로 삼천배의 대예배를 하거나, 손가락의 피로 사경寫經을 하며, 붓다와 스승에 대한 공경심으로 정진하는 등 주위의 배울만한 가치가 있는 대상경계들을 중시하지 않고 어깨너머로 지나친다면 이것은 정말 안타까운 일이다. 당신이 전에 어떤 사람이었든지 간에 불법을 배우는 과정 중에 지금 변해나가지 않으면 안 되며, 정진을 시작했다가 중단해서도 안 된다. 만약 이와 같다면 붓다께서 강림하여도 반드시 당신을 조복한다고 할 수 없다. 사실 불교를 배우는 것과 배우지 않는 것 사이에는 당연히 차이가 있다. 마치 모포를 솥에 넣어 염색하는 것과 같이, 원래는 백색이었지만 황색 염료를 넣어 잠시 동안 끓이면 그 색깔은 당연히 황색으로 변하게 된다. 어떤 이는 전에 많은 악을 행하고 6근문은 항상 바깥을 향하게 하여 산란했어도, 불교를 배운 뒤 바로 조복되며 좋은 습이 길들여져 해탈도에 쉽게 들게 된다. 이것이 바로 사람 본성이 선한 일면이다.

그러므로 우리 모두는 반드시 진지하게 자기 자신을 관찰하여야 하니, 그렇지 않으면 마음이 아주 쉽게 요동하여 견고하지 않고 항상 바깥경계에 놓여 산란하게 됨을 알아야 한다. 사실 진정한 관찰을 한다면 바깥경계는 움직임이 없고 우리의 맘이 움직인다는 것을 알 수 있다. 육조 혜능대사께서 법성사에 갔을 때 인종법사가 『열반경』을 강의하고 있었는데, 당시 바람이 불어 깃발이 흔들리자 두 스님이 논쟁을 하고 있었다. 한 사람은 바람이 깃발을 움직이게 하는 것이라 주장하고, 한 사람은 깃발이 스스로 움직이는 것이라 하며 서로 자신이 맞다고 하였다. 이에 육조께서 보시고 "바람이 움직이는 것도 아니고, 깃발이 움직이는 것도 아니며, 당신들 마음이 움직이는 것이다."라고 하신 말씀은 널리 알려져 있다. 마찬가지로 우리가 평상시 어떤 소리를 들었을 때 어떤 이는 듣기 좋다 하고 어떤 이는 듣기 안 좋다 말하지만, 분별의 생각을 제거하면 사실 좋고 나쁨의 차이가 없는 것이다.

현재 많은 사람들이 의미 없는 일에 바쁘다. 마음의 근원을 구하는 바도 없고, 바깥경계가 자신을 유혹하여 끌어당기고 자신의 마음도 산란하게 하는 것을 좋아한다. 지금 사람들이 메신저에서 문자를 주고받는데, 그것은 몇 개월을 하여도 아무 가치가 없다. 매일 메시지를 보내고 전화하며 인터넷에서 채팅하는 등 이런 일들은 해탈과는 아무런 관계도 없으며, 수행자에게는 정말로 불필요한 것이다.

b) 경계의 법상을 이해하여 탐욕을 끊음 (게송 24~25)

24

여인의 몸이 본래 깨끗하지 않음[47]을 관하여 탐욕을 끊음

젊은 여성의 몸은 그 배후에
아홉 구멍이 있어 그 악취가 심하고,
오물로 가득 찬 더러운 용기와 같으며,
피부로 그 더러움을 가린 부정不淨한 것임을 알아야 합니다.

當觀少女身背後　당관소녀신배후
臭氣顯露九孔門　취기현로구공문
如肮髒器難填滿　여항장기난전만
皮飾遮掩亦不淨　피식차엄역부정

---

47 '부정관'으로서, 신체를 부정한 물질이 모인 깨끗하지 않은 것으로 보고 관찰하는 법을 말한다.

6. 선정바라밀

욕계의 중생은 이성에 탐착하는 것이 비교적 강하다. 하지만 지혜를 이용하여 남성 수행자는 여성의 신체를 관찰하고, 여성 수행자는 남성의 신체를 관찰하면 경전에서 설한 대로 남녀 신체는 모두 더러운 물질로 이루어졌으며 조금도 깨끗한 것이 없음을 바로 발견할 수 있다.

경전에서 종종 여성의 신체를 두고 경계로 삼아 세밀히 말하는 것은 다 숨은 뜻이 있는 것이다. 이는 불교가 남자를 중시하고 여자를 경시하기 때문인 것이 아니고, 자고이래로 사람들이 여인의 머리나 신체에 관심이 많은데 남성이 유독 그것에 집착하기 때문이며, 그 집착은 다만 특정한 연기에 따른 것일 뿐이다. 여기서 미인의 몸을 예로 들어 그 배후를 살펴보면, 더럽기 그지없고 냄새가 심하며 아홉 개의 구멍[48]이 밖으로 노출되어 더러운 물질을 배출하며 사랑스러운 것이 하나도 없고 똥과 오줌을 담는 더러운 용기와 같을 뿐이다. 동시에 탐욕이 매우 커서 밑이 없는 동굴과 같이 얼마의 음식을 향유하든지, 얼마큼 재물을 쓰든지 간에 마음에 만족할 때가 없다.

어떤 사람이 말하길 "여인의 몸은 매우 더럽지만 바깥은 피부로 덮여 있고, 그 위에 아름다운 의복을 입고 금은보석을 걸치며, 매우 장엄하게 화장을 하니 어찌 아름답지 않습니까?"라고 한다. 하지만 이런 종류의 설법은 맞지 않다. 다른 각도에서 살펴 관찰하면, 표면을

---

[48] 두 눈, 두 콧구멍, 두 귓구멍, 입, 항문, 요도를 말한다.

어떻게 꾸미든지 간에 여자 몸의 본질을 바뀌게 하는 방법은 없다. 여러분이 지혜로 관찰하였을 때, 과연 머리에서 발끝까지 대체 어느 곳이 깨끗한가?

『출요경出曜經』에서 설하되 '모인티(摩因提)'라 불리는 사람이 있었는데, 그의 딸이 매우 아름다웠다. 그가 석가모니부처님께 딸을 바치고 싶어서 딸을 데리고 부처님 앞으로 갔다. 부처님이 그에게 물으셨다. "너의 딸이 아주 예쁘다고 생각하는가?" 그가 딸을 칭찬하며 말씀 여쭈길 "머리에서 발끝까지 예쁘지 않은 곳이 없습니다." 했다. 이에 부처님이 "내가 머리에서 발끝까지 관찰할 때 그녀의 어떤 곳도 사랑스러움을 느낄만한 곳이 없다."라고 말씀하시면서 신체의 깨끗하지 못한 과환에 대해서 알려주시기 시작했다.

그래서 진정 바르게 관찰을 한다면 여자 몸의 안팎은 더러움으로 가득한데 아름다운 옷을 입고 금으로 된 장신구를 걸치니, 그것은 의복이나 장신구가 아름다운 것이지 사람 몸이 아름다운 것은 아니다. 하지만 많은 사람들은 전도된 생각으로 장식물과 신체를 혼동하여 말한다. 사실 사람의 몸은 똥이 가득 들어 있는 통과 같으며, 단지 바깥에 오색 비단을 걸쳤을 뿐이다. 사람들에게 탐심을 일으키게 하는 여자의 몸은 그저 화려한 의복과 장식 밑에 숨겨져 있는 것으로, 이를 두고 『입행론』에서는 "머리는 더럽고 손톱은 길며, 누런 이에 오줌은 악취가 나고, 모든 것이 사람을 공포스럽게 한다."라고 말하고 있다.

이러한 이치를 들었을 때 선근이 있는 사람들은 갑자기 깨닫기도 한다. 『대비바사론大毗婆沙論』에서 설하고 있는 '인루통(因儒童)'의 고사를 보자. 부처님 당시 어느 부잣집에 인루통이라는 청년이 있었는데, 그가 결혼하는 날 많은 바라문들을 청하여 혼례에 참석하게 했다. 이날 날이 아직 밝기 전 부처님께서 아난을 데리고 멀리서 오고 계시자, 일부 바라문들이 그 모습을 보고 기분 나빠서 말하기를 "오늘 우리들이 아주 기쁜 일을 하려는데 구담 사문이 무엇을 하러 오죠?"라고 했다. 붓다께서 아난에게 말하시길 "너는 가서 그들에게 알려라! '경사가 순조롭고 원만하게 진행되고자 하는데, 만일 세존이 오지 않으면 어떻게 일을 성공시킬 수 있을 것인가'라고 말이다." 하셨다. 이에 아난이 붓다의 말을 그들에게 전하며 덧붙여 말하기를 "인루통은 오늘 부처님을 따라 출가를 할 것이며, 아무도 저지할 수 없을 것이다."라고 하였다. 바라문들이 듣고 난 뒤 큰소리로 웃으며 말하되 "당신들 출가인들이 여기 온 이유가 그것을 위함이냐!" 하였다. 또 한 사람의 바라문이 말하길 "사문 구담이 그래도 매우 강력하기 때문에 그들을 경시하면 안 되며, 이런 일이 가능하기도 할 것이다."라고 하자, 일부 바라문들은 "우리가 이렇게 수가 많으니 인루통 주위를 세 번 둘러 에워싸고 붓다께서 어떤 방법으로 그를 출가시키는지 봅시다."라고 하였다.

오래지 않아 태양이 떠오르기 시작했다. 인루통은 바라문교를 믿어 태양을 숭배하므로 바로 태양을 향해 예를 올렸다. 그런데 갑자기 범천이 태양 빛을 따라 멀리서 출현한 것을 보게 되었고, 그는 매우 기뻐하며 자신이 매우 복이 많아 범천께서 오셔서 자기의 일생 최고로 중요한 날을 증명한다고 생각했다.

범천께서 그에게 "너는 오늘 무슨 큰일을 하느냐?"라고 물었다.

그가 대답했다. "오늘 결혼합니다."

"너는 어떻게 이 일을 준비하였느냐?"

"저는 3만 냥 황금을 준비하였습니다. 그 중 1만 냥은 바라문들을 청하여 식사를 하는 데에 썼고, 1만 냥은 이 바라문들께 공양을 드렸고, 나머지 1만 냥은 제 약혼녀에게 주었습니다."

"네가 바라문들에게 식사를 대접하고 또 공양을 올린 것은 공덕이 있지만, 네가 약혼녀에게 준 1만 냥의 황금은 가치가 있느냐?"

"매우 가치가 있습니다. 제가 그녀를 제일 좋아합니다."

"만약 그렇다면 네가 느끼기에 그녀의 침은 얼마의 가치가 있느냐?"

"없습니다."

"그녀가 흘리는 땀은 얼마냐?"

"없습니다."

"그녀의 콧물은 가치가 얼마며, 그녀의 이빨은 가치가 얼마이고, 그녀의 머리는 가치가 얼마이냐?"

이렇게 36개 종류의 더러운 물질을 들어 질문을 계속하자, 말하면 할수록 더럽기만 하고 어느 하나도 가치가 없었다. 이에 말이 다 끝난 후 인루통은 탐심이 없어지게 되었다. 인루통은 원래 가섭불 당시 출가인이었고 당시에는 수명이 2만 세였는데, 그는 1만 년 중 계차별관[49]을 수행하였고 열심히 정진 수도하였다. 이러한 전세의 선근 공덕이 성숙해져 현세에 발현되어 범천의 한 번 물음으로 탐욕을 끊어 없앨 수 있었다. 그가 탐욕을 없앤 후 자세히 범천을 보는 순간,

---

[49] 아만이 있는 사람의 아만을 극복하기 위한 수행법으로 육체나 정신을 아만을 극복하기 위해 4계(지, 수, 화, 풍)나 6계(4계에 공과 식을 더함) 등의 요소로 분석해서 관찰하는 수행법.

범천이 32상과 80종호를 구족한 붓다로 변하였고, 붓다가 그를 위하여 사제[50] 법문을 펴셨다. 그는 바로 삼과를 증득하고 바라문들이 겹겹이 둘러싼 곳에서 부처님과 함께 몸을 일으켜 공중으로 올라갔다.

---

50 고제, 집제, 멸제, 도제의 사성제를 말한다.

25

탐욕의 마지막은 결국 고통임을 관하여
탐욕을 끊음

문둥병 환자가 피부 밑의 구더기에 시달리다
고통을 피하고자 불로 자신의 몸을 지지지만
쉼은 얻지 못하고 고통만 더할 뿐인 것처럼
탐욕도 이와 같은 줄을 반드시 알아야 합니다.

如痲風病蟲蠕動　여마풍병충연동
爲得樂受皆依火　위득낙수개의화
非但不息苦更增　비단불식고갱증
當知貪欲與彼同　당지탐욕여피동

문둥병에 걸린 환자가 피부 밑의 구더기에 시달림을 받을 때, 이런 참기 어려운 고통을 없애기 위해 불로 지지면 이로 해서 벌레가 조금씩 움직여 잠시 고통이 멈추지만, 불을 곁에서 떼어내면 바로 마치 벌레가 보복을 하는 듯 움직임이 더 심해져서 더 큰 고통을 일으킨다. 이와 마찬가지로 세간 사람이 쾌락을 위해 오욕에 탐착하면 잠시 동안은 번뇌가 없어지는 것 같지만, 바로 탐욕이 더 강해져서 고통도 갈수록 많아지고 커진다. 많은 사람들이 자전거가 있으면 오토바이를 생각하고, 오토바이가 생기면 승용차를 생각하고, 국산차도 모자라서 반드시 국외의 명품차를 원하게 된다. 가면 갈수록 탐착이 커져서 끝이 없다. 사람들은 욕망이 만족되면 쾌락을 얻으리라 여길 뿐, 욕망이 더 많은 쾌락을 요구함은 모르는 것이다.

『보만론』에서도 말하기를 "가려운 데를 긁어 편하지만 가렵지 않은 것이 더 좋은 것처럼, 세간의 욕망을 채워 기쁘지만 욕망이 없는 것이 더 기쁘다."라고 한다. 예를 들어 핸드폰이 있다면, 바로 그 제품이 점점 더 품질이 높고 기능이 점점 더 좋아지길 원하면서 항상 끊임없이 새로운 것으로 바꾸게 되며, 무수하게 핸드폰을 바꾼 후에도 만족감을 갖지 못한다. 만약 당신이 처음부터 핸드폰을 사용하지 않았다면 이런 수고스러운 일들이 없었을 것이다. 많은 일들이 이와 같다. 우리가 수행을 잘 해나가지 않으면 번뇌 도둑이 마음의 방에 들어와 결국에는 우리들이 축적한 선량한 것의 재물을 모두 도둑맞게 된다. 『법구경』에서 말하길 "지붕이 잘 덮이지 않으면 반드시 비가 새듯이, 마음을 닦음이 견고하지 않으면 탐욕이 침범한다."라고 한다. 하지만 만약 우리가 수행 정진을 한다면 바로 티벳이나 중국 전승불교의 많은 대덕들과 같이 언제 어디서나 안락한 생활을 하게 되며, 이러한 번뇌 고통이 생기지 않는다. 탐욕은 삼악취로 떨어지게 하는 근원이다. 『승월녀수기경勝月女授記經』에서 말하길 "탐욕으로 중생은 지옥에 떨어지고, 탐심의 업보로 아귀, 축생에 빠진다."라고 하니, 우리들은 항상 주의하여 탐욕을 잘라 제거해야 하고, 탐욕을 잘라내고 싶다면 반드시 수행 정진해야 한다.

② 세간팔법의 산란을 끊음

a) 세간팔법의 대치법 (게송 26~27)

26
승의제의 공성과 무아법문으로 세간팔법을 대치함

승의제 중에 제법의 진리를 보기 위하여
여법하게 사유하고 수행하여 익힌다면
이것에 비할만한 공덕을 가진
다른 법은 전혀 없습니다.

爲見勝義於諸法　위견승의어제법
如理作意而修習　여리작의이수습
與之相同具功德　여지상동구공덕
他法少許亦無有　타법소허역무유

❀

세간의 욕심을 대치하는 최고의 비결은 부정관을 닦는 것으로는 부족하고, 근본상 그것을 해결하는 생각이 필요하다. 즉 반드시 무상無常,

고苦, 공空, 무아無我의 사념처관四念處觀을 통한 승의실상을 비추어보아야 한다. 만약 이렇게 여법한 논리에 맞는 의식을 가지고 진실한 수행을 하면 남녀, 재산, 지위 등 경계에 대해 탐착이 생겨날 수 없으며, 이 공덕은 매우 커서 염송이나 전경륜 돌리기 등과 같은 기타의 법과는 비교할 수 없다. 그러므로 우리들은 반드시 진실한 뜻을 세워 수행하여야 한다.

무엇을 '진실의眞實義'라 부르는가? 승의제勝義諦[51] 가운데서 공성과 무아가 가장 깊은 법이다. 세속제 가운데에서 '제행무상諸行無常, 일체개고一切皆苦'는 아주 깊은 법이며 이를 '사법인四法印[52]이라 불러 말한다. 미팡 린포체가 말하길 "세간에서 가장 큰 3대 공덕은 보리심을 내는 것, 대승불법을 널리 전하는 것, 공성을 보고 생각하는 것이다."라고 한다. 그러므로 우리들은 힘껏 '사법인'의 높은 의의와 묘한 이치를 사유하고 행해야 한다. 이런 종류의 공덕의 이익은 여타의 다른 공덕과는 완전히 다른 것이다. 불경에서 말하길 "아주 짧은 시간 동안이라도 '사법인'을 수지하면 이 공덕은 다른 공덕을 멀리 뛰어넘는다."라고 하며, 다른 경전에서도 "만약 '사법인'을 수지하면 팔만사천법문을 수지한 공덕과 같다."라고 하니, 이 때문에 불이법문인 공성을 수지함

---

51 '제諦'는 진리를 뜻한다. 승의제(勝義諦, 범어 paramārtha-satya)는 분별이 끊어진 상태에서 있는 그대로 파악된 진리, 분별이 끊어진 후에 확연히 드러나는 진리, 직관으로 체득한 진리를 말한다. 세속제(世俗諦, 범어 loka-saṃvṛti-satya)는 분별과 차별로써 인식한 진리, 허망한 분별을 일으키는 인식작용으로 알게 된 진리, 대상을 분별하여 언어로 표현한 진리, 세속의 일반적인 진리를 말한다.(출처: 『시공불교사전』)

52 사법인은 제행무상, 제법무아, 일체개고, 열반적정.

은 아주 중요한 것이다. 『사백론四百論』에서 설하되 "공성과 무아의 묘리는 제불의 참 경계이며, 능히 많은 악견惡見을 파하고 불이의 열반을 세운다."라고 한다. 이렇듯 무아와 공성의 묘한 이치는 제불보살의 경계이며, 그것은 능히 각종 사견을 없애고, 외도와 세간을 포괄하여 가장 큰 견해이므로 이것을 '열반불이법문涅槃不二法門' 혹은 '반야바라밀다般若波羅密多'로 칭한다.

『일세돈주법왕자전一世敦珠法王自傳』안에 공성에 대한 사례가 많다. 그 중 하나를 보면, 공성의 법문을 듣는 것만으로 공덕이 말할 수 없이 크며, 심지어 공성을 수지하는 곳을 보기만 하여도 해탈을 이룰 수 있다고 한다. 이야기의 내용은 대강 이렇다.

돈주법왕이 7세 때, 하루는 포차산 기슭에 가서 놀다가 호포풍화석을 손에 쥐고서 우연히 큰 반석에 이르렀다. 힘을 다해 그 바윗돌을 파내려고 해도 움직이지 않아서 몽둥이로 세 차례 위로 들어 결국 올려낼 수 있었다. 큰 반석 뒤에는 큰 구멍이 있었는데 다섯 가지 빛이 휘감아 돌며 매우 아름다웠다. 그 안에 한 분의 장엄한 비구가 앉아 계셨는데, 법의를 입고 어깨에는 가사를 둘렀으며 왼손에는 정인을 하고 오른손에는 설법인을 하였으며 두 다리를 가부좌하고 있었다. 그가 미소를 띠며 돈주법왕에게 말했다. "너는 나의 문을 열어서 뭘 하려느냐? 내가 세계와 단절하여 여기서 반야법문을 닦은 지가 이미 3천 년이 되었다. 너는 전세의 인연으로 나를 보게 되었다. 나를 만난 것만도 큰 공덕일 뿐만 아니라 내가 지금 사는 동굴만 보게 된다 해도 또한 반드시 깊은 공성의 뜻을 증득할 것임을 의심할 여지가 없다." 그가 또 게송으로 말하기를 "참 나는 법계에 주하지 않고 만법은 곧 오온五蘊이며 오온은 연기법이니, 일체가 공성임을 본다."라고 하고는 말을 마치자마자 사라졌다. 잠시 후 돈주법왕의 부친과 이웃들이 그를 부르며 와서 그 동굴을 보고는 깜짝 놀라서 전율을 하며 말하되 "아이고! 마침내 수행 굴을 열어젖혔구나! 이것은 분명 좋은 일이 아니다." 하고는 서둘러 흙과 돌멩이들을 집어서 동굴 구멍을 막았다고 한다.

27
지혜와 계율을 구족하여 세간팔법을 대치함

비록 가문과 용모, 학식을 모두 갖춘 학자라도
지혜와 계율이 없으면 존경받지 못합니다.
누군가 이 두 가지의 덕행을 다 갖춘다면
다른 덕행이 없어도 공양 받을 자격이 있습니다.

族貌聞雖具全士 족모문수구전사
然離慧戒非受敬 연리혜계비수경
何者具此二功德 하자구차이공덕
彼無他德亦應供 피무타덕역응공

❀

고귀한 신분을 가졌든, 천하의 갑부이든, 준수하고 단엄한 용모를 지녔든, 박학하여 다문多聞의 재능을 갖췄든 그 누구든지 간에 만약 만법진리를 통달하는 무구지혜와 악을 물리치고 선행하는 청정계율을 겸비하지 않았다면 공경과 공양을 올릴 대상으로 간주될 수 없으며 인천의 공경예배를 받을 수 없다.

세간에서 외적인 것은 꼭 중요한 것이 아니다. 용모를 놓고 말해도 어떤 사람이 절세미인이며 많은 사람들의 부러움을 받고 있다 해도 이 또한 별로 특별한 의미가 없다. 진나라 때 반안潘安이란 미남이 있었는데, 용모가 아주 장엄하여 오늘날 스타가수나 배우처럼 많은 여자들의 관심과 사랑을 받았다. 매번 외출할 때마다 여자들한테 둘러싸여 교통이 마비되었기에 나중에는 감히 걸어 다닐 수가 없어서 마차를 타고 다녔다. 그러나 일단 발견만 되면 가차 없이 여자들의 탄성소리가 들렸다. 어떤 여자들은 반안의 주의를 끌기 위하여 과일을 던지는 방법을 생각해냈는데, 누가 더 큰 것을 더 정확하게 던지는가가 관심사였다. 그래서 매번 반안이 밖에 나갔다 오면 한 마차에 과일을 듬뿍 담아오곤 하였다. 당시 장맹양張孟陽이란 매우 추하게 생긴 사람이 있었는데, 반안이 그토록 인기가 많아 보이자 부러운 나머지 자기도 반안을 모방하여 거리로 나서곤 하였다. 하지만 그때마다 여자들이 침을 뱉고 돌을 던지곤 하였다. 집에 올 때마다 그도 뭔가 듬뿍 담아오곤 하였지만 그건 돌멩이뿐이었다.

사실 이런 것들은 중요한 것이 아니다. 예로부터 사람들이 찬탄하던 미남미녀들, 신분이 우월한 귀족들, 자연과학, 사회학, 역사 등 학문에 정통한 학자들이라도 고, 공, 무상, 무아의 사념처관 도리를 통달하지 못하였다면 전혀 칭찬받을 가치가 없다. 또 계율과 지혜를 지니지 못한 사람들은 선취의 인과응보도 받을 수 없으며 존경받을 가치가 없다.

불법뿐만 아니라 세간의 법률도 계율과 지혜를 매우 중요시한다. 어떤 사람이든 만약 공부를 하지 못하였다면 사회에서 생존하기 매우 힘들 것이다. 또 석박사의 높은 학력을 지녔더라도 계율을 지키지 않는다면 그 어느 단체에서도 환영받지 못할 것이다. 반면에 지혜를 지니고 규칙을 지키는 어떤 사람이 있다면, 그의 용모가 추하고 신분이 천하며 몸에 단돈 한 푼 없더라도 많은 사람들은 그를 공경하고 존대할 것이다. 특히 출가한 사람들에게는 계율과 지혜가 매우 중요하다. 물론 출가한 사람들뿐만 아니라 속세의 사람들일지라도 삼귀의, 오계도 지키지 않고 불교의 기본 도리도 모르면 불교신자라고 말할 수 없으며, 대승 수행자라고는 더더욱 볼 수 없는 것이다.

어떤 사람이 만약 이 두 가지 공덕을 겸비한다면 설사 다른 공덕을 지니지 못하였을지라도 인천 중생들이 그를 공경하며 공양할 것이다. 『화엄경』에서 "계는 무상보리의 근본"이라고 쓰여 있듯이, 계율이 있다면 무상보리의 기초가 되어 있는 것이기 때문이다. 또 『반야경』에 "보시의 전행前行은 지혜"라고 설해져 있듯이, 일체 공덕은 모두 지혜를 따라가며 만약 밝은 지혜가 없다면 다른 공덕은 생길 수 없다. 미팡 린포체도 "만약 눈과 같은 지혜가 없다면 그 나머지 덕도 없다."라고 말씀하셨다.

용맹보살의 이 교언은 매우 진귀한 것이다. 특히 용맹보살께서 깨우침을 주셨던 낙행왕은 세속의 거사이기에 이 교언은 세속의 거사들한테 잘 어울린다. 이 교언에 통달하고 이 법규를 잘 지킨다면 기본적으로 불교신자가 되었다고 볼 수 있다. 물론 출가인이라면 더더욱 『친우서』의 도리를 깨닫고 지켜야 한다. 만약 세속인의 교언도 따라하지 못하면 응공처應供處로 불릴 자격 있는 비구가 될 수 없다.

사람의 신분과 용모, 학문은 중요한 것이 아니다. 제일 중요한 것은 그가 계율과 지혜를 겸비했는가 아닌가 하는 것이다. 만약 이 두 가지를 지녔다면 겉으로는 비천하고 무능해 보이는 사람일지라도 사실 공경을 받아야 할 가치가 있다. 신도가 스승을 만나서 의지해야 할 경우라면 청정계율을 구족하고 언행거지가 『별해탈계경別解脫戒經』의 교언을 따르며, 동시에 세간의 지식뿐만 아니라 불교의 도리에 통달한다면 이런 스승이야말로 의지처로서 손색이 없다.

  세간의 지식은 많은 대학생들도 정통하고 있다. 용맹보살께서는 이에 대하여 찬탄하지 않으셨다. 또한 낙행왕도 세간의 지혜를 갖추었다. 많은 구절과 문장을 보면 그가 대단한 지자智者임을 알 수 있다. 일부 신도는 비록 세간의 학문이 높을지라도 출세간 방면에 관해서는 유치원 수준일 수 있다. 세간의 학문은 출세간의 학문과는 많은 차이가 있다. 세간의 학문을 아주 많이 알고 있더라도 불교는 기본 도리도 알지 못할 수 있다. 만약 우리가 불교의 지혜를 구족하고 청정계율을 지킨다면 다른 공덕을 가지지 못해도 괜찮다. 일생에서 제일 중요시해야 할 것이 바로 이 두 가지임을 명심해야 한다.

b) 세간팔법을 끊음 (게송 28~30)

28
세간팔법의 산란을 끊을 것을 권함

세간법을 잘 아는 왕이시여! 이득과 손실,
행복과 근심, 명예와 불명예,
칭찬과 비난, 이 여덟 가지 세속법은
본마음의 경계가 아니니 바로 버리십시오.

知世法者得與失　지세법자득여실
樂憂美言與惡語　낙우미언여악어
贊毁世間此八法　찬훼세간차팔법
非我意境當平息　비아의경당평식

❀

낙행왕은 의학, 브라만교 등 세간의 학문에 매우 능통하였으며 불법에도 조예가 깊은 사람이었다. 때문에 앞에서 이미 언급된 것처럼, 용맹보살이 그를 위해 『친우서』를 통해 불법을 설하는 것은 마치 흰색의 석회 벽이 달빛에 반사되는 것과 같은 '금상첨화'에 불과한 것이다.

하지만 아무리 그가 불법에 정통하여도 스승을 의지하는 것은 꼭 필요한 일이다.

이 게송에서 용맹보살은 호소하는 어조로 '세간의 정리正理를 통달한 대왕이여, 그대는 꼭 세간팔법世間八法을 멈추어야 한다.'라고 설하고 있다. 여기에서 말하는 '세간팔법'은 다른 논전에서 해석한 것과는 조금 다르다.

1. 득得: 필요한 물건을 받은 것에 대하여 매우 기뻐하는 것을 말한다. 예를 들어 돈을 벌었다, 월급을 탔다, 용돈을 받았다, 집에서 생활비를 부쳐왔다고 하면 얼굴에 웃음이 그치지 않고 송금 영수증만 보아도 또 다른 감회가 있을 것이다.

2. 실失: 재물을 분실했거나 은행카드를 잃어버렸거나 차 사고가 났거나 회사가 부도났다면 아주 비통할 것이다. 오늘 주식이 올랐다면 사람들은 웃음꽃을 피우며 기뻐한다. 하지만 만약 그 다음날 주식이 떨어진다면 수심에 찬 얼굴로 집에 돌아가서 다툴 것이다. 마음이 재물의 득과 실에 따라 기쁘거나 슬퍼지곤 하는 것이다.

3. 낙樂: 잘 먹고 잘 입고 몸과 마음에 모두 문제가 없다면 곧 매우 기뻐하고 잘 받아들인다.

4. 우憂: 심적으로 불편하거나 몸에 병이 생겨 매우 고통스러우면 그것을 받아들이지 않는다.

5. 미언美言: 좋은 소식을 듣거나 다른 사람들의 좋은 평가를 받으면 마음이 좋고 매우 기뻐한다.

6. 악어惡語: 누군가에게 욕을 먹고 나쁜 말을 듣고 싫어하는 얘기를 들으면 마음이 안 좋고 언짢다.

7. 찬贊: 타인의 칭찬을 받으면 앞에서든 뒤에서든, 사람들이 보는 곳에서든 사석에서든 막론하고 아주 기뻐한다.

8. 훼毁: 타인의 멸시나 원망을 받으면 기분이 너무 안 좋다.

이상 팔법은 세간 사람들이 모두 이에 머물고 의존하고 사용하며 떨쳐내지 못하고, 하루 종일 이를 얻고 잃는 것에 대하여 근심하며 기분이 기복을 타는 것이다. 그러기에 『세간고뇌경世間苦惱經』에서 설하되 "팔법에 구속되어 세간을 탐착하며, 세간은 팔법 따라 전도된다."라고 한 것이다.

많은 사람들은 명예와 이익에 관한 네 가지 법을 얻기를 원하지만 그것의 이익을 어기는 네 가지 법은 마주치려고 하지 않는다. 사실 일체 모든 법은 다 공한 것이다. 특히 「지혜품智慧品」을 배운 뒤로는 명성이 있든 없든, 재물이 많든 적든 이 모든 것이 다 거짓 모습에 불과한 것인 줄 알게 된다. 적천논사께서 말씀하시되 "모든 공법空法에 대해 어찌 얻음과 잃음을 두는가?"라고 하셨으며, 밀라레빠의 도가道歌에서는 "세간 모든 것이 몽환과 같음을 사람들은 정녕 모르고 있단 말인가?" 하였고, 또 "세간의 교주이신 붓다께서는 세간팔법을 평정시키기 위하여 묘법을 펼쳐 설하셨는데, 지금은 자칭 지혜로운 사람이라는 자들이 세간팔법을 행함이 오히려 더욱 심하여지지 않는가?"라고 설해져 있다. 사실 일부 대수행자 또는 대거사라고 하는 분들의 경우, 그들의 행위에는 많은 거짓들이 섞여 있고 세간의 팔법에 의하여 전도되어 있지만 자신은 그것을 느끼지 못하고 있다. 세간팔법은 수행자가 행할 경계가 아니어서 탐착할 것이 못 되며, 세간팔법의 바람에 휘둘릴 필요가 없다. 그렇지 못하면 수행을 원만하게 성공할 수 없다.

그러므로 출가인이든 세속인이든 불문하고 자기 자신이 세간팔법에 속박되고 있는지를 깨달아야 하다. 물론 완전히 '사면팔방에서 팔풍의 바람이 불어와도 요지부동'한 경지에 도달하기란 보통사람에게는 좀 힘든 것은 사실이지만, 그렇다고 하루 종일 이것들에 휘둘려 허송세월을 할 수는 없는 것이다. 중돈빠 존자[53]께서는 만년에 늘 녹색의 측백나무 숲속으로 가서서 『친우서』의 이 구절을 읊고 계셨는데 때로는 반 구절만, 때로는 전부를 읊으시곤 하셨다. 혹은 "나는 오직 해탈을 구할 뿐 이익과 공경 받는 것에 얽매일 필요가 없다."라는 이 교언을 늘 읊조리시면서 자신을 환기하셨다. 우리가 어떤 적막한 곳에 다다를 때에도 "세간팔법은 금생이나 내생에 대하여 아무런 의의가 없고, 우리는 단지 해탈을 희구하는 자일 뿐 명성이나 공경 등 법에 속박되어서는 안 된다."라고 생각하여야 한다. 세간의 명리名利는 어린이가 지은 모래집처럼 아무런 실제 의의가 없는 것이다. 그러나 사람들은 그것을 잃어버리면 어린이가 모래집이 무너지는 것을 상심하는 것처럼 속상해한다. 이렇게 되면 우리는 아둔한 어린이와 별다른 점이 없게 된다.

인생은 아주 짧다. 우리 모두 너무 자기를 믿지 말아야 한다. 늘 자신을 내세워 자랑삼아 허풍을 떤다면 나중에 거품이 걷잡을 수

---

53 중돈빠 존자(仲敦巴, 게쉐 뙨빠Geshe Tönpa, 1005~1064): 인도에서 티벳에 보리도차제법을 전수한 아띠샤(Atiśa, 982~1054)의 수제자로, 까담빠를 창시함으로써 티벳불교를 중흥한 분이다.

없게 커지며 그 허풍이 폭로되기 마련이다. 우리는 수행자로서 자기의 심리를 잘 관찰하여야 하다. 중돈빠 존자님이 일 년 내내 적정한 곳에서 지내면서 이 구절을 몇 번이고 반복하여 읽고 또 읽으셨으며, 그리하여 나중에 큰 성과를 이룩하셨음을 상기하자. 사실 진정한 신심이 있다면 수행자들이 너무 많은 책을 외울 필요는 없다. 오직 한 게송만 가지고 반복해서 독송하며 수행한다고 해도 능히 자신의 아집을 버리고 세간팔법도 끊어버리게 된다. 그 후로는 도시에 가든 조용한 곳에 가든 번뇌의 괴롭힘을 멀리할 수 있다.

29

세간팔법으로 인한 악업 과보는 피할 수 없음

그대는 비구나 바라문,
스승과 손님, 부모, 아내, 친족을 위한다 하며
죄업을 짓는 일을 하지 말아야 하니,
지옥의 이숙과는 다른 사람들이 대신 받아줄 수 없습니다.

汝爲沙門婆羅門　여위사문바라문
師客父母王妃眷　사객부모왕비권
亦不應造諸罪業　역불응조제죄업
地獄異熟他不分　지옥이숙타불분

❀

용맹보살이 낙행왕에게 말하였다. 대왕이여, 그대는 전세의 복의 과보에 의존하여 현세에 불법을 만났고, 분명히 인연과보의 취하고 버릴 것을 명백히 깨우쳐 이해할 기회를 가졌으며, 자기가 스스로 배우고 연마하여 수행할 수 있으므로[54] 자신을 위할 뿐만 아니라 공덕을 갖춘 비구, 바라문 등 수승한 대상경계를 위해서라도 악업을 짓지 말아야

---

54 복보福報가 없는 사람은 붓다를 뵌다고 해도 꼭 따라 배울 수 있는 것이 아니다.

한다.

어떤 사람은 상사를 공양하기 위하여 "나의 스승님이 한번 오시기 힘드신데 나는 꼭 육류를 잘 대접해 드려야겠다."라고 하면서 아주 많은 생명을 살해한다. 그는, 자신의 스승은 성과를 이루신 분이시니까 입김 한 번 불면 잡아먹은 중생들이 모두 천도될 수 있을 것이라고 생각한다. 그러나 과연 그 스승이 틸로빠[55]의 경지까지 도달했을까? 만약 아니라면 이런 행위는 상사가 제자를 지도함에 장애만 될 것이며 자기 자신한테도 걸림돌이 될 것이다.

응공처뿐만 아니라 손님, 부모, 친척, 자녀들을 위하여서도 악업을 저지르면 안 된다. 악업을 저지르면 자신이 인간 세상을 떠난 뒤에 지옥에서 이숙과보를 받을 때에, 그들이 추호라도 나 자신을 도와서 과보를 분담해줄 수 있는 것이 아니다. 어떤 사람은 조국을 위해서는 살인을 해도 괜찮고, 이 업보는 전 국민이 같이 골고루 나누니까 사람마다 극히 적은 부분만 갖게 되므로 자기는 많이 부담하지 않을 것이라고 생각하는데, 그 누구를 위하여 살생을 하든지 악업을 저지른 과보는 저지른 사람이 받게 되어 있으며, 이는 회피할 여지가 없다.

어떤 부모들은 자식을 위하여 많은 살생을 하며 죄업을 쌓는다. 우리 자신들도 다른 사람을 위하여 선심을 내서 살생을 한 적이 있다. 일부 자녀들은 부모님을 모시고 효도에 최선을 다하려고 살생하는 것은 괜찮다고 여기지만, 사실 이렇게 하면 자신과 부모들에게 더욱 불리할 뿐이다. 그렇지만 많은 사람들은 이런 도리를 잘 모른다. 윤회의

---

[55] 인도의 대성취자이며, 그의 법맥은 나로빠, 마르빠, 밀라레빠를 거쳐 현재 티벳불교의 까규파로 전승되고 있다.

길에서 부모든 스승이든 그 어느 누구도 그대를 위하여 죄업을 분담할 수 없다. 『지장경地藏經』에 "부모와 자녀의 업력은 서로 다르다. 윤회의 광야에서 혹은 지옥에서 상봉하더라도 서로 대신해줄 방법이 없다."라고 쓰여 있듯이, 자신이 지은 업은 자기 스스로가 감당해야 한다.

어떤 사람은 또 의심하되 "이미 자기가 지은 업은 스스로 감당해야 한다면, 우리가 회향하는 것은 쓸모없는 일이지 않는가?"라고 생각한다. 하지만 그렇지 않다. 우리는 경전을 독송하고 회향함을 통하여 그의 죄를 경감할 수 있다. 그러나 이럴지라도 자신이 지은 죄업은 스스로가 감당해야 한다. 예를 들어 그대가 살인을 저질렀다면 세간의 법률에 따라 그대의 동생이 대신 형을 받을 수는 없지 않은가? 오직 그대 스스로만이 대가를 치러야 하는 것이다. 적천논사께서 말씀하시되 "살생한 후 받는 모든 고통은 자기 한 사람이 받는다."라고 하며, 『월등경月燈經』에도 "자기 업은 자기가 받고 남의 업보는 받지 않는다."라고 말씀하셨다. 그러므로 선업이든 악업이든 자기가 지었으면 그 자신이 감당해야 하며 절대 다른 사람이 대신 감당할 수 없다.

예전에 파사익왕波斯匿王에게 선광善光이란 딸이 있었다. 그녀는 총명하고 단정하며 복이 매우 많아 줄곧 황궁에서 행복과 쾌락을 누리며 살았다. 하루는 국왕이 말하길 "너는 지금의 행복이 다 부왕 때문이라는 것을 잘 알아야 한다." 하였다. 그러나 딸은 대답하되 "저는 저 자신의 업 때문에 이러한 복보福報를 받습니다. 이것은 부왕의 능력 때문이 아닙니다."라고 하였다. 이 말을 듣고 왕은 너무 화가 나서 비밀히 명령을 내려서 돈 한 푼 없는 거지에게 딸을 시집보내고 혼자 독립하게 하였다. 선광은 후회하지 않고 뒤돌아보지도 않고 거지와 함께 황궁을 떠났다.

중도에 선광은 남편한테 물었다.

"당신 부모님은 계세요?"

거지가 답하되 "나의 부모님께서는 전에 사위성의 제일 큰 부호이셨습니다. 돌아가신 뒤 나 홀로 남겨져서 평소엔 밥을 구걸하며 지냅니다." 하였다.

선광이 또 물었다.

"부모님의 저택이 어디 있는지는 기억하고 있나요?"

"네, 하지만 지금 거기는 빈터입니다."

그들은 빈터를 찾아갔다. 선광의 복보로 어딜 가든 곳곳에서 지하의 보물들이 솟아나 그들 또한 엄청나게 부유한 사람이 되었다.

국왕은 이 사실을 알고 매우 놀라워했다. 그리하여 당시 생존해 계신 붓다를 찾아뵙고 여쭤보았다. 붓다께서는 "선광은 비바시불 시대에 불탑을 공경 공양하였고, 또한 가섭불 시대에 맛있는 음식으로 승중을 공양했다. 이런 과보의 보답으로 세세생생에 재물과 부귀가 그를 떠나지 않을 것이다."라고 알려주셨다.

그러므로 우리는 선행을 하든 악을 저지르든지 간에 꼭 자기가 짓고 자기가 받는 것임을 명심하여야 한다. 현재 많은 사람들이 이러한 인과 관념에 대하여 반신반의하고 있다. 인과에 대해서도 이런 태도인데, 하물며 더욱 심오한 법리에 대하여서는 말할 나위가 없다. 불교신자라면 인과는 허망한 것이 아니라는 결정된 가치관을 지니고 있어야 한다. 이는 매우 얻기 힘든 세간의 견해이다. 『정법념처경』에서는 "선과 불선의 업보는 지은 바대로 받으며, 자기가 지어 자기가 속박

받는 것이 누에고치와 다름이 없다."라고 설하고 있다. 선악의 업과는 내가 짓고 내가 받는 것이, 마치 누에가 고치를 만들어 스스로를 옭아 죄듯이 선업을 만들면 선보의 감응을 얻고, 악업을 지으면 악취에 빠지게 된다. 씨앗을 뿌리면 곡식을 수확하기 마련이니, 이는 속일 수 없는 자연의 이치인 것이다.

　여러분들은 가족을 위하여 살생을 했을 수 있다. 만약 이를 참회하여 청정하게 하지 않는다면 죄업은 끝까지 그대를 따라갈 것이며, 임종시 숨 떨어질 때 염라대왕이 그대를 찾아와서 심판할 것이다. 이는 누구를 겁주려는 말이 아니기에 기회가 있다면 꼭 열심히 참회하여야 하고, 지금부터라도 그 누구를 위하여서도 악업을 짓지 말아야 한다. 스승이나 가장 좋은 친구들이 그대에게 악업을 짓게 하더라도 그들의 말을 듣지 말아야 하며, 그렇게 하지 않으면 과보를 받을 때에 그 누구도 그대를 위하여 대신해줄 수 없다. 마치 세간에서 누가 그대를 시켜 살인방화를 하게 했다면 법률을 어긴 그대가 감옥에 가게 될 뿐 어느 누구도 그대 대신 감옥에 갈 수 없는 것처럼, 인과규율은 참으로 무서운 것이므로 모두들 꼭 굳건한 맹세를 하되 "오늘부터 그 어떤 난관에 부딪쳐도 다시는 악업을 저지르지 않겠다!"라고 해야만 진정한 불자가 되는 것이다.

30
세간팔법으로 인한 악업 과보가 엄중함을 경책함

중생이 지은 바 모든 악업은
비록 당장 칼로 베이는 것은 아니나,
임종에 이르게 되면
악업의 과보가 반드시 나타납니다.

有者所造諸罪業 유자소조제죄업
縱未卽時如刀砍 종미즉시여도감
然死降臨頭上時 연사강림두상시
罪業之果必現前 죄업지과필현전

이 구절은 지금 시대 사람들에게 매우 중요한 가르침이라고 할 것이다. 어떤 사람은 온갖 못된 짓만 일삼고 극악무도하지만, 저지른 죄업이 바로 여무는 것은 아니기 때문에 칼에 몸이 베이면 즉시 피가 나는 것과는 같지 않다. 하지만 막대를 세우면 그림자가 생기는 법이다. 어떤 사람은 사원에 가서 천 원을 공양하고 사업이 바로 잘 풀리기를 원하고, 또 어떤 사람들은 한평생 선법을 행하여 왔지만 중병이 도져 눕고 모든 일이 잘 되지 않아 인과의 존재를 의심하지만, 이런 생각은 모두 어리석은 것이다. 업력이 여무는 것에는 과정이 필요하며, 과보는 바로 강림할 수 없는 것이다. 하지만 지은 업은 천백만 겁을 경과하여도 소멸되지 않는다. 지비광智悲光 존자[56]께서 비유하셨듯이, 고공을 비상하는 금빛 날개를 가진 금시조처럼 잠시는 그 그림자를 볼 수 없어도 그림자가 없는 것은 아니니, 금시조가 일단 날아 내려온다면 그 그림자는 바로 나타날 것이다.

많은 사람들이 오늘 살생해도 내일이면 아무런 나쁜 느낌이 없기 때문에 인과가 존재하지 않는다고 생각한다. 하지만 이런 생각은 그릇된 것이다. 우리가 만든 업은 어떤 때에는 현세현보現世現報여서 금생에 업을 지으면 금생에 과보를 받게 된다. 또 어떤 업은 금생에 짓고 다음 생에 과보를 받게 된다. 오무간죄五無間罪를 저지르는 과보처럼 말이다. 또 일부 업은 금생에 짓고 몇백 년이나 몇만 년이 지나야 과보를 받게 되기도 한다. 업의 종류와 과보의 차이는 매우 크고 불가사의하여 지은 업력은 소멸되는 것이 아니며, 사람들이 상상하는 것처럼 선행을 하면 즉시 선의 과보를 받고, 죄를 저지르면 즉시 고통을 받는 것은 아니다.

어떤 사람은 탐관오리들이 비리를 저지르고 온갖 만행을 저질러도 그들의 사업과 가정이 모두가 순조롭기에 악업을 지어도 응보가 없어 보이고, 반대로 선행을 하는 사람들이 뭘 하든 실패하고 생활도 빈곤에

---

[56] 지비광智悲光 존자: 릭진 직메링빠(Rigzin Jigme Lingpa, 1729~1798)를 말한다. 지명무외주持明無畏洲라고도 한다. 존자는 닝마빠의 중요한 가르침인 롱첸닝틱 Longchen Nyingtik의 가르침을 발굴한 분으로, 닝마빠에서 가장 중요한 인물 중 한 분이다.

시달리는 것을 보고 인과에 의심을 가지게 된다. 사실 업을 짓는 것은 씨를 뿌리는 것과 같다. 식물학을 배운 사람들은 다 알겠지만, 봄에 뿌린 씨앗은 가을에 가야 수확할 수 있으며, 어떤 때에는 수분, 토양, 비료 등의 이유 때문에 올해 여물어야 할 것이 그 다음해에 수확하게 되는 경우도 많다. 마당에 꽃을 심을 때 씨앗 설명서에는 '1년이 지나면 꽃이 핀다.'고 되어 있어도 3년이 지나야 싹이 트는 경우도 많다. 그러므로 인과의 오묘함에 대하여 연구를 하지 않고 그것을 이해하지 않는다면 많은 도리를 깨닫지 못하게 된다. 비록 불경에서 "선악의 과보는 그림자가 형상을 따르는 것과 같으며, 삼세인 과는 순환하여 실답지 않음이 없다."라고 설해져 있어도 이러한 도리를 통달하지 못하면 근본적으로 인과가 뭘 의미하는지 깨닫지 못하게 되는 것이다.

죄업을 짓고 죄의 대가를 금방 느끼지 못한다 하여 과보가 없는 것이 아니다. 금생에 업을 지으면 죽은 뒤 중음신 기간의 49일 안에 과보가 나타날 수 있고, 내세에 과보가 나타날 수도 있으며, 내세의 내세에서야 비로소 나타날 수도 있다.

업을 짓고 보를 받는 과정에 대하여 예를 들어보면, 오늘 내가 살생을 하였다면 이는 금생의 몸으로 한 것이다. 그런데 인간 세상을 떠날 때 몸이 중음신으로 바뀌므로 이 육신도 버려진다. 단지 하나의 의식형태만 남는 것이 마치 꿈을 꿀 때의 신체와 같아지는데, 이때 살생한 악업은 아뢰야식[57]에 저장되며 또 의식형태로 변화되어 있다.

---

57 아뢰야식阿賴耶識: 삼식三識의 하나로, 모든 법의 종자를 갈무리하며 만법 연기의 근본이 된다. 아라야식阿羅耶識이라고도 한다.

이것은 마치 소리파가 전파로 바뀌는 것과 같다. 일정한 시간이 지나면 자신은 다른 육신으로 태어나고 업력은 또 그 신체에서 다시 나타난다. 마치 전파가 다시 소리파로 바꿔지는 것처럼 말이다. 그러므로 붓다가 경전에서 말씀하신 것처럼, 업력의 그물이 거대하여 어떤 사람의 전생 신체에서의 흔적과 습관이 종종 다음 후생의 육신에서 나타나기도 하는 이유는 바로 이 때문이다.

현재 전생과 내생의 존재를 증명하는 연구보고서는 아주 많다. 얼마 전에 한 사람이 태국으로 환생한 경력을 서술했는데, 중음신일 때 상태를 묘사하였고, 나중에 다시 육신을 받아 태어날 때의 과정이 『중음교수中陰敎授』에 쓰인 것과 완전히 일치했다고 말했다. 지금 많은 사람들은 아주 미혹하여 인과의 진상을 전혀 모르고 있으며, 금생에 업을 지으면 내생에 여무는 사실도 모르고 있다. 이는 마치 핸드폰에 '여보세요'라고 하면 산과 강의 무수한 장애물을 거쳐 상대방의 귀에 생생하게 전달된다는 사실을 믿지 않는 것과 다르지 않다. 사실 이 모든 것은 연기법에 의존되는데, 다만 방식만 다를 뿐이다.

우리는 인과업보의 규율을 꼭 이해하여야 한다. 만약 이를 이해할 수 있다면 붓다의 교언에 대하여 크나큰 믿음을 낼 수 있을 것이다. 『무량수경無量壽經』에서는 "선악의 과보는 복과 재앙이 상응해서 자신이 받으며, 대신 받아줄 자가 없다."라고 설하신다. 마치 그대가 누구한테 전화를 걸면 그 번호에 상응하는 사람이 전화를 받지 절대 엇갈리어 다른 이가 받지 않듯이, 그대가 자기 몸으로 업을 지으면 나중에는 업의 과보가 꼭 자신한테 오게 되지 다른 사람이 대신 받을 수가 없는 것이다. 이와 관련하여 『백업경百業經』에는 "중생들이 만든 업은 외계의 지수화풍에 성숙되어지는 것이 아니며, 기타의 의식습관에 여물어지는 것도 아니고, 오직 자기 자신의 아뢰야식에 성숙되어지는 것이다."라고 설해져 있다.

물론 이 문제에 대하여 연구가 없다면 명백해질 수가 없다. 많은 사람들은 '죽음'을 논의하기 싫어하며 일종의 금기라고 생각한다. 하지만 이것은 피할 수 없는 것이다. 이 세간에서 돈이 있든 없든, 지혜롭든 아둔하든 모두 죽음의 길로 가게 되어 있다. 다만 빨리 가는가 늦게 가는가의 문제일 뿐이다. 인류의 역사상 영원히 죽지 않은 사람은 한 사람도 없었다. 우리는 감옥의 사형수가 꼭 언젠가는 총살당하게 되어 있는 것과 같이 아무리 죽음을 두려워해도 소용이 없다. 이것은 운명이 결정지어준 것이다. 다만 불법을 배우고 나면 어떻게 죽음을 직시하여야 하는지 알게 된다. 불교에서는 죽을 때 어떻게 되며, 죽음은 모든 것의 끝이 아니어서 삶과 죽음이 연속되어 있는 도리에 대하여 조목조목 강의가 잘 되어 있어서, 세간의 많은 해석들이 무수히 많은 사람을 삿된 길로 이끄는 것과는 같지 않다.

그러므로 우리는 인과취사에 대하여 반드시 조심하고 신중해야 한다. 살아 있을 때에 자신의 능력껏 선업을 쌓고 악업을 짓지 말 것이며, 비록 찰나에 악한 생각이 일어나는 것까지 피하는 것은 힘들더라도 이생에서 비교적 엄중한 죄업은 절대 저지르지 말아야 한다. 또한 불교 중 죽음에 관련된 것이나, 후세에 왕생을 대비하여 준비해야 하는 것들을 가급적 많이 학습해야 한다. 이래야만 죽을 때 죽음이 무섭지 않다.

왜 불교신자들이 죽을 때에 그렇게 평온한 것일까? 관건은 바로 죽음에 대한 충분한 준비가 되어 있는 것에 있다. 만약 평생 악업을 저지르지 않았고, 설사 악업을 저질렀을지라도 참회를 하였다면, 죽음과 내세를 대면하였을 때에 일종의 자신감이 있을 것이다. 그러므로 여러분들은 이 분야에 대해 꼭 많이 수지修持하여야 한다. 우리가 죽지 않는다는 것은 불가능한 것이고 업의 인과도 꼭 존재하는 것이다. 이 모든 것은 실제로 존재하는 것이며, 이를 인정하지 않는다면 그대의 아둔함만 나타낸 것일 뿐, 진리를 근본적으로 거부하지는 못할 것이다.

③ 재물의 산란을 끊음 (게송 31~34)

31
진실한 재물은 오직 성자칠재임을 설명함

붓다께서는 말씀하시길 신심과 지계,
다문, 보시, 뉘우침, 부끄러움, 지혜가
성스러운 일곱 가지 보배라고 하셨으니,
그 밖의 재물은 진실한 의미가 없음을 알아야 합니다.

佛說信心與持戒　불설신심여지계
多聞布施淨知慚　다문보시정지참
有愧智慧聖七財　유괴지혜성칠재
知餘財物無實義　지여재물무실의

❀

붓다는『보적경寶積經』,『장아함경』등의 경전에서 성자聖者가 지니고 있는 '성자칠재聖者七財'에 대하여 말씀하셨다. 왜 '재財'라고 칭할까? 왜냐하면 누구나 재부財富를 좋아하고, 이로 인한 쾌락 얻기를 원하기 때문이다. 마찬가지로 성자도 이 일곱 가지 법에 대하여 매우 좋아하며,

그 속에서 기쁨을 얻기에 '성자칠재'라고 한다.

보통사람들은 유루有漏의 재부를 몹시 중요시하여 하루 내내 먹는 것, 입는 것, 재물보화, 집, 승용차 등에 신경을 쓴다. 그러나 성자는 물거품 같은 육신을 가꾸는 것을 특별히 중요시하지 않는다. 그가 제일 관심 갖는 것은 세세생생 영구적인 행복을 가져오는 성스러운 일곱 가지 보배이다.

1. 신심재信心財: 상사上師, 삼보三寶, 인과因果, 사성제四聖諦 등에 대하여 확고부동한 믿음을 지니는 것이다. '삼보는 실제로 존재한다', '연화생 대사는 보통사람이 아니다', '석가모니는 보통 왕자가 아니라 지혜존자이다.'라고 믿으며 '연화생 대사는 그냥 노인이다', '석가모니는 한 사람의 비구이다.'라고 생각하지 않음이니, 성자를 평범한 인간으로 간주한다면 이 과실은 엄청 큰 것이다. 그들의 형상을 쳐다볼 때는 응당 더할 나위 없이 공경하는 마음을 가져야 하니, 이것이 바로 믿음이다.

밀법과 현법을 배우는 사람에게는 믿음이 아주 중요하다. 어떤 사람들은 경을 읽을 때 공경심을 내어 합장하고 독송한다. 이렇듯 근신하는 자세로부터 그들의 믿음이 아주 강함을 볼 수 있다. 어떤 사람은 신심이 없어 공덕을 지을 수 있는 기회를 만나도 눈 한 번 깜빡거리지 않고, 전경륜을 돌릴 때에도 마음대로 성의 없이 휘두른다. 어떤 신도는 확실히 잘 배웠고 뭘 하든 자신감에 넘치고 자세만 보아도 편안하나, 어떤 신도는 잘 모르거나 배우는 데 자신이 없는지 많은 행위가 법에 걸맞지 않는다. 그러므로 관건은 믿음이 있는가 하는 것이다. 만약 믿음이 없으면 승려일지라도 자만심이 하늘까지 넘쳐 해탈도에 걸림돌이 될 것이다.

좀 더 깊게 말해, 밀종의 관점에 따르면 우리가 염불할 때에 아미타불을 생각하는 그곳이 바로 아미타불이다. 그 외엔 그 어떤 부처님도 먼 곳에서 맞이하러 오지 않는다. 만약 그대가 상사를 생각하고 상사를 믿는다면 그때 그대의 생각이 바로 지혜의 본존이다. 이러한 믿음이 있으면 많은 번뇌를 없앨 수 있고 공덕도 자연스럽게 누적될 것이다. 이렇듯 믿음은 아주 중요한 것이다.

2. 지계재持戒財: 지계는 일체 공덕의 근본이다. 신도라면 귀의삼보의 계를 받아 지녀야 하며, 이로써 보리심 등 최상의 공덕을 구족하기 쉽게 된다.

3. 다문재多聞財: 다문은 세간의 잡론과 관계된 것이 아니고, 해탈과 관계된 사성제 등을 많이 듣고 배우는 것을 일컫는 말이다.

4. 보시재布施財: 자신의 신체, 재물을 내놓는 것을 뜻한다.

5. 지참재知慚財: 번뇌 없는 경계와 대비해 보고 자기 업을 뉘우치는 것[58]이다.

6. 유괴재有愧財: 타인과 대비해 보고 자신을 부끄럽게 여기는 것[59]이다.

---

[58] 티벳어로 'ngo tsha shes'이며, 허물을 짓는 것에 대해 스스로 부끄러운 줄 알고 피하는 것을 말한다.(정공 옮김, 『왕에게 보내는 편지』, 하늘북, 2011, p.47 참고)

[59] 티벳어로 'khrel yod'이며, 다른 이들의 비난을 염두에 두고 허물 짓기를 수치스럽게 생각해 피하는 것을 말한다.(정공 옮김, 위의 책, p.47 참고)

7. 지혜재智慧財.

이 일곱 가지 법은 참으로 성자만 가질 수 있는 것으로, 일반인은 단지 유사하게 구족할 수 있을 뿐이다. 우리는 해탈을 희구하는 자로서 응당 성자칠재를 구족하여야 한다. 이와 관련하여 『법구경』에는 "신재계재信財戒財, 참괴역재慚愧亦財, 문재시재聞財施財, 혜위칠재慧爲七財"라고 적혀 있고 『대원만심성휴식大圓滿心性休息』[60]에도 이에 대해 기록되어 있다. 『대원만심성휴식』은 닝마파의 수행차제[61] 논서인데, 화지린포체의 말에 따르면 『입행론』과 『대원만심성휴식』은 전체 세간에서도 찾아볼 수 없는 아주 좋은 논전이라고 한다.

우리 수행인들은 반드시 아파트, 차, 금전 등 유루의 재물을 버릴 줄 알아야 한다. 차가 몇 대고 집이 몇 채며 돈이 얼마 있다고 하더라도 다 중요하지 않다. 『보살보만론菩薩寶鬘論』에 설하되 "모든 유루의 재부를 버리고 칠성재七聖財를 지녀야 한다."라고 한 것처럼 해야 한다. 하지만 지금 세간에서는 늘 두 사람만 만나도 바로 "집이 있는가? 어떤 아파트인가? 차는 있는가? 외제차인가?" 하며 하루 내내 이런 것만 이야기기한다고 하는데, 이는 수행인이 못 된다고 할 것이다. 우리 수행인들은 자기가 어떤 칠성재를 구족하고 있는지 살펴보아야 한다. 『유마힐경』에서 "일곱 가지 재보를 갖추어 행하고 전하여 보리자량을 증가한다."라고 설한 바대로, 칠성재를 구족해야만 보리선근이

---

60 닝마파의 대조사이신 룽칭빠 존자의 저작이다.
61 '차제次第'는 차례, 혹은 순서 있게 구분하여 벌여나가는 관계를 말한다.

여물 수 있다.

지금 재산을 가진 수행인은 아주 많지만, 칠성재를 쌓은 수행인은 얼마나 있을까? 지금은 누구나 돈을 벌려고 하는데 정작 벌어들인 것은 세간의 유루 재물이며, 이런 재물은 많으면 많을수록 만족하지 않게 되어 나중에는 자기 스스로 고통에 빠진다. 출세간의 성자칠재야말로 우리로 하여금 한 세대뿐만 아니라 세세생생 매우 행복하게 하는 것이지만, 세간 사람들은 이 점을 모르고 오직 재물만이 자기를 만족시킨다고 생각하며, 나중엔 자기가 원하는 대로 되지 않아 끝없는 고통에 빠진다.

우리는 이러한 성자의 교언敎言으로 자신을 되돌아보아야 한다. 수행자로서 명성은 중요한 것이 아니며 이윤도 중요한 것이 아니다. 제일 중요한 것은 자기 마음과 법이 서로 상응하는 것이며, 청정한 계율을 구족하고, 보시를 행하며, 교리를 연마하는 것이다. 만약 이러한 칠성재를 구족한다면 누가 자기를 칭찬하지 않아도 괜찮고, 누가 자기를 무시해도 상관없으니, 자신의 수도修道가 반드시 원만하게 될 것이다.

여러분들이 이 논전을 학습할 때 여러 가지 새로운 사고방식을 많이 배우고 연마하여, 성자 용맹보살의 해탈묘법 교언을 받들고 크게 환희하는 마음을 낸다면 공덕이 매우 클 것이다. 수행자로서 우리가 쌓아야 할 것은 '성자칠재'임을 명심하고, 이를 잘 지켜나가도록 해야 한다.

32

의미 없고 번잡한 6가지 세간 일을 끊음

도박을 하거나, 의미 없는 모임에 끼고,
게으름에 빠지며, 나쁜 벗과 친하고,
술을 마시며, 밤늦게 마을에 가는 것은
명예를 해하는 것이니, 이 여섯 가지를 끊어야 합니다.

賭博以及看聚會　도박이급간취회
懶惰依附惡劣友　나타의부악렬우
飮酒夜晚入村落　음주야만입촌락
斷毀名譽之六法　단훼명예지육법

이 게송에서 용맹보살은 이생에서 자신의 명성을 훼손하고 내세의 선근善根을 파괴하여 악취惡趣에 빠지게 하는 여섯 가지 법을 거론하고 있다. 한 사람이 선법을 행지行持⁶²하는 과정에서 바른 이해와 바른 알아차림으로 신구의身口意를 관찰하지 않는다면 열악한 환경에서 분별념分別念에 따라 이러저러한 나쁜 일을 저지르게 되는데, 가장

---

62 꾸준히 수행하고 불법계율을 지킴을 말한다.

쉽게 저지르는 것이 바로 이 6법이니 곧 도박, 파티, 게으름, 나쁜 친구에 의지하기, 음주, 야간의 촌락 출입 등이다.

『이규교언론二規教言論』에서 "백주대낮에 술 마시고 도박하는 것은 명예가 손상되는 경계에 빠진 것이고, 밤에 행실이 깨끗하지 못한 이들 역시 부끄러움을 모르는 자들이다."라고 하였듯이, 이 여섯 가지 법은 세속인들에 대한 가르침인데, 출가인으로서는 응당 명성을 훼손하는 육법을 더 멀리해야 할 것이다.

일반적으로 출가인들에게는 이러한 현상이 없겠지만, 요즘 속세 사람들은 여기서 빠져나오기 힘들며, 특히 일부 나쁜 관리들은 이 육법을 거의 매일 범하고 있다. 때문에 독실한 불자가 되려면 이러한 행위를 철저히 근절해야 한다.

이 여섯 가지 법은 아주 간단한 바, 오래된 불교신자나 수준이 좀 높은 지식인은 물론 1, 2학년 초등학생들마저도 전부 외울 수 있는 것들이다. 우리들은 성자들이 말하는 가르침을 스스로가 잘 행지할 수 있는지 꼼꼼히 살펴봐야 한다. 어떤 것은 잘 했고 어떤 것은 잘 못했는가? 잘 하지 못한 부분은 어떤 방식으로 참회할 것인가?

이러한 가르침들은 특히 절묘하고 수승하여 용맹보살을 뛰어넘을 수 있는 사람은 없다. 중국불교에서든 티벳불교에서든 용맹보살은 '두 번째로 큰 부처(第二代佛陀)'로 불린다. 불교에 대한 공헌도 매우 커 성자과위聖者果位[63]를 얻었다. 이러한 성자가 내리신 가르침들은 믿을 뿐 누구도 부인하지 않을 것이다. 중요한 건 자신이 실천할

---

63 부처님을 성취한 경지.

수 있는지를 봐야 한다는 것이다. 이 육법을 똑똑히 기억하는 것만으로는 부족하고, 응당 어떤 것은 하기 쉽고 어떤 것은 하기 쉽지 않은지를 실제 행동에서 체험해 보아야 한다.

특히 지금은 집에 있는 거사들이 이러한 교언을 배우는 것이 너무나도 필요하다. 오늘날 인과취사因果取捨를 이해하는 불교도들이 너무 적고, 많은 사람들에게 불교의 기초지식이 결핍되어 있다. 하지만 이러한 도리를 안 이후에는, 업력業力이 심각하여 실천할 수 없는 자들을 제외하고 대다수 사람들은 무엇을 해야 하고 무엇을 하지 말아야 하는지를 파악할 수 있어야 한다.

구체적으로 말하면 첫째, 도박이다. 지금 사람들에게 바둑, 마작, 도박이 무서울 정도로 무척 성행하고 있다. 말법末法 시기에 이러한 현상은 갈수록 심각해져서 심지어 어떤 사람들은 가산을 탕진하고 몸에 걸친 옷가지마저도 깡그리 잃어버리고 만다. 수행자가 도박장에 자주 들락거리면 기필코 사람들의 비난을 받게 될 것이며 여러 비방을 초래할 것이다.

둘째, 파티이다. 이것은 영화, 오락 활동, 스포츠 대회 같은 것들을 관람하는 것으로서 집에서 TV를 시청하는 것도 이에 포함된다. 오늘은 스타, 내일은 유명가수가 오면 백방으로 돈을 내고 표를 사 미친 듯이 연예인을 쫓아다닌다. 불교도에 대해 말하자면 이는 아무런 의미가 없는 것이며 순전히 시간낭비이다. 많은 사람들이 모이는 곳은 수행자에게 지극히 적당하지 않은 곳이다.

화지 린포체께서는 『자아교언自我教言』에서 "가서는 안 될 세 곳이 있는데, 원한과 복수의 싸움이 있는 곳, 많은 사람이 모인 곳, 그리고 행락 장소에 가지 말아야 한다."라고 말씀하셨다. 지금은 곡예 마술, 원숭이 서커스가 많은데 우둔하고 미련한 사람들이 그곳에 모여 반나절이나 구경을 한다. 사실 이는 아무런 실질적 의미를 얻지 못하는 것이다. 만일 당신이 정말로 흐트러지고 싶으면 차라리 불교 영화나 불교 TV를 보더라도 세인들의 파티 장소에는 가지 말라. 출가인으로서 우리는 이렇게 할 수 있어야 한다. 이 측면에서는 중국불교가 매우 잘하고 있다. 극히 개별적인 정치적인 승려 이외에 일반적으로 출가인은 그런 장소에 나타나지 않는다.

셋째, 게으름이다. 불법이나 세간법에 대하여 정진하지 않고 게으름을 피우면서 아무 일도 하고 싶지 않아 하다가는 나중에 아무 것도 이루지 못한다. 우리 수행자들은 꼭 정진해야 한다. 모든 공덕은 정진에 따라 생겨난다. 『히말라야 산에서의 수행승(大師在喜馬拉雅山)』에서는 96세의 한 수행자에 대해 묘사하고 있다. 그녀는 예전부터 밤에 누워서 잠을 자지 않았다. "당신은 어찌해서 잠을 안 자도 됩니까?"라고 다른 사람이 묻자, 그녀는 "유가삼매瑜伽三昧를 좋아하는 사람들이 왜 돼지처럼 잠을 자야 합니까?"라고 말했다.

지금 사회의 일부 사람들은 낮 11시, 12시가 되어도 여전히 자고 있고 무슨 일을 해도 재미가 없어 한다. 『입행론』에서 말한 세 가지 게으름을 모두 갖추고 있는 이런 사람들은 아무런 성취가 없을 것이며, 어떤 회사도 받기를 거절하며 어떤 상관도 마땅치 않게 본다. 때문에 사람은 정진해야 한다.

수행 정진하는 사원의 승려들은 매일 아침 서너 시에 반드시 기상하는데 한 번도 거르는 적이 없다. 이렇게 정진하고 있는데 사회에서 생활하는 신자들은 일고여덟 시까지 잠을 자는 사람이 많으니, 진정한 수행을 할 수 없다. 게으름이 습관이 되면 오늘 11시에 기상하고 내일도 11시까지 자며, 모레는 30분이 추가될지도 모른다. 악습은 남용하면 할수록 배우는 것이 점점 많아지게 되는데, 이는 매우 두려운 일이다.

넷째, 나쁜 친구에 의지하지 말라. 모든 해독 중에서 나쁜 친구가 끼치는 해가 가장 크다. 아띠샤 존자께서는 "세상에서 제일 무서운 적은 바로 나쁜 친구다."라고 말씀하셨다. 『비나야경』에서도 "나쁜 친구에 의지하는 사람에게서는 선의 결과를 볼 수 없다."라고 했다. 많은 사람들이 왜 점점 나쁘게 변할까? 바로 나쁜 친구에 의지했기 때문이다. 티벳 속담에는 "위로 당길 때에는 백 사람이 당겨도 끌어올리지 못하지만, 아래로 잡아당길 때는 한 사람이면 충분하다."라는 말이 있다. 나쁜 친구 한 사람이 많은 사람을 쉽게 나쁜 쪽으로 끌어당기기 때문에 우리는 항상 나쁜 친구를 멀리하고 그에게 의지하지 말아야 한다.

상사上師[64]들이 전승하는 교언에서는 좋은 친구에 의지하려면 항상 부처님과 스승님께 기도 올리는 것이 매우 중요하다고 했다. 『삼마지왕경三摩地王經』에서는 "항상 불교를 깊이 생각하여 따르고, 언제까지나 나쁜 친구에 의지하지 말며, 모든 착한 친구를 동무로 삼고 의지해야 한다."라고 했다. 우리는 항상 붓다께 기도하고 선지식 및 착한 친구에 의지해야 한다. 탐욕이 많고 어떤 일에 쉽게 반하며 질투심이 강한

---

64 티벳불교에서 덕망이 높고 세인들의 규범이 될 만한 사람에 대한 존칭.

사람과 오랜 시간 동안 접촉하지 말아야 한다. 그렇게 하지 않으면 당신은 원래 좋은 사람이었지만 점차 나쁜 사람으로 변해버린다. 마치 길상초吉祥草를 진흙탕 속에 놓으면 점차 오염되는 것처럼 말이다. 이것이 바로 나쁜 친구의 폐해이다.

다섯째, 음주이다. 『제법집요경諸法集要經·이주과실품離酒過失品』은 전부 송사頌詞로 기술되어 있는데, 전문적으로 음주의 과실에 대하여 상세히 논술했다. 그리고 『성환희경聖歡喜經』에서는 술의 과실을 36가지로 추려놓고 있다.

현대는 광란의 시대다. 음주 자체가 원래 사회, 가정, 회사에 매우 큰 해를 끼치기도 하지만, 요즘 사람들은 좋은 것은 안 배우고 나쁜 것들, 이를테면 담배, 술, 마작, 무도 등 나쁜 것은 배우면 바로 안다. 즉 용맹보살이 언급한 세속 육법을 행할 능력을 순간적으로 전부 갖추게 되는 것이다. 저녁식사를 할 때 모두 함께 고기 먹고 술 마신 다음, 마작을 놀기 시작하다가, 또 깨끗하지 못한 무도장에 간다. 어떤 때에는 귀한 손님을 초대할 때에도 이렇게 하여 술 마시고 마작하고 또 이러저러한 장소에 가는데, 그것도 아주 공개적으로 간다. 그들의 접대 일정표를 보면 집에 있는 사람이 너무 불쌍하게 느껴진다. 기본적인 고상한 인격을 갖추어야 하는 것마저 문제가 되니 말이다. 『친우서』를 받아들여 배우는 재가 거사를 포함하여 불교도로서 사회에서 어느 정도 명성과 지위가 있고 또 세상의 직장 동료들과 내왕하는 과정에서 그들을 따르지 않자면 어느 정도 어려운 점이 있긴 하지만, 부디 이러한 것들로 자신의 금생과 내세를 더럽히는 정도에까지 이르지는 않아야 한다.

여섯째, 밤중의 촌락 출입이다. 지혜가 있는 사람은 밤에는 집에서 조용히 정진하지, 이곳저곳 돌아다니지 않는다. 무구광無垢光 존자의 말씀에 의하면 야간에 행동하는 것은 오직 야차夜叉나 마귀, 부엉이뿐으로 이 모두는 사람들의 혐오를 받는 것들이다. 하지만 지금 사람들은 꼭 밤에 나오기를 좋아하고 한밤중에 여러 가지 일들을 하기 시작한다. 요즈음 세간의 많은 행위들이 일부 경론經論의 내용에 비춰보면 온통 악업惡業으로 이뤄져 있고 선업善業은 미약하니, 참으로 자비와 연민의 정이 생기게 한다.

수행하는 사람으로서는 어슬렁거리면서 사람들이 많이 집결된 곳에 갈 필요가 없다. 저녁에는 집에 있으면서 참선할 사람은 참선하고, 독경할 사람은 독경하고, 책을 봐야 할 사람은 책을 보고, 주력呪力해야 할 사람은 진언을 염해야 한다. 이럼에도 불구하고 일부 사람들은 밤만 되면 꼭 도우道友 집에 가는데, 찾아가서 한담하고 옳으니 그르니 하는 것은 다른 사람의 수행에도 악영향을 끼칠 뿐만 아니라 자신의 시간도 허비하게 된다.

때문에 여러분들은 용맹보살의 이런 교언들을 잘 새겨 명성을 훼손하는 육법에 대하여 일일이 자세히 살펴보고 실제 행동에서 행지해야 한다.

33

만족을 아는 것(知足)으로써 재산의 산란을 대치함

부처님 말씀에 모든 재산 중
만족을 아는 것이 가장 수승하다 하셨으니,
응당 늘 만족할 줄 알아야 합니다.
만족할 줄 알면 재산이 없어도 진짜 부자입니다.

佛說一切財産中 　불설일체재산중
知足乃爲最殊勝 　지족내위최수승
是故應當常知足 　시고응당상지족
知足無財眞富翁 　지족무재진부옹

❋

인천人天을 인도하시는 스승이신 붓다께서 대소승 경전 중에서 강조하시기를, 모든 재산 중 만족할 줄 알고 탐욕이 적은 것이 가장 훌륭한 것이라 하셨다. 앞에서도 얘기했지만 여기서 '재산財産'이라고 명명한 것은 그것들이 사람들을 만족시킬 수 있는 것이기 때문이다. 정신적 재물이든 물질적 재물이든 모두 일종의 만족감을 가져다준다. 하지만 여러분들이 정신적으로 대단히 공허하다면 물질상으로 아무리 부유해도 내심을 만족시킬 수 없고, 아무리 많은 재물을 담아도 그 공허함을 채울 방법이 없다.

오늘날은 옛날과 크게 다르다. 고대 사람들에게는 지금 같은 자원 조건이 없었고, 한 국가의 정보는 거의 폐쇄 상태였으며, 마을과 마을 사이는 교통이 불편하여 정보 교류도 가련할 만큼 적었다. 이렇다 보니 사람들이 보는 것과 듣는 것이 적고, 아는 것 또한 적어서 탐욕이 그렇게 강하지는 않았다. 마치 우리 티벳 사람들이 대대손손 두메산골에서 살아 바깥세상에 대해 아무것도 모르지만 많은 사람들이 자신의 삶에 만족하는 것처럼 말이다. 하지만 지금은 그렇지 않다. 이 사람이 승용차를 사면 저 사람은 부러워서 어쩔 줄을 모른다. "나는 왜 차가 없지? 나한테 있으면 얼마나 좋을까! 그것의 성능이 이러이러한데……" 하며 억제할 수 없는 탐욕이 생겨난다. 사실 만족할 줄을 안다면 그렇게 많은 재산이 없어도 진정한 부자라 할 수 있다. 왜냐하면 이럴 때 '재물'이 사람으로 하여금 만족할 수 있게끔 하기 때문이다.

이 때문에 부처님은 대소승 경전에서 만족할 줄 알고 탐욕이 적은 것은 모든 재산 중에서 무엇과도 비할 수 없는 것이며, 그것이 가져다주는 즐거움은 천왕도 누리기 어려운 것이라고 말씀하셨다. 마치 "탐욕을 멀리하면 자유롭게 행동할 수 있고, 그 어느 누구와도 상관이 없는데, (이러한 즐거움은) 천왕도 누리기 어려운 것"이라는 말처럼, 수행하는 사람은 조용한 곳에서 자유자재로 수행할 수 있고, 그 누구와도 연루되지 않아 분쟁을 겪지 않는다. 이러한 생활은 인간뿐만이 아니라 제석천 帝釋天도 누리기 어려운 것이다.

출가한 사람이든 속세에 있는 사람이든 불법佛法으로 스스로의 마음을 다스리고 바로잡아야지 물질로 자신을 만족시키려 한다면 정말 매우 곤란하다. 지금 돈이 아무리 많아도 마음속의 공허감을 메우지 못하는 부자들이 수없이 많다. 때문에 스스로 만족할 줄 아는 것이야말로 가장 큰 재산인 것이다. 생활이 가능한 간단한 방 한 칸에 만족하면 3, 4층 되는 건물을 지을 생각은 하지 않게 된다. 3, 4층 건물을 짓고도 부족하면 20층짜리 건물을 짓게 되고, 20층 건물도 부족하다면 큰 도시로 옮겨가서 더 큰 빌딩을 지어야 한다. 나중에 수많은 곳에 무수히 많은 집을 지어 놓더라도 여전히 만족할 수 없게 된다. 이는 단지 집에 대한 탐욕과 집착 때문에 야기되는 것이 아니다. 사람에 대한, 재물에 대한 탐욕과 집착으로 언제까지나 만족에 이를 수 없고 그에 따르는 고통도 끊임없이 늘어나게 되는 것이다.

『팔대인각경八大人覺經』에서는 "욕망이 많으면 고통스럽고 생사의 일로 피로한 것은 탐욕에서부터 시작된다. 탐욕 없이 순리에 맡기면 심신이 자유롭다."라고 설하고 있다. 이 때문에 대승 및 소승 모두 욕망이 없이 만족할 줄 알아야 함을 제창하고 있다. 『구사론』에서는 만족할 줄 모르면 윤회의 고통에서 벗어나기 위해 모든 번뇌를 없애는 법기法器라 할 수 없다고 했다.

지금 사회는 만족할 줄 알아야 한다. 먹을 것이 있고 입을 것이 있으면 되지 다른 사람과 비교하면서 경쟁할 필요가 없다. 경쟁은 당신에게 아무런 의미도 없다. 진정으로 만족할 줄 안다면 설사 금은 등 재산이 없더라도 당신이 세상에서 가장 큰 부자이다.

예전에 한 부자에 대해 이야기한 적이 있다. 그 사람에게는 많은 집과 금품이 있었다. 하지만 그는 조금도 행복하지 않았다. 매일 먹고

자는 것이 불안했고 늘 수심에 잠겨 있었다. 그의 옆집에는 두부를 팔아 생계를 유지하는 가난한 부부가 살고 있었다. 비록 가난한 살림살이였지만 이들 부부에게는 아침부터 저녁까지 말과 웃음이 그칠 새 없었다. 매우 이상하게 느낀 부자가 "나는 이토록 즐겁지 못한데 왜 저들은 저렇게 즐거울까?"라고 말하자, 어떤 사람이 그에게 너무 복잡하게 생각 말고 담장 너머로 은전 몇 닢 던져보면 알게 될 것이라고 했다. 그래서 그는 사람이 없는 어두운 밤을 타서 은전 50냥을 옆집 부부 방에 던져 넣었다. 하늘에서 떨어진 재물을 주운 부부는 미칠 듯이 기뻐하면서 급급히 은전을 감추고는 어떻게 써야 할지 고민했고 다른 사람이 훔쳐갈까도 걱정했다. 그러다 보니 밥도 제대로 못 먹고 잠도 제대로 자지 못해 이들한테서 더는 지난날의 웃음소리를 들을 수 없었다. 그제야 정신이 확 들은 부자는 "행복하지 못한 원인이 바로 이 은전 때문이었구나!"라고 했다.

지금 많은 사람들이 이러한 도리를 모르고 마음속에 만족감이 없이 기를 쓰고 돈을 쫓아간다. 하지만 종국에는 아무런 즐거움을 얻지 못하게 될 것이다. 가끔 우리는 산속의 수행자들이 거처도 초라하고 먹는 것도 간단하지만, 비할 길 없는 기쁨을 누리고 어떠한 근심도 없이 죽을 때도 너무 행복해한다는 것을 피부로 느낄 수 있다. 예전에 출가인들은 살아생전에 재물에 대한 집착이 없었고, 임종 시에도 어떤 사람은 사자가 누운 자세로, 어떤 사람은 가부좌 자세로 매우 차분하고 편안하게 죽음을 맞이했다. 하지만 재물을 가진 사람은 매우 고통스럽게 죽는다. 재산에 집착하고 버릴 줄 모르면 죽는 모습마저도 편안하지 못할 것이다.

34
욕심내지 않음(少欲)으로써 재산의 산란을 대치함

지혜로운 그대여! 재물이 늘어날수록 고통도 늘어나나
욕망이 적은 사람은 이와 같지 않습니다.
모든 용왕은 자신의 머릿수가 많은 만큼
고통도 많이 생기는 것과 같은 이치입니다.

智者痛苦如財多 　지자통고여재다
少欲之人非如是 　소욕지인비여시
一切龍王頭數目 　일체용왕두수목
所生痛苦如是多 　소생통고여시다

❀

낙행왕의 마음 상태는 고요하고 부드럽게 조복되었고, 세출세간世出世間의 도리에 대하여 정통하였다. 따라서 용맹보살은 그를 '지혜로운 자(智者)'라고 불렀다.

여기에서 용맹보살은 고통은 재산이 늘어남에 따라 커지는 도리를 천명하고 있다. 화지 린포체도 "찻잎 한 줄기가 있으면 한 줄기 찻잎 나름의 고통이 있고, 말 한 필이 있으면 말 한 필 나름의 고통이

6. 선정바라밀 **197**

있다. 재물이 많을수록 고통이 크다."라고 말한 바 있다.

하지만 재물을 추구하는 사람들의 마음은 본래 만족을 모른다. 「인연품」에서는 욕심쟁이는 보석이 비처럼 내려도 만족하지 않는다고 설한다. 그들은 돈 있는 사람을 가장 부러워하지만, 돈 있는 사람의 심적 고통이 얼마나 크고 생활부담이 얼마나 무거운지는 모르고 있다. 어떤 사람에게 십억 원짜리 집이 있다면 집안 인테리어도 반드시 이 가격대와 어울려야 하고 아파트 관리비도 그만큼 비싸지게 된다. 하지만 이러한 돈은 아무런 이유 없이 얻어지는 것이 아니다. 재물은 처음에는 쌓아야 하고, 중간에는 지켜야 하고, 마지막에는 잃게 될까 걱정을 해야 한다. 모두 똑같이 힘든 과정을 수없이 겪게 되는 것이다. 하지만 여러분의 집이 그저 몇백만 원짜리라면 이러한 고통을 당할 필요가 없다.

요즘 사람들은 하나같이 경제조건이 좋을수록 생활 레벨이 높고 그 속에서 얻는 즐거움이 더 클 것이라 생각한다. 그러나 사실 이것은 일종의 착각이다. 그 수준에 가면 경쟁이나 부담이 갈수록 무거워져 언젠가는 돈의 노예로 변할 것이다. 어떤 사람은 십억 원짜리 집을 사고 싶어 평생 동안 적금과 노력을 다 들이부어도 모자라서 즐거움은 고사하고 밤에 잠도 제대로 자지 못하게 된다. 물론 당신이 복을 받아서 힘들게 일하지 않고도 대량의 재물을 얻게 되었다면 계율에서도 이를 허락하고 받아들일 것이다. 하지만 그 재물이 애써 노력하여 얻게 되는 것이라면, 여기서부터 고통이 시작될 것이다. 때문에 용맹보살은 만족할 줄 알고 지혜를 갖추면 가장 부유하고, 모든 것을 탐내지 않으면 가장 즐겁다고 말하고 있는 것이다.

여기서는 하나의 비유로 이 도리를 설명하고 있다. 용왕들이 업력業力이 다르다 보니 어떤 것은 뱀 머리가 셋이고, 어떤 것은 뱀 머리가 10개, 어떤 것은 그 이상 아주 많은 뱀 머리로 이루어졌는데, 뱀 머리 위에는 보석이 있었다. 즉 뱀 머리가 많을수록 이 용왕이 더 부유하다는 것을 나타내는 것이다. 하지만 악업에 대한 용왕의 과보로 대붕大鵬이 날마다 그들에게 뜨겁고 아파서 견디기 힘든 뜨거운 모래를 뿌려준다. 뜨거운 모래가 늘 용왕의 머리 위에 떨어지는데, 머리가 하나뿐이면 그 머리 하나만 보호하면 되지만, 머리가 100개이면 머리마다 그 뜨거운 모래가 내려지니 그 고통은 가히 짐작할 수 있다.

요즘에는 재산이 늘어나면 늘어날수록 사람들의 고통도 점점 늘어나고 있다. 겉으로 볼 때 회사도 갖고 있고 여러 개의 지사가 있으며, 별장 몇 채에 승용차도 몇 대 가지고 있어 크게 성공한 케이스로 아주 그럴듯해 보이는 사람이 있다. 하지만 우리 남섬부주에서의 복보福報는 북구로주 및 33천에서처럼 모든 게 자연스레 바로 앞에 나타나는 것이 아니라서 그는 모든 재물에 대하여 애써 경영을 해야 한다. 이 과정에서 늘 여러 부류의 사람들과 충돌이 발생하게 되며 또 많고 많은 갈등과 어려움을 겪게 된다. 마치 용왕의 머리가 뜨거운 모래 세례를 당하는 것처럼 매우 고통스러운 것이다.

우리들은 불법에서 얘기하는 비유들을 꼼꼼히 따지고 깊이 헤아려야 한다. 이런 비유들은 세간의 학교에서는 전혀 들어볼 수 없는 것들이다. 오직 석가모니불의 교언에 의지해야만 어떻게 생활해야 될지를 알게 되고 비로소 진정한 쾌락을 얻게 된다. 반대로 자신의 분별념分別念 및 세간의 어리석은 자의 전통에 의거하여 온힘을 다해 금전과 재물을 추구한다면, 나중에는 행복을 얻지 못하는 것은 물론이거니와 끝없는 고통만 초래하게 되고, 인신人身을 얻었다 해도 별 의미가 없게 된다.

우리 수행자들은 재물에 대한 취사선택을 배워야 한다. 물론 여러분의 재물이 홍법이생弘法利生[65]에 쓰이고 또한 당신이 재물을 꿈같이 본다면, 다른 사람들이 어떻게 생각해도 당신이 보유한 재산은 자신에게 장애가 되지 않을 것이다. 티벳의 유명한 대성취자인 잠양 켄쩨 왕뽀(Jamyang Khyentse Wangpo)는 재산이 엄청 많아 현지의 국왕과 별반 차이가 없었다. 집안은 궁전같이 웅장하고 화려했다. 하지만 금은재화에 대한 그의 집착은 나무 발우에 대한 화지 린포체의 집착보다도 적었다. 그와의 대화를 통해 화지 린포체의 마음이 갑자기 확 트였다. 화지 린포체는 그에게 매우 깊은 가르침을 받았다.

만약 여러분들에게 잠양 켄쩨 왕뽀와 같은 경지가 있다면 괜찮지만, 안 그럴 경우 세간의 재산에 매우 집착하게 되고 죽을 때도 한시도 잊지 못하게 된다. 우리는 평소에 재물은 허황된 꿈과 같은 것이어서 혼자 누려봐야 별 의미가 없으며, 중생들을 이롭게 하고 고통스러운 사람과 불쌍한 사람들을 돕는 데 쓰여야만 진정한 가치가 있는 것임을 알아야 한다.

---

[65] 법을 널리 알리고 중생을 이롭게 하는 일.

④ 향유(受用)의 산란을 끊음 - 배우자, 음식, 수면을 탐함을 끊음 (게송 35~38)

35
함께하지 말아야 하는 아내의 유형 3가지를 논함

성격이 적과 내통하는 망나니 같은 아내,
남편을 업신여기는 악녀 같은 아내,
작은 재물도 놓치지 않는 도적 같은 아내,
이 세 종류의 여인은 포기함이 마땅합니다.

性如聯敵劊子手　성여연적회자수
輕淩夫君如惡女　경릉부군여악녀
微財不放如盜匪　미재불방여도비
當棄此等三婦人　당기차등삼부인

여기에서 용맹보살은 속가의 낙행왕에게 맞아들이는 왕비에 대하여 취사선택이 있어야 한다고 충고하면서, 받아들여서는 안 될 세 가지 종류의 여인과 받아들여야 네 가지 종류의 여인에 대해 말하고 있다.
　인도의 전통에 따르면 한 국왕은 많은 왕비를 둘 수 있다. 왕으로서 불법을 수지修持하려면 반드시 거느리고 있는 왕비를 잘 관찰하여야 한다. 그렇지 않으면 어떤 왕비는 처음에 알았을 때에는 괜찮게 느껴졌더라도, 나중에 한평생 후회하게 만들 수 있다. 그렇다면 어떻게 관찰할 것인가?

다음 세 종류의 여인은 받아들일 수 없다.

첫 번째, 성정이 고약하여 국왕에게 불경스럽고 심지어 적과 손잡고 국왕을 살해하려 하는 망나니 같은 여인이다. 역사상에 이렇게 무서운 여인들은 아주 많았다. 예를 들면 진晉나라의 황후 가남풍賈南風은 키가 작고 피부가 검고 거칠며, 천성이 질투가 많고 간사한데다 권모술수에 능하여 혜제惠帝도 그녀를 무서워했다. 혜제가 좋아하는 후궁이 있기만 하면 그녀가 어떻게 해서든지 죽여버렸기 때문에 후궁들은 혜제와 한 방을 쓸 기회가 드물었다. 한번은 한 후궁이 임신한 것을 보고 칼을 들고 그녀의 배를 찔러 배속의 태아가 칼과 함께 바닥에 떨어지게 한 적도 있었다. 이렇듯 그녀의 갖은 악행은 끝내 '8왕의 난'을 유발했고, 진나라는 이로써 멸망하였다.

두 번째, 성격이 횡포하여 자기 남편을 무시하고 능멸하는 여인이다. 어떤 여인들은 질투심이 특히 강하다. 이것은 나이든 여인이라고 해서 예외가 아니다. 2005년에 이런 뉴스가 있었다. 아만阿曼이라고 불리는 한 늙은 부녀자가 있었는데, 그녀는 63세이고 남편은 55세였다. 두 사람이 나란히 TV로 세계미인대회를 보다가 남편이 TV 속의 미녀에 대하여 한바탕 평론을 하자, 질투하기 좋아하는 그 아내가 화가 나서 남편을 두들겨 팼고, 그래도 성이 차지 않은 그녀는 남편의 멀쩡한 한쪽 귀를 잡아 뜯어 그 상처에서 피가 콸콸 흘러나왔다.

이런 일들이 세상에 적지는 않을 것이다.

우리 수행자들은 어렸을 때부터 산에서 자라 사회에 대한 이해가 많지 않지만, 늘 이집 저집에서 싸운다는 얘기를 듣게 된다. 요즘 사람들은 예전처럼 가정규칙을 지키지 않는다. 만족할 줄 모르는 가정들의 상황은 특히 최악이다.

세 번째, 아주 하찮은 재물도 놓치지 않고 남편이 없을 때 훔치거나 빼앗아서 남편 지갑의 돈을 모두 자기 지갑에 넣는 여인이다. 많은 곳에서 남편은 자기 돈에 대해 아내에게 말하지 않고 혼자 저축하며, 아내도 돈에 대해 남편에게 알려주지 않으면서 피차 믿음이 없어 서로 훔칠 수만 있으면 훔치고 빼앗을 수만 있으면 빼앗다가, 사이가 좋을 때에만 비로소 정당한 루트를 통해 사용한다고 한다.

국왕은 반드시 이러한 세 종류의 여인을 버려야 한다.

물론 이러한 교언은 출가인들을 겨냥하고 하는 말은 아니다. 하지만 속세 사람으로서 가정이 화목하지 못하면 악취惡趣의 고통에서 벗어나기 어렵다. 처음에는 상대방이 그렇게 밉지 않았는데, 두 사람이 오래 지내다 보니 관점과 견해가 서로 달라 마찰과 충돌이 갈수록 심각해질 경우, 그렇게 평생 사는 것은 상당히 고통스러운 일이다. 하지만 불법을 배우는 가정에서는 전생에 인연이 있었기에 금생에서 한 가정으로 결합되었다는 것을 생각하고 서로 이해하고 포용해야 한다. 사회에는 조화롭지 못한 많은 요소들이 있지만, 사실 마음먹기 달렸다. 사람 마음이 지나치게 탐욕스러우면 요구도 많게 되고 불쾌한 일들이 쉽게 발생한다. 파담빠 존자는 부부가 기왕 연분이 있어 함께 살 바에는 되도록 다투지 말고, 설사 다투더라도 즉시 서로 뉘우치고 서로 용서를 빌면 많은 갈등이 가라앉을 수 있다고 말했다. 지금 일부 가정에서 이른바 '냉전'이라는 것이 있어서, 같은 지붕 아래서 두 사람이 마주쳐도 말도 안하고 심지어 한동안 서로 낯선 사람 취급을 하는데, 이렇게 사는 것은 용왕이 뜨거운 모래 비를 맞는 것보다 더 고통스러운 일일 것이다.

생각해 보면 출가인들의 생활은 참으로 매우 깨끗하고 맑아서 다만 탐심貪心, 진심瞋心, 치심癡心만 잘 다스리면 사회적 압력, 가정적 부담, 생활의 고통이 없어 매우 행복할 것이다. 그렇다고 해서 속세 사람들이 즉시 출가할 수는 없는 것이다. 부부가 화목하지 못한 일부 속세 사람들이 강한 염리심厭離心에 자녀들을 버리고 혼자 출가해버리기도 하는데, 이는 최선의 방법이 아니다. 아이들은 부모가 없으면 제대로 성장할 수 없다. 때문에 스스로 이기심을 버리고 진심으로 재가 신도로서 수행에 유익한 일들을 하면 된다.

36

아내로 받아들일 수 있는 여인의 법상 4가지를 논함

자매처럼 상대방을 따르고
친구처럼 마음과 정분이 맞으며
자애로운 어머니처럼 사랑을 베풀면서도
시자侍者처럼 순종하는 여인은 부처님처럼 받들어집니다.

隨順自己如姉妹   수순자기여자매
情投意合若摯友   정투의합약지우
仁愛自己似慈母   인애자기사자모
聽從如仆敬若神   청종여부경약신

❦

용맹보살은 낙행왕에게 다음 네 가지 법상法相을 두루 갖춘 여인을 아내로 맞아들여야 한다고 충고하고 있다.
  첫째, 자기를 자매처럼 따르는 여인.
  둘째, 친한 친구처럼 마음이 잘 맞고 통하는 여인.
  셋째, 자애로운 어머니마냥 성심성의로 자기를 돌봐주는 여인.
  넷째, 시자처럼 어떤 분부도 듣고 따르는 여인.

지금 세속에서도 불교 가정일 경우 생활이 매우 화목하고 조화로운 경우가 많다. 부부 두 사람이 함께 불교를 배우고 함께 소원을 빌면서 착한 일을 하는 것도 매우 좋은 일이다. 석가모니불 전기에서 볼 수 있듯이, 붓다께서도 많은 세상살이에서 가정을 이루고 결혼했던 경력이 있기에, 부부로 가정을 이뤄 사는 것이 안 되는 것은 아니다.

역사적으로 볼 때 좋은 아내가 남편에게 주는 도움은 매우 크다. 예를 들면 순치順治황제의 후궁 동소완董小宛은 황제에게 엄청 자애로 웠는데, 후에 그녀가 해를 입게 되자 순치황제는 마음에 출리심이 일어나 출가했다.

제선왕齊宣王의 왕후 종무염鐘無鹽은 중국 4대 추녀 중의 한 사람으로 '마흔에도 시집가지 못하는 여인', '둘도 없는 추녀'였다고 하지만, 세상에서 만나기 어려운 재능을 갖고 있었다. 그녀의 솔직한 간언諫言으로 인하여 조정은 거들떠보지도 않고 하루 종일 술만 마시던 군왕이 었던 제선왕이 변하기 시작한 것이다. 그녀의 몸과 마음을 다한 보좌에 힘입어 제나라는 국력이 크게 늘어나 무척 강성해졌다.

당태종唐太宗의 장손황후長孫皇後도 매우 현숙하고 온화하고 선량 했다. 대의를 잘 알고 대국적인 입장에서 문제를 바라볼 줄 아는 그녀는 어머니처럼 황제를 아꼈고, 사심 없는 자세로 국가를 위하여 많은 유익한 일들을 하여 후세에 현처양후賢妻良後의 본보기가 되었다.

명明나라 주원장朱元璋의 마황후馬皇後는 엄청 부유하고 고귀한 사람이었지만 교만하지 않고 사치하지 않았다. '현인을 얻으면 천하를 함께 다스린다.'고 주원장에게 인재 등용을 권고했으며, 주원장의 많은 악행을 저지하기도 했다. 그녀는 현숙한 품성으로 후세 사람들의 경모敬慕를 얻었다.

이렇듯 역사상의 많은 훌륭한 여인들이 남편의 사업과 출세에 큰 공을 세웠다. 하지만 불교도로서 전생의 업으로 인해 그다지 좋지 않은 여인과 부부가 되었더라도 화목을 위해 노력하는 것 또한 매우 중요한 것이다. 지금의 금강도우金剛道友들이든 부부든 영원히 함께 할 수는 없는 것이다. 일부 논전論典에서 말하고 있듯이, 그냥 시장에서 두 사람이 우연히 부딪친 것처럼 한 가족이 되고 같은 학년의 급우가 되었더라도, 나중에는 모두 헤어지기 때문에 각자 서로 소중히 여겨야 한다.

성격이 어질고 착한 여인과 접촉하면 매우 큰 이득이 있다. 그러나 마음이 독하고 행실이 법과 이치에 어긋나는 여인은 많은 사람들에게 이생과 내세의 고통을 가져다주게 된다. 출가인은 당연히 여인에 대해 취사取捨를 할 필요가 없지만, 속세 사람이 배우자를 선택함에 있어서는 반드시 지혜롭게 선택해야 하며, 자신도 가장 기본적인 인간규범을 넘어서서는 안 된다는 것을 알아야 한다. 이 기초 위에서 불법과 세상 살아가는 법을 공부해야만 순조로울 수 있다. 그렇지 않으면 기본적인 도덕조차 없으면서 심오한 출세간 불법의 높은 경지를 이룰 방법을 생각하는데, 이는 의심할 바 없이 황당한 말이다.

이 가르침들을 들은 후 여러분들은 꼭 자신의 마음 상태에 대해 계속되는 조복을 실행하여야 한다. 특히 사람과 재물에 대한 탐욕과 집착을 집중적으로 다스려야 한다. 당신에게 특별히 큰 탐욕과 집착이 없다면 평생을 행복하게 살게 될 것이다. 산속의 일부 수행자들은 재물을 초목처럼 여긴다. 특히 여러 해 동안 산중에 은거해 수행에 매진하고 있던 사람과 금은재보를 이야기해보면 그들은 아예 그것을 재물로 치지도 않는다. 유행에 맞게 차려입은 눈부신 미녀를 봐도 그들은 아무런 느낌이 없다. 뼈와 피로 이루어진 깨끗하지 못한 몸에 예쁜 옷을 입은들 그저 허상에 지나지 않기에 그들의 경지에서 탐욕과 집착을 전혀 일으킬 수 없는 것이다.

물론 이러한 경지에 이르지 못할 경우에는 속세의 열악한 환경과 주변의 나쁜 친구의 영향을 쉽게 받게 되고 어쩔 수 없이 탐욕의 파도에 말려 들어가게 된다. 특히 큰 도시에서는 외부환경의 유혹이 강해서 탐욕을 끊기가 어렵다. 그것과 비교하면 조용한 곳에는 순연順緣이 비교적 많기에 고금의 많은 수행자들이 모두 적정처에 의지해 수행함으로써 깨달음을 성취한 것이다. 하지만 선근善根이 비교적 좋은 사람들은 도시에서도 성취를 이룰 수 있다. 나는 일부 속세 사람들이 특히 정진하는 모습을 보았는데, 그들은 평소에 TV도 보지 않고 여러 가지 파티에 참가하지 않으며, 퇴근해서는 바로 집에 돌아가 식사 후 불당에 가서 정진 수행한다.

속가 거사들이 특별히 열심히 정진하는 모습에 가끔 출가인들이 부끄러워질 때가 있다. 하지만 거사들도 가끔은 엄청 게으를 때가 있으니 우리 출가인들은 그래도 괜찮은 셈이다. 모든 일들은 하나가 둘로 나뉘는 관점으로 관찰해야 한다. "당신은 출가인이라 제일 좋다", "당신은 거사라 제일 좋다." 등과 같이 부분으로 전체를 판단하는 단언을 해서는 안 된다. 사람마다 전생과 금생의 선근이 다르기 때문에 반드시 정진의 정도도 각자 차이가 있다. 하지만 어찌 되었든 가장 필요한 것은 불법에 대한 믿음으로, 불법을 희구하는 마음은 영원히 바뀌지 말아야 한다. 이렇게만 된다면 모든 사람의 수행에 틀림없이 진보가 있을 것이다.

  수면과 음식을 탐하는 것은 선정을 닦는 데 장애가 된다. 우리는 마음을 안정시켜야 하므로 이성을 탐하거나 집착하지 말아야 할 뿐만 아니라, 맛난 음식과 수면에 대해서도 그래서는 안 된다. 물론 아예 잠도 안 자고 먹지도 마시지도 않는다는 것은 우리 욕계 중생들한테는 불가능한 일이다. 붓다께서도 그렇게 강요하신 적이 없다. 그러나 일상생활에서 의식주에 대한 적당한 분별은 반드시 있어야 한다. 밥을 먹든 잠을 자든 반드시 '규범화'되어야 하는 것이다. 예전에는 무엇을 하든 제멋대로 마음 내키는 대로 하였다면, 지금 불법을 배운 뒤로는 자신의 말과 행동을 절제하여 늘 밥 먹는 것, 길을 걷는 것, 잠자는 것 등이 여법한지를 잘 살펴야 한다. 실제 행동으로 여법하게 할 수 있는가를 살펴보아야 하며, 할 수 있더라도 하루 이틀만 해서는 안 된다. 장기적으로 견지해낼 수 있는지가 가장 중요한 것이다.

37

음식 탐함을 끊음

음식은 양약과 같은 것임을 알아서
탐심이나 성내는 마음 없이 향유해야 하나니
신체 건강을 자랑하기 위함이 아니라
오직 생존을 위해 필요한 만큼만 취해야 합니다.

了知飮食如良葯　요지음식여양약
無有貪瞋而享用　무유탐진이향용
非爲驕橫體健郎　비위교횡체건랑
唯一爲使身生存　유일위사신생존

❀

범부로서 하루 세 끼는 거를 수 없는 것이다. 하지만 먹고 마시는 것은 마치 질병을 치료하는 약처럼 적절하게 써야 한다. 먹는 양이 너무 많아도 안 되고 너무 적어도 안 된다. 그렇지 않으면 오히려 예상과 정반대의 효과를 낳게 될 뿐이다. 우리는 반드시 시간과 양의 규칙을 지켜 식사하여야 한다. 만약 과식하게 되면 몸이 둔중해지며, 쉽게 머리가 어지럽고 잠에 빠져들게 된다. 반대로 너무 적게 먹는다면 초췌하고 쇠약해지며 무기력하여 수행할 힘이 없게 된다. 그러므로 밥은 꼭 적당히 먹어야 한다.

어떤 신도들은 식당에서 음식 남기는 것이 싫어서 지나치게 과식을 하여 돌아가는 길에 고통스러워하기도 한다. 물론 낭비하지 않는 것은 일종의 미덕이지만, 그렇다고 과식을 하면 몸에 해를 입게 된다.

예전에 일부 오래된 수행인들은 몇 년 동안의 생활을 마치 하루와 같이 규율을 지켜왔다. 사원에서 수행하는 스님들은 아침에 기상하고 저녁에 취침하는 시간이며 밥 먹는 양 등이 매일매일 다 일정했다. 그들은 늘 정해진 시간에 차를 끓이고 차를 마시는 양이 같았으며, 일체 행동에 한 치의 흐트러짐도 없었다. 사실 이런 습관은 신체 건강이나 수행 등 각 방면에 아주 큰 도움이 된다.

먹는 것에 대해 우리는 탐심과 진심을 없애야 한다. 어떤 사람들은 맛있는 음식을 보면 기쁜 나머지 마파람에 게 눈 감추듯 엄청 많이 빨리 먹는다. 또 만약 요리가 너무 짜거나 매워 입에 넣어 삼킬 수가 없다면 그 요리에 대해 화내는 마음이 생기며 요리를 한 사람에게도 화를 낸다. 또 일부 요리 만드는 사람들도 가끔 제멋대로 어떤 때는 소금을 듬뿍 넣고 어떤 때에는 또 너무 싱겁게 전혀 넣지 않는데, 일부러 그러는 것인지는 알 수가 없다. 사실 요리하는 사람도 규칙을 지켜야 한다.

밥을 먹는 목적은 젊음이 영원히 머물기를 원해서가 아니다. 지금 사회에서는 음식 광고를 너무 심하게 한다. 먹으면 피부가 좋아지고 몸매가 날씬해진다 하여 사람들로 하여금 탐심이 생기게 한다. 우리가 밥을 먹어서 몸을 유지하는 것은 지극히 정상적인 일이다. 허나 허영심을 만족하기 위하여, 혹은 탐심을 만족하기 위해서 음식을 취한다면 그러한 목적들은 모두 그릇된 것이다.

『잡보장경雜寶藏經』에서 "몸은 수레 같으니 먹기 좋고 나쁨을 가릴 것이 없고, 음식은 기름 같으니 몸을 굴러가게 하면 된다."라고 설하시니, 우리는 응당 몸을 차로 간주하고 음식을 휘발유로 간주하여야 한다. 차에 휘발유를 넣어 움직일 수만 있으면 될 뿐, 냄새가 좋고 나쁨을 가릴 필요가 없다. 마찬가지로 식사 시엔 일정한 체력을 유지할 만한 양만 먹으면 될 뿐, 좋은 것 안 좋은 것 가릴 필요가 없다.

사원에서 식사 전에 하는 오관게五觀偈 중에 "음식을 양약으로 생각하며, 형상 마르는 것을 치료하고 도업을 이루기 위해 이 음식을 받는다."라는 글귀가 있다. 수행인은 기아와 갈증을 일종의 질병으로 보고 음식물을 좋은 약으로 삼아 신체를 치료하고 유지하기 위하여 먹으면 되며, 도업을 수행하기 위하여 먹을 뿐, 젊고 예뻐져서 다른 사람의 시선을 끌거나 건장한 체구를 만들어 적들을 물리치기 위해 먹는 것이 아니다.

우리의 이 몸은 잠시나마 빌려 쓰는 뼈와 살의 조합에 불과할 뿐 특별하게 탐하여 집착할 필요는 없다. 또한 식사 시엔 꼭 음식이 쉽게 만들어진 것이 아님을 생각하여야 하며, 식사 후엔 삼보와 중생을 위하여 실제 의미 있는 일을 해야 한다. 지금 적지 않은 사람들이 밥 먹는 것이 당연한 일이라고 생각할 뿐 음식이 입에 들어오기까지의 노력과 은혜에 대해서는 생각하지 않는데 이는 잘못된 것이다. 『비니모경毗尼母經』에 설하되 "좌선을 하거나 경을 읽거나 불법승과 관련된 불사를 하지 않으면서 타인의 시주물품을 받는다면, 나중에 갚아야 하는 시주 빚을 지게 될 것이다."라고 하셨다.

우리는 출가인으로서 식사 전에 꼭 『수념삼보경隨念三寶經』이나 공양 게송을 외워야 하며, 식사 후엔 시주한테 회향하여야 한다. 일부 논전에는 첫 숟가락을 뜰 때에는 모든 악업을 끊을 것을 생각하고, 두 번째 숟가락을 뜰 때엔 모든 선업이 자라기를 생각하며, 세 번째 숟가락을 뜰 때에는 이 선근이 중생들한테 회향되기를 바라야 한다고 쓰여 있다. 이 외에도 이와 비슷한 적지 않은 전통과 수행이 있다. 원래 『구사론』의 관점에 의하면 밥 먹고 길을 걷고 잠을 자는 것은 모두 무기법無記法으로 아무런 공덕도 없는 것이지만, 일부 수행인들은 도리어 이를 수도하는 소재로 변화시키어 한 끼니를 먹어도 선근을 증가시킨다. 예를 들면 밥을 먹을 때에 밀종의 진언 수행법에 따라 신체를 회공탄청[66]으로 관상하고 공양하거나, 상사유가에서 설한 바대로 근본 스승님께 공양 올리는 관상을 하며 공양한다. 또한 음식물의 공급원인 농민들에게 자비심을 일으키고, 신체를 오온가합으로 간주해 음식을 수용하여 건강을 유지해 정법을 수행할 것을 생각한다.

많은 사람들은 이러한 요령을 모른다. 또한 알고 있다 하더라도 정지정념이 없는 사람들은 이것을 오래 수지하지 못한다. 하지만 정지정념이 확고한 사람들은 한평생 잊어버리지 않는다. 사람마다 선근과 복福의 과보가 다르다. 어떤 사람들은 법을 들은 시간이 길지 않아 2~3년 혹은 5~6년 밖에 안 되더라도, 일단 법을 듣고 나서는 마음 속 깊이 새겨두곤 하므로 불법이 그 사람에게 미치는 영향력은 세세생생 변함이 없을 것이다. 요컨대 불법 수지의 과정에서 음식에

---

[66] 회공탄청(會供壇城): 밀교에서 불보살이나 전승조사의 탄신일이나 기념일에 불단이나 만다라(Mandala, 壇城)에 공양을 올리는 수행의궤.

대하여 어떤 관점을 가져야 하는가? 식사 시에 마음가짐과 행위는 어떠해야 하는가? 어느 정도의 양으로 신체를 유지해야 하는가? 우리들은 반드시 이 몇 가지 요점을 알아야 한다.

38
수면 탐함을 끊음

현명한 군주는 근면하게
한낮과 초저녁, 새벽에 정근하고
수면 중에도 헛됨이 없도록
중야(한밤중)[67]에 정념 상태로 잡니다.

賢明君主勤度過　현명군주근도과
白晝上夜及下夜　백주상야급하야
睡時亦非徒無果　수시역비도무과
於中夜具正念眠　우중야구정념면

용맹보살께서 낙행국왕에게 말하였다. "어질고 지혜로운 군주시여! 그대는 꼭 합리적으로 자기의 시간을 안배하여야 하며, 시시각각 불법의 수행 속에서 보내야 합니다."
　지금 많은 사람들의 생활은 불규칙적이다. 먹고 싶을 때 먹고 자고

---

[67] 밤을 셋으로 나누어 처음과 마지막 시기에는 선법을 닦거나 수행을 하고, 그 가운데 곧 한밤중에는 바른 생각을 하며 잠들도록 한다는 의미이다.

싶을 때 자며 동물과 다른 점이 없게 행동한다. 어떤 사람들은 불교를 믿는다 하면서도 하루의 생활 속에 근본적으로 불법의 성분을 찾아볼 수 없다. 물론 산속의 수행인들은 환경의 영향을 받아 하루하루 불교적인 생활환경에 따라 선법과 인연을 맺어간다. 하지만 속가의 사람으로서는 양호한 환경이 없다면 아마도 날마다 TV 보고 먹고 마실 뿐, 경을 읽고 참선하며 선법을 실행하려는 생각이 드는 일조차 없을 것이다.

지금 많은 사람들의 견해는 매우 좋지 않아 탐심, 진심, 사견이 아주 많다. 반대로 불법의 무아無我 및 공성空性, 대비大悲에 대한 견해나 출리심, 보리심 등은 특별히 부족하다. 사실 어떤 사람이 출가인일지라도 가사 하나 걸쳤다고 해서 불법을 대표하는 것은 아니다. 불법은 겉으로 보이는 형상이 아니다. 마음속으로 불법의 정견을 갖고 있는지를 보는 것이다. 절이 금빛으로 휘황찬란하고 좋은 스님이 몇 명 있다고 하여 불법이 흥행하는 것은 아니다. 어쩌면 이 스님들도 근본적으로 대비심이나 보리심 혹은 수행의 증명을 갖추고 있다고 할 수는 없다. 일부 거사들도 하루 종일 명문이양名聞利養[68]에만 빠져 살고, 비록 귀의증이 있고 삼귀오계를 받았다고 하더라도, 매일의 생활을 아침부터 밤까지 살펴보면 아침에는 황소가 우리에서 기어서 일어나듯이 일어나고, 저녁에 잘 때엔 늙은 돼지가 쓰러지듯이 누우면 바로 잠에 든다. 그리고 평소에 먹고 마시는 것 외에는 조금도 참선하거나 수행하는 일이 없으며, 입 밖으로 나오는 말들은 불교와는 전혀

---

68 명문名聞은 명예가 세상에 퍼진다는 뜻이고, 이양利養은 이리로써 몸을 기른다는 뜻이다.

관계가 없어 세간의 허튼 소리만을 입에 담고 산다. 이런 생활은 정말로 의미가 없는 것이다.

그리하여 용맹보살은 국왕에게 생활방면에 대하여 다음처럼 당부하는 것이다. 그대는 낮에는 정신상태가 또렷해야 하고 웬만하면 낮잠을 자서는 안 된다. 저녁 시간도 세 때로 구분하여 이른 저녁엔 선법을 수행함으로 보내고, 중야엔 잠을 자며, 새벽엔 일찍 일어나서 수행을 하여야 한다. 잠잘 때에도 잠에 곯아떨어지지 말아야 하는데, 아마도 깊은 경지를 갖추지 못하였다면 광명몽光明夢의 경지에 들어가기는 좀 어려울 것이다. 하지만 일반적으로 잘 때에는 사자의 자세를 취하여야 하며, 석가모니불 혹은 아미타불이 빛을 뿜어 몸속으로 스며든다고 생각하거나 혹은 밀종 상사유가의 수법으로 자기의 머리가 상사의 품에 기대어져 있는 것으로 생각하며 "상사시여, 저한테 가피하여 주십시오. 저는 자겠습니다!"라고 기도한다면 아주 큰 공덕이 있게 된다. 잠을 자는 것은 원래 무기법이며 선근공덕이 없는 일이다. 하지만 잠자기 직전에 이렇게 갖춰 행하고, 길상한 꿈을 꾸고 다음날 일찍 일어나는 것을 관상하며, 또한 자기 전에 염송과 기도문을 외운다면 무기의 수면을 선법으로 전환할 수 있다.

많은 사람들은 제멋대로 욕심 따라서 악업을 지으며 고기를 먹고 술을 서슴지 않고 마시면서 선법을 행할 때에는 매우 두려워한다. "오전에는 염송문을 외우지 않아도 되지 않을까? 오후에는 성호를 염하지 않아도 되지 않을까?" 등등 여러 가지 불필요한 고뇌가 많다. 이는 불법을 모르는 어리석음 때문이다. 사실 선법을 실행하는 것은 어떻게든 다 괜찮다. 불보살님들과 선연을 맺는다면 어떠한 행위든 상관없다. 위에서 얘기했던 요령대로 정지정념으로써 꿈 가운데 광명을 생각하고 일찍 기상할 것을 생각하며 잠에 든다면 선근은 날마다 자라날 것이며, 잠자는 것도 시간 낭비가 되지 않을 것이다.

수행자는 자기 전에 세 번 절을 하고 자며, 아침에 기상하면 스물한 번의 백자명[69]을 외우고, 저녁 잠잘 때에도 관상 후에 잠들어야 한다. 세속 사람들로서는 잠을 잘 때 분한 마음의 상태에 처하지 않고 잠들 수 있다면 복보福報가 아주 좋은 셈이다. 그들에게 이 이상 요구하기는 무리이다. 하지만 산속의 수행자들로서 하루에 세 번의 절조차도 하지 않으면서 성과를 이룩할 허무맹랑한 생각만 한다면 정말로 수행의 성취를 바라기 어렵다. 아주 간단한 것도 하지 못하면서 자기 자신에 대한 기대치만 잔뜩 높기 때문이다.

선법을 수행하는 과정에서 우리는 잠을 즐기면 안 된다. 이는 수행의 큰 걸림돌이 된다. 특히 수행인으로서는 낮에 잠을 자면 안 되는 바, 미팡 린포체의 말씀과 일부 경론의 논설에서는 모두 낮잠을 자면 신체 건강에 해롭고 기억력이 감퇴된다고 설하고 있다. 수행자는 낮잠을 자면 안 될 뿐만 아니라 아침에도 일찍 일어나야 한다. 왜냐하면 아침에 일어나서 일을 해야 매우 효율적이기 때문이다.

많은 수행인들에게 제일 큰 장애물은 바로 과도하게 잠자는 습관을 고치지 못하는 것이다. 붓다께서는 『대보적경大寶積經』에서 잠을 즐기면 생기는 스무 가지 과실에 대해 말씀하셨다. 예를 들면 다음과

---

[69] 백자명 진언은 금강살타 참회수행 시 염송하는 진언으로서, 참회 가피가 매우 큰 수승한 진언이기에 매일 21번 또는 108번 염송하면 숙세의 업장을 능히 모두 소멸시킬 수 있다.

같다.

1. 게을러진다. 잠을 즐기면 문사수聞思修 행行을 전혀 할 수 없다. 아침에도 자고 싶고 점심때에도 자고 싶다. 저녁에는 더 말할 필요가 없다.

2. 몸이 무거워진다. 잠을 즐기면 몸이 둔중해진다. 반면에 잠을 잘 안 자는 사람들은 몸이 몹시 날렵하다.

3. 안면이 초췌하다. 많은 사람들은 잠을 자면 점점 더 예뻐진다고 생각하지만, 사실 그렇지 않다. 잠을 많이 자게 되면 더욱더 추하게 될 것이다.

4. 질병이 많아진다.

5. 소화불량에 걸린다.

6. 몸에 부스럼이 많이 생긴다.

7. 아둔해진다.

8. 지혜로움이 사라진다.

9. 사람을 공경할 줄 모른다.

10. 피부가 가무잡잡해진다. 적지 않은 사람들이 수면은 아름다움의 근원이라고 생각한다. 하지만 그렇지 않다.

11. 사고력을 저하시킨다.

12. 수심에 가득 차 있게 된다.

이와 같이 여러 가지 과실에 대하여 말씀하셨다. 이렇듯 자세히 관찰한다면 욕계 중생들의 수면에 대한 집착은 큰 화를 불러 오게 된다는 것을 알 수 있다.

6. 선정바라밀

『대보적경』에서는 또 "이러한 연고로 모든 지혜인들은 항상 정진심을 내고, 잠을 멀리하며 보리의 종자를 지켜야 한다."라고 설해져 있다. 지혜로운 사람이라면 응당 항상 정진해야 하며 수면을 멀리하여야 한다. 비록 금액와나金厄瓦那처럼 한숨도 안 잘 수는 없지만 보리의 종자는 잠속에서 꽃피고 열매 맺을 수 없는 것이므로, 잠을 멀리하여 보리의 종자를 잘 수호하여야 한다.

우리는 응당 지혜로운 사람을 본받아 그들이 아침에 어떻게 정진하고 저녁에 어떻게 정진하는지를 배워야 한다. 또한 그들이 밤에 조금 휴식을 취하기는 하지만, 의미가 없게 보내지는 않고 항상 정지정념으로 조섭한다는 것을 알아야 한다. 만약 보리심을 갖추지 못한 사람보다도 못하다고 생각될 정도로 날마다 과하게 잠을 잔다면 어떻게 중생의 이익을 도모할 수 있겠는가! 어떻게 불법을 행지할 수 있겠는가! 그러므로 여러분들이 이 법을 배운 후에는 단지 문자상으로 이해하는 것만으로는 부족하고, 장기적으로 행위로써 지켜나가기를 바란다.

⑤ 사무량심을 수행함 (게송 39)

39
동품사무량同品四無量을 수행함

항상 참되게 '자비희사'의

사무량심을 닦으면

비록 바르고 원만한 깨달음(正等覺)은 못 이뤄도

범천 세계의 다함없는 안락은 얻을 수 있습니다.

恒常眞實而修持   항상진실이수지
慈悲喜捨四無量   자비희사사무량
縱然未證正等覺   종연미증정등각
亦得梵天無量樂   역득범천무량락

우리는 항상 자비희사慈悲喜捨의 사무량심四無量心을 수지해야 한다. 그럴 수만 있다면 설사 지고무상의 불과佛果는 증득하지 못하더라도, 사람이나 천인의 몸을 얻는 복보를 획득할 수 있다. 대승이든 소승이든 막론하고 사무량심의 공덕은 매우 수승하다. 그 이유는 근본적으로 우리와 연을 맺은 중생들이 무량무변한데, 사무량심 수행을 통해 그들이 무량무변한 행복을 얻게 되기를 바라게 되며, 그들이 무량무변의 고통에서 멀리하게 되기를 바라는 마음이 극대화되기에 수행을 통해 얻게 되는 과보와 공덕도 무량무변하게 되는 것이다.

수행의 과정에서 한량없는 모든 중생들이 고난을 겪고 있다는 것을 생각하고, 그들이 고통의 원인이 되는 열 가지 불선업不善業을 지어 육도윤회의 굴레에 빠져 고통의 과보를 받게 되는 것을 멀리 여의기를 바라고, 고통에서 그들을 건져주고자 하는 마음을 일러 '비무량심悲無量心'이라고 한다. 그들이 선법을 행하고 잠시 혹은 영원한 행복의 원인과 결과를 얻기를 바라는 마음을 '자무량심慈無量心'이라고 한다. 심신의 모든 행복의 원인과 결과가 영원토록 중생에게서 떠나지 않고 항상 구족하길 바라고, 중생들이 재산, 명성, 지위를 얻는 등 좋은 일이 생길 때 자신의 맘속 깊이 기쁘게 생각하는 마음을 '희무량심喜無量心'이라고 한다. 모든 중생들을 다 같게 생각하고, 친우들을 탐착하지 않고 원수들을 미워하지 않는 친원평등親寃平等의 경지에 도달하는 것을 '사무량심捨無量心'이라고 한다.

물론 이 네 가지 무량심은 그 누구든 말할 수는 있다. 사람마다 입으로는 그럴듯하게 둘러댈 수 있지만 진정으로 수지하려면 많은 어려움을 감수해야 한다. 특히 보리심의 실천이 사무량심을 기초로 하지 않는다는 것은 있을 수 없는 일이다. 『대원만전행大圓滿前行』[70]에

---

[70] 티벳불교 닝마파의 전승조사인 화지 린포체(빼뛸 린포체)가 저술한 대원만 예비수행의 지침서로서 금강승 수행자뿐만 아니라 불자라면 누구나 반드시 읽고 사유하며 수행해야 하는 핵심 수행서이다. 이 책은 『대원만수행요결』(지엄 편역, 운주사,

서 모두 강조하듯이 보리심을 수행하기 전에 꼭 사무량심을 수행해야 한다. 만약 사무량심이 없다면 그러한 보리심은 진실된 것이 아닐 것이다.

중생은 무시이래 늘 자신에게 탐착하고 타인에게 원한을 품고 화를 내며 '나'에 대한 집착이 확고하다. 그냥 두리뭉실하게 "천하의 모든 중생들이 행복하길 바랍니다."라고 생각할 뿐 노력을 들여 자기에 대한 집착을 대치하지 못한다. 나중에 사이가 나쁜 원수를 만나게 되었을 때 이타의 생각은 구중구천으로 날아가 없어져버릴 것이다. 만약 그대의 부모가 좌측에 계시고 원수가 우측에 서 있는데, 그대 손에 진귀한 물건을 들고 있다면 그대는 이 물건을 부모님께 드리고 원수는 아예 쳐다보지도 않을 것이다.

그러므로 우리는 모두 사무량심을 열심히 수지해야 한다. 수행하는 데 있어 가장 심오한 요점에 대하여는 아충(阿瓊) 대사께서 『전행비망록前行備忘錄』에서 강설하신 것이 특히 수승한데, 사무량심은 크게 중생을 인연한 것, 법을 인연한 것 및 인연함이 없는 것 세 가지로 나뉜다고 한다. '중생을 인연한(緣衆生) 사무량심'이란 범부가 오온五蘊에 집착하는 기초 위에서 모든 중생들이 고를 멀리하고 행복을 얻길 바란다는 것이다. '법을 인연한(緣法) 사무량심'이란 성문연각이 '나(我)'가 없음을 깨달은 후, 모든 중생들이 오온의 가합임을 깨닫고 그들의 행위에 대해 비심 및 자심을 일으키는 것이다. '인연함이 없는(無緣) 사무량심'이란 법무아를 증오證悟한 보살과 붓다가 모든 만법이

2013)로 번역 출판된 바 있다.

환몽 같다는 것을 알고, 환몽 같은 경계로 삼계 중생들에 대하여 자비희사를 닦는 것이다. 어떻게 구분하든지 간에 사무량심을 수행할 시에는 잠시 동안 범천계 등 인천복보를 얻을 수 있다. 물론 '범천계'는 일종의 대표일 뿐, 사실 그 어떤 천계나 인계의 과보도 나타날 수 있다.

사무량심을 수지할 때에는 말로만 하지 말고 꼭 자기가 마음속에 그것을 정말 갖고 있는지를 관찰하기 바란다. 만약 진정으로 갖고 있다면 중생들과의 대면에서 그것을 드러내어 쓸 것이다. 한 사람의 수행이 잘 되었는지를 평가하는 기준으로는 언행거지를 들 수 있다. 예를 들어 올림픽 때 미국이 금메달을 땄는데, 그것을 매우 기뻐한다면 그대가 평등심을 가지고 있다는 것을 알 수 있다.

사실 지구는 하나이다. 미국과 중국은 서로 자신의 강대국 신분에 집착하며 분별심으로 선을 긋는다. 그러나 우주공간에서 내려다본다면 사실 각각의 나라는 매우 작은 먼지 같은 존재에 불과한데 집착할 필요가 무엇이 있겠는가? 여러분들은 이 먼지 속의 먼지에 불과하다. 자신의 성패득실은 티끌 같은 것이며 여름날 개미 굴속의 작은 개미에 지나지 않다. 수천수만의 개미 무리 속에서 자신은 그렇게도 작디작은 존재인데 자랑스러울 이유가 무엇이 있겠는가? 오직 중생의 이익을 위해야 인생은 의미가 있게 된다. 중생들이 행복을 얻는 까닭에 그대도 기뻐하게 된다면 그대의 보리심은 어느 정도 수행된 것이다. 만약 그대가 분노하고 질투하는 마음을 가졌다면 보리심은 아직 멀었다는 것을 나타내는 것이다.

많은 선배 대덕들께서 사무량심을 매우 중요시하셨다. 화지 린포체

및 뉴시룽둬(紐西龍多) 선사께서는 늘 사무량심을 수행하지 않는다면 다른 수행은 더욱 힘들어질 것이라고 강조하셨다. 『대원만심성휴식』에서도 이 방면에 관한 방편이 많이 적혀 있다. 그러기에 우리들은 평소에 자만하지 말고 실제 행동 속에서 자신을 평가하고 관찰하여야 한다.

2) 정행 - 사선四禪 수행 (게송 40)

40
사선 수행을 가르침

탐욕과 즐거움, 안락과 고통을 끊는
네 가지 종류의 선정 차제로
범천, 광명천, 편정천과
광과천의 4천계가 생깁니다.

以斷欲行喜樂苦   이단욕행희락고
四種禪定次第生   사종선정차제생
梵天光明遍淨天   범천광명편정천
廣果天之四天界   광과천지사천계

❁

요즘 많은 사람들이 좌선하기를 좋아하고 마음이 고요하고 맑은 경계를 얻고자 하는데, 이러한 상태를 '적지寂止'라고 부른다. 적지의 구체적인 수법은 현종이나 밀종에 많이 있다. 여기에서는 수승한 적지를 수지하는 것을 통하여 색계사선色界四禪으로 환생할 수 있다는 것을 말하고 있다.

　욕계 중생들의 마음은 비교적 거칠다. 『구사론』에 의거하면 외계 사물에 대한 두리뭉실한 요지를 '심尋'이라고 부르고, 사물 본체를 자세히 아는 것을 '사伺'라고 부른다. '심사'를 통하여 탐결貪結과 진결瞋結[71]을 단절하여 선정으로 생기게 되는 희락을 얻고 마음을 한 가지 인연에 안주시키는 경지를 '일선一禪'[72]이라고 부른다. 선정의 맑고 밝은 마음에 의지하여 일선의 심사를 단절하여 획득한 경지를 '이선二禪'이라고 한다. 사심捨心과 정지정념正知正念을 통하여 희심喜心을 단절하여 낙심樂心만 남게 되면 이를 '삼선三禪'이라고 한다. 청정을 생각하고 청정을 버림으로써 낙심을 단절하고, 선정의 8가지 과실 곧 욕계의 고통과 고뇌, 일선의 심과 사, 이선의 희와 낙, 삼선의 입식入息과 출식出息[73]을 완전히 멀리하여 집착과 과환過患이 없는 청정 경지에 이른 것을 '사선四禪'이라고 한다. 욕계 중생들이 신통을 나타내 보이려면 반드시 사선의 선정에 들어가야 한다.

　네 가지 선정을 득력하면 차례대로 대범천大梵天, 광명천光明天, 편정천偏淨天 및 광과천廣果天으로 환생할 수 있다.[74] 구체적으로 말한

---

[71] 중생을 삼계三界에 결박하여 해탈하지 못하게 하는 다섯 가지 번뇌. 곧 '탐貪·진瞋·만慢·질嫉·간慳'을 일러 오결五結이라 한다. '욕심내는 마음, 성내는 마음, 남을 업신여기고 자신을 높이는 마음, 남을 질투하고 시기하는 마음, 인색함'을 말한다.
[72] 일선에는 '인因'과 '과果'가 있다. '인'은 선정을 이르는 것이고, '과'는 생을 바꾸어서 천계에 환생함을 일컫는 말이다. 아래에 4선 모두 이와 같은 뜻이다.
[73] 입식과 출식은 숨이 들어오고 나가는 것을 말한다.
[74] 용맹보살께서는 대범천을 일선의 대표로 정하셨으며, 만약 대범천의 과업을 얻는다면 일선의 기타 과업도 얻을 수 있다고 하셨다. 선정의 인을 얻었기

다면 색계사선에는 모두 17천이 있는데 그 중 일선에는 범중천梵衆天, 범보천梵輔天, 대범천大梵天 세 가지가 포함된다. 이선에는 소광천少光天, 무량광천無量光天, 광명천光明天 세 가지가 포함되며, 삼선에도 소정천少淨天, 무량정천無量淨天, 편정천偏淨天 세 가지가 포함된다. 사선에는 여덟 가지가 있는데 범부의 땅과 성자의 땅으로 나뉜다. 처음 세 곳인 무운천無雲天, 복생천福生天, 광과천廣果天은 범부가 거주하는 곳이고, 그 위 무열천無熱天, 무번천無煩天, 선견천善見天, 선현천善現天, 색구경천色究竟天의 오정거천五淨居天에는 모두 성자가 거주하고 있다. 우리는 사선정의 수지를 통하여 색계의 이러한 과위를 얻을 수 있다.

사선정의 구체적인 수행법에 대해서는 『구사론』과 『대원만심성휴식』에서 이미 거론되어 있기 때문에 여기에서는 더 이상 설명하지 않는다. 다만 중요한 것은, 우리가 사선을 수행하는 목적은 천계로 환생되어 가기를 바라기 때문이 아니라는 것이다. 여기서 강조되는 것은 선법을 수행할 때에 마음을 집중하여 안정시키고 선정과 결합시켜야 한다는 것이다. 만약 우리가 광대한 보리심을 발하여 일체 세간을 초월하려 한다면 모든 선정지에 대하여 알고 있어야 한다.

때문에 과도 얻을 수밖에 없다.

3) 후행 (게송 41~43)

41
선악의 가볍고 무거움을 설함

항상하고, 탐하며, 대치법을 갖추지 않고,
공덕전功德田과 주전主田에 업을 짓는
다섯 가지 선악의 업보는 매우 엄중하니
마땅히 정진하며 큰 선을 행하여야 합니다.

恒貪不具對治法 항탐불구대치법
功德主田之事生 공덕주전지사생
五種善惡更爲重 오종선악갱위중
故當精勤行大善 고당정근행대선

어떠한 선업이 제일 클까? 어떠한 악업이 제일 클까? 세간의 사람들은 이에 대해 잘 모르고 있다. 용맹보살은 붓다께서 『업보차별경』에서 설한 적이 있는 내용을 이 게송에서 귀납하여 설하고 있다. 선법이든 악업이든 그 가볍고 무거움의 구분은 시간, 좋아함, 대치의 유무,

공덕전, 주전 등 다섯 가지 방면에서 차이가 있다.

1. 시간: 만약 그대가 업을 짓되 살생과 같은 일을 한다면 그 죄업은 매우 엄중하다. 만약 늘 선을 행하고 한 권의 경전을 오늘도 읽고 내일도 읽고, 올해에도 내년에도 읽으면서 끊임없이 쉬지 않고 선법 행지를 이어간다면 이러한 공덕은 불가사의한 것이다. 그러므로 행선 行善의 시간은 길면 길수록 좋다. 일부 사람들은 어디를 가든, 낮이든 밤이든 시간만 있으면 경전을 보고 염송하고 선법을 행지하는데 이러한 공덕은 길수록 커져만 갈 뿐이다. 반대로 악을 짓는 시간은 길면 길수록 안 좋다. 일부 백정, 기생들은 긴 시간을 보내며 악업을 지었는데 이것 때문에 중업의 원인이 될 것이다.

2. 의락意樂: 마음의 각도에서 볼 때 위와 같은 행위에 특별히 심취되어 있으면 중업의 원인이 될 수 있다. 다시 말하면 그대가 선법에 무척 탐착하거나 혹은 악업에 대하여 강렬한 집착이 있다면 그 같은 공덕이나 과환은 매우 클 것이다.

3. 대치對治의 유무: 업을 소멸시킬 수 있는 대치법의 유무를 말한다. 예를 들어 살생의 업을 지었는데, 이를 후회하고 참회하여 계속하여 이어가지 않았다면 이 업은 중업으로 될 수 없을 것이다. 반대로 선법을 행지할 때 만약 자신의 공덕을 선양하여 자랑하는 등 선근을 파괴하는 법을 짓는다면 그 선업은 공덕이 그렇게 크지 못할 것이다.

4. 공덕전: 공덕의 복전, 곧 우리가 짓는 공덕의 근본인 삼보를 일컫는 말이다. 삼보를 비방하거나 중상하고 파괴하면 그 악업은 매우 엄중할 것이다. 반대로 삼보를 공경하며 공양하고 받들어 모신다면 그 공덕은 매우 큰 것이다.

5. 주전主田: 가련한 중생 같은 고전苦田과 부모와 같은 은전恩田을 포함한다. 부모를 대상으로 본다면, 그들을 받들어 섬기고 공양하면 공덕은 매우 클 것이고, 반대로 비방 욕설을 한다면 그 과실 또한 상상할 수조차 없을 것이다.

위와 같이 선악의 가볍고 무거움에는 위에서 언급한 다섯 가지 측면에서 다름이 있다. 만약 우리가 선법을 행할 때에 이 다섯 가지 조건을 모두 구족하면 당연히 그 공덕은 매우 클 것이다. 예를 들어 『보현행원품普賢行願品』을 읽는다 하자. 한 번이 아니라 자주 읽으며, 또 읽을 때에 매우 기뻐하고 강렬한 환희심을 가지고 읽으며, 읽을 때에 선근을 파괴하는 그 어떤 악연을 짓지 않고, 읽은 뒤에 모든 중생과 상사, 삼보께 그 공덕을 회향하였다면 『보현행원품』을 읽은 공덕은 매우 클 것이다.

악업 방면으로 놓고 말해도 마찬가지이다. 살생을 자주 하며, 살생에 적극적이고 살생 시 강렬한 진심瞋心을 내며, 이 업의 소멸을 위한 대치를 하지 않았고, 그 누구도 살생하지 말라고 자신을 말리지 않았으며, 사원이나 삼보의 앞에서 살생하거나 붓다의 탄신일에 고통받는 가련한 중생을 살생하는 등 이렇게 다섯 가지 조건을 모두 구족한다면 그 업을 지은 과환은 반드시 엄중할 것이다. 그러나 어떤 출가인이 무의식적으로 살생을 저질렀는데, 그가 자주 살생을 하는 것이 아니고, 살생을 행할 때에 악심이 없었으며, 고의적으로 삼보 앞에서 살생한 것이 아니고, 살생 후 바로 후회하며 목숨 걸고 참회하였다면 살생을 하였다 하더라도 이 업이 꼭 과보로 여물 것이라고는 말하기 어렵다.

업 짓는 것의 경중은 많은 사람들이 잘 모른다. 그러므로 이러한 교리를 배우는 것은 매우 필요한 일이다. 용맹보살께서 만드신 논전은 매우 믿을 만하여, 정신적으로 문제가 있는 사람을 제외하고는 그 어떤 불자라도 승인하지 않는 사람이 없다. 그러므로 우리는 모두 자신의 업 짓는 경중을 관찰하여야 한다. 또한 분별심이 생겼다고 해서 그것을 두려워하지 말아야 한다. 불경에 의존하여 판단한다면 어떤 일은 악업을 짓는 것이지만 그렇게 엄중하지 않기에 참회를 통하여 바로 청정하게 할 수 있다. 선법 또한 한 생각 선한 마음을 일으킴으로써 쉽게 지을 수 있는 이치는 마찬가지이다. 그러므로 우리들 모두 청정한 결심으로 자주 삼보와 스승에게 공양을 올리고 공덕을 쌓기 바란다.

한때는 출가인으로 삼보의 제자였지만, 나중에 사견이 생기고 여러 가지 이유 때문에 더 이상 수행을 하지 않는 어리석은 사람들이 가장 애석하다. 어떤 사람들은 비록 고뇌가 깊고 자주 잘못을 저지르지만, 날마다 불단 앞에서 참회하고 쉼 없이 수행하기 때문에 그의 죄업 또한 청정해질 기회가 있다. 그러므로 우리는 꼭 취할 것과 버릴 것을 잘 가려 행해야 한다.

42

광대한 보리심의 선근은 쉽게 훼손되지 않음

적은 양의 소금이 적은 양의 물맛은 바꿀 수 있어도
갠지스 강의 물맛을 바꿀 수는 없는 것처럼
작은 악업으로 공덕이 큰 선근을 훼손할 방법이 없음을
마땅히 잘 알아야 합니다.

數兩鹽轉少水味 수량염전소수미
非能改變恒河水 비능개변항하수
如是當知微小罪 여시당지미소죄
無法摧毁大善根 무법최훼대선근

작은 죄업은 큰 선근을 파괴할 수 없고, 작은 선법은 큰 죄악을 모두 없앨 수는 없다는 것을 비유로 설명하고 있다. 예를 들어 한 냥의 소금을 한 사발이나 한 통의 물에 부으면 물맛이 바로 짜게 변한다. 하지만 인도의 갠지스 강에 부으면 그 물맛은 어떠한 영향도 받지 않는다. 똑같은 이치로 우리는 자성의 죄이든 붓다께서 제정한 계율을 어긴 죄이든, 우리가 저지른 죄는 비록 본질상으로는 일종의 죄업이라 해도 그것이 우리가 지녀온 크고 넓은 선근에 해가 될 수는 없다.

예를 들면 당신이 처음에는 보리심으로 수행(加行發心)하고, 중간에는 반연하지 않는 지혜(正行無所緣)로 섭수하여 지니며, 최후에는 일체중생의 이익을 위해 회향(後行回向)한다면, 이와 같이 세 가지 수승함(三殊勝)으로 지키는 선근은 근본적으로 작은 죄업에 의해 무너질 수 없다.

생활하다 보면 가끔 증오심, 탐심, 질투심이 생길 수 있다. 하지만 불교의 경론을 배운 적이 있고 일정한 시간을 수행했다면 이것에 대하여 바로 인식할 수 있고, 나아가 온갖 방법을 다하여 대치할 수 있다. 설령 우리가 기타 선법을 잘 수행하지 않았다 하더라도, 어려서부터 불법을 수행하기로 마음을 정하면 선법의 시간은 비교적 길어진다.

특히 보리심을 발한 후에 보리심을 관상하고 수행할 수 있다면 그 공덕은 무량하다. 『열반경』에서 말하기를 "어떤 사람이 한순간에 보리심을 관수觀修하면 이 모든 복덕을 붓다 또한 가늠할 수 없다."라고 하니, 보리심의 복덕은 붓다의 지혜로도 헤아릴 수 없는 것이다. 보통의 작은 죄업은 보리심을 타파할 수 없고, 보리심이 오무간죄를 포함한 일부 대죄업을 순간적으로 모두 타파하는 것은 매우 쉬운 일이다. 『입행론』에서 말하기를 "보리심은 말겁末劫의 불(火)과 같아서 순식간에 여러 중한 죄를 없앨 수 있다." 하였다. 그러므로 대비의 보리심이나 아주 깊은 공성지혜로 성취한 선근은 아무리 작은 죄악이 그를 타파하려 해도, 마치 개미가 큰 나무를 흔드는 것이 주제 넘는 일인 것처럼 무너뜨리지 못한다. 이렇듯 출리심을 기반으로 수행해 얻은 선근, 중생들의 이익에 관계된 대선근, 혹은 삼보에 인연된 광대하고 무량한 선근 또한 모두 쉽게 무너뜨릴 수 없는 것이다.

  평범한 사람에게 악심이 생기는 것이 보통의 일이듯 선심 또한 생길 수 있으며, 이런 경우는 비교적 많으니 우리는 자기 자신에 대해서 자신감이 있어야 한다. 자신감이 없으면 선법도 증가할 수 없다. 계율의 관점에 따르면 우리가 죽음에 임박하여 관상하되 "우리 죄업은 모두 깨끗해지고 우리의 선법은 끊임없이 많아질 것이다."라고 줄곧 생각하고 이런 선한 생각 속에서 죽는다면 일체의 죄업을 깨끗이 할 수 있으며, 정토로 왕생할 수 있다. 이런 비결은 특별히 중요하므로 반드시 자주 새겨야 한다.

43
선업의 과보를 뺏어가는 다섯 가지 번뇌를 경계함

마음 들뜸과 후회, 성냄,
혼침과 수면, 탐욕, 의심 등
이 다섯 가지 장애는
선업의 보물을 빼앗는 도둑인 줄 아십시오.

掉擧後悔與害心　도거후회여해심
昏睡貪欲及懷疑　혼수탐욕급회의
當知此等五鍾障　당지차등오종장
乃奪善財之盜匪　내탈선재지도비

❋

이번 게송은 선정에 들거나 수행에 장애가 되는 다섯 가지를 끊음에 대해 말하고 있다. 선정을 수행하는 과정에 다섯 종류의 장애가 있는데, 그것들은 자성을 덮어 감추어서 선법이 생기지 않게 한다. 마음의 들뜸과 후회(도회掉悔), 성냄, 혼침과 수면(혼수昏睡), 탐욕, 의심 이 다섯 가지 장애는 선근 법재를 빼앗는 도둑으로, 경론 속에서 '오개五蓋'[75]라고 불린다.

구체적으로 말하면 다음과 같다.

1. 도회掉悔: 도거掉擧와 후회後悔, 곧 '들뜸'과 '후회'가 합쳐진 말이다. '도거'는 마음이 색성향미 등 바깥경계에 산란되어 줄곧 마음을 다잡을 수 없는 것을 말한다. 예를 들면 미색을 보면 탐심을 내고, 음악을 들으면 또한 탐하여 집착하는 마음을 내는 것이다. '후회'는 예전에 자기가 한 일에 대해서 뉘우치는 것인데, 그 경험을 마음에서 내려놓지 못하고 담아두고 있는 것을 말한다. 바깥경계에 집착하는 산란함으로 말하자면 이 두 가지는 완전히 같은 것이므로 한 가지 장애번뇌로 안립安立[76]하였다.

어떤 사람은 선정을 하고 있을 때 옆에서 소리가 나면 마음이 바로 거기에 집중한다. 혹자는 옆집에서 요리하는 냄새가 풍기면 "냄새 좋네!" 하고 해이해지며, 어떤 이는 안주해야 할 때 안주하지 않고, 줄곧 젊은 시절 누군가 자신에게 안 좋게 한 것만 원망스레 생각하면서, 한편으로는 좌선하면서 한편으로는 여러 악념이 생기게 한다. 이런 종류의 장애는 선정에 아주 큰 영향을 미친다.

2. 해심害心: 증오, 곧 기쁘지 않은 환경에 대해 원망하고 분한 마음이 생기는 것이다. 예를 들면 좌선하고 있을 때 자신의 돈을 소매치기 당했던 것이나 다른 사람이 자기에게 불공평하게 말을 한 것이 생각나 계속 그것을 마음에 담아두고 불만과 불쾌감에 가득 차 있는 것을 말한다.

---

75 오개(五蓋, panca-nvaranni)는 다섯 가지 덮개라는 뜻으로, 마음을 어둡게 하는 다섯 가지 번뇌를 말한다.
76 언어로 표현할 수 없는 것을 임시로 언어로써 분별하여 표현하는 것. 또는 방편으로 개념을 설정하는 것.

3. 혼수昏睡: 혼침昏沈과 수면睡眠을 합친 말이다. '혼침'은 정신이 혼미하여 사리분별을 잘 못하는 것으로서, 마음이 안으로 거두어져서 정신이 어둡고 졸리며 몸이 점점 무거워지며 잠든 듯 잠들지 않은 상태를 가리키는 것이다. '수면'은 마음을 극도로 거둬들여서 육근이 완전히 닫히고 완전히 꿈속으로 들어감을 말한다. 이 둘 다 모두 정신이 맑지 않으며 성성하게 선정에 들어갈 수가 없는 상태를 말한다. 우리는 가끔 밥을 먹은 후 좌선에 드는데, 결국은 졸아서 머리가 끊임없이 끄덕이게 되니, 이것이 곧 일종의 장애이다.

4. 탐욕: 우리는 욕계의 중생으로서 사람이나 재물에 대한 탐욕이 비교적 심하다. 좌선할 때 어떤 기분 좋았던 상황이 마음속에 떠오르고, 유루有漏의 경계에 대해 탐심이 생기고 그것을 구하여 얻고자 하는 궁리가 시작된다.

5. 의심: "내가 이렇게 수행하는 것이 성과를 이룰 수 있을까?", "내 수행이 틀리지 않았나?", "스승님과 붓다가 말씀하신 도리가 도대체 해탈에 이익이 있을까, 없을까?" 등과 같이 생각하는 것을 말한다.

이 오개五蓋 또는 오장五障은 매우 고생스럽게 쌓은 성자칠재聖者七財를 노골적으로 약탈해가거나 혹은 사람이 보지 않는 틈을 타서 훔쳐가는 것이 강도나 도둑과 별 차이가 없다. 사실 우리가 평상시에 느끼는 바이지만 증오의 마음이 생기면 선근을 바로 빼앗긴다. 번뇌가 생기면 본인은 비록 발견하지 못하더라도 수행은 이미 조금씩 퇴보하며, 원래 가졌던 '신심'이나 '부끄러워할 줄 앎' 등과 같은 재부財富가 천천히 모두 없어져 남는 게 없게 된다. 그러니 이것은 특별히 무서운 장애이다.

　많은 사람들이 집에 도둑이 드는 것을 두려워하여 매일 문을 꼭꼭 잠그고, 잠잘 때 귀를 이리저리 기울여 개가 짖기만 해도 "도둑인가?" 한다. 사실 도둑이 드는 것은 두려운 일이 아니다. 기껏해야 조금 값있는 물건을 가져가는 정도이지 근본적으로 당신이 이 생애에서 쌓은 재복을 훔쳐가진 못한다.

　수행하는 사람이라면 마땅히 재물에 대한 집착이 없어야 한다. 밀라레빠 존자께서 벼랑에 있는 동굴에서 수행하실 때, 어느 겨울밤 도둑이 들었다. 존자께서 웃으며 말하길 "나는 낮이라도 물건 하나 못 찾겠는데, 너는 이 깜깜한 밤중에 무엇을 찾을 수 있겠느냐?"라고 하셨다. 진정한 수행자의 재물에 대한 태도는 마땅히 이러해야 한다. 이전에 까담파의 많은 수행자들이 집의 문은 잠그지 않고 계속 열어두었는데, 내가 본 한족 승려들의 많은 토굴도 이러하여, 안에 어떤 물건도 없어서 도둑이 들어봤자 아무 일도 아니었다.

　그런데 어떤 수행자들은 이렇지 않다. 한 겹 또 한 겹 철문과 방어벽으로 잠금장치를 하고 하루 종일 마음이 조마조마하다. 사실 우리 수행하는 사람들 입장에서 말하자면 가장 두려운 것은 도둑보다 도회, 탐욕 등 오개가 더 두렵다. 오개는 우리의 성자칠재를 온갖 방법으로 빼앗는 것이다. 따라서 우리는 전심전력으로 이것을 방비하며 수행해야 한다. 그렇지 않으면 수행을 갓 시작했을 때에는 괜찮아서 대량의 공덕의 재부를 쌓을 수 있지만, 나중에는 저도 모르게 도둑이 당신의 보물창고에 들어가서 모든 지혜와 복덕의 자량을 쓸어가 버리며, 종국에는 아무것도 남지 않게 된다. 이러한 말로는 매우 슬픈 일이다.

7. 지혜바라밀

1) 약설 (게송 44~45)

44

오력五力과 오근五根에 의지하여 가행도를 닦음

신심, 정진, 정념, 선정과 지혜는
다섯 가지의 수승한 법으로,
이에 정근함을 '역근力根'이라 칭하며
정위頂位[77]의 본체가 됩니다.

---

77 정위頂位는 정법正法이라고도 한다. 성자의 경지인 견도見道에 이르기 위해 닦는 네 가지 수행 단계인 난위煖位, 정위頂位, 인위忍位, 승법위勝法位의 4선근위四善根位 중 하나이다.
①난위煖位: 견도를 불에 비유한 것으로, 따뜻하므로 그 경지에 가까운 단계라는 뜻. 범부의 지혜로써 사제四諦를 분석적으로 관찰하는 단계.
②정위頂位: 범부의 지혜로써 사제를 분석적으로 관찰하는 최상의 단계. 구사종에서는 사제를 관하는 데 있어 16행상을 닦는 것은 '난위'와 같으면서도 여기서 다시 1선근을 일으킨 위位이니, 나아가면 다음의 '인위'에 들어가며, 물러나면 '난위'에 떨어지는 자리이다. 이와 같이 나아가고 물러나는 중간에 있는 것이, 마치 산 정상에 올라가고 내려가는 중간인 것과 같은 것에 비유하여 '정위'라 이름한 것이다.
③인위忍位: 범부의 지혜로써 사제의 이치를 확실하게 이해하고 인정하는 단계.

信心精進與正念　신심정진여정념
等持智慧勝法位　등지지혜승법위
當勤於此稱力根　당근어차칭역근
乃爲頂位之本體　내위정위지본체

❀

　지혜는 세간 지혜와 출세간 지혜로 나뉜다. 출세간 지혜를 얻으려면 반드시 도의 공덕이 있어야 하는데, 이 공덕은 세상 사람들은 구비하지 않은 것이므로 오직 출세간 성자만이 소유하고 있는 것이다. '도'는 차례대로 자량도資糧道, 가행도加行道, 견도見道, 수도修道, 무학도無學道[78]로 나뉜다. 우리 개개인은 먼저 자량도에서부터 들어가야 한다.
　여기서 저가(용수보살)가 강의하는 것은 가행도인데, 이는 가행도가 가장 출세간 지혜에 가깝기 때문이다. 만약 출세간 지혜를 얻기를 바란다면 반드시 먼저 가행 공덕을 원만하게 해야 한다. 우리 범부들은 이런 공덕을 진실로 원만하게 할 수는 없고 오로지 비슷하게 갖출 수 있을 뿐이다.
　이번 게송은 오근五根과 오력五力에 대해 말하고 있다. 가행도는

---

　④ 승법위勝法位 혹은 세제일법위世第一法位: 가장 뛰어난 범부의 지혜에 이른 단계로, 이 다음 단계가 성자의 경지인 견도見道이다.(참고: 『시공불교사전』, 시공사, 2003.)

78 자량도, 가행도는 범부凡夫의 도이고, 견도 이후는 성자의 도이다. 자량도는 도의 기초이고, 가행도는 가행이며, 견도는 초지보살이 얻고, 수도는 이지二地에서 십지十地보살이 얻으며, 무학도는 구경불과이다.

오근, 오력의 수행에 의지해서 원만함을 얻는다. 우리는 마땅히 이러한 법의 재부를 얻어야만 수행의 공덕을 도둑에게 빼앗기지 않는다.

1. 신심信心: 해탈의 진리를 바라고 갈구하는 마음을 가리킨다. 신심은 일체 도의 근본이다. 『화엄경』에서는 "믿음은 도의 근원이고, 공덕의 어머니이며, 일체 여러 선근을 증장한다."라고 말한다. 만약 신심이 없다면 비록 정진과 지혜가 있다 해도 입문할 수 없다. 그래서 『전행』에서 '인신난득人身難得[79]'을 설할 때 신심이 5종 자원만自圓滿[80]의 근본임을 적시하고 있다.

개개인에게 신심은 매우 중요하다. 지금 일부 과학자나 지식인들은 지혜로 보면 불교의 기본교리를 이해할 능력이 있음에도 불구하고, 신심이 없기 때문에 늘 불교교리를 이해하는 좋은 기회를 놓치고 있다. 『대지도론』에서 말하길 "불법 대해는 '신信'으로 들어가고 '지智'로 다다른다."라고 하니, 만약 신심이 없다면 오로지 불교를 한 종류의 학술연구의 소재로만 취급할 뿐, 불법 대해에 들어갈지는 확실하지 않다.

2. 정진精進: 신심만 있어서는 안 된다. 선법을 강렬하게 좋아하는 마음과 '신구의身口意'가 구비된 근면 성실한 실천행위가 필요하다. '일생의 성공은 부지런함에 있다.'는 속담이 말하듯이, 정진하지 않는

---

[79] 사람의 몸 얻기가 어려우니 힘써 수행해야 함을 이르는 말이다.

[80] '5종 자원만'은 '의지에 의한 원만, 환경 원만, 근덕 원만, 의락 원만, 신심 원만'을 말한다. 『대원만전행』에서 오직 여래의 교학과 수행 증득의 도리, 근거의 특징 체험을 거쳐 신해위인 믿음의 원만함을 성취한 사람 몸을 얻는 것이야말로 진정으로 사리에 맞는 법기인 것을 설명한다. 그래서 신심은 5종 원만의 근본이다.

다면 출세간의 큰 공덕은 말할 것도 없고 세상사의 작은 일에서조차도 성공할 수 없을 것이다.

3. 정념正念: 선법을 늘 생각하며 언제나 잃지 않는 것을 가리킨다. 수행자는 마땅히 수시로 자신에게 "나는 한 사람의 수행자로서 반드시 이 선법들을 수행해야 한다."라고 일깨워 주어야 한다.

4. 등지等持: 일심으로 인연경계의 선정에 안주한다. 보리심을 수행하거나 석가모니를 관상하는 것도 좋다. 마음이 외계의 방해를 받지 말고 일심으로 수행경계에 대해 전념해야 한다.

5. 지혜智慧: 선과 악, 공덕과 과실, 진실과 거짓을 취하고 버림을 판단할 수 있어야 한다.

세간의 유루법이거나 동요하는 선근 속에서 '신信, 진進, 염念, 정定, 혜慧'의 이 오법은 최고로 높은 것이다. 우리들은 마땅히 이 다섯 가지가 갖춰져 있는지 없는지 생각해 보아야 한다. 만약 모두 구비되어 있다면 생사윤회에서 벗어날 희망이 있다. 선법에 대한 신심이 있고, 어떠한 난관에 부딪히더라도 줄곧 정진 수행하며, 자주 정념으로 '신구의'를 관찰하고, 4위 중의 하나에서 일심으로 전심할 수 있으며, 자기가 행할 선법을 잊지 않으면 지혜 또한 아주 밝아진다.

일단 이러한 오종 공덕이 충분히 갖춰지면 비록 지금 성자는 아니지만 성자가 되기에 멀지 않았다. 성자들은 모두 이러한 법을 구비하였기 때문이다. 하지만 세간의 가장 저급한 도살자에게는 신심, 지혜 그 어느 것도 없다. 그래서 우리는 평상시의 심리상태나 행위를 통해 자신이 성과(성자가 되는 과)로부터 얼마나 멀리 있는지, 자신의 수행경계가 얼마나 되는지를 분명히 알 수 있는 것이다.

　이러한 방면으로 여러분들이 자신을 자주 관찰하기를 바란다. 만약 이러한 선근이 있다면 마땅히 잘 지켜야 하며, 절대로 오종 장애의 도적에게 빼앗기지 말아야 한다. 방어능력이 아주 강하고 유용한 방법도 비교적 많다면 비록 쌓은 자량이 많지 않아도 수행 과정 중에 퇴보할 가능성이 적어진다. 우리 수행자들에게 성불의 길은 아주 멀다. 이 과정 중에서 강도나 좀도둑을 만날 수 있고, 울퉁불퉁한 길이나 위험한 장애도 만날 수 있다. 하지만 방어 방법이 있는 사람은 이러한 영향을 받지 않으며, 어려움을 극복하고 장애를 없애며, 갖은 고난을 이기고 결국에는 밝은 '안락의 성불피안'에 도달할 수 있다.

45
인과의 도리를 사유하여 자만심을 끊음

누구나 병들고 늙고 죽고 사랑하는 이와 헤어지는데
이는 모두 자기 스스로 지은 업보입니다.
이처럼 거듭 반복하여 사유한다면
이 대치법의 힘으로 자만심에 빠지지 않게 됩니다.

病老死及愛別離　병로사급애별리
如此業卽我所造　여차업즉아소조
如是反覆思維者　여시반복사유자
彼對治門不驕矜　피대치문불교긍

❀

이는 국왕의 오만한 마음에 대한 것인데, 이러한 주제는 『친우서』에 비교적 많이 언급되고 있다. 통치자는 일반적으로 대단히 오만하다. 낙행왕도 종종 자기가 특별히 잘생겼으며, 재복이 많고, 사람들의 왕으로서 지위와 권세를 누려 마땅하다고 생각하는 등 비교적 오만한 마음이 강했다. 용맹보살이 이를 알아채고 줄곧 자만하지 말라고 충고해온 것이다.

오만한 마음이 생겼을 때 가장 좋은 대치법은 생로병사의 고통을 생각하는 것이다. 우리 모두는 분명히 안다. 모든 사람은 태어날 때 참기 어려운 고통을 맛보아야 하고, 살면서 사대四大[81]의 부조화로 생기는 병의 고통을 겪어야 한다. 태어남과 병듦의 고통 외에 노쇠의 고통도 마주하는데, 당신이 얼마나 젊고 얼마나 예쁜 청춘이든지 간에 유수 같은 세월에 저항할 길이 없고, 최후에 사람이 늙으면 쓸모가 없다. 더 두려운 것은 종종 시간 예약 없이 죽음에 맞닥뜨리게 된다는 것이다. 자신이 원하지 않는 상황에서 인간 세계를 떠나게 만들고 가족과의 생리사별을 감당하게 한다. 이러한 생로병사의 고통을 안다면 어떤 사람도 자만할 필요가 없다. 인간이라면 얼마나 예쁘든 얼마나 강하든지 간에 이러한 운명을 피할 수 없다. 세계의 각종 미인대회에서 1등을 차지한다 하더라도 몇십 년이 지나면 그 미모는 없어지고 말 것인데, 오만할 이유가 있겠는가?

사실 이러한 생로병사의 업력은 전생에서 자신이 직접 만든 것으로 현세에서 부득이하게 감당해야 하는 것이다. 설령 자신이 여러 방면에서 다른 사람을 능가한다 하더라도, 그의 본체를 관찰할 때 별로 믿을 만한 것이 없다. 석가모니불이 태자였을 때 사문四門을 순행하는 중에 출산과 노인, 병듦과 죽음의 형상을 각각 보았다. 그리하여 윤회에 대해 아주 큰 염리심이 생겨 왕의 자리를 물리고 출가하여 도를 닦아 생로병사의 고통에서 벗어났다. 『인왕경』에서 설하기를 "생로병사는 뜻대로 되지 않는다." 하였다. 만약 이 점을 분명히 인식한다면, 비록 아주 많은 재부와 즐거움을 소유하고 있다 하더라도 언젠가는 무상하

---

[81] 지地, 수水, 화火, 풍風.

게 소멸할 것에 불과한 것임을 알아 오만을 남기지 말아야 한다.

『유식론唯識論』에서 말하기를 "만慢, 곧 다른 사람보다 자기가 뛰어나다 여기고 높이 받들게 하는 것이 본성"이라고 하였다. 또한 『효경주孝經注』에서 설하길 "예의 없음이 곧 자만"이라 하였다. 어떤 사람은 자신을 아주 높은 위치에 두고 다른 사람을 공경하려 하지 않는다. 하지만 윤회를 안다면 인생은 그저 하나의 연극일 뿐이고, 자신은 연극을 하고 있을 뿐임을 알게 될 것이며, 어떠한 오만한 마음이나 행위가 더는 존재할 수 없을 것이다.

한 국가의 대통령이나 대부는 돈이 있고 지위도 있기 때문에 자신의 인생이 가장 멋진 것이라 여기기 쉽다. 하지만 생로병사를 이해하고 길고 끝없는 윤회를 안다면, 자신은 오직 한 마리 개미 정도의 위치에 불과할 뿐, 자신이 그렇게 대단한 존재가 아니라고 생각하는 것이 옳다. 한 무리의 개미 중에 한 마리의 검은 개미가 노래하며 말하길 "나는 개미 중에서 제일 대단하다네. 내 재물을 보아라. 동굴 안에는 많은 나뭇잎이 있고, 작은 벌레 시체도 있으며, 없는 것이 없다. 나는 지금 아무 걱정거리가 없다."라고 한다손 치자. 인간의 눈으로 보면 그것은 오만할 것이 하나도 못 된다. 비라도 한번 오면 그의 재복은 무상으로 변할 것이다.

이렇듯 흥망성쇠를 진정으로 이해할 수 있다면 근본적으로 오만한 마음이 생기지 않는다. 하지만 이러한 방면의 교육이 없다면 어떤 사람들은 자신이 잘 생기고 유일한 천녀라 여기며, 재복이 조금 있는 사람은 자신의 부가 한 나라에 견줄만하다고 느낀다. 사실 낙행왕 이야기를 비롯해서 불교 진리를 조금이라도 이해한다면 오만한 마음을 일으키지 말아야 한다. 그렇지 않으면 조금 높은 지혜와 선정을 하더라도 아무 쓸모가 없는 것이다. 그러므로 여러분 모두는 수행 중에 전세의 복보福報나 잠깐의 인연으로 인해 일부 남을 능가하는 공덕을 얻었다 할지라도, 그것을 자만하는 마음을 일으키지 말아야 한다.

2) 광설
① 정견을 바로 세움 (게송 46~49)

46
세간 정견을 바로 세움

만약 선취善趣[82]의 행복과 해탈을 구하면
세간의 정견을 닦아야 합니다.
만약 사견으로 선을 행한다면
또한 참기 어려운 고통의 과보를 받을 것입니다.

若求善趣與解脫　약구선취여해탈
理當修習世正見　이당수습세정견
若持邪見縱行善　약지사견종행선
亦具難忍之苦果　역구난인지고과

이 게송은 아주 중요하고, 수행자들이라면 많이들 알고 있는 것이다.
불법을 행하는 과정 중에 반드시 갖춰야 할 것은 세간 정견이다.

---
[82] 착한 행위를 한 중생이 그 과보로 인간으로 태어나거나 천상에 태어나는 것.

만약에 인간의 몸으로 태어나는 복보나 삼대해탈[83]을 바라지 않는다면 논할 것이 없지만, 일시적인 것이든 구경이든지 간에 안락을 얻으려면 반드시 세간 정견을 구족하고 있어야 한다.

세간 정견이란 "선에 대해서는 선보가 있고 악에 대해서는 악보가 있다는 것과, 삼보 및 사제와 연기 등 선법에 대해 강한 신심을 가지고 있으며, 석가모니가 존재한다는 것과, 석가모니께서 말씀하신 법이 진리에 완전히 부합된다는 것을 굳게 믿는 것"을 이른다. 일부 다른 종파의 논사들은 세간 정견을 '만법을 통달하여 모두 비우는 것'이라 말하는데, 이것은 '승의勝義'에 대한 견해가 다르기 때문이다. 하지만 우리에게 세간 정견이란 선법에 대해 정확한 견해를 가지는 것이라고 본다. 만약 이러한 견해를 갖추지 않고 삼보 및 업業의 인과, 육도윤회를 인정하지 않으며 인신난득 또한 인정하지 않는다면 사견邪見을 지닌 것이다. 이러한 사람들은 설령 매일 주문을 외우고, 경론 설법을 하고, 전경륜을 돌리고, 방생을 하는 등 겉으로 보기에는 대단한 것처럼 굴어도, 그러한 모든 행위들이 해탈의 원인이 되지 못하며 오히려 악취에 빠져 끝없는 고통을 겪게 된다.

송頌에 설하되 "누군가에게 세간의 크고 바른 견해가 있으면 그는 수천 겁 동안 악취惡趣에 빠지지 않는다."라고 하니, 이렇듯 세간 정견은 매우 중요한 것이다. 선악의 과보, 곧 인과에 대한 진실한 견해가 없다면 선종禪宗의 명심견성明心見性, 정토종淨土宗의 극락왕생極樂往生, 티벳불교의 대원만大圓滿과 대수인大手印 등과 같은 높고

---

[83] 성문연각, 보살, 붓다.

깊은 경계가 우리에게 아무런 의미도 없게 된다. 그래서 먼저 견고한 기초를 닦는 것이 매우 필요한 것이다.

지금 일부 사람들은 겉으로 보기에는 일정한 지혜가 있는 것 같고 불법 수행도 끊임없이 한다 하더라도, 인과에 대한 정견이 부족하여 최후에는 쉽게 삼보를 비방하기도 한다. 이러한 사람들이 현종과 밀종이 설한 바를 문자로만 보고 그 도리는 이해하지 못하여 불법을 비방하기도 하는데, 남이 말하는 대로 쉽게 따르는 어리석은 사람들은 그 말을 듣고 일리가 있다고 생각하기도 한다.

현재 말법의 시대에는 다섯 가지의 나쁜 견해가 있다. 중생들의 견해가 특별히 낮고 비속하여 공성空性 및 무상無常에 대한 견해는 생기기 어렵다. 설령 배운다 하더라도 배운 후에 즉시 이해하는 효과가 나타나는 것은 불가능하다. 반면에 단견이나 사견은 듣자마자 바로 받아들이고 행동한다. 부처님이 계시던 시대에는 중생들이 정견을 갖추는 것이 쉬운 일이었으나, 지금은 중생의 복보가 깊지 않아 그렇게 되기가 어렵다.

『화엄경』에서 말하길 "정견이 확고하면 여러 망견妄見을 여읜다." 하였다. 또한 『승만경勝鬘經』에서 설하길 "뒤바뀌는 견해가 아니면 바로 정견이다."라고 하였다. 정견은 허망한 견해, 뒤바뀐 견해를 멀리하는 것이다. 정견이 있는 사람은 매우 보기 드물다. 평소에 많은 사람들을 접하는데, 대개는 사견이 생기거나 편견이 생기거나 금세 악견이 생기곤 한다. 전심전력으로 그들에게 정견이 생기게 하는 것은 상당히 힘들고 어렵다.

연기공성緣起空性의 도리를 이해한다면 한평생은 말할 것도 없고,

더 나아가 세세생생 보리도에서 물러나지 않는다. 왜냐하면 그 견해가 사실에 부합되는 것이며, 진상眞相에 통달한 후에는 그것에서 퇴실할 수 없기 때문이다. 미팡 린포체께서는 잔꾀를 부리는 사람이 가장 위험하고 두렵다고 말씀하셨다. 그래서 여러분들은 불법을 공부할 때 반드시 자기의 지혜를 불법과 하나 되게 해야 한다. 붓다의 가르침은 틀림없으나 오로지 우리의 지혜가 따를 수 없을 뿐이다. 이 때문에 그릇된 견해가 생기고 이것저것 비방을 하게 되고 결국에는 세간 정견도 없으면서 높은 경계를 논하니, 결국 탁상공론일 뿐 얼음 위에 건물을 세우는 것과 같다.

『친우서』에서 말하는 이러한 도리는 아주 중요하므로 모두 암기하는 것이 좋다. 이 논서와 같은 선법은 한 번 읊는 것만으로는 부족하고, 계속 끊이지 않고 오랜 기간 공부해야 한다. 밥 먹는 것과 마찬가지로 공부를 하루도 쉬어서는 안 되며, 반드시 선법을 실천하는 것이 습관이 되도록 해야 한다. 그렇지 않으면 나쁜 습성이 뿌리 박혀 악법의 방면에는 흥취가 넘쳐흐르고 즐겨 피곤한 줄 모르지만, 선법의 방면에서는 마치 산을 오르는 것처럼 몇 걸음만 올라도 힘겨워 헐떡거리게 된다. 그러나 설령 이렇다 하더라도 될 수 있는 한 세간 정견을 갖추도록 노력해야 한다. 오늘날 불법을 배우는 사람은 아주 많으나 제대로 이해하는 자는 매우 드물다. 여러분들은 형식으로만 불법을 접하는 것에 머물지 말아야 한다. 형식상으로 공덕이 조금은 있더라도 그 의미는 크지 않고, 신행에 장애 인연을 만나면 바로 갈대와 같이 이리저리 넘어지며 자기도 무너지고 다른 사람도 무너뜨리게 된다.

47

출세간 정견을 바로 세움

마땅히 인간에겐 본래 안락이 없으며,
무상하고, 나(我)라 할 것이 없으며, 청정하지 않음을 알아야 합니다.
이를 기억하고 사유하지 않는 중생에게는
네 가지 전도된 견해[84]가 화근이 됩니다.

當知人本無安樂　당지인본무안락
無常無我不淸淨　무상무아불청정
未憶念此之衆生　미억념차지중생
四顚倒見卽禍根　사전도견즉화근

❦

이것은 출세간 정견, 곧 네 가지 전도된 견해인 전도망상顚倒妄想을 없애는 것에 대해 말하고 있다. 정견은 일체 선법의 기초이다. 『사백론四百論』에서 말하길 "차라리 계율을 위반할지언정 정견을 훼손하지 말 것이니, 계율은 인천계에 환생하게 하고 정견은 열반을 얻게 한다."

---

[84] 네 가지 전도된 견해(전도망상)는 몸(身)과 감각(覺)과 마음(心)과 법法에 대해 각각 깨끗하고, 안락하며, 항상(常)이 있고(有), 자아가 있다고 잘못 생각하는 것을 말한다.

라고 하였다. 정견을 훼손하면 그 사람은 선법을 실행할 수 없다. 정견에 손해가 없고 참회한다면 계율을 범했다 하더라도 끊임없이 선법을 수행할 수 있다. 계율은 대지와 같아 일체 공덕의 기반이 되지만, 계율은 오로지 선취에 환생하게 할 뿐이다. 오직 정견에 의지해야만 출세간의 공덕을 세울 수 있고 비로소 열반을 얻을 수 있다. 이 때문에 우리는 정견을 잃거나 훼손시키지 말아야 한다.

중생 교화의 측면에서 말하자면 사람들은 신체가 청정한 것이라고 집착하고, 감각의 즐거움에 집착하며, 마음이 항상 있는 것이라고 집착하고, 자아가 실재한다고 집착한다. 이것이 바로 네 가지 전도된 견해인데, 이 네 가지 뒤바뀜을 끊는 것이 바로 출세간 정견이다.

『사백론』의 전4품前四品에 이에 대하여 분석해놓은 것이 있다. 지혜로 관찰해보면 세간의 감각은 삼대 고통인 변고變苦, 고고苦苦, 행고行苦를 떠날 수 없다. 이러한 세 가지 고로 인해 괴로움을 겪는 사람들이 진실한 즐거움을 소유한다는 것은 불가능하다. 이것이 '고苦'이다. 유위법有爲法에는 항상함이 없다. 계절이 춘하추동으로 변하듯이, 사람이 태어나고 늙듯이 만물은 순식간에 변하며 두 번의 찰나 동안에도 머무르지 않는다. 이것이 곧 무상無常이다. 어떻게 집착하든지 간에 외도가 인정하는 대자재와 같은 일체의 주재자인 '나(我)'라는 것은 실제상 없는 것이다. 또한 다른 종파가 집착하는 '오온五蘊'으로 구성된 '나'라는 것 또한 없다. 마치 '석녀石女의 아이'가 있을 수 없는 것처럼 '나'라는 것은 성립하지 않는다. 이것이 '무아無我'이다. 외모가 아름답고 장엄하여 다른 사람들의 시선을 끈다 해도 신체를 세밀하게 해부하여 관찰하면 오직 36개의 깨끗하지 못한 성분으로 구성되었을 뿐이다. 이렇듯 몸에 깨끗한 성분은 전혀 없다는 것이 '부정不淨'이다. 이 네 가지 관찰을 통하여 우리는 곧 사념처四念處[85]에 이른다.

유감스럽게도 세간의 많은 중생들이 이 도리를 몰라 이 네 가지의 뒤바뀜에 미혹되어 해탈하지 못하고 있다. 『대지도론』은 이것에 대하여 아주 자세히 분석하고 있다. 미팡 린포체는 "만약 한 사람이 고통, 무상, 공, 무아 이 네 개의 행상行相을 관觀하고 닦아간다면 이 경전에서 말하듯이 복의 수승함이 무량하다."라고 말씀하신다. 무상을 수행하고 일체가 다 고통인 것을 관상하는 것은 어렵지 않은 일이니, 이를 이해하고 수행한다면 공덕이 아주 클 것이다. 그리하지 않으면 무명 업식의 짙은 구름에 갇혀 벗어날 기약이 없다.

『입중론入中論』에서 "세간의 어리석음은 검은 구름과 같아서, 여러 대상경계의 성품이 전도되어 나타난다."라고 하였다. 범부들에게 네 가지 전도된 견해는 짙은 먹구름과 같아 본래 있는 불성의 광명을 가린다. 그러므로 우리가 감각하는 바 색色, 성聲, 향香, 미味 등은 뒤바뀌어 나타난 것이다. 중생은 줄곧 마치 눈병이 난 자가 헛것으로 하늘에서 머리카락을 보고 담낭병 환자가 백색 소라를 황색으로 보듯이, 원래 깨끗하지 않는 신체를 청정한 것이라 여기고, 본래 무상한

---

[85] 불교에서 깨달음을 얻고 지혜를 얻기 위한 37조도품三十七助道品 가운데 첫 번째 수행 방법. 4가지 전도망상을 깨뜨리는 것이 바로 사념처이다. 신체가 청정하다는 전도를 깨뜨리는 것이 신념처身念處이고, 즐거움(樂)이라는 전도를 깨뜨리는 것이 수념처受念處이고, 상常이라는 전도를 깨뜨리는 것이 심념처心念處이고, '나'라는 전도를 깨뜨리는 것이 법념처法念處이다. 즉 자신의 몸(身)과 감각(覺)과 마음(心)과 법法에서 일어나는 여러 가지 변화를 관찰함으로써 제행무상諸行無常·제법무아諸法無我·일체개고一切皆苦의 진리를 깨닫는 것을 말한다.

7. 지혜바라밀 255

것들을 유상하다 여기며, 원래 존재하지 않는 '나(我)'를 있다 하고, 본래 고통인 것을 쾌락이라 집착하며 윤회 중에 떠돈다. 만약 공성의 도리를 통달한다면, 『입중론』에서 "지혜의 해가 어둠을 파괴하듯이, 지혜로운 자가 공성을 깨달으면 곧 해탈을 얻는다."라고 말하는 것과 같을 것이다. 지혜의 빛은 일체의 미련하고 아둔한 암흑을 제거할 수 있으니, 무명의 원인을 제거하면 곧 생사해탈을 얻는 것이다.

이 때문에 우리는 우리의 최종 목표를 4종 정견을 수행하는 것에 두어야 한다. 설령 여러분들이 다른 법을 닦을 기회를 갖지 못한다 하더라도, 이 4종 정견, 곧 "만법은 무상하고, 일체 감각은 고통이며, '나'라 것은 존재하지 않고, 몸은 청정하지 않은 것"이라는 간단한 도리를 짧은 시간 동안 생각하더라도 그 공덕이 불가사의하다. 이것은 다른 사람의 말이 아닌 붓다의 말씀이며, 미팡 린포체의 말씀이다.

이러한 공덕이 일시적으로 나타나지 않을 수는 있다. 어렸을 때 책을 읽는 것을 예로 들어보자. 많은 선생님들이 독서의 유용함을 이야기해도 어렸을 때 우린 그것을 이해하지 못했다. 그러나 성인이 되고 보니, 만약 우리가 어려서 책을 읽지 않았더라면 지금 글자조차 모를 것임을 알지 않는가. 이와 똑같이 여러분들이 4종 정견을 수행하고 바로 그것의 이익을 느끼게 될지는 분명치 않을 수 있으나, 일단 번뇌의 먹구름이 걷히고 성과聖果의 광명이 나타나면 그때는 성자들의 교훈이 우리를 속인 것이 아님을 알게 된다. 바로 4종 정견을 수행한 공덕으로 인해 선지식에 의지하여 부지런히 선법을 수행하고 비로소 윤회에서 벗어날 기회를 갖게 되었음을 알게 될 것이다.

48
무아를 결택함

경전에서 색色은 자아(我)가 아니라고 설하신 것은
자아는 색을 갖추거나 색에 의존하지 않으며
색 또한 자아에 의지하지 않은 채 안주하는 것임을 말하는 것이니,
이처럼 나머지 4온도 모두 공한 것임을 응당 깨달아야 합니다.

當悟經說色非我　당오경설색비아
我不具色非依存　아불구색비의존
色亦不依我而住　색역불의아이주
如是餘四蘊皆空　여시여사온개공

❁

『반야경』에서 붓다께서는 스무 가지 종류의 살가야견(我見)[86]에 하나 하나 대응하면서 아주 상세하게 그것을 타파하시는데, 여기서는 단지 '아我'는 존재하지 않는다는 것을 상징적으로 설명하고 있다.

왜 '아我'가 존재하지 않는가? 만약 '아'가 존재한다면 '아'와 오온은

---

[86] 살가야견(薩迦耶見, satkāya-dṛṣṭi)은 음역이고, 유신견有身見으로 번역된다. 5온의 화합체를 실재하는 '나(我)' 또는 '나의 것(我所)'이라고 집착하는 견해이다. 살가야 견에는 20종이 있다.

일체가 되거나, 그렇지 않으면 서로 다른 물체가 될 뿐이다. 이를 제외한 다른 방식은 있을 수가 없다. 이 논리를 아래에서 자세히 논의해 보자.

먼저, 색온으로써 예를 삼아 관찰한다.

1. 일체一體: 색온色蘊은 눈으로 볼 수 있고, 손으로 만져 감촉할 수 있는 것이니, 그것은 아주 많으며 무상한 것이다. 그러기에 '아我'의 법상과는 완전히 서로 다르며, 중생의 집착과도 서로 같지 않으므로 색온은 분명히 '아'가 아니다. 이는 곧 『중론』에서 말하는 것과 같아서, 만약 색온과 '아'를 한 체體로 보면 '아'는 많다는 과실이 있을 것이니, 자성과 서로 장애가 되는 과오가 있다. 그러므로 색온과 '아'는 일체가 될 수 없으니, 이를 일러 '색비아色非我'라 한다.

2. 타체他體: 만약 '아我'와 색온이 다른 체라면 '아'가 색온을 갖추었다고 할 수 있을까? 만약 구비하고 있다고 한다면, 곧 사람이 병瓶을 갖고 있는 것처럼 반드시 '아'가 먼저 성립해야 한다. 그러나 이 논법에서 '아'는 상대적으로 관찰되는 대상이기에 그 본체는 아직 성립되어 있지 않다. 그렇다면 '아'가 색온을 포함한다는 논리는 '석녀石女의 아들이 보배 병을 품고 있다.'는 설법과 차이가 없는 것이므로 '아'는 색온을 포함하고 있지 않다. 이를 일러 '아불구색我不具色'이라 한다.

그러면 색온과 '아我'는 서로 의지하고 있다고 볼 수 있지 않은가? 만약 색이 '아'에 의지한다면 '아'라는 본체는 아직 성립되지 않았는데 어떻게 색온이라는 것이 '아'에게 의지한다고 말할 수 있겠는가? 우리는 '병은 병 기둥을 의지한다.'고 말할 수 있다. 그러나 '아'라는 것이 아직 성립되지 않았을 경우에는 색온이 '아'에게 의지하려고 하더라도 의존할 수가 없다. 이를 일러 '아비의존我非依存'이라 한다.

만약에 '아'가 색온에 의지한다면 '석녀의 아들이 장판에 의지하는 것'과 똑같은 것이니, 이 또한 똑같이 성립할 수가 없으므로 색온 또한 '아'에게 의지할 수 없다. 이를 일러 '색역불의아이주色亦不依我而住'라고 한다.

후 삼자는 타체他體의 각도에서 분석한 것인데, 이 분석에서 색온은 '아'가 아니며, 또한 '아'를 완전 배제한 타체로 볼 수도 없다. 왜냐하면 '아'의 본체가 성립되지 않은 상태이니, 색온이 '아'와는 다른 타체라고 어찌 말할 수 있겠는가? 색온과 '아'의 관계를 타체라고 할 수 있을 것은 곧 자씨와 근밀이라는 두 사람을 구분해 보는 것과 같은 것이지만, 석녀의 아들과 기둥 간의 관계에서처럼 이들 둘이 타체가 된다는 것 또한 절대 성립될 수 없는 것이다.

그러므로 '아'와 색온의 관계는 이미 한 몸이 아니며, 또한 타체도 아닌 것이다. 이것으로 추론해볼 때 '아'와 수受, 상想, 행行, 식識 4온은 일체가 아니며, 또한 타체도 아니다. 오온을 4상을 통해 각각 관찰해볼 때, 모두 20여 종의 '아'라는 견해가 있을 수 있다. 『입중론』에서 말하길 "'아我'는 색이 아니고, 색은 '아'도 아니다. 색 중에 '아'도 없으며 '아'에는 색도 없다. 응당 사상四相을 통하여 온蘊을 보면 '아'의 견해가 20종류임을 안다."라고 하였다. 이상에서 서술한 방식으로 추론을 해본다면 4온에도 '아'가 없다는 것을 알게 되며, 이것이 바로 경전에서 자주 언급되는 "20종 살가야견의 큰 산을 부숴버린다."라고 하는 것이다.

무아無我의 도리에 대하여는 평소 수행 중에 여러 번 반복하여 사유하고 이해해야 한다. 붓다께서는 대승경전에서 '아'라는 것은 존재하지 않는다고 선포하셨다. 그러나 가엾은 중생들은 무명 속박의 굴레에서 벗어나지 못하고, 존재하지도 않은 가짜 '아'에 집착하여 실제 있는 것처럼 종종 생각한다. 실제로 심중에 '아'가 존재한다고 믿는 사람들은 붓다의 감로묘법의 수승한 맛에 통달하지 못했다. 이는 『중론』에서 말하길 "만약 사람이 '아'가 있다고 설한다면 모든 법들이 서로 다른 상(異相)이니, 이 같은 사람들은 참다운 불법을 알지 못한다."라고 함과 같다.

실제로 이 세상에는 무수히 많은 중생이 원래 존재하지 않은 '아'의 존재에 대하여 집착한다. 매일 나라는 존재로 인해 분주하게 뛰어다니고, 선지식과 대승불법을 만나지 못한 인연으로 계속 윤회의 굴레에서 방황하고 떠돌이가 된다. 더 나아가서는 자신의 견해가 아주 정확하다고 확신하며 많은 사람들을 사도邪道로 이끈다.

우리들은 대승 수행인으로서 반드시 불법의 핵심인 무아법문에 대해 이해가 있어야 하고, 항상 이러한 경지를 지녀야 한다. 비록 가끔씩은 중론 혹은 밀법의 견해에 의지하여 '아'라는 것은 존재하지 않는 것임을 알지만, 무시이래로 무명의 나쁜 습기들이 매우 깊고도 심하여 불성을 은폐하기에, 계속 무아의 경계에 안주하는 것이 쉽지 않기 마련이다. 무아의 견해를 오랫동안 오롯이 수행해 무아의 정해에 대해 점점 더 견고해지면, 무릇 '아'에 관계된 번뇌는 최종적으로 소리 없이 자취를 감추어버릴 것이다.

많은 사람들이 공성법문을 배우지 않을 때에는 서로 아집이 중하여, 색법에 관한 것이든 감수感受에 대한 것이든 일단 어떤 사람이 자신을 침범하였을 경우에는 절대로 다른 사람을 용인하지 못한다. 그러나 중관반야 방면의 가르침을 배운 후에는, 비록 현재 아집이 있다손 치더라도 단지 가끔 생겨나는 하나의 번뇌일 뿐이며, 이전과 달리 특별히 두렵지 않게 된다. 어떤 대덕은 이를 '춘풍'에 비유하여 말했다. 겨울에 살을 베일 듯 매서운 광풍이 몰아칠 때에는 쉽게 그것을 저지하지 못하지만, 봄이 되어 살랑살랑 봄바람이 불어오면 바람의 힘은 부드럽고 따뜻해지니, 그 차가운 겨울날의 매서운 광풍과는 확연히 다른 것과 같은 이치이다.

우리는 문사수聞思修 행에 의지하여 점진적으로 아집을 감소케 하며, 진정으로 무아의 이치에 통달하면 명실상부한 보살이 된다. 『금강경』에서는 "여래가 말씀하시길, 무아의 법을 통달한 자는 진짜로 보살이라고 하셨다."라고 설하고 있다. 여기서 말하는 보살은 용감한 자, 즉 마음이 아주 특별히 강한 사람이다. 어떤 면에서 강인한 것인가? 이것은 원한이 많은 적 앞에서 용감하게 보검으로 그의 심장을 찌르는 것을 말하는 것이 아니다. 실제로 '있다'는 법에 집착하여 번뇌가 생겨났을 때, 능히 무아의 경계를 써서 그 집착을 소멸시키고 아집의 견해를 한꺼번에 부숴버리는 것을 의미한다.

어떤 사람이 보살인지 그 여부를 판단하는 관건은 '그 사람의 아집이 비교적 적은가 아닌가? 항상 번뇌가 일어나는가 아닌가?'에 따르는 것이다. 만약 어떤 보살이 매일 얼굴에 상심이 가득하고 이 사람에게 성질을 내고 저 사람과 싸움을 한다면 진정한 보살이 아닐 수 있다. 보살도 분노를 표출할 수는 있다. 그러나 그 내심은 안정적이고 온유하며 자비심, 보리심이 여여하여 부동하다. 이러한 경지는 일반 사람들이 쉽게 따라 하기 힘들다.

무아의 가르침은 불교에서 아주 수승하고 심오하다. 복이 부족한 사람들은 이러한 법문을 만나도 쉽게 퇴보해버린다. 공성법문을 듣고서도 중간에 포기하는 경우가 많은데, 어떻게 들어도 알아듣지 못하기 때문이며 최후에는 좌절감 때문에 포기해버린다. 그래서 반야법문을 능히 받아들일 수 있는 것은 본인의 근기와 복과 밀접한 관계가 있다. 이전에 여래를 받들어 모시고 시방 제불과 스승님을 공양하며 수승한 자량을 쌓아놓지 않았다면 현생에 공성법문을 만나도 사견이 생기고 신심도 감소되어 결국 각종의 장애 인연을 만나 수행을 원만하게 회향하지 못할 것이다.

이 때문에 현재 우리는 반야법문을 만나 자신의 의식 상태를 항상 관찰해야 한다. 자신의 생각이 약간만 정도에서 벗어났을지라도 곧 스승님과 삼보에게 기도하며 무시이래의 업장을 참회하여야 하고, 반드시 정지정념이 무아공성을 벗어나지 않게 알아차려야 한다. 상相이 있고 집착이 있는 그럴듯한 법문이 아무리 많아도 공성법문과는 절대로 비교할 수 없다.

49
'아我'가 의지하는 오온을 관찰함

마땅히 오온은 뜻에 따라 생기지 않고,
시절과 자성으로 인해 생기는 것도 아니며,
체가 자재함도 없으며, 원인이 없이 나타나는 것도 아니니
오직 무명 업식의 애욕으로 인해 생기는 것임을 알아야 합니다.

當知蘊非隨意生　당지온비수의생
非時節及自性生　비시절급자성생
非體自在非無因　비체자재비무인
乃由無明業愛生　내유무명업애생

❦

오온에 집착하여 '아我'를 삼기 때문에 육도윤회의 굴레에서 벗어날 기약이 없는 것이다. 그래서 우리는 관찰하여야 한다. '오온의 본체가 존재하는가? 만약 본체가 존재하지 않는다면 왜 그렇게 집착하는 것일까?' 이는 오온과 아집의 관계가 아주 밀접하기 때문이다. 우리들은 모두가 오온에 집착하고 있는데, 단지 그것을 모를 뿐이다. 그렇다면 오온의 내력은 무엇인가?

이에 대해서는 내도와 외도의 주장이 같지 않다. 어떤 외도는 오온이

뜻에 따라 생기고, 가끔은 '아我'로부터 생기며, 혹은 자성 중에서 생기기도 하고 지地, 수水, 화火, 풍風, 공空에서 생기기도 한다고 한다. 혹자는 하느님을 말미암거나 기타 만물에서 생긴다고도 여긴다. 이러한 설법들은 모두가 불합리하다. 왜냐하면 온이라는 것은 이러한 사물에서 생성되지 않기 때문이며, 만일 사물에서 생성된다면 기둥이나 돌도 아무렇게나 쉽게 오온을 생성해냈을 것이다. 오온은 언제든 마음먹은 대로 생기게 할 수 없고, 필히 중생의 의식상속 중의 특정한 인연을 빌어서 이룰 수 있는 것이기에, 오온이 마음대로 생긴다는 설법은 성립되지 않는다.

또 다른 외도는 봄날에 만물이 생성되는 것처럼 오온이 항상 존재하는 시절 중에 생긴다고 여긴다. 이러한 생각도 적절치 않다. 『사백론』에서 설하고 있는 바와 같이 시절의 실체는 근본적으로 성립되지 않으며, 만물의 상속변화를 제외하고는 독립적인 시간은 존재하지 않는다. 한발 물러나서 설사 시절이 항상 있는 것(常有)이라고 해도, 항상 있는 법 중에서 어떻게 무상의 오온이 생길 수 있는가? 그러므로 이러한 관점도 발을 붙일 수가 없다.

수론외도數論外道들은 신아神我와 자성이 실제 존재한다고 생각한다. 기쁨, 근심, 어둠의 삼덕평형三德平衡은 신아를 생기게 하고, 평형되지 아니한 것은 기타 23제법을 생기게 하는데, 오온은 곧 23제법 중에 포함되어 있다고 한다. 이것은 불합리하다. 만약 자성의 본체가 실제로 존재하여 불변한다고 하면 어떻게 형형색색으로 변동하는 만법을 생기게 함이 가능하다 하겠는가? 상법 중에서 무상의 각종 변화를 현재 목전에 보이게 하는 것은 불가능한 일이다.

또 다른 외도는 오온이 자아의 본체인 '아我'에서부터 생긴다고 믿었다. 이 역시 앞에서 추론한 바와 똑같이 논파할 수 있다. 만약 그것의 본체가 항상 존재한다면 상법 중에 무상법이 생겨날 수 없다. 만약 본체가 무상이라고 한다면 이것은 또한 그들 자기 종파의 관점에도 부합되지 않는다. 대자재천파大自在天派, 범천파梵天派, 편입천파遍入天派 등은 모든 만물이 천신에 의하여 창조되었다고 생각하는데 이러한 관점도 절대 성립되지 않는다. 만약 오온이 천신에 의하여 생겼다고 한다면 그것은 그들이 의도적으로 만든 것인가, 아니면 생각 없이 만든 것인가? 만약 천신의 뜻에 따라 창조되었다고 한다면 천신은 곧 자재하지 못하다고 볼 수 있다. 이것은 곧 욕망에 이끌렸다고 볼 수 있기 때문이다. 만약 의도 없이 창조되었다면 이것은 곧 만물을 주재하는 자가 되지 못한다는 것이다. 왜냐하면 그는 만물이 생겨나는 것을 제어하지 못했기 때문이다.

순세외도順世外道는 모든 것은 원인이 없이 생긴다고 생각한다. 이것은 더더욱 도리에 부합하지 않는다. 무인생無因生은 모든 외도 중에도 아주 열악한 견해이다. 원인 없이 만법이 생긴다면 곧 만법은 언제 어디서나 마땅히 출현해야 하거나, 혹은 언제 어디서나 마땅히 생기지 않아야 한다는 등의 과실이 있게 된다.

이러한 몇 가지 관찰을 통하여 보면, 오온의 생성에는 그것을 주재하는 자가 없고 또한 아무런 인연과 연고도 없이 생기지도 않는 것임을 알 수 있다. 그러면 그것은 어떻게 생성되는가? 불교의 관점으로 따르면 만법은 승의勝義, 곧 진여의 차원에서는 불생불멸하는 것으로 일체의 희론을 여읜 것이나, 세속의 차원에서 '온蘊'은 무명, 업식,

애욕 등의 상호연합 작용으로 생긴다. 이러한 온의 가합假合은 자성이 실제 존재하는 '아我'가 아니다. 월칭논사도 "경에서 설하되, 제법은 오온을 의지해 가립假立된 것이므로 온의 모임일 뿐 '아'가 아니다."라고 말씀하셨다. 인연이 모여 합할 때 '아'와 오온이 드러나지만, 일단 인연이 구족하지 못하면 (승의 측면에서는 일체가 다 공한 것이지만, 세속의 차원에서 논하더라도) 원인이 없기에 나타날 수 없게 된다. 이것은 『입행론』에서 "인연화합으로 만물이 나타나며, 원인 없이 나타나지 않는다."라고 함과 같다.

이렇듯 외도들이 인정하는 '오온이 상법常法으로 말미암아 생긴 것'이 아니라, 12인연으로 생겨난 것임을 여러분들은 명확히 알아야 한다. 이것은 곧 아무런 손상이 없는 종자를 흙 속에 심어 물을 주고 비료를 주면 작은 싹의 순이 나오는 것과 같다. 무명으로 뒤덮여 있는 업장은 애욕의 기운을 통하여 중생의 오온으로 드러나는데, 이것이 곧 12인연이다. 무구광 존자께서 『대원만심성휴식』 중에 상세하게 12연기에 대하여 서술한 바 있는데, 그것은 불교의 교리 중에서 가장 중요한 것이다. 『중론』에서도 이 부분에 대한 가르침이 있으니, 게송에 설하길 "중생이 어리석음으로 뒤덮여 뒤에 삼행三行[87]을 일으키고 이 행을 일으킴으로써 행에 따라서 육취六趣[88]에 들어간다."라고 하였다. 이 게송의 뜻은, 중생이 우둔하고 어리석은 무명에 뒤덮인

---

[87] 3행三行은 신행身行·구행口行·의행意行을 말하며, 신업身業·구업口業·의업意業의 3업三業의 다른 말이다.

[88] 중생의 업인에 따라 태어나는 존재양상의 여섯 가지. 곧 천天·인간人間·아수라阿修羅·축생畜生·아귀餓鬼·지옥地獄의 육도六道를 말한다.

까닭에 선업善業, 불선업不善業, 부동업不動業[89]을 지으며 이 인연으로써 업장에 따라 육취에 들어가는데, 그것은 물레방아와 같이 윤회 중에서 끊임없이 유전한다는 것이다.

일체의 만법은 모두 인연에 의하여 생긴다. 이러한 인연은 외인연外因緣과 내인연內因緣으로 나눌 수 있다. 외인연은 종자를 심으면 순이 돋아나올 수 있는 것과 같은 것이고, 내인연은 12연기를 말한다. 이런 인연의 화합에 의거하여 기세계器世界[90]와 유정세계有情世界가 비로소 형성되는 바, 이러한 도리는 아주 심오한 것으로 지혜가 없는 사람은 근본적으로 이해하기 어렵다. 어떤 사람은 색법이 원인 없이 생긴다고 하고, 어떤 사람은 '항상 있는 원인(常因)'에 의해서 생긴다고 하는데, 이러한 설법은 모두가 불합리한 것이다. 인연의 취합으로 비롯된 가상假象을 제외하고는 근본적으로 실질적으로 존재하는 본체가 없기 때문이다. 그래서 용맹보살님께서는 "인연 없이 색이 있다고 하지만 이 일은 결국 그렇지 않으며, 이로써 지혜로운 자는 응당 색을 분별하지 않는다."라고 하셨다. 무인으로 색법이 생긴다는 논리는 어떠하든지 성립되지 않으므로, 지혜를 구비한 사람들은 마땅히 이러한 본체무실本體無實의 색에 탐착하지 말아야 한다.

큰 도시의 바쁜 사람들은 색법에 대하여 한 번도 분석해보려고

---

[89] 삼업三業의 하나. 선정禪定의 단계에 따라 반드시 그 단계의 과보를 받을 색계·무색계의 선업善業. 색계·무색계의 업은 정력定力에 의한 것으로서 초선업初禪業은 반드시 초선의 과果를 받고, 2선업은 반드시 2선의 과를 받아 업과 과가 틀리지 아니하므로 '부동업不動業'이라 부른다.(출처: 『시공불교사전』 및 『종교학대사전』)
[90] 유정중생이 의지하며 사는 산하대지와 같은 자연환경.

하지 않고 매일 각종 색법에 좌우되어 산다. 이것은 아주 불쌍한 일이다. 불가의 모든 법은 일체의 희론은 멀리하고 모든 것이 공성임을 설하지만, 많은 사람들이 이러한 도리를 이해하지 못한다. 그래서 우리들은 기회가 있을 때마다 반야공성의 가르침을 숙독해야 할 것이다. 『유마힐경』에 "법에 형상 없음은 허공과 같은 까닭이며, 법에 희론 없음은 제법이 공한 까닭이다."라고 하였다. 제1세 뒤좀 린포체(돈주법왕敦珠法王)도 "눈앞의 허공은 곧 모든 만법의 본성이다. 만약 우리가 일정한 경지에 이르렀다면 인간이든 기器세계이든 어떠한 현상이 눈앞에 나타남에 관계없이 마땅히 시종 허공과 같은 경계에 안주하기에, 다른 사람이 당신에게 엄청난 고통을 주거나 자신의 뜻과 다른 역경에 처하게 하더라도 자신의 마음은 그에 따라 쉽게 동요하지 않을 것이다."라는 가르침을 설하고 계시다.

이러한 일은 물론 쉽지 않은 것이다. 그러나 항상 이를 수행한다면, 이러한 깊은 법들을 학습하지 않은 사람들과 비교할 때에 아주 많은 차이가 있다. 반야법문을 들은 사람이 자기와 사물에 대하여 탐착하는 정도는 반야법문을 들어보지 못한 사람의 그것과 완전히 다르다. 만약 모든 법에 대해서 집착을 하지 않으면 곧 꿈속에서 일을 하는 것과 같으며, 단지 중생의 면전에서 인연에 따라 일을 하는 것뿐이다. 그러면 곧 우리는 반야바라밀다의 보살로 안주하게 되는 것이다.

② 지혜 수행의 본체 (게송 50~52)

50
무아의 깨달음을 방해하는 3종 결박을 끊어내야 함

이치로써 응당 계금취견,[91]
살가야견, 의심 품는 것 등의
이 세 가지 결박은
해탈도의 문을 막는다는 것을 알아야 합니다.

理應了知戒禁取 이응요지계금취
薩迦耶見及懷疑 살가야견급회의
結縛有中此三者 결박유중차삼자
阻塞解脫城市門 조새해탈성시문

무아에 통달하는 데 장애가 되는 세 가지가 있다. 우리는 이 3개의 장애물을 만나면 이성적으로나 실질적으로 무아의 경지에 통달할

---

91 올바른 계율이 아닌 것을 열반으로 이끄는 위없는 계율이라고 믿는 것을 말한다.

수 없다. 그러면 이 3대 장애물은 어떤 것인가?

우리는 허공과 같이 널리 희론을 여읜 무아공성을 통달할 수가 없어 매일 '아我'에 집착하므로 무아의 쾌락을 향유할 수 없다. 순연에서는 무아를 체험하는 듯싶어도, 번뇌의 근원을 끊어내지 않았기 때문에 즐겁지 않은 상황에 처하게 되면 강대한 '아'의 출현에 직면하게 된다.

평범한 범부들에게는 일반적으로 3대 번뇌가 있다. 다른 말로는 3종결三種結이라고 한다. '결結'은 속박을 의미한다. 이러한 세 가지 '결'을 단절하지 않으면 무아의 실상을 만나볼 수 없다.

그러면, 이 3종의 '결'은 어떠한 것일까?

1. 계금취견戒禁取見: 견해면에서 외도의 영향을 받아서 불법의 도리와 부합되지 않는 것, 공덕이 없는 계율이 아닌 것에 집착하고 그것을 취하여 수행하는 것을 가리킨다. 예를 들어 외도가 생각하기에 자신이 여러 생에서 동물과 관계가 있다고 하여 금생에 동물을 자기 어머니로 생각하거나, 개의 깨끗하지 않은 음식을 먹는 것을 배우는 것을 말한다. 혹은 불(火) 요가나 바람(風) 요가에 의지하거나 목욕을 통하여 자기의 업장이 깨끗해진다고 믿는 등 전도된 집착으로 망령되게 의미가 없는 고통을 받는 것이다. 이런 것들은 모두 해탈의 정도에서 벗어난 것이다.

현재 우리 사회에는 사악한 설과 견해들이 난무하고 각종 기공과 공법도 아주 많다. 수행자는 붓다의 가르침을 제외하고는 기타 기괴한 견해와 행위 등을 되도록이면 행하지 않는 것이 좋다. 현재 삿된 법을 행하는 사람들이 도처에서 잠복해 있고 여기저기서 출현하므로, 어떤 사람들은 신기하고 신선함에 끌려 맹목적으로 떼를 지어 따라

행하는 과오를 저지르고 있다. 많은 불교도들이 비교적 단순해서 오늘은 이것을 믿고 내일은 저것을 믿고 하지만, 실질적으로 이러한 것들은 우리를 해탈에 이르게 하지 못한다. 이러한 것들은 현생에서나 내세에서 무의미한 행위이며 오히려 '무아無我'를 깨닫게 하는 데 크나큰 장애가 된다.

2. 살가야견薩迦耶見: 자신의 오온五蘊을 '아我'로 보는 전도된 시각을 말한다. 본래 '아'는 존재하지 않음에도 '아'라는 진실이 존재한다고 여긴다. 『중아함경』[92], 『대비파사론』 등에서 살가야견은 신견身見이라고도 한다. 일반 중생들에게 "이러한 것은 우리의 신체이고, 이것은 우리의 느낌이며, 이러한 것은 우리의 집착이다."라는 삿된 집착(邪執)은 누구에게나 있다.

3. 의심(懷疑): 도의 결과인 법에 대하여 의구심이 많이 있다. 수행의 도에 의지하여 성자의 과위를 얻을 수 있다는 것에 믿음이 없이 항상 생각하길 "내가 불법을 수행하고 중관을 학습하여 관찰한다면 불도의 해탈 과위를 얻을 수 있겠는가?", "붓다는 도대체 계시는 것인가? 아니면 안 계시는 것인가?", "삼보三寶의 가피는 우리를 속이지 않고 현전하는 것일까?"라고 의심한다. 이러한 각종 의심은 무아를 깨닫게 하는 데 장애 인연이 된다.

이상 세 가지는 3종결이라고 불린다. 『입중론』에서 말하길 "여래의 가족으로 태어난 사람[93]은 3종결을 완전히 단절하였다."라고 하였다.

---

[92] 『중아함경』에 계금취견, 살가야견, 의심 품는 것, 이 3결이 다하면 수다원과를 얻고 악한 법에 떨어지지 않는다고 설해져 있다.

곧 1지보살의 과위를 획득한 후에 곧 완전히 계금취견, 살가야견, 의심 품는 것 등 3종결을 끊어냈다는 것이다. 1지보살이 사견을 일으키는 것은 불가능하다. 또한 그가 바르지 아니한 외도의 행위를 수행하는 것도 불가능하다. 『열반경』 등 대소승 경전에서도 모두 말씀하시기를, 수다원 과위(小乘初果)를 획득했을 때 이미 3종결을 끊는다 하니, 1지보살은 더더욱 말할 필요도 없다.

평범한 중생에게는 계금취견, 살가야견, 의심 품는 것 이 세 가지 3종결을 훼멸시킬 수 있는 법의 종자가 없다. 중생에게는 이런 번뇌를 일으키는 인연이 있다. 그러므로 당신이 의심을 품었다 하여 특별히 상심할 필요는 없다. "어허, 나는 오늘 삼보에 대하여 의구심이 생겼다. 그리하면 나는 희망이 없는 것이 아닌가?"라고 생각할 필요는 없는 것이다. 일반 중생의 근기는 성자와 현격한 차이가 있으며, 의구심이 있고 신견이 있는 것도 정상이다. 단지 큰 신견과 큰 의구심은 해탈에 있어서도 장애임을 알아야 한다.

『구사론』에서 말했듯이 이 3종결을 비유하자면 '목적지에 가고 싶지 않은 것, 길을 잃음, 앞길에 대해 의구심을 갖는 것'과 같다. 예를 들어 어떤 개인이 라싸를 향해 간다고 하자. 만약 근본적으로 가고 싶지 않은 사람은 라싸에 도착하지 못한다. 이미 떠났다고 하더라도 도중에 길을 잃고 헤맨다면 그 사람도 목적지에 도착하지 못한다. 만약 그가 의구심을 품고 "아, 이 길은 라싸에 도착할 수가 없는 길이야."라고 생각한다면 그 역시 어떤 방법으로도 최종 목적지에 도착할

---

93 등지 이상의 보살이 여래의 가족 가운데 태어난다.

수가 없다. 이렇듯이 우리들이 인무아人無我를 깨닫는 데에도 3종 장애가 있다. 만약 신견身見이 아주 확고하고, 근본적으로 공성을 깨닫는 것을 원하지 않아 「지혜품」 같은 경론의 말씀마저 듣고자 하지 않는다면 공성과는 어떠한 연분도 없다고 볼 수 있다. 만약 그가 공성을 들었다 하더라도, 다른 길로 잘못 들어가 버려 외도의 단견과 사악한 공에 들어간다면 해탈을 이룰 수 없을 것이며, 공성의 깨달음을 얻지 못할 것이다.

이러한 3종결은 수행의 큰 장애물이다. 이를 단절하고 싶으면 세간과 출세간의 정견正見에서 벗어나면 안 된다. 불도에 올바른 신심이 생긴다면 외도의 견해는 자기 자신에게는 아무런 쓸모도 없다는 것을 알게 될 것이며, 이러한 태도로 무아의 견해를 수행한다면 긍정적인 희망이 있다. 수행을 바르게 하는 도반들은 정법을 행하며, 무아의 법문에 신심이 있어 삿된 지식과 견해를 갖고 있지 않으며, 옆에 사람들이 정법 이외의 화제를 꺼낼 때에도 근본적으로 그의 말에 관심을 두지 않는다. 이러한 경우는 자기의 복과 관계가 있으며, 또한 무아의 깨달음과 인연이 있다고 볼 수 있다.

이러한 특별히 심오한 법어인 3종결 등을 우리는 마땅히 알아야 한다. 재가불자의 한 사람이었던 낙행왕은 나라의 대소사를 처리하기에 누구보다 더 바쁜 사람이었을 것이다. 그러나 용맹보살은 그래도 그에게 3종결을 끊으라고 권한다. 이 3종결을 끊지 아니하면 재가불자들도 해탈을 이룰 수 없기 때문이다. 만약 어떤 사람이 세 겹의 밧줄에 묶여 있다면 이 밧줄을 풀지 아니하고는 자유를 얻지 못하는 것과 같이, 우리 일반 범부들은 3개의 번뇌 밧줄, 곧 계금취견, 살가야견,

의심 품는 것에 얽매여서 지독하게 집착하므로 마땅히 그 속박에서 벗어날 수 있도록 부단한 노력을 해야 한다. 이 점에 있어서 여러분들은 비록 성자의 과위를 얻지 못했다 하더라도 평소의 수행 중에서 마땅히 불법의 특별한 수승함을 느껴 알 수가 있을 것이다.

51

도道의 순인연順因緣인 정진을 수행함

해탈은 자기를 의지하여 얻을 뿐이고
남들이 도와줄 수도 없는 것이니
계율과 선정을 널리 배워 갖춘 자는
마땅히 사제四諦를 정진하여 수행해야 합니다.

解脫依賴於自己 해탈의뢰어자기
他人不能作助伴 타인불능작조반
具足廣聞戒定者 구족광문계정자
應當精勤修四諦 응당정근수사제

❀

공성 해탈의 깨달음은 오직 자신의 정성과 부지런함에 의지해야 하는 것이다. 다른 사람의 도움에 의지하여 자신은 아무런 대가도 치르지 않고 윤회를 벗어나려고 한다면 결코 이룰 수 없다. 비록 어떤 논전에서는 상사의 가피와 위신력에 의지하여 제자들이 왕생정토에 들어갈 수 있다고 말하기도 하나, 이것도 사실상 자신에게 얼마나 강렬한 믿음이 있느냐에 관계된 것이다. 강렬한 믿음이 없다면 설령 붓다가 친히 강림하여 도와주려 해도 도와줄 수가 없다. 그러므로 우리는 자기 자신을 의지하여야 한다.

　석가모니불께서 일찍이 제자에게 말씀하시되 "내가 너희에게 해탈의 방편을 설하노니, 마땅히 자신에 의지하여 해탈을 이루어야 한다."라고 하시었다. 붓다께서 중생을 제도하실 때 중생을 곧바로 청정한 찰토에 이르게 하지 않으시고 삼보三寶, 사제四諦, 무아無我의 법문을 설하시고 그들에게 해탈하는 방법을 가르치시니, 결국 해탈은 각자의 인연에 의지하여 이룰 수 있는 것이다.

　스승님들도 또한 그러하셨다. 중생들에게 여실하게 불법의 인과를 취하고 버리는 도리(因果取捨)를 강의하였고, 또한 정성과 근면으로 수행하는 법에 대해 가르치고 경계하셨으나, 만일 제자가 이를 받아들이지 않으면 스승도 방법이 없다. 사실 세간의 스승님들도 그러하다. 스승의 책임 하에 학생들의 지혜를 배양하려 하나 학생들이 실제로 받아들이지 않으며, 스승들도 한없이 베풀 수만은 없어 매일 때리고 욕한다면 스승들도 매우 귀찮고 힘들 것이다. 이렇듯 성취는 자기의 부지런함과 근면함에 의지해야만 한다. 특히 게으른 사람들에게는 금강승 도반이 잠시 도울 수 있을지라도, 완전히 다른 사람에 의지하여 해탈을 이루려 한다면 이것은 근본적으로 불가능하다. 이 때문에 용맹보살께서 낙행왕에게 이르시길, 자신이 국왕이라고 하여 스승들이 자기를 극락세계로 인도할 것이라 여기지 말고 스스로 수행하라 권고하시는 것이다.

　어떤 사람들은 스스로 수행하지도 않고, 법을 배우거나 가행加行[94]을

---

[94] 티벳불교에서 전하는 예비수행 단계를 말한다.

수행하지도 않으며 스승에게 의지한다. 그러나 스스로 배우지 아니하고 산만하고 게으르며 법에 어긋나는 일을 한다면 그 스승이 아무리 위대하다고 한들 아무 소용이 없다. 그래서 우리는 반드시 스스로 정진 수행을 해야 한다.

수행할 때에는 먼저 현교顯敎와 밀교密敎의 교법을 넓게 면밀히 배워 알아야 한다. 어느 정도의 지혜를 갖추어야 하며, 동시에 청정계율을 하나 이상 받고 마음을 법의法義에 집중하여야 한다. 계정혜戒定慧 삼학을 갖춘 이후에는 마땅히 진일보하여 사제四諦를 수행하여야 한다. 먼저 고苦의 진리를 알고 세간의 각종 고통을 이해하여야 하며, 그런 후에 고의 집제集諦라는 것을 알아서 마땅히 이를 단절시켜야 한다. 어떤 방법으로 단절시키는가? 도제道諦에 의지해 단절시키면 된다. 집제를 단절시킨 후에 최종적으로 멸제滅諦가 현전한다.

『유가사지론瑜伽師地論』에서는 고집멸도苦集滅道의 사제를 중병에 걸림, 병의 원인, 병의 치료, 양약의 네 종류로 분별하여 비유한다. 예를 들자면 의사가 중병이 든 사람을 치료하고자 할 때(苦), 먼저 그의 병의 원인이 무엇인지 알아야 한다(集). 그것을 알고 난 후 병에 맞추어 약을 처방한다(道). 약을 먹은 후에 점점 좋아진다(滅). 그래서 『열반경』에서 말하기를 "만약 사제를 볼 수 있다면 그것은 곧 생사를 끊음을 얻는 것이다."라고 하였다. 진정으로 사제를 볼 수 있다면 곧 생사윤회의 수레바퀴에서 벗어날 수 있다.

사제를 수지함은 매우 수승하다. 경전에서 말하기를, 유루법有漏法[95]

---

[95] 번뇌 또는 고苦의 누출을 더욱더 증장시키는 상태나 작용을 하는 법들을 유루법(有漏法, sāsrava dharma)이라고 한다. 이러한 유루의 뜻과 반대의 경우, 곧 번뇌가

에서는 집제가 인因이 되어 고제가 과果가 되며, 무루법無漏法에서는 도제가 인이고 멸제가 과가 된다고 했다. 스스로 부지런히 수행을 하지 않고 붓다께만 의지하여 해탈을 이루려 한다면 이것은 아주 곤란하다. 또한 붓다께 대한 신심이 없다면 불력으로 극락왕생하려고 하는 것은 당연히 더더욱 불가능하다. 미륵보살께서 『현관장엄론現觀莊嚴論』에서 설하시되 "하늘이 비록 비를 내리도 종자가 상하면 싹이 나올 수 없듯이, 제불이 세상에 나투시어도 인연 없이는 선한 과를 얻지 못한다."라고 하셨다. 많은 붓다들이 세상에 나와 법륜을 전했다고 하더라도 불교에 믿음이 없고 흥미도 없는 사람은 근본적으로 해탈을 얻을 수 없고, 단지 윤회의 굴레에 헤매며 고통을 계속 받을 뿐이다.

그래서 여러분들은 자기를 의지하여 스스로 불법을 배워 수행하기를 바란다. 불법을 배우지 않으면 불법을 알 수 없고, 불법을 알지 못하면 윤회의 고통을 알 수 없다. 윤회의 고통을 알 수 없다면 어떻게 그 중에서 해탈을 얻기 위해 수행할 수가 있겠는가? 이전에 상법上法시기일 때 벽지불辟支佛[96]이 몸을 나투어 인연이 있는 중생으로 하여금 해탈을 이루게 하였다. 그러나 지금은 말법시대여서 선지식께서는 반드시 경전을 강설하고 설법하며, 제자는 배운 불법의 도리를 반복적으로 익히고 수행해야 한다. 번뇌를 단절하여 해탈을 얻는 차제가 이러한 것이다. 그러나 아직도 많은 사람들이 해탈에 이르는 것은

끊어진 상태나 번뇌가 끊어지게 하는 작용을 하는 법들을 무루법(無漏法, anāsravah dharma)이라고 한다.

[96] 벽지불은 범어 pratyeka buddha, 팔리어 pacceka buddha의 음사로서, 스승 없이 홀로 수행하여 깨달은 자라는 뜻이다. 독각獨覺·연각緣覺이라 번역한다.

자기의 노력에 의하여 이루어진다는 도리를 잘 모른다. 그래서 우리들은 이 부분에 있어서 반드시 주의를 요한다.

52

계정혜 삼학을 총설함

마땅히 항상 정진하고 수행해야 하는 것은
수승한 계율과 지혜, 선정입니다.
250여 가지의 계율도
참으로 이 삼학 안에 포함됩니다.

理當恒常勤修學　이당항상근수학
殊勝戒律及慧定　수승계율급혜정
二百五十餘分戒　이백오십여분계
眞實攝此三學中　진실섭차삼학중

❀

수행의 본체는 계戒, 정定, 혜慧 삼학이다. 그것은 불교의 모든 내용을 포함한 것이다. 그래서 소승에서도 삼학을 강의하고 대승에서도 삼학을 가르친다. 일부분의 내용에 약간의 차이가 있지만, 실지로 크게 보면 차이가 없다. 우리 수행자들은 반드시 수승한 삼학을 학습해야 한다. 왜 수승한 것이라고 부를까? 외도와 세간의 도에는 이러한 가르침이 없으므로 어떠한 학부에서도 삼학의 교의를 얻을 수가 없기 때문이다. 그래서 이것은 그 어느 것과도 비교할 수 없는 매우 수승한 지식이다.

우리들은 아주 많은 복을 가지고 있어 말법시대에 이렇게 대단한 대승법문을 만날 수 있는 것이다. '계율'은 일체 공덕의 근본이고, '선정'은 부처님께서 전해주는 법의法義에 마음을 안주하게 하는 것이며, '지혜'는 만법의 취사선택에 대해 통달하는 것이다. 용맹보살은 낙행왕에게 응당 이 계, 정, 혜 삼학을 갖추어야 한다고 권고한다. 비구가 출가할 때 받는 계율 253조항도 이 삼학에 귀속되어 있다. 낙행왕에게는 출가할 기회가 없었겠지만, 이 삼학을 잘 실행한다면 출가의 공덕 또한 이 중에 간접적으로나마 포함되어 있다고 볼 수 있다.

출가와 재가의 구별은 우선 계율로써 분별할 수 있다. 재가 신자는 오계를 지켜야 한다. 그러나 비구에게는 4개의 타승죄他勝罪, 13개의 승잔죄僧殘罪, 120개의 타죄墮罪, 4개의 향피회죄向彼悔罪, 112개의 악작죄惡作罪 등 모두 253조항의 출가계가 있고, 비구니는 그 보다 더 많은 계율을 지닌다. 이러한 253계는 비구계를 받은 사람이라면 반드시 지켜야 할 계율이나, 낙행왕이 정성껏 삼학을 수행한다면 출가인의 계율조항도 간접적으로나마 이 안에 포함되며, 또한 대승 보살계의 근본계根本戒와 지분계支分戒도 간접적으로 이곳에 포함되어 있다고 본다.

현재 어떤 신도들은 아주 독실하며 매일 독경을 끊지 않고, 불교에 귀의한 지 오래되었어도 항상 팔관재계를 받아 수행하며, 거사계도 거의 어기지 않는다. 이렇듯 독실한 신앙심을 기반으로 묵묵히 불교를 수행하고 있으면 출가를 했든 안 했든 간에 삼학의 모든 부분에 맞도록 정진한다고 볼 수 있다.

③ 금생에 대한 염리심

a) 수명무상壽命無常을 사유함 (게송 53~57)

53
신념처 수행으로 염리심[97]을 일으킬 것을 총설함

자재自在여! 몸에 대해 바르게 기억하고 생각함이
여래께서 가르치신 지름길이니,
이것을 경책하고 정근하여 수호해야 하나니
정념을 상실하면 제법을 잃는 것입니다.

　　　　自在憶念所屬身　　자재억념소속신
　　　　如來所示一捷徑　　여래소시일첩경
　　　　彼當策勵勤守護　　피당책려근수호
　　　　喪失正念諸法亡　　상실정념제법망

---

97 염리심厭離心은 출리심出離心이라고도 한다. 출세간적 발심으로 명예와 이익을 멀리하고 애착과 권세, 욕락欲樂을 멀리하며, 수행하여 도를 이루기를 바라는 것을 말한다.

여기서 '자재'는 낙행왕을 부르는 이름이다. 용맹보살께서 말씀하신다. "자재대왕이시여! 신념처身念處[98]의 수행법은 붓다께서 해탈을 얻고자 하는 자를 위해 밝게 가르쳐주신 유일한 지름길입니다." 만약 신념처를 모른다고 한다면 진정한 해탈을 획득할 수 없다. 붓다께서는 "능히 일체 중생을 청정하게 하고, 능히 극심한 고통에서 벗어나게 하며, 능히 이치에 맞는 법을 판별하고, 능히 열반의 유일한 지름길을 나타내주는 것이 바로 이 신념처이다."라고 말씀하셨다. 우리가 고제를 알고 일체 중생을 청정하게 하며, 집제를 단절하여 모든 극심한 고통에서 초월하게 하고, 도제를 의지하여 능히 이치에 부합하는 법을 판별할 수 있고, 멸제를 증득하면 열반이 나타나는데, 이 사제의 비결을 수행하는 것이 바로 신념처이다.

신념처의 관상 방법은 아주 많다. 자신의 신체 근원은 부모의 깨끗하지 못한 종자로 인해 태어난 것이며, 신체의 구조는 36종의 깨끗하지 못한 물질로 조성되었으며, 신체의 본성은 청정의 식물을 먹고서 악취가 나는 분뇨로 가공해내는 것임을 관상할 수 있다. 그래서 신체에 집착하는 것은 아무런 의미도 없다. 신체의 추악한 면모를 생각하면 매일 바쁘게 화장할 필요도 없고 보양할 필요도 없다. 만약 이러한

---

[98] 사념처四念處의 하나. 자신의 몸과 관련된 현상, 즉 호흡·동작 등을 관찰하여 몸의 세계에서 일어나는 탐욕과 혐오를 극복하는 수행법이다. 정신을 집중하여 몸 안팎의 움직임을 관찰함으로써 육신은 죽어서 썩을 부정不淨한 것임을 깨닫는 것이다.

정념正念을 잊는다면 어떠한 선법의 공덕도 하루아침에 소멸되어버릴 것이다. 일반 범부중생은 신체에 아주 강한 집착을 보이고 있다. 하지만 만약 신체를 공성과 무아, 허구의 것이라고 간주한다면 수행이 자연적으로 증장되어 진전이 있을 것이다. 신체를 특별히 중요시 여겨 크고 작은 거울들을 집의 문 앞, 화장실, 안방에 하나씩 걸어놓고 매일같이 자기 몸을 거울 앞에 비추어보기를 반복한다면 진정한 수행의 모든 시간은 허비되고 있는 것이다.

『유가사지론』에 설하되 "정념을 말한다면 가르쳐준 것을 잊지 않는 것이다."라고 하였다. 정념이라는 것은 곧 항상 가르치고 전수해준 것을 잊지 않는 것이다. 붓다께서 경전 중에 가르치신 것을 잊어버리고 자기의 신체를 오로지 탐착하면 최종적으로 공성을 깨닫는 것이 불가능할 것이다. 우리는 한 사람의 수행자로서 마땅히 신체에 대하여 시시각각 분석해 보아야 한다. 걸어갈 때에도 자기의 손가락을 보면서 생각하되 "비록 내가 오늘은 그것에 집착하였으나 언젠가는 그것을 버릴 것이고, 버렸을 때에는 이미 나의 것이 아니니, 그래서 신체에 탐착하는 것은 믿을 것이 못 된다. 이것은 거지가 누더기 옷을 한 벌 주웠는데, 그 옷이 찢겨져도 속상할 것이 없는 것과 마찬가지이다. 만약 내가 신체에 대하여 큰 집착을 갖지 않고 그것을 잠시 빌려서 쓰는 공구라고 생각하면, 내가 암에 걸렸다고 하더라도 고통스럽게 여겨지지 않을 것이다. 그러나 이러한 견해를 지니고 있지 않다면 시종일관 자기의 신체를 여의보처럼 여기고 보호하게 될 것이고, 만약 몸에 어떤 손상이라도 생기면 견디기 어려울 것이다. 수행 또한 이로써 무너질 것이다."라고 여기면 된다.

우리는 응당 이러한 정념을 지니고 항시 신체에 집착하지 않도록 자신을 일깨워야 한다. 아티샤 존자의 일생에 3대 비결이 있었다. 첫째는 시시때때로 자기의 마음을 바라보는 것, 둘째는 장기적으로 보리심을 수행하는 것, 셋째는 정지정념正知正念을 잊지 않는 것이다. 우리들 또한 마땅히 정지정념을 잊지 말고, 항상 정지정념으로 자기 신체를 관찰해야 한다. 불교를 배우지 않는 사람들처럼 자신의 신체에 집착하지 말아야 하며, 몸에 조그마한 통증이 생기거나 다른 사람이 당신의 신체를 보고 못생겼다고 하더라도 상심하지 않도록 해야 된다. 신체의 본질을 잘 알아야 하고, 그렇게 함으로써 비로소 번뇌가 소멸될 것이다.

54
죽는 시기가 정해져 있지 않음을 사유하면서 무상을 수행함

수명에는 해害가 많아 곧 무상하며
바람에 부서지는 물거품 같은 것이니,
숨을 마시고 내쉬며 깊이 잠들었다가
다시 깨어나는 것은 아주 희유한 일입니다!

壽命多害卽無常　수명다해즉무상
猶如水泡爲風吹　유여수포위풍취
呼氣吸氣沉睡間　호기흡기침수간
能得覺醒極稀奇　능득각성극희기!

우리의 생명은 무상한 것이다. 누구도 정확히 언제 죽는지는 알 수가 없다. 죽음에 대한 무상관이 생기지 않으면 수행을 중시할 수 없고 출리심出離心 또한 생길 수 없다. 사람마다 이 인간 세상에 태어나면서 삶의 풍요로움을 더하는 인연은 가여울 정도로 적고, 죽음을 재촉하는 인연은 도리어 쇠털처럼 많다. 외부적 요인으로는 인간이나 물질이 우리에게 해를 가하기도 하고, 땅, 물, 불, 바람의 재난이 있기도 한다. 내부적 요인으로는 지수화풍의 네 가지 원소의 부조화로 말미암아 각종 질병이 생긴다. 이러한 내적, 외적 인연으로 말미암아 우리의 생명은 아주 쉽게 손해를 입는다. 심지어 어떤 사람은 생존을 위하여 음식을 먹고 옷을 입었는데, 그 방법이 정당하지 않아 사망에 이르기도 한다. 그러므로『보만론寶鬘論』에서 설하길 "죽음의 인연은 너무나 많고 삶의 인연은 아주 적은데, 그것들 또한 죽음의 인연이다."라고 한 것이다.

확실히 삶의 인연은 상당히 적은 반면 죽음의 인연은 늘 갑자기 닥쳐오며, 사람들로 하여금 막으래야 도저히 막을 수 없게 한다.『지장경』에 이르되 "무상의 큰 귀신은 기약 없이 다가온다."라고 한 바와 같이 죽음이 갑자기 닥쳐왔을 때 우리는 오로지 죽을 수밖에 없다.『입행론』에서 또한 "죽음의 신이 갑자기 다다르며 나의 수명이 끝난다."라고 설한 바대로 사람의 생명은 마치 광풍에 날리는 작은 물거품과 같아서 절대로 항상 머무르지 못하고, 빠른 시간에 곧 멸해진다. 그러므로 우리의 생존의 기회는 매우 적고, 심지어 숨을 들이쉬고 내쉬는 사이에 살고 죽는 것이 결정된다. 저녁에 기분 좋게 잠들고, 밤새 죽지 않고서 이튿날 아침에 깨어날 수 있으면 정말로 드물고 희유한 일이다.

붓다께서『유교경』에서 설하시되 "생명은 숨 쉬는 사이에 있다."라고 하셨다. 어떤 이는 식사 중에 갑자기 졸도하여 쭉 깨어나지 못하고, 어떤 이는 쇼핑 중에 갑자기 까무러져서 구급차를 불러 병원으로 갔을 때는 이미 숨이 끊어져 있다. 어떤 이는 저녁에 잘 때 아무 일도 없고 평상시와 같았으나, 아침엔 일어나지 않고 영원히 잠이

들었다. 어떠한 신분이든지 막론하고 사망에 부딪치면 그 재난을 피할 수 없는데, 자신의 차를 타고 가다가 기사가 갑자기 죽으면 그 자신 또한 차가 뒤집혀서 죽는다. 이렇듯 죽음이 언제 이르는지 정확하지 않으니 생명은 확실히 보장할 길이 없다.

적천보살께서 설하길 "혹 지금 죽지 않는다 생각하며 안일하게 구는 것은 옳은 도리가 아니다."라고 하셨다. 만약 스스로 '오늘은 틀림없이 죽지 않는다', 혹은 '금년에는 틀림없이 죽지 않는다.'는 방일한 생각 속에서 살아간다면 이것은 불합리하다. 「인연품」에 설하길 "내일 죽을지 그 누구도 모른다. 오늘 응당 정진해야 한다."라고 한다. 내일 죽을지 안 죽을지는 그 어느 누구도 말하기 어려운 일이므로 '내일은 반복하여 내일로 이어진다.'고 여기지 말고 곧바로 정진해야 한다. 만약 그렇지 못하면 불법을 수지하는 데 성공할 수 없다.

어떤 이는 사망에 대면했을 때 매우 태연하고 즐거워 보인다. 인도의 시인 타고르는 "나는 생명을 열렬히 사랑하고, 또한 사망도 열렬히 사랑한다!"라고 한 바 있다. 하지만 평범한 사람으로서 죽는 걸 두려워하지 않는다면 그것은 아마도 허풍일 것이다. 이러한 호언장담은 해탈도를 성취한 대수행인에게나 맞는 것이다.

수행이 없으면 죽음에 다가왔을 때 마음이 안정될 방법이 없다. 만약 자신의 죽음에 대하여 확신이 없다면 기회가 있을 때마다 정진 수행하여야 하고, 최소한 세상만사에 실질적인 의미가 없다는 출리심이 생겨야 한다. 윤회에 대한 진정한 염리심의 기초가 있어야 수행이 순조롭게 성공할 수 있다.

죽음이 진정으로 닥쳤을 때 '밀교의 중음해탈 인도법을 전수받은 적이 있는가 없는가?', '이 방면의 경계가 있는가 없는가?', '종종 근본스님이나 아미타불께 기도를 올렸는가?', '평소에 임종 시의 준비를 했는가?' 등과 같은 것은 중요한 의미를 지닌다. 어떤 준비도 없었다면 사망은 여전히 두렵다. 만약 일찍이 이러한 준비를 해두었다면, 중병에 걸려 나을 희망이 없을 때라도 비통하게 울부짖을 필요 없이 스스로 경계 중에 안주할 줄 안다. 설사 갑자기 죽어 수행할 시간이 없다 하여도 『묘비청문경妙臂淸問經』에서 설한 바와 같이 순식간에 선법을 인식하고 붓다를 관상하는 등과 같은 방법으로 정토에 환생할 수 있다. 그러므로 우리 모두 평상시에 응당 무상을 많이 관상수행하고, 죽음을 위한 준비를 잘하는 것은 매우 중요한 일이다.

55
반드시 죽는다는 것은 의심할 바가 없음을 사유하면서 무상을 수행함

육신은 결국 재가 되고, 건조되고, 부패되어
마침내 더러워져 실체마저 없어지는 것이니
마땅히 (육신은) 모두 다 무너지고 소멸하며
각자 낱낱이 분산되는 자성을 갖고 있음을 알아야 합니다.

身際成灰幹腐爛　신제성회간부란
終究不淨無實質　종구부정무실질
當知一切皆壞滅　당지일체개괴멸
各自分散之自性　각자분산지자성

어떤 이는 생명은 비록 무상한 것이나 몸은 소멸하지 않는다고 생각하여, 아무리 무상의 도리를 설해줘도 귀 기울이지 않고 자기 몸에 대해 집착하려고 한다. 그러한 자에게는 몸의 최종결과를 한번 생각하게 하는 것도 괜찮다.

『백련화경白蓮花經』에 설하되 "태어남이 있으면 죽음이 있고, 모이는 것이 있으면 흩어지는 것도 있다."라고 하였다. 모든 중생은 죽음을 마주해야 한다. 죽을 때 진심으로 애착하던 몸을 포기할 수밖에 없다. 포기된 후에는 그 몸을 빨리 처리해버려야 한다. 설령 자신을 사랑하던 가족일지라도 시신이 된 내 몸은 싫어한다. 가족들은 대부분 시체를 화장장으로 보내 화장을 하고, 잠시 화장장 문 앞에서 머물며 조금 울다가, 시체가 한줌의 재가 되면 유골함을 받쳐 들고 집으로 돌아간다.

어떤 이는 인적이 드문 산골의 동굴에서 죽는다. 그 시신은 바람을 맞고 햇볕에 쬐이며 천천히 마르다가 오로지 하나의 뼈대만 남고 점점 지극히 작은 먼지로 변한다. 어떤 이는 죽은 후에 매장되어 점차적으로 부패되는데 대단히 더럽다. 어떤 이는 죽은 후에 수장되는데, 물에 잠긴 시체는 옛 모습을 찾아볼 수 없고 마지막에는 썩어서 문드러진다. 천장天葬을 할 경우에는 썩은 시체고기를 좋아하는 독수리에게 뜯기고 먹힌다.

불경에서는 "중생이 사망한 신체는 혹은 화장하고, 혹은 매장하며, 혹은 수장을 한다. 혹은 시체를 좋아하는 동물이 욕심껏 먹기도 한다."라고 하며 몸의 최종 상태에 대하여 상세히 설명하고 있다. 그러므로 우리는 우리의 육신이 제각기 분산되고 자잘하게 부서지는 것을 자성自性으로 함을 인식하여야 한다. 모두 다 자기의 몸을 특별히 아껴 살아 있을 때에는 바늘에 한번 찔리는 것도 원하지 않지만, 일정한 시기가 되면 소멸되어 어떠한 실질적인 것도 남지 않는 법이다. 적천보살 또한 설하길 "다른 사람의 뼈와 나의 몸은 다 소멸되는 법이다."라고 하였다.

이럼에도 불구하고 현대인들은 자기 몸을 보호하는 데 특별히 신경을 쓴다. 어떤 노인은 늙지 않고 오래 살기 위해 아침부터 저녁까지

각종 보약을 먹으며, 몸에 좋다면 그 어떤 것도 마다하지 않고 먹으나, 장수지명長壽持命의 과위를 얻을 수는 없다. 어떤 젊은 사람은 온갖 방법을 다하여 몸을 보양하고 청춘이 영원하기를 희망하지만, 누구나 영원히 늙지 않는 것은 불가능하다.

    그러므로 우리는 반드시 신체의 본질을 명백히 인식하여야 한다. 장애 인연이나 질병을 만났을 때라도 수행할 때의 경계에 안주하여 마음을 번거롭고 정신을 산란하게 가질 필요가 없으며, 동시에 불법에 대해 확고한 신심을 가져야 한다. 일찍이 붓다가 무상의 도리를 설하신 것을 옛날에는 오로지 도리로만 이해했었으나, 이제는 드디어 몸으로 직접 경험하게 되었기 때문이다. 만약 이렇게 수행할 줄 안다면 무상의 관념을 이해할 수 있고 죽음을 마주하여도 허둥거리지 않는다.

56

외부세계의 무상한 도리를 생각하면서 무상을 수행함

대지와 수미산과 바다라도
결국에는 일곱 개 태양에 의해 태워지고
모든 중생도 먼지로 변하여 남지 않는데
약소한 사람 몸은 말해 무엇 하겠습니까?

大地山王與海洋　대지산왕여해양
終爲七烈日所焚　종위칠렬일소분
有情化爲塵無餘　유정화위진무여
弱小人身豈堪言　약소인신기감언

어떤 사람은 "나의 몸은 비록 무상하고 실답지 못하며 부득이 죽음에 직면하지만, 대지와 수미산, 칠대해양 등 기세간器世間은 견고하여 깨뜨릴 수 없고 세간에 영원히 존재한다."라고 여긴다.

이런 생각은 정확하지 않다. 금강대지金剛大地, 칠좌보산七座寶山, 칠대해양七大海洋, 사대부주四大部洲를 위주로 하는 기세계器世界의 수명은 인류에 비할 바 없이 길기는 하지만 결코 영원한 것은 아니다.

불교의 설법에 따르면, 대겁이 훼멸되는 시기에 이르면 일곱 개의 태양이 일체를 먼지로 불태우고, 그 다음 홍수에 삼켜버리고 바람에 날려진 후에 만사만물이 하나의 허공으로 변한다.『불설무상경佛設無常經』에서 이 구절을 설명하되 "대지와 해, 달이 때가 되면 모두 다 없어지고, 단 하나도 무상에 삼켜지지 않음이 없다."라고 한다.

그러므로 기세계와 유정세계 전부 무상한 것이다. 불경에서 설하길 "삼계가 무상함은 가을 구름 같고, 중생의 생사는 연극을 보는 것과 같다."라고 한다. 또한 혹자는 설하길 "삼계 무상은 가을 구름과 같고, 중생 무상은 수월水月과 같다."라고 한다. 즉 기세계의 무상은 가을 하늘의 하얀 구름과 같아 잠깐 하늘이 눈부시게 아름답게 단장될 뿐, 잠깐 동안에 자취 없이 모두 사라져 그 어떤 의지하여 믿을 만한 것도 없다. 유정세계의 무상은 연극을 보는 것과 같다. 잠시 이 동작, 잠깐 저 동작, 잠시는 아귀의 역할, 잠깐은 천인의 역, 여러 가지 형상은 다양하나 하나도 고정적인 것이 없다.

기세계가 얼마나 견고하든지 간에 마지막에는 무상에 의해 삼켜져서 일곱 태양의 강한 불에 태워지는 운명을 벗어나기 어렵다. '일곱 태양'에 대해서는 여러 다른 설법이 있다. 어떤 경전에서는 일곱 개의 태양이 순서에 따라 출현해서 기세계를 모두 불태워버린다고 하고, 어떤 경전에서는 하나의 태양이 일곱 태양의 열량을 가지고 있다고 말한다. 무구광 존자의『대원만심성휴식대차소大圓滿心性休息大車疏』에서는 "백 개의 태양 열량을 지닌 한 개의 강한 태양이 나타나서 일체를 불태워버리고, 먼지는 물에 씻기고 바람에 날리어 하나의 허공으로 된다."라고 한다.

현대의 과학이 미리 예측한 것이 이 설법과 비교적 비슷하다. 과학자가 예언하길, 태양의 수명은 100억 년인데 지금부터 50억 년이 남았다고 한다. 50억 년 후에는 태양이 하나의 붉은 덩어리의 큰 별로 팽창하여 태양과 가장 가까운 수성과 금성을 삼켜 없애고, 지구 또한 아주 덥게 변하는데, 마지막에는 태양의 범위에 빠져든다. 이러한 예측과 무구광 존자의 『심성휴식』 중의 관점이 거의 일치한다. 붉은 거성이 삼켜버리든지, 거대한 온도를 가진 한 개의 태양이 녹이든지 간에 마지막에는 불이 세계를 괴멸시킨다는 것이다.

물론 과학자들의 예측도 모두 같지는 않다. 어떤 이는 몇천만 년 후 지구와 수성 혹은 화성이 충돌하고, 지구의 표면은 용암으로 덮여 모든 생물이 완전히 없어진다고 한다. 금년 초에 오스트레일리아 과학자가 행한 최신 연구에 의하면, 채색 불바퀴 모양의 나선형 천체가 미래 수십만 년 이내에 폭발할 수 있고, 그때가 되면 큰 폭발력의 감마선이 발사되어 지구가 멸망할 수 있다고 한다. 과학계의 보편적인 설명은 불교에서 설하는 것과 같이 태양이 붉은 거대한 별로 변해서 지구를 삼켜버리고 세계를 파괴한다는 것이다. 『구사론』의 설법에 따르면, 그때가 되면 유정중생이 이미 일찍 타방의 세상으로 이전하고 욕계의 세상에서는 먼지 하나도 남지 않을 것이니 우리의 이 약소한 몸은 더더욱 말할 것도 없다. 『전행』에서 말한 대로 고승대덕이든지 세간존주世間尊主[99]이든지 어느 한 분도 무상을 피할 수 없으니, 우리는 항상 무상관을 지니고 죽음을 상기하여야 한다.

---

[99] 수명이 수 겁에 달하고 위엄의 빛을 구족한 모든 천인과 선인을 말한다.

예전에 까담파의 많은 게셰[100]들은 숙면 중에 죽음을 맞아 다음날 아침 깨어나지 않을 수 있기에, 밤에 자기 전에 사발을 뒤집어 놓고, 매 시간마다 죽음에 대한 무상의 이해를 상기시켰다. 우리도 마땅히 그들처럼 일종의 긴박감을 수시로 지녀야 한다. 즉 "나는 바로 지금 수행해야 한다. 그렇지 않으면 무상이 도래한 후에 수행하려 해도 늦는다. 그때에 가서는 한마디 아미타불을 염불하는 것도 매우 어렵다." 라고 생각해야 하는 것이다. 지금 사람들에게는 무상의 긴박함이 없다. 일부 신자들은 현재 수행할 시간이 없다고 하며, 10년이 더 지난 후에 자식을 대학에 보내고 나서 퇴직 후에 출가한다고 한다. 하지만 그때에 가서는 여러분들도 나도 모두 존재하지 않고 두 개의 무덤으로 변할 뿐, 모두 수포로 돌아간다. 그래서 무상관이 없는 사람들에게는 연민심이 난다.

---

100 티벳불교에서 불교학 박사를 취득한 스님.

57

수명무상壽命無常을 총결하여 논함

이렇듯 모든 것은 무상하고 무아이며
의지할 곳도, 보호해줄 이도, 머물 곳도 없고
윤회에는 아무런 실체가 없음이 파초와 같으니
낙행왕 그대는 마음에 염리심[101]을 내야 합니다.

如是無常與無我 여시무상여무아
無依無怙無存處 무의무호무존처
輪回無實如芭蕉 윤회무실여파초
人君汝心當厭離 인군여심당염리

이상의 분석대로 만법은 모두 본성상 무상[102]하고 무아이며, 윤회에는

---

101 윤회를 싫어하고 윤회를 벗어나고자 하는 마음. 출리심이라고도 한다.
102 무상無常이란 끊임없이 변화하고 생멸하며 시간적 지속성이 없음을 말한다. 불교에서는 일반적으로 제행무상諸行無常이라는 명제로써 무상을 설명한다. 제행무상은 불교의 근본교의를 나타내는 삼법인三法印의 하나로, 모든 것은 생멸 변화하여 변천해가며 잠시도 같은 상태에 머무르지 않고 마치 꿈이나 환영이나 허깨비처럼 실체가 없다는 것이다. 즉 이 현실세계의 모든 것은 매순간마다 생멸 변화하고 있으며, 거기에는 항상 불변한 것은 단 하나도 존재할

자신을 구호해줄 귀의처도 없고, 자신을 이익 되게 할 구호주도 없으며, 자신을 영원히 죽지 않게 하면서 몸을 의탁할 곳은 더더욱 없다. 위로는 비비상천非非想天에 이르고 아래로는 무간지옥無間地獄에 이르도록 형형색색의 법에는 모두 실질이 없고, 감정, 생활, 재물, 지위, 명성 등 일체가 마치 내용이 없는 파초와 같다. 그래서 용맹보살은 군주인 낙행왕에게 윤회 속에서 염리심을 내어야 한다고 권하는 것이다.

우리들은 반드시 무상을 수행하여야 한다. 무상을 수행하는 것을 거쳐 비로소 윤회에 대하여 염리심이 생길 수 있다. 많은 사람들은 다른 사람에게 "대원만 관정을 받은 적이 있는가?", "최고 무상의 법을 얻은 적이 있는가?", "계해탈系解脫'을 얻은 적이 있는가?", "상사심적上師心滴'을 얻은 적이 있는가?" 하며 줄곧 묻는다. 이것은 유치원조차도 다닌 적이 없는 사람에게 대학교를 다닌 적이 있느냐고 묻는 것과 같아 좀 우습다. 우리가 물어야 한다면 "당신은 무상법을 수행한 적이 있느냐?", "염리심이 생긴 적인 있느냐?"라고 물어야 하며, 만약 있다면 또 묻기를 "육가행六加行을 수행한 적이 있느냐?"라고 이 순서에

수 없다는 것이다. 일체는 무상한데 사람은 상常을 바란다. 거기에 모순이 있고 고苦가 있다. 불교경전에 "무상한 까닭에 고인 것이다."라고 설명되어 있는 것과 같이 무상은 고의 전제이다. 무상의 덧없음은 몽환포영로전(夢幻泡影露電: 꿈·환상·물거품·그림자·이슬·번개)에 비유되어 불교적 인생관의 특색으로 알려졌다. 그러나 무상관은 단순히 비관적인 덧없음을 말하는 것은 아니다. 무상하기 때문에 인간은 지위나 명예에 집착하는 탐욕을 버리고 오늘 하루의 소중한 생명을 방일함이 없이 정진노력하려는 정신적인 결의가 생겨나게 되며, 이러한 것이 무상관의 참된 뜻이다.(출처: 네이버 지식백과, 원불교대사전)

따라 물어야 한다.

쫑카빠 대사께서 설하시길 "만약 최초에 윤회에 대하여 강렬한 염오심厭惡心이 생기지 않았다면, 비록 부지런하여 쉬지 않고 듣고 생각하며 수행하더라도 윤회와 악취惡趣[103]를 뛰어넘는 원인을 얻을 수 없다. 생기차제生起次第와 원만차제圓滿次第 등과 같은 높은 법[104]은 잠시 높은 곳에 묶어두고 먼저 부지런히 출리심을 수행하되, 바로 출리심이 생길 때까지 해야 한다."라고 하셨다. 티벳불교의 지촤빠 대사는 또한 말하되 "만약에 윤회에 대해 염리심을 일으키지 못한다면 윤회에서 벗어나려 해도 정말로 어리석은 자가 꿈 이야기를 하는 것이다."라고 하셨다.

그러므로 우리들은 반드시 무상관이 있어야 한다. 그렇지 않으면

---

103 윤회 중 지옥, 아귀, 축생에 떨어지는 것.
104 티벳불교 수행은 크게 생기차제와 원만차제 두 단계를 구분 짓고 있다. 이 두 차제는 모두 깨달음의 지혜를 얻기 위한 방편이다. 생기차제에서는 본존불 수행의 관상과 진언을 통해서 깨달음을 성취할 수 있는 인因을 심게 하고, 원만차제에서는 스승의 가르침을 통해서 그 자리에서 '직지인심 견성성불(사람의 마음을 바로 가리켜 본성을 모아 부처를 이루는 것)'하게 해준다. 원만차제에서는 중생과 부처가 둘인 상대적인 경계를 인정치 않는 일체 유정이 다 본래부처라는 지견으로 수행하는 것이다. 방편을 빌리지 않고 본연의 절대적 진리로 직접 들어가는 것이다. 근기가 아주 수승한 사람은 생기차제의 수행을 거칠 필요 없이 직접 원만차제의 수행을 하게 된다. 그러나 대부분의 사람들이 생기차제의 수행을 거쳐서 업장을 정화하고 불보살님을 관상함으로써 부처의 본래면목을 회복하게 된다고 티벳의 스승들은 가르치신다. 그래서 대부분의 티벳 사람들은 자신과 특히 상응하는 본존불을 정하여 관상하고 진언을 모신다.(출처: 대원사 티벳 박물관 홈페이지(http://www.tibetan-museum.org)/ 설오스님, 티벳불교)

수행에 성공할 수 없다. 『법구경』에 말하길 "만약 사람이 백세를 살면서 나태하여 정진하지 않는 것보다 하루를 살면서 힘써 정진하는 것이 낫다."라고 한다. 한 사람이 비록 백년을 살았다고 하더라도 온종일 게으르며 전혀 정진하지 않고 멍청하게 하루하루를 보낸다면 오로지 이 하루 동안이라도 열심히 정진하는 것이 더 낫다는 것이다. 정진하지 않는 사람은 이 세상에서 설사 백년을 산다고 하더라도 지혜와 공덕이 증가할 방법이 없다.

우리는 반드시 시간을 아껴 수행하여야 한다. 자신에게 엄격하지 않으면 하루는 빨리 지나가버린다. 10분은 정말 눈 깜박할 사이에 지나간다. 좀 쉬고 나서 수행하려 하거나 주의를 기울이지 않으면 10분이 순식간에 지나가고, 이 같이 하루가 아무 일도 할 수 없게 지나가버린다. 그런데 일부 고승들의 전기를 읽으면 그들은 한평생에 수백 년을 산 것 같이 시간을 안배하고 한 일도 특별히 많았다. 그 원인은 무엇일까? 바로 그들은 시간을 사용할 줄 알았기 때문이다.

옛사람이 말하되 "일 년의 계획은 봄에 있고, 하루의 계획은 이른 아침에 있으며, 한 가족의 계획은 화목에 있고, 일생의 계획은 부지런함에 있다."라고 하였다. 이 말은 도리가 있어 불법의 내용과 일치한다. 일 년 중 봄은 매우 중요하다. 만약에 봄에 파종을 하지 않으면 가을에 농작물을 거둘 수 없다. 일생의 큰 계획은 정진에 있다. 만약 정진이 없으면 무상귀신이 늘 뜻밖에 도래하여 짧은 인생 속에서 아무것도 수행할 수 없다. 우리는 범부로서 마땅히 시간을 아껴 정진하여야 한다.

b) 가만난득을 사유함 (게송 58~62)

58

가만난득[105]을 총결하여 사유함

큰 바다에 떠 있는 널빤지 구멍에
거북이 목이 쏙 들어가는 것은 매우 어려우나
축생이 사람 몸 받기는 이보다 더 어려운 것이니
왕은 정법을 닦아서 실제의 뜻을 갖춰야 합니다.

大海漂浮木軛孔　대해표부목액공
與龜相遇極難得　여귀상우극난득
旁生轉人較此難　방생전인교차난
故王修法具實義　고왕수법구실의

---

105 가만난득暇滿難得은 사람으로 환생하여 가만을 얻기 어려움을 일컫는 말이다. 가만暇滿이란 여덟 가지 여유 없음에서 멀리 떠나고(遠離八無暇) 열 가지 원만함(十圓滿)을 구족함으로써 불법을 배우는 데 좋은 인연(善緣)의 조건을 갖춤을 말한다. 즉 불법을 수행함에 있어 자신의 내부적 조건과 외부적 환경, 스승 등의 조건을 원만하게 갖춘 것을 가리킨다. 가만난득은 특히 닝마파의 '대원만 수행'에서 6가지 '공통의 외적 예비수행'의 첫 번째 수행으로 삼고 있다.(직메 최기왕뽀 저, 수다지 캔뽀 한역, 지엄 편역, 『대원만수행요결』, 운주사, 2013 참조)

이것은 불경에 있는 비유로서 사람의 몸은 얻기 힘들다는 것, 특히 불법을 수행하는 사람의 몸은 더 얻기 힘들다는 것을 깨닫게 하기 위한 것이다.

사람 몸 받기가 어떻게 얻기 어려운가? 가령 모든 삼천세계가 하나의 큰 바다로 변하고, 바다 표면에 떠다니는 나무 멍에가 있고 그 멍에에 작은 구멍이 있다고 하자. 바다 밑에서는 한 마리의 눈먼 거북이가 백 년에 한 번 바다 표면으로 오른다. 눈먼 거북이가 자주 해면에 올라오는 것이 아니고, 멍에 또한 바람에 정처 없이 한 순간도 멈추지 않고 떠도는데, 그 둘이 서로 만나 부딪치는 것은 가히 짐작할 수조차 없을 정도로 어렵다. 그런데 우연한 기회에 거북이 머리가 마침 멍에의 구멍에 맞아 들어갔다. 그러나 우리가 축생이 되었다가 사람의 몸으로 다시 태어나는 것은 이것보다 더 어렵다는 것이다.

축생이 사람의 몸으로 환생하는 것도 이처럼 어려운데, 아귀와 지옥의 중생들이 사람으로 환생하는 것은 더욱더 멀고 기약이 없다. 왜 그럴까? 사람의 몸을 받으려면 최소한 어느 정도의 별해탈계別解脫戒[106]를 받아야 하는데, 축생들에게는 그야말로 불가능하고 터무니없는 얘기이다. 우리는 단지 축생의 귓가에서 삼보의 명호를 읽을 수는 있다. 하지만 그들이 삼보에 대하여 믿음이 생겨서 즐거운 마음으로 절을 한 번 하고 하루의 팔관재계를 지킨다는 것은 절대로 불가능한

---

106 비구·비구니가 지켜야 하는 계戒를 조목별로 적은 것.

일이다. 그래서 축생이 사람의 몸으로 태어나는 것은 매우 어려운 일이고, 그 다른 중생은 더 말할 것도 없다.

 그럼 악취의 중생들은 그것에서 영원히 벗어나는 날이 없을까? 그것 또한 아니다. 일찍이 수많은 생의 오랜 세월 전에 그들 또한 선법의 종자를 심은 적이 있어, 일단 시기와 인연이 만나면 종자가 싹트기 시작하여 그들 또한 사람의 몸으로 환생할 기회가 있다. 단지 이 기회는 매우 막연할 뿐이다.『열반경』에서 말하기를 "벽에 콩을 뿌리는 것과 뾰쪽한 바늘 끝에 겨자씨를 뿌리는 것이 사람의 몸을 받기보다 쉽다."라고 하였다.[107] 이것으로 사람의 몸을 얻는 것이 얼마나 어려운 것인지 알 수 있다.

 지금 많은 사람들이 업을 저지르는 모습을 보면 가히 두려울 정도이니, 그들은 내세에 아주 쉽게 삼악취로 환생할 것이다. 전 세계를 볼 때 무수한 사람들이 매일 살생하고, 악업을 지으니 미래에 오로지 지옥, 아귀, 축생으로 떨어질 것이다.『중관사백론中觀四百論』에서 설하길 "인류가 불선품不善品을 많이 지어서 생을 달리하며 악취에 빠져든다."라고 하였다. 남섬부주의 인류들은 대부분이 불선업不善業을 지어서, 여러 업에 따라 윤회하는 범부로서 대부분이 악취에 떨어진다는 것이다. 그래서 사람의 몸을 얻는 것은 매우 어렵고 18가만의 좋은 조건[108]을 갖춘 사람 몸 얻는 것은 더욱 어렵다.『중반야경中般若

---

107 미끄러운 벽에 콩을 뿌리면 콩은 붙어 있기 어렵다. 뾰족한 바늘 끝에서 겨자씨를 쌓는다면 겨자씨는 단 한 개라도 붙어 있기 어렵다. 이보다도 사람 몸 받기가 어렵다는 것이다.

108 지옥에 떨어지지 않음, 아귀로 환생하지 않음, 축생으로 태어나지 않음, 불법이

經』에서 말하길 "사람의 몸을 받기도 어려운데 하물며 가만의 조건을 구족하는 어떠하겠는가?"라고 하였다.

사람의 몸 얻기 어려움에 관하여 『제위경提謂經』에서는 또 다른 비유로 말하고 있다. 한 사람이 수미산 꼭대기에 서서 한 가닥의 가는 실을 떨어뜨려서 수미산 아래의 다른 사람이 바늘을 쥐고 실을 받으려 하는데, 세찬 회오리바람이 불어 가는 실이 바늘구멍을 꿰뚫어 지나가는 것은 매우 어려운 일이다. 사람의 몸을 얻는 것은 이보다 더 힘들다.

일부 사람들은 대도시에서 무수히 많은 사람들을 보고는 사람의 몸을 얻는 것이 매우 쉽다고 생각하지만, 이런 생각은 잘못된 것이다. 예전에 붓다께서 붓다는 한 개미집에서 무수히 많은 개미들이 오고가는 것을 보고 저도 모르게 탄식하셨다. 아난이 붓다께 그 이유를 여쭈니 말씀하시되 "일곱 분의 붓다께서 모두 이미 세상에 나오셨는데,

---

전해지지 않는 변두리 지역에 태어나지 않음, 법을 닦을 생각을 하지 않는 장수천에서 태어나지 않음, 사도에 빠지지 않음, 붓다가 세상에 출현함을 만남, 법을 닦는 데 곤란을 주는 심신의 장애가 없음. 이상 여덟 가지가 8유가八有暇이다. 사람 몸을 만났기 때문에 의지한 것이 원만함, 정법을 만날 수 있는 지역에 태어났기 때문에 환경이 원만함, 불법을 닦을 근기가 원만함, 선법에 대하여 믿음을 일으켰기 때문에 뜻하고 즐기는 것이 원만함, 자기 마음이 이미 정법에 들어갔기 때문에 신심이 원만함. 이상 다섯 가지가 5종의 자체원만自體圓滿이다. 여래가 세상에 오신 현겁賢劫의 시기를 만났기에 원만함, 붓다께서 법을 전하셨기 때문에 원만함, 불법이 세상에 상주하는 시기이기에 원만함, 불문에 들어섰기 때문에 자신의 인연이 원만함, 스승이 자신을 받아들여주셨기에 자비심이 원만함. 이상 다섯 가지가 5종의 타인원만他因圓滿이다. 이상 8유가와 10종 원만을 줄여 '가만暇滿'이라고 한다.

그들은 아직도 개미 몸에 벗어나지 못해서 정말 가엾다."라고 말씀하셨다.

　우리가 불법을 듣지 않고, 선법을 수행하지 않고, 바른 계율을 지키지 않았다면 사람의 몸을 얻을 기회를 갖지 못했을 것이다. 그러므로 우리는 항상 삼보 앞에서 기도 올리고 또한 자기의 몸으로 하여금 실의實義를 갖추게 해야 하며, 세간 사람들처럼 매일 먹고 마시며 악업을 저지르지 말아야 한다. 몇십 년은 아주 빨리 지나가는데 한평생 어떤 착한 일도 짓지 않으면 저지르는 것은 전부 다 악업이다. 그래서 사람의 몸이라는 보배를 가지고 있을 때 반드시 시간을 아껴 수행할 줄 알아야 한다. 일단 사람의 몸을 잃고 나면 후회해도 이미 늦다.

59

사람 몸에 의지하여 죄 지음을 경책함

누가 보석으로 장식한 금 그릇에
더러운 구토물을 담아 버리겠습니까?
사람으로 태어나 죄업을 짓는 것은
그것보다 더 어리석은 것입니다.

誰以寶飾之金器　수이보식지금기
淸除骯髒嘔吐物　청제항장구토물
轉生爲人造罪業　전생위인조죄업
與之相比更愚蠢　여지상비갱우준

만약 어떤 사람이 칠보를 붙여 장식한 금 그릇을 더러운 대소변과 구토물을 받아 버리는 데에 쓴다면 많은 사람이 그를 비웃고 '멍청이'라고 할 것이다. 본래 금으로 만든 물건은 비싸다. 2천 년 전 용맹보살 시대에 최고 비싼 물건 또한 금이었다. 만약 금기를 사용하여 변기를 닦거나, 올림픽의 금메달로 변을 제거하는 데 사용한다면 누구나 다 우둔한 사람이라 생각할 것이다. 이와 같이 우리가 극히 얻기 힘든 몸을 얻었는데, 그것을 선법을 행하는 데 사용하지 않고 갖은

못된 짓을 다하는 데에 사용했다면 이보다 아둔하기 짝이 없는 것은 없다. 『입행론』에서 설하길 "이미 가만暇滿을 얻고도 선법을 수행하지 않으면, 스스로가 속는 것이 이보다 더한 것이 없고 이보다 어리석은 것도 없다."라고 하였다. 어떤 사람은 인간의 몸을 얻은 후에 선법을 행하지 않고 빈번히 크나큰 죄악을 저지른다. 이로 인해 중생의 업력이 나타날 때는 붓다의 법력 있는 손으로도 그것을 저지할 방법이 없다. 우리가 기껏해야 해줄 수 있는 일이라고는 그저 묵묵히 연민심을 내는 것뿐이다.

우리가 인연이 있어 이와 같이 훌륭한 불법을 듣게 된 것은 확실히 매우 많은 복덕이 있는 것이다. 이런 불법에 의지하면 무량중생을 생사대해에서 벗어나 구경열반에 들어가게 할 수 있다. 불법을 의지해 생사대사를 해결하는 것이야말로 현명한 행동이다. 그렇지 않고 살생하고 술 마시며 담배 피우고 법에 어긋난 일을 하며 악업을 즐겨 저지르다가, 종국에는 반드시 고통을 받아 하염없이 울부짖게 된다는 것은 절대로 속일 수 없는 인과규칙인 것이니 반드시 주의해야 한다.

보충와 게셰께서 말씀하시되 "얻기 힘든 사람의 몸을 얻고도 선업을 짓지 않으면 진귀한 금 그릇을 가지고 있으면서 사용하지 않는 것과 별 차이가 없고, 사람의 몸을 얻은 후에 죄업을 저지르는 것은 금 그릇을 자기를 해치는 독약으로 바꾸는 것과 같다."라고 하셨다. 그래서 우리는 사람의 몸을 가지고 있을 때 반드시 불법을 행해야 한다. 스승님과 제불보살님의 가피에 의지하여 사람의 몸 얻기 어려움, 수명 무상, 윤회 고통을 이해하고, 이 도리들에 대하여 자주 사유해야 한다. 사유 시간이 길면 길수록 수행의 기초가 더욱 견고해진다. 그렇지 않으면 오늘은 이 스님한테서 가피를 구하고 관정을 얻고, 내일은 저 스님한테서 가피를 구하며 관정을 얻고, 자기는 아무런 수행도 하지 않으며 만나는 사람마다 큰소리로 "나는 묘법연화경을 수학했다, 나는 이러저러한 큰스님을 친견한 적이 있다, 나는 선원에서 몇 년 지냈다."라고 떠든다. 어떠한 말이든 입으로는 하지만 마음속은 조금도 조복됨이 없고, 죽음에 임하여 오로지 손으로 가슴을 잡고 대단히 고통스러운 상태에서 일순간 황천길로 간다. 우리는 이렇게 되기를 원하지 않는다. 기왕에 얻기 힘든 사람의 몸을 얻었고 또 생사대사를 해결할 수 있는 불법의 감로를 만났으니, 오직 열심히만 수행한다면 해결할 수 없는 문제는 없다.

우리들은 마땅히 이런 수행 교언을 중시해야 하고 외워야 한다. 이 또한 법을 수행하는 데 긍정적인 영향을 많이 끼친다. 재가불자는 종종 복잡한 생활조건으로 인해 불법을 포기할 상황이 되기도 하지만, 그렇다고 좋은 기회가 단지 자기의 어깨를 스쳐 지나가게 내버려둘 수는 없다. 시간을 내어 『친우서』를 잘 배우면 수행을 계속하는 데 반드시 도움이 된다. 옛날부터 고승대덕 모두가 이렇게 중시한 법은 이후에 배우는 사람 또한 열심히 배울 가치가 있다. 이렇게 하면 자신과 타인에게 모두 비할 바 없는 안락과 이익을 가져다줄 것이다.

60
사대륜四大輪을 구족해야 함을 총설함

몸이 성역인 순경에 처하고,
수승한 바른 스승을 의지하며,
이미 큰 원을 발하고, 큰 복을 쌓으니
이 사대륜을 그대는 이미 구족하였습니다.

身處隨聖之境地 　신처수성지경지
依於殊勝之正士 　의어수승지정사
己發宏願積大福 　기발굉원적대복
此四大輪汝具足 　차사대륜여구족

이 게송은 사륜으로써 '인신난득人身難得'을 설명하고 있는 것이다.

사륜인신四輪人身은 불경에서 설하는 비유이다. 예를 들면 그대가 머나먼 곳으로 가려고 할 때 걸어가면 오랜 시간이 지나야만 도착할 수 있지만, 네 바퀴가 달린 차를 이용한다면 빠른 시간 내에 목적지에 닿을 수 있다. 마찬가지로 우리가 해탈의 도에 빠르게 이르러 열반의 피안에 도달하려면 반드시 이런 사륜인신에 의지하여야 한다.

소위 사륜四輪이란 수행 중에서의 네 가지 순연을 일컫는 말이다.

1. 몸이 성역인 순경順境에 처함: 이는 순리의 경계에 의지함을 가리키며 인간이나 천계에 거주하고 있음을 뜻하는 말이다. 어떤 강의에서는 인신을 얻어야만 해탈할 기회가 있다고 쓰여 있다. 도솔천, 타화자재천도 해탈할 수 있지만, 별해탈계의 각도에서 볼 때 사람 몸처럼 그렇게 좋은 기회와 인연은 아니다. 다만 천인은 삼악취보다는 복보가 있기에, 일부 대덕 또는 성취자들이 천계에 환생하는 경우는 있다.

다르게 해석하면, 우리는 응당 수행에 알맞은 조용한 곳에 의지하고, 번민이 쉽게 생기는 곳이나 시끄러운 열악한 환경은 멀리하여야 한다. 『구사론』에서는 환경이 청정하지 않고, 번뇌의 종자가 끊어지지 않으며, 좋지 않은 의도를 지은 것(非理作意)이 있다면 이 세 가지가 모여서 번뇌가 생긴다고 한다. 우리는 범부로서 순경에 의지하는 것이 매우 중요하다. 자기의 수행 경지를 탄탄하게 하고자 할 때 외부적인 환경은 아주 큰 영향을 미치기 때문이다. 고덕선현들도 환경의 선택을 매우 중요시하였다. 공자는 "위험한 나라는 들어가지 말며, 어지러운 나라에는 머물지 말라."고 설하면서, 무질서한 곳에서는 거주하지 않았다. 어떤 스승님도 "내가 살고 싶은 곳은 이혼율이 낮고 청소년 범죄도 적은 곳이다."라고 말씀하셨다.

지금 어떤 도시는 아주 무질서하다. 이러한 환경에서는 수행은커녕 자신의 재물과 목숨도 보장하기 어렵다. 반면에 청정한 곳, 특히 연화생 대사 등 대성취자들이 가피를 주신 곳은 수행인들이 거주하기에 매우 적합하다. 그냥 며칠만 머물러 있어도 무량무변의 공덕이 있게 된다. 『월등경月燈經』에서 설하되 "어떤 사람은 무량겁 중에 모든 부처님 앞에 꽃 공양을 올리고 향을 피우며 맛 좋은 음식과 편리한 공양구를 갖추어 공양을 올리고, 또 다른 어떤 사람은 큰 염리심으로 조용한 곳을 향해서 일곱 보를 내딛었다면, 후자의 복덕이 전자보다 셀 수 없을 만큼 클 것이다."라고 되어 있다.

그러므로 우리는 우선 수행에 적절한 환경을 선택하여야 한다. 일부 사람들은 처음에는 수행에 주의를 기울이고 도심道心을 잃어버리지 않기를 희망하지만, 점차 열악한 환경의 영향을 받아 자기도 모르게 신심과 자비심, 보리심 등을 서서히 상실하여 나중에는 어떤 수행심도 내지 않는 매우 안타까운 경지에까지 이른다.

2. 수승한 바른 스승을 의지함: 수승한 대덕에 의지함을 일컫는 말이다. 모든 해탈은 상사와 도반에게 의지하여 이루어지는 것이다. 그러므로 우리는 도심道心과 지혜, 자비심, 이타심을 겸비한 바른 스승에 의지하여야 한다. 이 문제는 다음 게송에서도 자세히 언급되어 있으니 더 이상 상세히 논술하지는 않겠다.

자신의 능력에만 의존하여 수행을 원만 성취하기에는 반드시 어려움이 있다. 같이 학습하고 수행하는 힘은 굉장히 크다. 반면에 혼자 학습하고 수행한다면 천천히 신심을 잃을 수도 있다. 그러므로 수행과 행동이 일치한 대승의 도반들과 같이 수행을 하는 점은 매우 중요한 것이다. 많은 사람들이 혼자서 잘 수행해보려고 하지만 사실 자신의 수행 능력이 어느 정도 탄탄해지기 전에 이렇게 한다면 매우 위험한 것이다. 상사와 도반을 떠난다면 수행은 원만히 성공하기 힘들 것이다.

3. 스스로 큰 원을 발함: 이는 광대한 발원을 하는 것을 일컫는 말이다. 우리는 그 어떤 선법을 수행하든 꼭 중생이 보리심을 섭지하도록 도모해야 한다. 좌선, 염불, 문사수 행, 방생, 탑 돌기 등 어떠한 수행을 막론하고 광대무변한 모든 중생들의 구경의 안락을 위하여 회향하며, 중생의 이익을 위하고 불과를 이루기 위하여 묵묵히 발원해야 한다.

만약 이렇게 발원하지 않는다면 아주 큰 좋은 일을 했을지라도 선근이 커지지 않을 것이다. 우리는 많은 대소승 경전을 배웠다. 거기엔 모두 다 부처님 앞에서 발원한다면 나중엔 꼭 현전을 이룬다고 쓰여 있다. 그러므로 여러분들은 부처님 앞에서 등을 켜고 향 한 대만 피울지라도 마음속으로 좋은 발원을 해야 한다. 늘 수많은 남녀노소들이 사원에서 부처님께 예배 올리고 향 피우며 '가족이 화목하였으면', '사업이 번창하여 돈을 많이 벌었으면' 등과 같은 원을 하는데, 이는 사실 별로 의미가 없는 것이다.

4. 큰 복을 쌓음: 지난 생에 일찍이 광대한 복덕을 쌓아놓은 것을 일컫는 말이다. 우리가 금생에 대승불법을 만나 수승한 스승에 의지하여 무상불도를 수지할 기회를 얻은 것은 아무런 이유나 인연이 없는 것이 아니다. 여러 생의 겁을 걸쳐 많은 자량을 쌓아놓은 덕분이다. 우리는 지금도 끊임없이 자량을 쌓아놓아야 한다. 자량이 없다면 구경불과를 획득하는 것은 불가능한 일이다. 이는 『보만론』 등 많은 경론에서 명백히 설해져 있다.

앞서 말한 내용을 종합하면, 이 사륜은 해탈로 가는 불가피한 과정이다. 무구광 존자의 『여의보장론如意寶藏論』과 지비광 존자의 『공덕장功德藏』 등과 같은 논전에서는 모두 『친우서』에서 이 사륜의 중요성을 설한 교증을 인용하였다. 때문에 용맹보살은 낙행왕에게 한 나라의 왕으로서 이 사륜을 모두 겸비하여야 한다고 말씀하시는 것이다.

기타의 사륜마차가 있고 없고는 그다지 중요하지 않다. 제일 관건은 바로 순경에 의지함, 바른 스승을 가까이함, 광대한 원을 발함, 복덕을 쌓아야 하는 것이다. 이 사대륜은 하나도 빠져서는 안 된다. 만약 그 중 하나라도 빠진다면 차의 바퀴 하나가 없어진 것과 같아 수행을 원만하게 이뤄낼 수 없을 것이다. 우리에게 필요한 것은 사륜인신이다. 자신이 순경에 차분히 안주하고 있는가? 선지식과 좋은 도반에게 의지하였는가? 평소의 수행은 발원 및 자량 쌓음을 토대로 하고 있는가? 만약 이 네 가지 인연을 구족하였다면 여러분들은 환희심을 가질 수 있을 것이다.

이 사륜과 공성을 떠나지 않는 것과 중생을 버리지 않는 것도 큰 관계가 있다. 만약 이 사륜을 항상 행지하면 마구니 혹은 외도들이 그대를 해칠 수 없을 것이다. 서원이 굳건하며 선법을 행하는 사람은 붓다가 늘 가피하시기 때문이다. 『반야섭송般若攝頌』에 설하되 "공성에 안주하고 자비를 버리지 않으며, 설법대로 행하면 붓다께서 가지加持[109]를 내리신다."라고 하였다.

---

109 불·보살이 불가사의한 힘을 가지고 중생을 돌보아주는 것. 호념護念·가호加護라고도 한다. 밀교密教에서는 붓다가 대비大悲와 대지大智로 중생에게 응應하는 것이 가加이고, 중생이 그것을 받아서 가지는 것을 지持라고 한다. 요컨대

원래 수행인에게는 네 개의 큰 마장을 만드는 위연違緣이 있지만, 어떤 사람들은 내외 마장의 방해를 받지 않으니, 어떤 부류의 사람인가? 수승한 지혜를 지니고 공성 경계에 차분하게 머물러 있으며, 대비심으로 모든 중생들을 버리지 않으며, 여러 부처님과 보살님 앞에서 중생의 이익을 도모하는 서원이 영원토록 변치 않을 것을 약속하는 이 세 가지 조건을 구족하는 사람들이다. 이런 사람들은 불보살님께서 주야로 호념하고 가지하시니, 그 어떤 악마도 나쁜 해를 입히지 못할 것이다. 이 교언은 『전행비망록』에 자세히 해석되어 있다.

그러므로 사대륜을 구족한 사람이라면 응당 지혜에 안주하고, 중생을 버리지 아니하며, 보리심을 포기하지 말아야 한다. 만약 이렇게만 한다면 제불보살 및 전승상사와 호법공행 들이 시시각각 가지하여 여러분들은 그 어떤 것도 두려워할 필요가 없을 것이다. 만약 공성 중에 안주한다면 공성에 무슨 도둑과 악마가 있겠는가? 그 어떤 장애도 없다. 사실 중생을 이익 되게 할 때 이러한 위연 모두가 수행의 순연이 될 것이다.

『반야경』에는 이렇게 쓰여 있다. "만약 어떤 사람은 단향檀香을 그대에게 바치고, 다른 사람은 무기로 그대를 토막토막 낼 때, 그대가 만약 여여부동하고 두 사람을 동등하게 대한다면 진정한 평등관을 수행했음을 의미하게 된다." 우리는 늘 말로는 법이 평등하다고 하지만, 어떤 사람이 나를 찬양하면 매우 기뻐 그에게 보은하려고 하며,

---

붓다와 중생이 상응相應하여 일치하는 것을 말한다.

어떤 사람이 무기로 나를 죽이려고 하는 정도가 아니라 그저 나에게 악담만 퍼부어도 매우 기분이 나쁘다면 평등관에는 아직 도달하지 못한 것이다. 우리는 출가자이든 재가자이든 수행인으로서 모두 이러한 법어를 마음속에 깊이 새겨두어야 한다. 예전의 대덕과 수행인들이 어떻게 수행했는지를 잘 알고, 자신도 그들과 큰 차이가 없어야 한다고 생각해야 한다.

61
진실한 선지식에 의지함의 중요성을 다시 강조함

진실한 선지식을 의지하면
범행이 원만해진다고 붓다께서 설하셨습니다.
그러므로 응당 모든 대덕을 의지하고
많은 불법 스승을 의지해 적멸을 얻어야 합니다.

依止眞實善知識　의지진실선지식
梵行圓滿能仁說　범행원만능인설
是故當依諸大德　시고당의제대덕
依佛多士得寂滅　의불다사득적멸

❦

우리는 마땅히 세 가지 모시는 법으로 법상을 갖춘 선지식을 한마음 한 뜻으로 공경하고 의지하여야 한다.『화엄경』에 설하되 "만약 능히 선지식을 기쁘게 해드리면 능히 일체 불성보리를 얻게 된다."라고 하였다. 선지식에 의지하면 범정행梵淨行으로 인하여 구경을 얻게 되는데 '범정'은 열반을 뜻하며, '행'은 수도 혹은 수지를 뜻한다. 해탈도를 수행하여 열반을 얻는 과정에서의 모든 공덕은 선지식에 의하여 생겨나게 된다. 이는 삼계도사 석가모니불께서 친히 말씀하신 것이다.

그 당시 아난이 말하길 "선지식과 좋은 도반은 우리가 범정행을 수행할 때에 절반의 작용을 얻게 한다."라고 하자, 붓다께서 "틀렸다! 반이 아니라 전부의 작용을 얻는다."라고 설하셨다. 그러므로 불법에 들어와 해탈로 가려고 생각하는 수행인은 응당 공경심, 항상심으로 법상法相을 갖춘 선지식에 의지하여야 한다. 옛날부터 지금까지 비춰볼 때 선지식을 붓다로 간주하고 의지하여 이치에 맞게 실답게 수행한다면, 번뇌장과 소지장이 없는 적멸과위를 획득할 수 있음을 알 수 있다.

그러므로 우리들은 수도의 과정에서 우선 여법한 스승께 의지하여야 한다. 만약 스승이 없다면 보리를 향한 기나긴 여정에서 장애의 위연違緣으로 인해 쉽게 실패할 가능성이 높다. 일부 상사上師는 비유를 들어 말하길 "어떤 거지가 먼 곳에 가다가 도중에 큰 황금주머니를 주웠어도, 한 개의 총과 한 마리 말만 갖고 있는 그 사람의 약한 힘으로는 호시탐탐 노리는 강도들을 대적하기 어려울 것이다."라고 하였다. 우리 범부들은 조그마한 신심과 이타심, 해탈을 구하는 마음을 갖고 있는데, 이러한 공덕들은 진귀한 황금과도 같다. 그러나 보리를 구하는 여정에서 선지식의 보호와 지켜줌이 없다면 쉽게 번뇌의 강도에게 모두 약탈당할 것이며, 마침내 안전하게 목적지에 도달할 수 없을 것이다.

또한 만약 상사께서 취하고 버리는 이치를 일일이 깨우쳐주지 않으신다면 우리는 윤회과환輪回過患과 해탈공덕을 이해할 수 없을 것이다. 지금 많은 사람들은 선지식을 만나지 못하였기 때문에 망령되게 상常, 낙樂, 아我, 정淨 네 가지 전도에 집착하며, 불법을 배우지 못한 사람은 말할 것도 없고 몇 년간 배워온 불교 신자조차 인신난득人身難得의 도리마저 통달하지 못하고 있다. 그러므로 수승한 상사에 의지하는 것은 매우 필요한 것이다.

당연히 상사는 함부로 의지하여서는 안 되고 반드시 법상을 갖춘 선지식을 찾아야 한다. 런다와 대사(仁達瓦大師)께서 『친우서주소親友書注疏』에서 『경장엄론經莊嚴論』의 교증을 인용하여 선지식이 갖춰야 할 열 가지 공덕을 강의하신 바 있다. 게송에 설하되 "조정제덕증조정除德增, 유용아함부有勇阿含富, 각진선설법覺眞善說法, 비심리퇴감悲深離退減"이라고 했는데, 이 열 가지 공덕은 다음과 같다.

1. 조유調柔: 계戒와 상응하는 연고로 제근諸根이 조복되며, 언행과 행동거지 등 위의가 매우 법답다.

2. 적정寂靜: 정定에 상응하는 연고로 내심으로 적정에 안주하며, 아주 거칠게 되지 않는다.

3. 제혹除惑: 혜慧에 상응하는 연고로 지혜를 지니며, 모든 번뇌를 단절할 수 있다.

4. 덕증德增: 상사의 덕행은 제자보다 모자라서는 안 되며 제자를 초월하거나 비슷해야 한다. 그렇지 못하면 상사로서는 공덕이 전혀 없다. 상사가 한 부의 논전도 외우지 못하는데 제자의 공덕이 상사를 초월하여 다섯 부의 대론에 전부 정통하기도 한다. 말법시대에 이러한 현상은 비일비재한데, 이러한 상사한테 의지하여서는 안 된다.

5. 유용有勇: 수행할 때에는 용맹정진 해야 한다. 만약 상사가 정진하지 않고 나태하여 8시가 되었는데도 늦잠을 자고, 제자가 오히려 새벽 4시에 일어난다면 그 상사는 응당 창피할 것이다. 상사는 적어도 제자보다는 한 시간은 빨리 일어나야 한다. 제자가 8시에 기상한다면

상사는 늦어도 7시에는 일어나야 한다.

6. 아함복阿舍福: 상사는 박학다식하고 가르침에 부족함이 없어, 현종이든 밀종이든 도리를 배움에 정통하여야 한다. 상사가 한 부의 논전조차 모르는데 제자가 현밀의 일체 경론에 통달 무애하다면 이러한 상사가 제자를 가르칠 자격이 있겠는가?

7. 각진覺眞: 상사는 응당 진여와 법성을 현증現證할 수 있어야 하며, 법성에 대해 일정한 증오와 깨달음이 있어야 한다. 이 점은 꼭 구족하여야 한다.

8. 선설법善說法: 상사는 불법을 강의할 줄 알며 교증敎證이든 이증理證이든 적절하고도 자유롭게 활용할 줄 알아야 한다.

9. 비심悲深: 상사는 마음 깊이 제자에 대한 비심이 있어야 한다. 제자가 아프거나 큰 곤란에 부딪쳤는데 상사가 묻지도 않고 관심도 없어 오로지 자신의 일에만 열중한다면, 이것은 상사에게 대비심이 구족되어 있지 않음을 보여주는 것이다. 화지 린포체, 지비광 존자, 무구광 존자께서 모두 다 설하시되, 상사가 모든 공덕을 구족함이 제일 좋고, 설사 모두 다 구족하지 못하더라도 적어도 대비심, 보리심만은 구족하여야 한다 하셨다. 더욱이 대승 수행자가 의지하는 상사로서 대비심조차도 없다면 제자를 가르치기에 매우 힘들 것이라고 하셨다.

10. 이퇴감離退減: 수도의 과정 중에 그 어떤 심오한 불법을 듣거나 그 어떤 위연에 부딪쳐도 겁을 먹고 물러서지 말아야 한다. 만약 어떤 제자가 상사에 대해 한두 마디 비평을 했다고 해서 짐을 수습하고 떠난다면 이는 그릇된 것이다. 스승이 진심으로 말법 중생들을 섭수하려면 모든 위연과 삿된 행동을 이겨내야 한다. 제자 모두가 법답기를

바라는 것은 불가능한 일이다. 만약 제자들이 다 아난이나 목건련처럼 삼문三門이 적정하다면 상사가 가서 교화해줄 필요가 없을 것이다. 바로 이들이 무시이래 선근이 미미하고 수승한 선지식을 만나지 못하였기에 그 행위가 거꾸로 되고 잘못된 것이므로, 상사는 여러 가지 방식을 통하여 대비심으로 섭지하여야 하며 그들한테 싫증을 내서는 안 된다. 제자들이 배은망덕한 경우가 많고, 스승이 아무리 잘 대해주고 깊은 불법을 가르쳐주고 자비심을 베풀어도 그들 모두가 은혜에 감사한다고는 할 수 없지만, 그렇더라도 상사는 계속 대비심으로 모든 중생을 대해야 한다. 이 점은 특히 관건이다.

이상으로 여러분에게 『경장엄론』의 교증을 간단히 이야기하였다. 요약하면, 상사에게 의지할 때에는 반드시 상사가 바른 법상을 갖추었나를 살펴야 하며, 그렇지 않다면 의지할 필요가 없다. 단 의지하기로 결심하였다면 응당 공경심을 가지고 여법하게 의지하여야만 한다. 이것은 참으로 중요하다.

62

팔무가 위연(八無暇違緣)을 피할 것을 논함

사견邪見에 집착하고, 축생으로 태어나며,
아귀도로 가고, 지옥에 떨어지며,
불법이 전해지지 않은 변방에 태어나고,
아둔한 벙어리나 야만인이 되며,
장수천에 나서 무념정에 임해 있는 것 등
이 같은 것들이 팔무가입니다.
이들을 여의고 수승한 조건을 만나
윤회에 빠지지 않도록 정진해야 합니다.

執持邪見轉旁生　　집지사견전방생[110]
投生餓鬼墮地獄　　투생아귀타지옥
無有佛教於邊地　　무유불교어변지
轉成癡啞野蠻人　　전성치아야만인
長壽天生任一處　　장수천생임일처
此等卽是八無暇　　차등즉시팔무가
遠離此等得閑暇　　원리차등득한가

---

[110] '방생旁生'은 축생畜生을 의미한다.

爲不轉生當精進 위불전생당정진

❀

여기에서는 팔무가를 멀리하여 정진 수행하여야 함을 말하고 있다. 일부 사람들은 "사륜이 의지하는 사람 몸이 얻기 어려운 것이라 할지라도 날마다 많은 일을 해야 하기에 여유가 없는데, 무슨 시간이 있어 수행을 하겠는가?"라고 생각한다. 사실 여기에서 진정으로 수행 기회가 없는 것을 팔무가라고 말한다. 만약 이러한 팔무가를 멀리한다면 우리는 평소에 아무리 바쁠지라도 시간을 내서 수행할 수 있다는 것을 알려주는 것이다.

그렇다면 이 여덟 가지 무가無暇란 무엇인가?

1. 사견을 가짐: 상사, 삼보, 인과, 윤회, 열반 등에 믿음과 이해가 생기지 않고, 생각이 사견에 오염되어 붓다의 정법에 믿음이 생기지 않는 것을 말한다. 상견常見, 단견斷見을 지닌 여러 가지 외도에 빠지는 것을 뜻하는 것이다. 우리 중 일부는 비록 외도는 아닐지라도, 내심 사견이 매우 심하여 붓다가 하신 말씀도 믿지 않고 보살이 하신 말씀도 믿지 않으며 상사가 하신 말씀도 믿지 않는다. 불보살이 한 말은 모두 맞지 않으며 자신의 지혜가 그들을 초월한다고 여긴다. 이러한 사견을 계속 지닌다면 선근은 증가하지 못할 것이며, 부처님과 같은 공덕이 원만한 사람이 그 면전에 있어도 공경심을 내지 못할 것이다. 예를 들어 선성비구善星比丘는 이십오 년에 걸쳐 부처님의 시자로 있었으나 부처님에 대하여 추호의 믿음도 없었고 사견만 지녔기에 나중에는 아귀로 떨어졌다.

우리들 중 많은 사람들은 어릴 때부터 정확하지 않은 교육을 받았기에 잘못된 견해에 빠져 있다. 특히 일부 사람들은 삿된 주장이나 삿된 서적을 보기 좋아하는데, 이는 자기 자신한테 그 어떤 도움도 안 될 것이다. 호기심에 의하여 볼 수도 있으나, 만약 총명하지 못하고 지혜가 없다면 남의 장단에 춤을 추고 주관이 없게 되어 나중에는 정법을 수지할 수 있는 기회조차 잃게 된다.

2. 축생: 물속의 동물이든 공중이나 육지 위의 동물이든 모두 수행의 기회를 갖지 못한다. 물고기는 날마다 헤엄치기에 바쁘고 새들은 날마다 날아다니기에 바쁜데 무슨 수행의 시간이 있겠는가? 우리가 까마귀한테 『대원만전행인도문』을 강의하여도 '까욱, 까욱' 하면서 마구 날아다니며 계속 '싫어, 싫어'를 반복할 뿐이다.

축생은 부림을 당하는 고통, 어리석음의 고통, 서로 잡아먹고 먹히는 고통 등 여러 가지 고통의 괴롭힘을 받아 절대로 수행의 인연을 가질 수 없다. 그러므로 우리는 일부 동물을 볼 때 마땅히 "내가 이 동물로 태어나지 않은 것은 참으로 다행한 일이구나."라고 생각하여야 한다.

3. 아귀: 아귀로 태어나면 날마다 배를 굶주리게 되어 음식을 찾아 헤매지만 찾지 못하여 전혀 수행할 기력이 없을 것이다.

4. 지옥 중생: 지옥에는 한랭과 고열의 고통이 있으며 잠시라도 휴식할 시간조차 없는데 불법을 공부할 시간이 어디 있겠는가?

5. 암겁暗劫[111]에 환생함: 부처님이 출세出世하지 않는 시대에는 정법의 광명과 멀리 떨어져 삼보의 이름조차 듣지 못한다. 이런 시기에

---

111 부처가 세상에 나투시는 시기를 현겁賢劫, 그렇지 않은 시기를 암겁暗劫이라 한다.

태어나면 전혀 수행의 기회가 없다.

6. 변방에 태어남: 인간으로 태어나더라도 변방지대에서 야만인으로 살아간다면 선악 취사를 모르게 되어 불선을 선으로 간주하여 행위마다 여법하지 않으므로 불법을 닦을 여유가 없을 것이다.

7. 암아喑啞: 중토中土[112]에서 태어났지만 의근意根이 어리석거나 수행이 곤란할 정도로 장애를 입었다면 법기法器가 될 수 없다.

8. 장수천長壽天: 천계의 중생들은 선념과 악념이 없으면 바로 해탈이라고 생각하고, 무념의 선정 중에만 안주하여 수명이 수 겁을 지나 장수한다. 그런데 업보가 다하여 선정에서 나오면 바로 사견이 생겨나며, 이 사견 때문에 악취에 빠지게 되어 법을 닦을 기회가 없게 된다.

종합적으로 말해 이 여덟 가지 상황, 곧 팔무가는 인간에 네 가지, 비인간에 네 가지가 있으며, 중생들이 그 중 어디에 태어나든 불법을 수행할 기회가 없다. 재가 신도들이 일이 너무 많아 수행할 시간이 없다고 하나, 일이 아무리 많고 바쁘다 한들 팔무가처럼 그렇게 감당할 수 없는 것은 아닐 것이다. 소위 '무가'란 한편으로는 시간이 없고 한편으로는 수행할 힘이 없다는 것이기에, 재가자가 아무리 바쁠지언정 시간을 내서 불법을 닦을 수는 있다. 많은 사람들은 바쁜 점을 핑계대지만 사실 그렇게 '무가'하지는 않은 것이다.

무구광 존자가 『심성휴식』에서 설하되 "우리는 삼악취, 변방 야만인, 사견, 장수천, 불불출세不佛出世 및 암아喑啞로 태어나지 않아

---

[112] 불법이 전해지는 곳을 말한다. 특별히 석가모니가 성도하신 인도 보드가야를 '지계중토'라 하고, 그 밖에 불법이 전해지는 곳은 '불법중토'라 한다.

일체 팔무가를 여읜다."라고 하였다. 우리들은 이에 대하여 "나는 이런 무가에 태어나지 않았다. 불법을 들을 시간과 불법을 수학할 시간이 있다. 이는 제불보살님과 선지식의 가피이니, 제멋대로 여러 가지 이유를 핑계로 이런 얻기 어려운 수행하기 좋은 기회를 포기하여서는 안 된다."라고 꼭 되풀이하여 생각해보아야 한다. 이는 입으로 하는 겉치레 말이 아니라 꼭 마음속에서 우러나오는 생각이어야 한다.

④ 일체 윤회에 대한 염리심

a) 윤회과환을 사유함 (게송 63~73)

63

윤회과환輪回過患에 대해 총설함

지혜로운 자여! 구하여도 얻지 못함과

병들고 늙고 죽는 등 많은 고통의

근원인 윤회에 대해 당연히 염리심을 내어

윤회의 과환[113]에 귀 기울여야 합니다.

智者於此求不得　지자어차구부득
病老死等衆多苦　병로사등중다고
根源輪回當生厭　근원윤회당생염
亦應傾聽彼過患　역응경청피과환

---

113 과실(過)과 근심(患)이라는 뜻으로, 사성제 가운데 고제와 집제를 통칭하는 말이다. 과過 즉 과실過失은 원인으로 집제를 말하고, 환患 즉 근심은 괴로움으로 고제를 뜻한다.

여기에서 용맹보살은 낙행왕을 '지자智者'라고 칭하고 있다. 이는 낙행왕이 교언을 받아들이지 않을까 염려해서 칭찬하는 말로 쓴 것일 수도 있다. 이 게송에서 용맹보살은 "지혜로운 자 국왕이시여! 그대는 이러한 도리를 깨우쳐야 한다."라고 설하고 있다.

인생의 고통은 끝이 없다. 행고行苦, 변고變苦, 고고苦苦 등의 삼대고통[114]과 생, 노, 병, 사, 구부득고求不得苦, 애별리고愛別離苦 등 여덟 가지 고통[115]은 붓다께서 이미 명백하게 설하신 것으로, 윤회 중생마다 항시 겪는 것이다. 『비나야경』에서는 "윤회는 고고, 행고, 변고, 팔고의 집합체이다. 마침내 일체 고통을 감내하여 받는다."라고 하고 있고, 『지자입문智者入門』에서도 "모든 인류는 이 삼고의 시달림을 받으며, 앞에서 거론된 여덟 가지 고통도 포함된다."라고 쓰여 있다. 비록 재부와 명성을 지니고 겉으로는 그럴듯해 보이는 사람일지라도 고통은

---

114 현실세계에 생존하는 자에게 따르기 마련인 세 가지 괴로움을 말한다. 행고는 현상계(有爲法)가 모두 무상하기 때문에 윤회를 면할 수 없음에서 오는 괴로움, 변고는 집착을 갖는 사물이 파괴·변화해 갈 때 느끼는 정신적 괴로움, 고고는 추위와 더위·기갈·질병 등에서 생기는 육체적인 괴로움이다.

115 중생이 겪는 여덟 가지 괴로움은 다음과 같다. ①생고生苦: 이 세상에 태어나는 괴로움. ②노고老苦: 늙어가는 괴로움. ③병고病苦: 병으로 겪는 괴로움. ④사고死苦: 죽어야 하는 괴로움. ⑤애별리고愛別離苦: 사랑하는 사람과 헤어져야 하는 괴로움. ⑥원증회고怨憎會苦: 미워하는 사람과 만나거나 살아야 하는 괴로움. ⑦구부득고求不得苦: 구하여도 얻지 못하는 괴로움. ⑧불욕임고不欲臨苦: 원하지 않는 것과 만나는 괴로움.

그의 곁을 단 일초도 떠난 적이 없다. 그 사람의 생활 속의 일분일초가 사실 고통으로 가득 차 있는 것이다.

이는 비관주의가 아니라 공정하게 객관적으로 평가하는 것이다. 고통은 우리 생활 속에서 눈뜨고 고개 들면 볼 수 있으며 헤아릴 수 없이 많다. 그렇다면 고통의 근원은 무엇일까? 간단하게 말하면 바로 삼계윤회이다. 중생들은 무명無明을 따라 윤회하는데, 위로는 유정천有頂天[116]에서 아래로는 지옥에 이르기까지 모두 고통으로 가득 차 있다. 마치 불타는 집이나 나찰주羅刹洲[117]나 칼날 봉처럼 추호의 쾌락도 찾을 수 없다. 그러므로 국왕 그대는 윤회의 본성을 심각하게 인식하고 이 모든 고난의 근원인 윤회를 싫어하여야 하며, 출리심을 갖춰 다시는 윤회 속으로 전생되지 않겠다고 맹세하여야 한다. 윤회 중에는 아무리 돈 많고 지위 높은 사람들일지라도 영원히 고통을 떨쳐버릴 수 없으며 진정한 쾌락을 가질 수 없기 때문이다.

용맹보살은 또 말씀하시되 "나는 아래의 게송에서 윤회의 여러 과환에 대하여 자세히 서술하였으니, 왕께서는 반드시 잘 들으시고 이를 의지하여 윤회의 모든 고통을 잘 이해해야 합니다."라고 하였다. 선근이 있는 자라면 부분적인 고통을 맛보고도 모든 고통을 짐작해낼

---

[116] 삼계三界의 하나인 무색계無色界의 제4천第四天. 이 하늘은 삼계의 맨 위에 있으므로 유정천有頂天이라고 하며, 비상비비상천非想非非想天·비유상비무상처非有想非無想處라고도 한다.

[117] 나찰은 원래 고대 인도의 신으로, 불교에 들어온 이후로는 악귀惡鬼의 총칭이 되었다. 범어로 락샤사(rākṣasa)라고 하는데, 지옥에서 사람을 괴롭히는 임무를 맡으나, 그들끼리도 바다 가운데의 섬에 나라를 이루고 산다고 한다.

수 있다. 예를 들어 감옥에는 여러 가지 말로 다 못할 고통이 있다. 그곳에 갔었던 사람들이 그 중 일부만 이야기 해주어도 그를 통해 감옥이 얼마나 고통스러운지를 알 수 있다. 윤회도 마찬가지이다. 어느 정도는 그 고통을 반드시 알아야 한다.

지금 일부 사람들은 '고통'이나 '무상' 등과 같은 글귀를 듣기 싫어한다. 하지만 실제로 고통과 무상에 부딪치면 바로 두서없이 갈팡질팡하며 대처할 방법도 없다. 불법佛法의 기초는 출리심이다. 출리심이 없다면 자신의 집이 아주 좋고, 자기의 차가 아주 편하며, 자기가 좋아하는 사람이 매우 예쁘다고 생각해 물거품같이 허황한 것을 진실로 간주하게 되고 영원히 해탈할 기회를 얻지 못한다. 따라서 우리는 사람들이 좋아하든 싫어하든 반드시 그에게 윤회의 진상을 말해주어야 한다.

우리는 불법을 잘 이해하지 못하기 때문에 출리심을 수긍하지 않으려고 한다. 하지만 이해가 빠른 사람이라면 다른 것은 차지하고 오직 『사백론』 중의 네 품만 학습해도 윤회의 고통이 결코 허황한 것이 아님을 알 수 있다. 사실 우리는 실생활 속에서도 그것을 느낄 수 있다. 만약 윤회의 쾌락이 믿을 만하다면 왜 돈 많은 부자들이 영원히 돈 많은 것이 아닐까? 일례로 어떤 사람이 주가가 폭락하여 모든 재산이 물거품이 되어버려 자살을 택하면, 그가 죽은 뒤에 남은 가족들도 고통을 감당하기 힘든 때가 되어서야 비로소 고제를 인식하게 되지만, 이미 때가 너무 늦게 된다.

그러므로 우리들은 꼭 윤회의 본성을 알고 이해해야 한다. 뿐만 아니라 평소에 꼭 발원하되 "지금부터 나는 다시는 감옥 같은 윤회로 전생하고 싶지 않다. 꼭 방법을 찾아 그곳으로부터 탈출할 것이다. 윤회가 얼마나 쾌락하든지 간에 단지 하나의 불타는 집 불구덩이에 불과하므로 나는 다시는 윤회전생하고 싶지 않다."라고 해야 한다. 사람들이 모두 이러한 마음을 갖추고 이 기초 하에서 보리심을 수행하여야만 무상밀법이 꽃 피고 열매 맺을 기회가 생길 것이다. 그렇지 않으면 가장 기본적인 출리심도 없게 되어 성취는 까마득할 뿐이다.

64
친구와 원수가 정해진 바 없기에
윤회계를 신뢰할 수 없음

아버지는 아들이 되고, 어머니는 아내가 되며,
원수는 다시 친구가 됩니다.
이렇듯 윤회에서는 그저 유전할 뿐이니
반드시 정해진 것은 하나도 없습니다.

父轉成子母成妻　부전성자모성처
怨敵複次成親友　원적복차성친우
是故流轉輪回者　시고유전윤회자
無有少許確定性　무유소허확정성

❀

친한 사람들과 원수는 정해진 것이 아니다. 친한 사람라고 하여 영원히 친한 것은 아니며, 때가 되면 그 사람도 우리를 기만할 것이다. 원수 또한 영원한 적이 아니다. 시간이 지나 어쩌면 그대의 가장 친한 친구가 될지도 모른다. 금생에 친구가 되지 못하여도 다음 생에 그대의 가장 귀여운 자식이 될 수도 있다. 전세의 부친이 자기의 아들로 태어나고, 모친이 자기의 아내가 될 수 있으며,[118] 예전의 원수도 좋은 친구가 될 수 있다. 이처럼 윤회 유전의 과정 중에서는 추호도 믿을 만한 고정불변함이 없다. 이것이 바로 윤회의 본성이다.

『능엄경』에 설하되 "너는 나의 명운을 짊어지고 나는 너의 빚을 갚으며, 이 인연으로 백천 겁이 지나도 항상 생사 중에 머문다."라고 하였다. 금생의 친함과 원한은 모두 전생의 업보 때문으로, 따를 수 있는 결정된 도리가 전혀 없다. 『대원만수행요결』에서 소개된 까다야나 존자[119]의 이야기는 이미 여러분도 잘 알고 있을 것이다. 양무제의 국사인 지공선사志公禪師가 하루는 요청을 받아 성대한 혼례에 참석하였다. 선사는 관음보살의 화신으로 대단한 신통력을 지녀 사람의 전인후과前因後果를 알 수 있었다. 그가 도착하여 한마디의 게송을 읊었는데, 이는 다음과 같은 내력 때문이다.

원래 신랑이 얻은 아내는 조모祖母의 전세轉世였다. 조모가 원래 이 손주를 각별히 아꼈으며, 임종 시에도 손을 꼭 잡고 미련을 버리지 못하고 임종했다. 죽은 뒤에는 여자로 환생하여 나이가 들어 손주한테 시집가서 마누라가 되었다. 그래서 지공선사는 "괴이하고 괴이하네, 손자가 할머니에게 장가드네."라고 한 것이다.

선사가 집안으로 들어와 한 여자애가 돼지족발을 뜯어먹는 걸 보고는 "딸이 어머니의 살을 뜯어먹네."라고 하였다. 이 여자애의 모친은 아주 중한 죄업을 지어서 돼지로 환생하게 되었는데, 혼사 일을 치르면

---

118 예를 들어 그대의 부모가 그대를 각별히 아껴 임종 전에도 그대의 손을 놓지 않고 죽은 뒤에도 그대를 생각한다면 아주 쉽게 그대의 자식으로 전생할 수 있다.
119 석가모니부처님의 10대 제자 중 한 분인 가전연 존자를 말한다.

서 도살당하였고 지금 여자애가 먹고 있는 고기는 바로 자기 어머니의 살인 것이다.

마당에서는 한 젊은이가 흥에 겨워 당나귀 가죽으로 만든 북을 치고 있었다. 그것을 보고 선사는 "자식이 아버지의 가죽으로 만든 북을 치네."라고 하였다. 그의 부친도 죄업을 저질렀기에 당나귀로 환생하여 죽은 뒤 가죽이 벗겨져 바로 이 젊은이가 치고 있는 북으로 만들어진 것이다.

선사는 또 구들장 위도 보았다. 모두 전생에 도살당한 돼지와 양들이 었는데 지금은 사람으로 환생하여 서로 친척 사이가 되어 있었다. 반대로 지금 냄비 속에서 끓고 있는 고기들은 전세의 친척들이었다. 이 때문에 선사는 "돼지와 양이 부뚜막에 앉아 있고, 친척이 솥에서 삶기고 있네. 괴로움이로다."라고 하였다. 그들은 여기에서 혼사라는 기쁜 일을 치르며 주인에게 축복을 보내지만, 선사가 보기에는 윤회가 정말로 고통인 것이다.

우리는 윤회의 기나긴 흐름 속에서 여러 가지 업력에 짓눌려 떠돌아 다니며, 때로는 서로 친밀하고 때로는 원망하며 결정을 짓지 못하고 있다. 세세대대를 거론할 필요 없이 금생만을 볼지라도 우리의 부모가 세상을 떠나신 후 어떻게 될지는 누구도 모른다. 그래서 상사 여의보는 농민들의 집에 갔을 때 늘 "그대들은 집안의 가축들을 도살하지 마시오. 그들은 어쩌면 그대들의 부모가 환생한 것일지도 모르오."라고 이야기 하곤 하셨다. 어떤 사람들은 부모에 대하여 몹시 집착하고 원수에 대하여는 매우 증오한다. 그러나 내세에는 원수가 그대의 자식이 될 수도 있다.

65

윤회 중생은 끝도 없이 유전하기에
윤회계를 신뢰할 수 없음

지금껏 각각의 중생이 마신 젖은
4대양의 물보다 더 많습니다.
지금도 윤회 중에 이생異生을 받으며
미래에 마실 젖은 그것을 더 초과합니다.

每一衆生所飮乳　매일중생소음유
勝過四大海洋水　승과사대해양수
今仍流轉投異生　금잉유전투이생
未來所飮更過彼　미래소음갱과피

❀

무시이래 중생이 줄곧 삼계윤회에 표류하는 중에 끊임없이 세간의 묘욕妙欲에 집착하며 악업을 짓고, 또 스스로의 선택이 옳다고 여기니 끝없는 윤회 속에서 빠져나오지 못한다. 윤회는 어떤 시작도 없고 부처님의 혜안으로도 분명하게 알 수 없으니, 이렇듯 긴 윤회 시간 속에서 어느 한 중생이 마셨던 모유는 4대양의 물을 넘고도 남는다. 특히 태로 낳는 중생은 반드시 엄마의 젖에 의지해 양육된다. 만약 우리들이 해탈법을 열심히 수행하고 지니려 하지 않는다면 계속되는 무명번뇌를 멈출 수 없으며, 장래에도 여전히 다른 생명(異生)으로 환생될 것이다.

게송에서 '이생異生'이라고 일컫는 것은 바로 범부를 말한다. 『비장보약秘藏寶鑰』[120]에서 이르기를 "범부가 갖가지 업을 지어 여러 가지 업과를 감수하고, 몸의 모습이 만 가지로 생기므로 '다르게 생긴다(異生)'고 이름한다."라고 하였다. 범부들이 즐기는 바가 같지 않아 그들이 짓는 갖가지 업 또한 다르니, 어떤 이들은 살생을 좋아하고, 어떤 이들은 사음을 좋아한다. 그로 인해 얻게 되는 과보 또한 각각이니 이로 인해 '이생'이라 말한다는 것이다. 월칭보살께서도 『사백론 강의』에서 "많은 갈래로 전생되니 이로써 이생이라고 이름한다."라고 설하신다. 각자의 취향과 업력이 다르기 때문에 어떤 이들은 천계로 전생되고, 어떤 이들은 아귀로 떨어지며, 어떤 일들은 인간 세상으로 다시 태어나니, 이로써 '이생'이라 한다는 것이다. 한편 『탐현기探玄記』에서 이르기를 "다른 견해에 집착하여 전생하는 연고로 이생이라 이름한다."라고 하였다. 범부들 중 어떤 이들은 색법을 좋아하고 어떤 이들은 아름답고 미묘한 소리를 좋아하는 등 그 집착하는 견해가 각각 같지 않으니, 이러한 연고로 인해 '이생'이라 부른다는 것이다.

어떻게 해석하느냐에 상관없이 우리들은 아주 오랜 시간을 윤회 중에 표류해 왔다. 또한 받았던 고통 또한 이미 충분히 많으니, 지금부터 시작해서 마땅히 해탈의 도를 모색해야 한다. 원래의 불안정하고

---

120 일본의 화상 공해空海의 교언에 해당하는 저서. 현재 대장경 제77책에 들어 있다.

끝도 없이 걸어왔던 범부의 길을 이제는 마땅히 역으로 바꿔서 새로운 방향을 향해 전진해야 하니, 이는 곧 성자의 도이다. 일단 성자의 도를 증명하고 깨닫게 되면 다시 윤회의 물결에 휩쓸릴 필요가 없어지며, 또한 다시 엄마의 젖을 먹을 필요가 없어질 것이다.

관련 있는 대승경전에서도 반복해 말하기를, 중생들이 윤회 중에 마셨던 모든 모유가 멀고 먼 대해를 넘어선다고 하였다. 불경 중에서 설하되 "한 중생이 모친으로부터 마셨던 젖은 4대 해양의 양만큼 되며, 서로 비교할 것이 없을 만큼 많다."라고 하여 용맹보살의 교언과 완전 일치된다. 만약 우리들이 윤회에서 벗어날 수 없다면 여전히 이전에 비해 더 많은 젖을 마셔야 한다.

많은 사람들이 이전에는 선지식을 만나기가 어려웠다. 만일 만나게 되었더라도 단지 인천복보人天福報만을 희구했다. 그러나 지금부터라도 우리들은 순해탈順解脫의 선근을 희구해야 한다. 그렇다면 무엇이 순해탈의 선근인가? 이는 곧 윤회를 단절할 수 있는 근본이 되는 공성의 법과 보리심이다. 이러한 선근이 있어야만 우리들은 비로소 윤회에서 벗어날 수 있다. 그렇지 않으면 잠시 천상과 인간 세계에서 안락을 얻는다 해도 결코 궁극적으로 문제를 해결할 순 없다. 이는 곧 감옥 안의 죄인과 같다. 옥중의 죄인은 당연히 여러 방법을 강구해 출옥하려 할 것이다. 하지만 출옥할 방법이 없다. 또한 만일 단지 감옥 안에서 먹는 것, 입는 것이 족하니 되었다고 여긴다면 이는 매우 어리석은 것이며 궁극적인 문제를 해결할 수 없다. 그러므로 불법을 강설할 능력이 있는 법사라면 반드시 공성과 보리심에 관련된 법요를 강의해야 한다. 이러할 때 비로소 중생의 윤회의 뿌리를 끊어낼 수 있으니, 이는 곧 붓다의 가르침이고 어떠한 의혹의 말도 필요 없다.

겔룩파[121]에서 보리심을 강의할 때, 먼저 '지모知母', '염은念恩'[122] 등 7대 규결을 이해해야 한다. 그 중에서 '지모'에 대해 오랜 시간 동안 교증 및 이증을 통해 몇 번이고 반복적으로 수학함으로써 계속되어 온 많은 의심을 없애고, 결국은 모든 중생들이 수없이 의지해 태어나야 했던 모친임을 아는 정해定解를 일으키고, 그런 후에 다시 이 도리에 대해 일보 전진 수행을 해야 한다. 첫걸음에 해당하는 '모든 중생이 어머니(부모중생)'라는 개념이 아직 정립되지 않았다면 보리심을 수행하기가 매우 곤란하다.

우리들이 반드시 알아야 할 것은, 용맹보살의 가르침은 신화나 고사를 얘기한 것이 아니고, 또 너무 높아서 이해할 수 없는 현묘한 경계를 말씀하시는 것이 아니며, 오히려 무척 현실적인 것이다. 우리들은 무시이래 윤회전생하여 왔으니, 지금부터 시작해서 짧고 짧은 인생 몇십 년 중에 반드시 아뢰야식阿賴耶識[123] 위에 윤회를 부숴낼 종자를

---

121 티벳불교 4대 종파(닝마파, 까규파, 싸꺄파, 겔룩파) 중 달라이 라마가 속한 최대 종파. 14세기 말, 쫑카파(1357~1419)와 그의 두 명의 핵심 제자인 겔짭(1364~1432) 과 케드룹(1385~1483)에 의해 티벳의 4대 종파 가운데 가장 마지막으로 성립되었다. 겔룩은 티벳어로 "덕행의 길을 따르는 사람들"을 의미하고, 1409년 쫑카파에 의해서 창건된 간덴사의 이름에서 유래하였다.
122 무시이래 뭇 중생이 자신의 모친이었던 적이 있음을 알고(부모중생), 그 모친의 은혜가 큼을 생각하는 것.
123 불교의 유심론唯心論에서 말하는 인간의 근본 의식意識. 불교의 인간관에 의하면 인간은 안·이·비·설·신·의의 여섯 가지 감각적 기관으로 이루어진 존재이다.

설립해야 한다. 만일 설립하지 못한다면 오히려 자신에 대해 엄격하게 책임을 추궁해야 한다. 이와 같이 할 수 있다면 자신이 금생에 비로소 해탈의 기회를 얻게 되며, 금생에 해탈하지 못해도 윤회의 상속에 대해 손해를 입혀 이후 내생에서 쉽게 윤회를 끊게 된다.

앞의 다섯 가지를 전5식前五識이라 하고, 여섯 번째의 식을 제6의식이라고 한다. 전5식은 '나'라는 주관이 외부의 객관과 교통할 수 있는 통로로서 제6의식에 의하여 통괄되며, 자신이 수집한 갖가지의 정보를 이 제6의식에 보고하는 기능을 가진다. 제6의식은 흔히 '마음'이라고 부르는 존재인데, 그 단계는 다음과 같은 셋으로 나누어진다. 첫째가 제6의식, 둘째가 제7마나스식(Manas識), 셋째가 제8아뢰야식이다. 현대 심리학에서의 구분 방법에 따르면 제6식은 의식의 세계이며, 제7식과 제8식은 무의식의 세계에 비견될 수 있다. 그 가운데서도 가장 근원적인 마음을 아뢰야식이라고 보았다. 아뢰야식이라는 무의식의 바다는 모든 종자種子를 갖춘 가능성의 바다이다.(출처: 네이버, 한국민족문화대백과)

66

윤회 중생은 셀 수 없는 횟수만큼 유전하기에 윤회계를 신뢰할 수 없음

과거 무수한 생에 남긴 자신의 뼈를
한곳에 쌓으면 수미산보다도 높고,
대지의 흙으로 대추씨를 빚어 그 낱낱을 헤아려도
(윤회전생) 중에 내 모친이었던 중생의 수에는 못 미칩니다.

過去每世所遺骨　과거매세소유골
堆積一處超山王　퇴적일처초산왕
地土搏成棗核丸　지토단성조핵환
其量不及爲母數　기량불급위모수

❀

앞 게송에서 언급하였듯이 중생이 윤회 속을 표류하며 마셨던 모든 젖은 4대 해양보다도 많다. 이 게송에서는 또한 이것을 두 가지 방면에서 분석하고 있다. 끝도 제한도 없는 윤회 속에서 우리들의 신체는 어떤 때는 매우 방대하고 어떤 때는 매우 작기도 했는데, 만일 누대에 걸친 뼈를 한곳에 쌓는다면 수미산보다 더 높다.[124]

이전에 화결시주華傑施主께서 출가하실 당시, 나이가 많아서 거의 출가를 받아주지 않을 뻔했지만 홀연 출가하였는데, 그는 매일매일 잠만 자고 게으르며 하나도 정진하지 않았다. 하루는 목건련 존자께서 염리심이 생기게 하기 위해 그를 데리고 해변으로 갔다. 그곳에는 매우 큰 산이 있었는데, 대략 7백 유순由旬[125]의 크기로 태양 또한 가릴 수 있었다. 목건련 존자께서 그를 산 정상에 데리고 올라가시니, 화걸비구가 묻기를 "이 산은 어떻게 만들어진 것인가?" 하였다. 존자께서 답하시길 "이 산은 네 전생의 뼈대로 만들어진 것이다." 하고는, 이어서 다음과 같이 자세히 말씀하셨다.

"아주 오랜 옛날에 너는 일찍이 한 국왕이었는데, 특히 마작 노름을 좋아했었다. 당시에 어떤 사람이 법을 어겨 대신들이 이 일을 여쭸는데, 국왕은 노름에 한창 바쁜 상태에서 정신없이 입을 열어 말하기를 "나의 법률에 의거해서 다스려라!" 했다. 대신들은 국법에 따라서 그를 죽여버렸다. 국왕이 노름을 끝내고서 "그 사람은 어떻게 처리했는가?" 물어보자, 대신들이 아뢰어 올리기를 "폐하의 지시에 따라 이미 법에 의거해 죽였습니다."라고 했다. 국왕이 이 말을 듣고는 바로 후회막급하며 말하길 "내가 사람을 죽여서 어리석은 군주가 되었으니 이후 다시는 정치를 하고 싶지 않다."라고 하고는 산중을 유랑하게 되었다.

이 살생의 업으로 인해 그는 죽은 후에 한 마디의 큰 고래로 환생했는데, 몸길이가 7백 유순이었다. 악업을 짓게 되었던 대신들도 그 몸에

---

[124] 『구사론』에 자세히 나온다. 수미산은 넓이가 8만 유순, 높이는 물 위에서부터는 8만 유순이며, 물 아래로도 깊이가 8만 유순이다.

[125] 1유순은 가로, 세로, 높이가 각각 15km이다.

붙어사는 기생충으로 환생하였는데 그 고래의 몸을 먹고 살았다. 고래는 천백 년을 내려오면서 끊임없이 큰 고통을 받았으며, 죽은 후에 시체가 파도를 타고 이곳까지 흘러와서 천천히 부패된 후에 뼈대가 되어서 바로 이 산이 만들어진 것이다."

이 모든 상황을 들은 후에 화결비구는 윤회에 관해 염리심이 생겨 이때부터 다시는 게을리 잠자지 않았으며 매일같이 정진 수행을 하였다.

사실 전생을 알 수 있다는 것은 역시 무척 좋은 것이다. 어떤 사람은 특히 의심이 심한데, 윤회전생 중에 각종 사견에 물든 적이 있었으며, 어떤 이들은 매우 게으르고 나태하여 짧은 인생 중에 오히려 당연히 수행해야 함을 모르니, 만일 자신의 전생이 어땠는지 또 어떤 모양으로 변했는지를 알게 되면 분명히 윤회에서 벗어나고 싶어 할 것이다.

우리들은 일찍이 윤회 중에 한없는 고통을 받아왔다. 『연화생대사전기蓮花生大師傳記』 중에 러자[126]라는 이가 있는데, 그가 한 수의 비애 참회문을 지어 말하기를 "뼈대 등을 한곳에 모은다면 수미산과 같고, 농혈 등을 모은다면 4대 해양과 같다. 숙세의 업을 모은다면 말로 다 이르기 어려우니, 삼계 생사의 윤회 중에 돌고 구른다."라고 하였다.

다른 가르침에서 또한 말하기를, 우리들이 윤회 중에 흘렸던 눈물을 한곳에 모은다면 4대 해양을 넘을 것이라고 말했다. 현대인들은 눈물이 특히 많은데 감동의 눈물, 감격의 눈물, 상심의 눈물, 위안의 눈물, 환희의 눈물 등이 있다. 우리 불교 중에도 신심의 눈물, 연민의 눈물

---

126 러자는 일찍이 비구였을 때 밀승계를 깨트려 타락했는데, 후에 해탈을 얻었다.

등이 있는데, 이러한 눈물을 모두 한곳에 모은다면 4대 해양의 물보다도 훨씬 많을 것이다. 그러므로 우리들은 윤회에 대해 마땅히 크게 염리심이 일어나야 하며, 이럴 때 비로소 출리심의 싹이 움트는 것이다. 아무런 지각도 없이 "윤회란 매우 즐거운 것, 큰 행복이다! 나는 이곳을 떠나고 싶지 않다."라고 생각할 수 있으나, 그러하다면 어떠한 수행이라도 성공할 수 없다.

무시이래 중생은 서로 어머니였던 횟수가 매우 많았다. 예를 들어 이 대지의 흙이 하나하나 대추씨 정도 크기의 알약으로 변한다면, 붓다의 지혜의 눈으로 능히 그 수를 헤아릴 수 있지만, 중생들이 서로 어머니였던 횟수는 부처님조차도 수를 헤아려 알기 힘들다. 세존께서 일찍이 말씀하시길 "비구들이여, 예를 들어 어떤 선비가 이 대지의 모든 흙을 가지고 대추씨만 한 환丸으로 만들고서 '이것은 나의 모친, 이것도 나의 모친, 이것은 그의 모친'이라고 말하며 버리니 모든 대지의 흙을 다 쓰게 되었다. 그렇지만 중생이 어머니였던 수를 헤아리기에는 아직 끝이 난 것이 아니다. 이것이 내가 설하는 바이다."라고 하셨다.

어떤 이들은 이 도리를 듣고 너무나 심오하다고 생각한 나머지 받아들이지 못하기도 한다. 우리들이 대승불교에 대해 장기적이고 체계적으로 들은 바가 없으니, 이러한 깊은 불법을 들을 때에 받아들이기 힘들어하는 현상은 지극히 정상적인 것이다. 우리들이 심오한 교리를 학습할 때 한 번에 받아들이기 힘들지라도 명백한 논리(logic)를 통해 추론할 수는 있다. 만약 분별해서 추론하기 힘든 경우라 하더라도, 예를 들어 중생이 무시이래로 어머니였던 것과 같은 것은 붓다의 경전 가르침에 의거하여 증명할 수 있는 것이다.

길고도 끝이 없는 윤회의 고통에 대해 우리들은 마땅히 두려워하는 마음을 내야 한다. 성천논사께서 『중관사백론』에서 설하시되 "이 큰 고통의 윤회 바다가 마침내 끝이 없는데, 어리석은 범부들은 이에 빠져 있는 중에도 어찌 두려워하는 마음이 생겨나지 않는가?"라고 하셨다. 현재 일부 젊은이들이 근본적으로 죽음의 존재에 대해 모르는 것처럼, 어떤 불교도들은 전세前世 후세後世에 대해서 전혀 생각하지 않고 단지 눈앞의 별다른 의미도 실제도 없는 허황된 생활만 돌아본다. 이러한 사람은 개미집의 개미와 다를 바 없다. 개미들도 겨울이 오면 어떤 상황에 당면하여 어떻게 해야 하는지, 평소에 어떻게 재물을 모아야 하는지를 생각할 수 있다. 이 방면에서는 개미들도 무척 총명하다. 그러므로 우리는 사람으로서 개미도 생각할 수 있는 차원을 넘어 마땅히 자기의 전세 후세를 고려할 줄 알아야 한다.

혹시라도 전세 후세가 없다면 바로 이 세대가 지나면 곧 끝나는 것이니, 그러하다면 내생에 마음을 쓸 필요가 없다. 그러나 실상은 이와 같지 않다. 인생 몇십 년은 매우 빨리 지나가버릴 것이고, 그 후 몇천 년, 몇억 년의 세세생생에 과연 고통의 무대가 있는 것인지 아니면 즐거움의 무대가 있는 것인지는 완전히 현재에 달려 있다. 올라가고 내려가는 관건은 곧 현재에 있다. 이 이치는 말할 수 있다고 되는 것도 아니고 또한 잠시 사색한다고 되는 것도 아니다. 우리들은 반드시 오랜 기간 동안 사유해야 하며, 윤회의 느리고 길고도 고통스러움을 체험하고 난 다음에 갖가지 방법을 써서 고통의 바다에서 벗어나야 하는 것이다.

무시이래 중생들이 서로 모친이 되었던 적이 있으니, 이 점은 우리는 말할 것도 없고 심지어 붓다께서도 예외는 아니다. 『백업경百業經』에서 설하길, 과거에 붓다 및 권속이 길을 걸어가는데, 한 노부인이 붓다를 보고서는 매우 기뻐하며 큰소리로 "나의 아들아! 나의 아들아!" 하며 뛰어와서 부처님의 목을 끌어안았다. 이때에 비구들이 급히 그녀를 끌어내리려 하자 부처님께서 말씀하시길 "저 여인은 일찍이 나의 오백 세 전의 어머니이셨다. 이것은 저 여인의 과거 습관이니 너희들은 저지하지 마라." 하셨다. 부처님에게도 윤회 중에 이러한 경력이 있었으니 우리들 한 사람 한 사람은 더더욱 말할 필요가 없다. 단지 스스로 모르는 것에 불과하다. 지금 우리들은 등불과 같은 불교를 만나 방향을 명확히 얻어낼 수 있으니 이는 매우 큰 행운이다. 여러분이 이 소중함을 이해하기를 희망한다.

67

세간의 지위가 정해진 바가 없기에
윤회계를 신뢰할 수 없음

세간의 공양을 받는 제석천왕일지라도
업의 작용으로 다시 지상에 태어나고,
설령 전륜왕이 되었다 하더라도
윤회 중에 다시 하인이 되기도 합니다.

帝釋堪稱世間供　제석감칭세간공
以業感召亦墮地　이업감소역타지
縱然曾爲轉輪王　종연증위전륜왕
於輪回中復成仆　어윤회중복성부

❁

이어지는 이야기는 높고 낮음에 정해진 바가 없어 신뢰할 바가 못 되는 이치를 국정國政, 친한 벗, 좋은 집, 안락한 환경, 풍요로운 생활, 장엄한 위엄의 여섯 가지 측면에서 논한 것이다. 여기서는 그 첫째로 세간의 지위고하가 신뢰할 바가 못 되는 이치를 이야기하고 있다.

　윤회에는 믿을 만한 것이 없으니 친구나 원수나 시절도 일체 무상한 것이다. 비록 자신이 큰 권력자이거나 사장일지라도 특별히 그 지위에 집착하면 안 된다. 오늘은 자기가 권력을 쥔 사람이어도 내일은 하수인으로 바뀔 수 있고, 금생에 자기가 우두머리일지라도 내세에는 부하로 태어날 수 있다. 그러므로 지위가 높다고 해서 오만할 것은 없으며, 마땅히 윤회의 각종 과환을 억념해야 한다.

제석천왕은 세간의 공양을 받는다. 그의 재부, 지위, 권세는 현재 인간 세계의 어떤 대통령이나 국가주석의 그것을 뛰어넘는다. 그러나 그 또한 전생의 업으로 천계에 들어서 잠시 동안 인간 세계의 공양과 공경을 받게 되었던 것이다. 그 복보가 다 소멸되고 하늘의 복을 다 향유한 후에는 다시 욕계로 떨어져 인간으로 태어나게 된다. 그의 업력으로 인해 인간 세계로 빠져 들어와 비천한 사람이 되거나 짐승으로 태어나 사역하게 되는데, 천왕이었을 때 권세를 이용해 다른 사람을 학대하거나 해하였기 때문에 인간 세계에 빠졌을 때 다른 이들의 모욕을 받고 심지어는 지옥이나 아귀에 빠져 무한한 고통을 받게 된다는 것이다.

인간 세계에서 최고의 복보를 받은 이로서는 초겁初劫 시기의 전륜왕을 넘을 이가 없다. 『구사론』에서 말하길, 전륜왕은 금, 은, 동, 철의 4종류로 나눌 수 있는데, 각각 4, 3, 2, 1개의 부주를 나눠 통치하였다. 금전륜왕의 복보가 제일 커서 4개의 대부주大部洲를 통치할 당시 기타 국가들의 항복을 받고자 하였다. 하지만 그 왕들은 모두 금전륜왕의 복보에 감화되어 스스로 투항하여 신하국이 되었다. 은전륜왕은 작은 국가들 앞에 나타나자 바로 작은 국왕들이 그에 대해 공경을 나타내 승리를 얻게 되었고, 동전륜왕은 전쟁을 준비하려 하자 바로 승리를 얻을 수 있었으며, 철전륜왕은 막 병기를 내려놓으려 할 때 상대방이 순순히 항복하여 승리를 얻었다.

각각의 전륜왕들이 자신들의 복보를 기반으로 승리를 획득한 방식은 같지 않지만, 이미 모두 십불선업을 단절했으며 단 한 명의 중생도 다치지 않을 수 있었다. 지금의 국가 전쟁은 이와는 크게 달라 한 명의 사람으로선 문제를 해결할 수 없다. 설령 유엔 사무총장이 이리 뛰고 저리 뛰어다니더라도 해결할 수 없으며, 설령 해결이 된다 하더라도 몇 개의 국가는 반드시 승인하지 않을 수 있다. 백 퍼센트의 사람들을 모두 복종케 하는 것은 불가능하다. 그러나 전륜왕은 모든 사람이 그에게 머리를 조아리고 신하되기를 청한다. 이렇듯 그의 복보는 매우 크다. 게다가 그가 구족했던 32상은 부처의 신상과 크게 비슷하다.[127] 그러나 그도 죽은 후에는 선업이 남은 것 없이 다 끝나버려, 아주 비천한 노비로 변해 다시 이전의 '천왕'으로 돌아갈 수 없게 되었다.

현세에서 몇십억 인구의 최고영도자라 할지라도 이것 역시 전생에 쌓았던 복의 과보가 금생에 이르러 비로소 만인의 수뇌가 된 것이다. 그러나 죽은 후에 어떤 모습으로 변하게 될지는 말하기 어렵다. 길고 긴 윤회 속에서 소소하기 짝이 없는 한 점 지위란 별다른 의미가 없는 것이다. 더구나 스스로 뛰어나다고 여기고 권세를 이용해 남을 학대하고 해친다면 내생에 반드시 자신의 몸으로써 빚을 상환해야 할 것이다.

---

[127] 『구사론석俱舍論釋』에서 말하길, 전륜왕은 32개상을 구족했으나 붓다와 완전히 다르다. 붓다의 미묘한 상의 장엄, 명현, 원만 등이 전륜왕과 크게 다르다.

세간의 지위는 진실로 의지할 바가 못 된다. 하지만 얼마나 많은 사람이 이를 알겠는가? 많은 사람들이 지위는 실제로 존재하고 관직에 몸담은 이후엔 스스로 영원히 높은 자리에 있을 것이라 여기지만, 진실로 이것은 불가능하다. 우리들은 지위, 권세에 대해서 흠모하는 마음이 있어서도 안 된다. 만약 진정으로 그걸 이용해서 중생에게 이롭게 하는 것이라면 괜찮지만, 탐욕을 위해서 권력을 쟁취하고 이익을 수호한다고 하면 그것은 실제로 전혀 의의가 없다.

68
세간의 배우자와의 감정도 무상한 것이기에
윤회계를 신뢰할 수 없음

설령 천계에서 긴 세월 동안
아름다운 천녀와 사랑을 누릴지라도
다시 지옥에 떨어져 몸이 잘리는
매우 참기 힘든 고통을 받게 됩니다.

縱然長期於天界　종연장기어천계
享用婀娜之天女　향용아나지천녀
複墮地獄遭碎斷　복타지옥조쇄단
感受極難忍受苦　감수극난인수고

❀

세상의 배우자 역시 믿고 의지할 상대가 아니다. 일찍이 길고 긴 세월 동안 욕천欲天에서 우아하며 요염하고 아름다운 천녀를 안으며 마음껏 쾌락을 향유하면 매우 행복한 것 같아 보일 것이다. 인간 세상의 사람들은 결혼 후 아이를 낳으면 곧 늙게 되고 특별히 즐길 시간이 없어서, 소위 사랑의 감정이 단지 겉으로만 있는 것처럼 보일 뿐 함께 생활해도 즐거움이 없다고 여겨지는 것과는 달리 천인들은 복덕으로 감화를 받아서 생활하기에 아무 걱정이 없다. 그렇지만 천인들 역시 복덕을 다 누리고 난 다음 지옥으로 떨어지게 된다. 어떤 천인들은 중합지옥으로 떨어져서 두 개의 큰 산 중간에 끼게 될 것이며, 어떤 천인들은 근변지옥의 검엽림과 당외갱지옥[128]으로 떨어지게 된다. 또는 철로 만들어진 개에게 뜯기거나 까마귀가 부리로 쪼아 먹게 되는 등 끝없는 각양각색의 고통을 받게 된다.

범부들이 특히 집착하는 것이 바로 감정이지만 사실 비록 천인이라 하더라도 감정은 영원하지 않다. 다음 생애에는 사랑하는 사람이 오히려 원한을 가진 적으로 태어나기도 한다. 막 사랑을 시작했을 때 많은 사람들이 모두 서로 상대방에게 집착하나, 오랫동안 만나게 된 후에는 염리심과 증오심 또한 생겨나기도 한다.

설령 천인들의 생활이 아름다울지라도 결국에는 악취중생으로 태어나 무한한 고통을 느끼게 되니 인간들에 대해서는 더 이상 말할 필요가 없다. 그러므로 우리 모두 마땅히 감정에 대한 집착을 끊어내야 한다. 이러한 집착은 어떠한 관찰도 거치지 않은 것으로 단지 인간들의 혼란스럽고 전도된 생각이므로, 세상에 대해 그러한 각종 고통을 직접 체험해본 사람은 고통의 실상을 알 수 있을 것이다.

---

[128] 중합지옥衆合地獄의 중생들은 큰 분지 같은 쇠절구에 갇혀서 옥졸들이 휘두르는 수미산만한 쇠 저울추로 매 맞는 고통을 겪는다. 근변지옥近邊地獄의 당외갱지옥燼煨坑地獄은 맹렬하게 불타는 석탄 불구덩이에 빠져 뼈와 살이 타서 문드러지는 고통을 겪는 곳이다. 검엽림지옥劍葉林地獄은 칼 잎으로 된 숲이라는 뜻으로, 쇠 나무에 나뭇잎 같은 날카로운 칼이 자라는데 바람에 따라 흔들리며 중생들의 몸을 조각조각 자른다.

69
아름답고 훌륭한 거처도 무상한 것이기에 윤회계를 신뢰할 수 없음

수미산 정상에서 오래 거주하면서
발 닿는 곳마다 안락함을 누렸을지라도
다시 당외갱, 시분뇨지옥[129]에 빠져
참기 어려운 고통을 받아야 합니다.

長久居於山王巓　장구거어산왕전
隨足起伏極愜意　수족기복극협의
複淪燙煨屍糞泥　복륜당외시분니
同熏難忍之苦味　동훈난인지고미

❀

아름답고 훌륭한 거처도 어떠한 실의가 없으니 자신의 호화로운 주택이나 집에 대한 집착을 가져서는 안 된다.
　수미산 정상은 33천天[130]이라 한다. 이는 땅과 서로 닿아 있는 제일

---

129 시분뇨지옥(屍糞泥地獄, 음독은 '시분니지옥'이나 편의상 '시분뇨지옥'으로 칭함)은 썩어 문드러진 시체의 진탕 속에 빠져 쇠 주둥이를 가진 곤충들에게 쪼아 먹히는 고통을 당하는 곳이다.

높은 욕계천이다. 천인의 복보가 현현된 곳으로 4대림원,[131] 선견성, 선법당, 존승관 등과 같은 아름다운 환경이 있어서 천녀, 천자들이 이곳에서 각종 욕락을 향유하며 누리는데, 인간들의 쾌락과 비교하여 논할 수가 없다. 인간들은 즐거움을 얻기 위해서 여러 방면의 수고와 노력이 필요하지만 그 결과는 종종 소원과 결과가 어긋나 더 이상 즐거움이라 할 수도 없다. 그렇지만 천인들이 사용하는 아름다운 의복과 음식은 일체가 복덕에 의거하여 나타난 것이기에, 천계에 다다른 이후에는 그곳의 생활이 무척 즐거워 몇백 년이 눈 깜짝할 사이에 지나가버린다.

33천의 환경은 지극히 아름답고 좋다. 모든 대지가 면처럼 부드럽고 발길을 따라서 오르내림의 변화가 있으니 마치 소파 위를 걷는 것과 같아서 인간의 대지처럼 딱딱하지 않다. 인간 세상의 부유한 집안에는 거실에 한두 개의 소파가 있을 뿐이지만, 천계에는 곳곳이 모두 소파와

---

130 수미산 정상에 있는 도리천의 33신神들. 중앙에 왕인 제석帝釋이 있고 사방의 봉우리에 각각 8신神이 있어 33신. 또는 33신들이 사는 도리천을 말함. 이 도리천이란 불교 세계설에서 육욕천六欲天의 제2세계이다. 제석천帝釋天을 주신으로 하는 천개天界로부터 그가 살고 있는 천天을 말한다. 명칭은 인도의 오래된 신화에서 천天, 공空, 지地의 신神들을 33의 수로서 총칭했다는 데에서 유래한다. 이 천계는 수미산의 정상에 위치하며 제석천이 사는 선견성善見城 이하의 선법당善法堂·사원四園, 기타의 시설 등이 있고, 선과 미를 다한 이상향적인 경관이 일부의 경전에 자세히 기록되어 있다. 불교에서 말하는 보통명사로서의 천天은 모두가 33천에 속하는 것으로 본다. 다수의 천인천녀天人天女가 살고 인간계와 교섭이 가장 깊었다고 되어 있다.

131 동남서북 4방에 중차원, 추악원, 잡림원, 희림원이 있다.

같아서 걸어가는 곳마다 부드럽고 편안하니 마치 서방극락세계와 비슷하다. 이처럼 즐겁고 행복한 생활을 향유했던 33천의 천인들도 복보를 천천히 다 쓰게 된 후에는 대부분 그들이 지은 업보로 인해 당외갱이나 시분뇨지옥 중에 빠지게 되어 참고 받아들이기 힘든 고통을 받게 된다.

당외갱지옥 중에는 온통 극렬한 화염으로 가득한 숯불이 있는데, 이곳에 빠지게 된 중생은 불에 타서 골육이 다 너덜너덜해지는 고통을 겪는다. 시분뇨지옥 중에 가득 차 있는 것은 모두 부패한 사체들인데, 그 악취가 하늘에 닿을 지경인 데다가 뾰족한 주둥이를 가진 곤충의 부리에 쪼아 먹힌다.

33천에서 살았던 천인들이 한순간에 지옥 중생으로 태어나게 되어 겪게 되는 고통은 그야말로 형용할 방법이 없다. 이와 마찬가지로 인간이 온갖 못된 짓은 다 저지르며 선업을 짓지 않는다면, 궁전의 별장 안에 살더라도 그 어떤 것에도 의지하고 기댈 수 없는 것이다. 아마도 오늘은 여기 좋은 환경에서 묵지만, 내일이면 죽어 바로 무간지옥에 빠져 지옥의 커다란 솥 안에서 삶기게 될 것이다. 그러므로 설령 자기가 부유하기가 용왕과 같고 아름답기가 하늘선녀와 같다 하더라도, 윤회의 실상을 이해하고 말할 수 있다면 이에 대해 일순간도 흠모하는 마음이 일어나지 않을 것이다. 일체가 꿈과 같이 허망하여 잠시 아름답고 기분 좋은 것들로 나타나지만, 그것들은 모두 하늘의 무지개와 같이 허무하고 흐릿할 뿐이며 더더구나 흠모할 가치가 없는 것임을 명백히 알아야 하는 것이다. 이러한 마음 태도가 있다면 자신의 수행은 비로소 성공할 수 있다.

어떤 수행자는 수행하면 할수록 퇴보하기도 하며 아무런 감응도 없고, 꿈속에서조차도 본존과 스승님이 가피 내리는 증험의 모습을 뵙지 못하는데, 그 원인이 무엇인가? 그것은 윤회에 대해 출리심이 생겨나지 않았기 때문이다. 전세 후세에 대해 인정하지 않는다면 출리심이 당연히 생겨날 수 없다. 유물론을 공부하거나 무신론 교육을 받은 많은 사람들이 비록 불교를 몇 년 동안 학습했어도 여전히 전세 후세에 대해 일종의 반신반의하는 마음이나 회의하는 태도를 갖는 경우가 많다. 이렇다면 수행을 하는 스님일지라도 출리심과 보리심의 성취는 더욱 어려운 일이다. 농사를 지으려 한다면 먼저 황무지를 갈아엎고 개간하는 작업을 진행해야 한다. 이러한 일은 하지 않고 바로 빈 터에 가서 작물을 심는다면 결국에는 수확이 있을 수 없다. 마찬가지로 우리들 수행은 먼저 기초를 열심히 닦고 마음을 온화하게 만들고서야 윤회에 대한 염리의 마음이 생겨나니, 이러한 기초 위에서는 어떤 일도 하기에 좋고 어떻게 하더라도 잘 될 것이다.

『친우서』의 표면적 의미는 이해 못할 것이 없다. 그러나 그 함축적 의미는 매우 깊고 많은 문제와 연관된다. 우리는 반드시 이러한 관건을 잘 이해해야 하며, 진실한 출리심을 내야 한다.

70

안락한 환경도 무상한 것이기에
윤회계를 신뢰할 수 없음

많은 천녀와 서로 즐기며

아름다운 낙원에서 함께 유희하다가도

다시 검엽림지옥에 빠져

팔다리와 귀와 코를 베이는 고통을 당해야 합니다.

혹은 황금 연꽃이 가득한 만다키니 강[132]에서

용모가 아름다운 천녀와 노닐다가도

다시 지옥의 무탄하로 떨어져

견디기 어렵게 치성하는 열기를 감당하는 고통을 받아야 합니다.

與諸天女相倚喜   여제천녀상의희
美麗樂園共嬉戲   미려낙원공희희
複將爲諸劍葉林   복장위제검엽림
斬斷手足與耳鼻   참단수족여이비
或入曼陀妙池沼   혹입만다묘지소
天女金花豔彩容   천녀금화염채용

---

[132] 만다키니 강(Manda Kini)은 천상에 있다는 강이다.

舍身步入無灘河　사신보입무탄하
熾門難擋受熱浪　치문난당수열랑

❀

우리들이 집착하는 즐거움은 또한 믿고 의지할 바가 못 된다. 어떤 이들은 말하되 "우리들이 가졌던 특별한 즐거움은 천인들조차 비교할 수 없을 것이다!"라고 하는데 이것은 일종의 망언이다. 진정한 즐거움이란 이런 것이 아니며 윤회를 멀리 여의고 공성을 통달하여 무아지혜가 생겨났을 때 비로소 얻게 되니, 그러한 때의 즐거움이야말로 우리들이 흔히 말하는 허망한 유루의 즐거움이 아니다.

여기에서는 천계에서의 천인들의 생활이 매우 편하고 즐거운 것임을 말하고 있다. 천자와 천녀가 서로 가까이서 의지하며 서로 손을 맞잡고 아름다운 화원을 거닐며, 여의수 나무 아래에서, 혹은 생화가 핀 동산 속에서 즐겁게 지낸다. 하지만 그들도 그들의 복보가 다 한 다음에는 업력의 영향으로 일순간에 지옥으로 떨어진다. 검엽림 병기兵器들이 몸에 떨어져 몸을 조각조각 잘라놓고 칼로 천만 번의 찢김을 받게 되어 사지가 떨어져 부서지는 고통을 받게 된다.[133]

어떤 이들은 지위가 높고 많은 재산이 있어서 본인이 매우 잘 지낸다

---

133 당연히 어떤 이들은 이러한 말을 믿지 못하고 지옥의 참혹한 상황에 대해 의심을 갖게 되지만, 이는 완전히 일종의 아집이다. 육체의 눈으로 볼 수 없다고 해서 반드시 존재하지 않는 것이 아니다. 불교에서 이르는 천계, 귀신, 지옥 등은 비록 육체의 눈으로는 볼 수 없지만 그것의 존재는 헛된 것이 아니니, 이는 어떤 사람들도 부인할 수 없다.

고 생각한다. 그러나 사실상 이러한 즐거움에 대해 특별한 집착이 없는 것이 제일 좋다. 왜냐하면 그것은 긴 시간 동안 결코 서로 함께할 수 없으며, 일정한 시간이 지나 복보가 다 소진되어버리면 지옥으로 떨어져 고통을 받게 될 수 있기 때문이다. 여기에서는 단지 몇 개의 지옥 명칭만 상징적으로 제시하고 있지만, 『지장경』에 의하면 중생들이 지은 업들이 각각 다르기 때문에 받게 되는 고과苦果 또한 같지 않으므로 지옥의 고통은 각종각양, 형형색색이라고 한다.

우리들은 반드시 인과를 취사선택하여 되도록이면 악업을 짓지 않도록 해야 한다. 비록 업력이 앞에 나타나거나 혹은 발심이 바르지 못하여 업을 지었더라도 제불과 보살님 앞에서 힘을 다해 뉘우치고 항상 참회게를 염송해야 한다. 우리들은 범부이기에 마음이 일어나고 생각이 움직이는 대로 모두 선법이 되는 것은 매우 어렵다. 그렇지만 선지식의 인도 하에 정성으로 참회하고 수행한다면 악취에 떨어질 운명에서 벗어날 수 있다.

사실 이것은 의지하는 스승님과도 매우 큰 관계가 있다. 스승이 경법을 설하시며 제자를 인도하실 때 모두에게 특히 인과를 중시하라고 요구하시면, 본인 스스로도 선업을 짓는 것을 중시하여야 한다. 즉 스승들도 인과에 대해 제자들에게 전승할 때 매우 신중해야 하는 것이다. 이렇듯 우리들은 인과에 대한 확신을 갖고 거짓 없음을 믿으며, 윤회가 길고 긴 시간임을 알아 마땅히 진력을 다함으로써 스스로 반드시 윤회 고통의 바다에서 빠져나와야 한다.

두 번째 게송은 천계의 천인들이 항상 물결이 부드럽게 일고 만다라 꽃잎이 가득 뿌려진 아름다운 연못에서 용모가 매우 아름답고 광채가 눈부시게 빛나며 금 연꽃잎과 생화로 머리장식을 한 천녀와 함께 즐거움을 누리는 것을 이야기하고 있다. 그러나 천상의 복을 향유할 수 있는 만큼 다 누린 후에는 또한 어쩔 수 없이 지옥으로 떨어지게 되는데, 열기가 하늘을 찌를 듯한 무탄하無灘河로 걸어 들어가 때가 되어 나오려 해도 양쪽 기슭에 있는 옥졸들이 지키면서 그를 나오지 못하게 하며, 끓고 있는 쇳물로 몸이 타들어 가게 되니 울고 싶어도 울음이 나오질 못한다. 이와 같은 고통을 반복적으로 받는 것이니, 설령 윤회전생 중에 33천 천계에 태어나더라도 영원한 즐거움은 없는 것이다.

천번만번 반복해서 얘기하는 바는 우리들 모두 윤회에서 벗어나야 한다는 것이다. 매우 많은 사람들이 천인의 복보를 희구하는데 이러한 소망은 합리적이지 않다. 삼계윤회 중에는 지위, 쾌락, 반려를 막론하고 모두 의지할 바가 없다. 사람들이 대개 가정이나 부모, 자녀에 대해 특별한 집착을 가지지만 실제로는 의미가 없다. 친족과 원수란 정해지지 않은 것이라서 오늘의 부모는 영원한 부모가 아니며, 오늘의 원수 또한 영원한 적이 아닌 것이다. 윤회란 어떤 믿을 만한 바가 없는 것이니, 이 이치에 대해서 마땅히 염리심을 가져야 한다. 어떤 나쁜 사람을 대할 때, 그의 본성이 착하지 않음을 알고 있다면 그가 나에게 미소를 짓는다 하더라도 그를 믿지 않을 것이지 않겠는가. 마찬가지로 윤회의 위아래의 법은 모두 허망하고 실체가 없는 것이다. 보기엔 아름답더라도 실제로는 우리를 기만하고 현혹시키는 것이다. 그러므로 유일한 한 가지 진실한 것은 곧 우리들이 희구해 마지않는 해탈도이다. 이것이야말로 우리들의 궁극적인 목표이다.

71
풍요로운 안락도 무상한 것이기에
윤회계를 신뢰할 수 없음

욕계 천상의 큰 쾌락이나
범천의 탐욕을 여읜 안락도
다시 무간지옥의 땔감이 되어
끊임없이 고통을 받게 됩니다.

欲天界中大樂者　욕천계중대락자
梵天離貪得安樂　범천리탐득안락
複成無間獄火薪　복성무간옥화신
不斷感受痛苦也　부단감수통고야

『친우서』는 윤회의 모든 것을 신뢰할 수 없다고 반복해서 말하고 있다. 부귀영화, 소유하고 있는 재산, 명성과 지위 등은 어떠한 실질적 의미가 없다. 이것은 인간 세계는 말할 것도 없고 천상계도 마찬가지이다. 욕계 육천[134]에서 누리는 모든 것은 복덕의 응보를 따라 자연스럽게

---

134 4천왕천, 33천, 이정천, 도솔천, 화락천, 타화자재천.

나타난 것이다. 인간 세상에서처럼 돈을 모으려고 할 필요도 없고, 재산을 모으려고 번거로울 필요도 없으며, 곳곳마다 땀과 눈물을 같이할 필요가 없다. 색계천 중의 대범천은 재물이 아주 풍부하고 욕계의 번뇌로부터 멀리 떨어져 있어서 특별히 강렬한 탐욕이 있을 수 없다. 그러므로 시종 선정의 즐거움에 안주하여 여러 겁 동안 안락한 생활을 누리는 것이다. 그러나 전세의 지은 선업이 다하면 이러한 천인도 인간이나 축생으로 떨어질 수 있다. 심지어 무간지옥의 땔감으로 변하여 시시각각 맹렬한 불에 태워져 조금도 쉴 새가 없다. 이토록 끊이지 않은 극렬한 고통을 1중겁[135] 동안 받는다. 천인의 원만한 복덕도 다 없어지면 극심한 고통을 받을 수 있는데, 우리들의 복덕재산은 말할 가치가 없다.

『정법념처경』에서 말하기를 "생사 중에 수많은 환난이 있고, 견고함도 없고 항상함도 없으며, 훼손되어 변하기 쉽다."라고 하였다. 생사윤회 중 재산, 쾌락, 행복, 장엄 등은 하나도 검증을 통해 얻어낸 것이 없다. 공중에 있는 꽃이나 수증기처럼 보이지만 실답지 않아 순간에 사라진다. 불교를 배워보지 않은 사람은 재산을 일생의 정신지주로 삼으며 모든 희망을 한 사람의 육체나 하나의 사물에 기대는데, 이것은

---

135 겁에는 대, 중, 소의 삼종이 있다. 둘레 40리裏 되는 성중城中에 겨자를 가득 채워 놓고 장수長壽의 천인天人이 삼 년마다 한 알씩 가지고 가서 모두 없어질 때까지를 1겁이라 한다. 남섬부주 사람들의 수명이 8만 4천 세로부터 백 년마다 한 살씩 줄어들어 10세에 이르고 다시 백 년마다 한 살씩 늘어나 수명이 8만 4천 세에 이르는 동안을 1소겁이라 하고, 20소겁을 1중겁, 4중겁을 1대겁이라 한다.(『시공불교사전』등 참고)

아주 바보 같은 행위이다. 위의 분석을 통해 알 수 있듯이 천인의 복덕도 최후에는 사라지는데, 인간의 행복은 더욱이 신뢰할 가치가 없다.

72
장엄한 명성도 무상한 것이기에
윤회계를 신뢰할 수 없음

일월천자가 되어 자신의 빛으로
일체 세간계를 환히 비추다가도
사후에는 다시 암흑의 처소에 이르고
자기의 손 뻗는 것도 보지 못합니다.

獲生日月自身光　획생일월자신광
照耀一切世間界　조요일체세간계
死後複至黑暗處　사후복지흑암처
伸展自手亦不見　신전자수역불견

장엄하게 빛나는 것도 전혀 믿을 만한 것이 못 된다. 천계의 태양천자(해)와 월량천자(달)는 전세에 많은 선업을 지은 인연으로 천인이 되었으니, 그들의 비추는 눈부신 빛은 널리 모든 세계를 비춘다. 명나라 시대 일여一如법사 등이 저술한 『삼장법수三藏法數』에서 전문적으로 해설하였는데, 보시, 지계, 선법 등을 행한 공덕으로 태양천자와 월량천자로 전생轉生한다. 그들의 신체는 자연발광을 하며 모든 궁전을 비추고, 궁전의 눈부신 빛살이 반사하여 수정水晶과 화정火晶의 기초 위를 비추고 이에 의지하여 모든 세간의 어둠을 제거한다. 『아함경』과 『비나야경』에서 다시 말하길, 그들의 수명은 상당히 길다. 그러나 복을 다 쓰고 난 후 그들도 죽어 태양이 없는 암흑에 태어나는데, 해저의 수생동물이나 섬 사이에 끼여 움직일 수도 없는 동물로 변하여 긴 세월을 손을 펴도 다섯 손가락이 안 보이는 암흑 속에 산다. 자신의 전세前世가 세상을 밝게 비추는 것에 비하면 지금은 세상이 칠흑 같아 천양지차이니, 이렇게 보면 자연히 윤회에 대해 염리심이 생길 수 있다.

마찬가지로 지금 사회에서 천만의 인기를 끄는 대스타, 대형가수들은 춤도 잘 추고 대중의 마음을 사로잡는 노래와 남들이 부러워할 만큼 많은 재산을 갖고 있지만 자만할 이유가 없다. 윤회는 무상한 것이다. 한평생을 이렇게 위풍당당하게 살았다 하더라도 다음 생에서는 거지 또는 맹인으로 변할 수 있다. 무구광 존자께서 『심성휴식』에서 설하되 "꿈속의 재산과 같은 부유함과 풍족함은 깨어나면 그 어디에도 찾을 수 없다."라고 하고, "이런 연고로 삼계의 모든 유정들은 쾌락을 탐하지 말며 보리를 수행해야 한다."라고 하시니, 이런 연유로 삼계 원만의 허상을 탐착하지 않은 것이 제일 좋으며, 한 가지 뜻으로 보리를 수행해 나아가야 하는 것이다.

우리들은 모든 행복원만의 등 뒤에는 허망이 숨겨져 있어, 마치 종이호랑이와 같아서 겉보기에는 거창하지만 모두 가짜임을 명백히 알아야 한다. 이 도리를 통달하면 수행은 반드시 성공할 수 있다. 그렇지 않으면 색, 성, 향, 미에 대한 집착이 아주 견고한 채, 그 집착 위에서 대법을 수행할 것을 생각한다면 어떤 성공도 할 수 없다. 우리 자신의 지혜를 이용해 이런 점을 잘 관찰해야 한다.

73

선을 행할 것을 교훈 내림

이와 같이 죄악을 이루게 됨을 잘 알아
삼복의 밝은 등燈을 꼭 받들어
홀로 스스로 일월광명을 갖고
제거가 어려운 어둠 속으로 들어가십시오.

如是知成罪惡後　여시지성죄악후
當撑三福之明燈　당탱삼복지명등
獨自趣入日月光　독자추입일월광
無法遣除之暗處　무법견제지암처

❀

앞에서의 분석을 통해 생사윤회의 죄가 상당히 악하다는 것과 육취 중에는 그 어떤 곳도 안전성이 없음을 알고 난 후, 우리들은 삼복三福의 밝은 등을 받들어야 한다.

'삼복'이 가리키는 것은 다음과 같다. 첫째는 보시이다. 각자의 형편 하에 최대한 재보시財布施, 법보시法布施, 무외보시無畏布施를 해야 한다. 둘째는 지계이다. 전심전력으로 청정계율을 지켜 나아가야 한 다. 셋째는 수행이다. 먼저 불법을 듣고 다음으로 수행해나가며, 이것으로 번뇌를 대치한다. 보시, 지계, 수행 이 세 가지를 우리들을 광명으로 이끄는 삼복의 밝은 등이라 부른다. 우리들 각자가 인간 세상을 떠날 때 우리를 보호하는 유일한 것은 선법이 있을 뿐이다.『정법념처경』에서 말하기를 "죽음이 이를 때 구해줄 수 있는 사람은 없다. 오로지 선법만이 예외이며 가장 잘 구해줄 수 있다."라고 하였다. 죽음을 맞이했을 때 가족과 친한 친구가 가장 많이 한바탕 울 것이다. 하지만 그들은 단지 우는 것 이외에 나를 도와 줄 수 없다. 하지만 자신이 생전에 선업을 지었다면 자신을 도와 안락하고 즐거운 선취로 이끌고, 악취의 무량고통을 제거한다. 이러므로 가장 믿을 수 있고 가장 유익한 것이 선법을 잘 수행하며 지켜 나아가는 것이다.

 삼복의 밝은 등에 의지함이 없으면 우리는 다만 윤회의 암흑처로 나아간다. 이곳의 암흑은 일월광명도 없앨 수 없다. 우리가 밤에 외출했을 때 빛이 없으면 아주 무서워하는데, 사실 전등 하나를 들면 어둠을 제거할 수 있다. 그러나 우리가 임종 때를 맞으면 일천 개의 빛나는 일월이 있더라도 마음속의 무명 암흑은 없앨 방법이 없다. 그러므로 우리는 생전에 선법 수행에 정진해야 하며, 이렇게 해야만 죽음이 다가올 때 조금이나마 자재하게 대처할 수 있다.

 인과는 모두 스스로 만들고 스스로 받는 것이다. 한 가정의 같은 식구라도 각자 업력이 다르므로 사후에 가는 곳도 다르다.『방광장엄경 方廣莊嚴經』에서 이를 두고 말하기를 "임종 후에 정신은 홀로 가는데, 육취의 서로 다른 곳으로 돌아간다."라고 하였다. 비유하면 한 가정에 여섯 아들이 있는데, 세상을 떠날 때 어떤 아들은 지옥에 들어가고 어떤 아들은 천상에 환생하고 어떤 아들은 인간 세상에 태어나는 등 여섯 아들이 여섯 곳으로 달리 태어난다. 아무튼 선법을 행하는 것은 아주 중요하며 우리들은 힘닿는 데까지 선업을 많이 쌓아야 한다. 특별히 큰 선법에 대하여 마음이 우러나지 않으면 우선 기본적인 약간의 작은 선행이라도 매일 계속 해야 하고, 특히 윤회의 고통을 많이 관해야 한다.

위의 분석에서 중요한 것은, 당신이 천상계에 태어난다는 것이 아니라 곧 지옥에 떨어질 수 있다는 것이다. 비할 곳 없는 쾌락을 누리고도 복이 다 없어질 때 최후로 가는 곳은 아주 비참할 것이다. 그러므로 재산이 있고 명예가 있다고 스스로 최고라 여기며 안하무인 하지 않아야 한다. 삼복의 밝은 등을 갖추지 못했다면 일단 죽음이 이르렀을 때 아무리 재주가 있어도 다시 행복을 누린다고 할 수 없다. 살아 있는 중에 선법 자량을 쌓아야 세세생생 쾌락을 누릴 수 있다. 이전에는 어떻게 하였든지 간에 오늘 이후부터는 이러한 도리를 명백히 알고 자신의 행동에 대해 많이 생각하고 반성해야 한다.

b) 육도의 고통 ① - 지옥 (게송 74~85)

74

지옥의 고통을 약설略說함

반복적으로 큰 죄를 지은 중생들은
부활지옥, 흑승지옥, 극열지옥, 소열지옥,
중합지옥, 호규지옥, 무간지옥 등
모든 지옥에서 항상 고통을 받습니다.

屢屢造罪之衆生　누누조죄지중생
複合黑繩極燒熱　복합흑승극소열
衆合號叫無間等　중합호규무간등
諸地獄中恒受苦　제지옥중항수고

❦

『지장경』,『대원만심성휴식』등 여러 큰 경론에는 지옥의 환경, 고통, 수량이 상세하게 묘사되어 있다. 지옥의 무량무변한 고통은 간단한 언어로 다 말할 수 없다. 총체적으로 지옥에는 열여덟 종류가 있는데, 묶어서 말하면 팔한지옥八寒地獄, 팔열지옥八熱地獄, 근변지옥近邊地

獄, 고독지옥孤獨地獄이 있다. 여기에서는 주로 팔열지옥에 대해 말하고 있는데, 기타 지옥은 팔열지옥을 살펴본 것으로 충분히 미루어 짐작할 수 있다.

반복적으로 죄를 지어 지옥에 태어난 중생은 받는 고통이 아주 강하고 그 시간도 아주 길다는 것을 알아야 한다. 가령 업을 지을 때 그 의도가 강하고 시간이 길며 대치도 없고 대상의 피해가 상당히 엄중하면, 그 과보가 아주 무서워서 내세에 지옥에 들어가 무량겁에 걸쳐 모든 고통의 과보를 받는다.

팔열지옥에는 부활지옥復活地獄, 흑승지옥黑繩地獄, 중합지옥衆合地獄, 호규지옥號叫地獄, 대호규지옥大號叫地獄, 소열지옥燒熱地獄, 극렬지옥極熱地獄, 무간지옥無間地獄[136] 등이 있다.

먼저 부활지옥이다. 그곳에서의 중생은 자신의 업보로 상대방 지옥 중생을 보면 천하의 원수를 만난 것과 같이 병기를 가지고 너 죽고 나 살자는 식으로 싸워 최후에는 모두 죽는다. 이때 공중에서 "부활하고자 원하느냐?"라는 소리가 들리며, 이에 따라 모든 중생이 다시 살아나 또다시 쉬지 않고 싸운다. 이렇게 죽으면 살아나고, 죽으면 살아나고를 반복하면서 그 고통이 극에 달한다.

흑승지옥의 염라옥졸은 달군 구리용액과 철물을 이용해 지옥 중생의 몸 위에 많은 선을 긋는다. 이어 달군 병기를 이용해 그 몸을 톱질하여 자르는데, 방금 잘린 부분이 금방 다시 붙는다. 이와 같이 계속적으로 반복하여 고통을 받는다.

---

[136] '무간지옥'이라 함은 이보다 더 고통스러운 지옥은 없다는 것을 가리킨다.

그토록 오랜 시간 동안 지옥의 중생들이 받는 고통을 정확히 헤아리기란 어렵다. 우리가 이전에 지옥의 고통을 몰랐을 때엔 각종 악업을 지었을 것이다. 그러나 지옥의 고통을 알고 난 후엔 악업을 지으며 살아갈 수가 없다. 지옥에 들어가면 해탈의 날이 없다는 것은 지혜가 있는 사람이라면 누구나 알 수 있는 것이다. 하지만 어리석은 사람은 어떻게 되든 상관하지 않고 여전히 자기 방식대로 행하여 악을 짓는다. 최후에 인과의 징벌을 받을 때에야 후회해도 소용없다.

75
지옥의 고통을 묘사함 - ①

깨에서 기름 짜듯 짓뭉개지는 이도 있고
부서져 분말이 되는 중생도 있습니다.
어떤 이는 톱으로 잘리고
어떤 이는 날 세운 도끼에 베이는 고통을 견뎌야 합니다.

有被壓榨如芝麻　유피압착여지마
另有碎成如細粉　영유쇄성여세분
有者以鋸鋸割之　유자이거거할지
有以難忍利斧劈　유이난인이부벽

❋

지옥 중생들의 실상을 그림으로 표현한 것을 보면 소름이 끼치고 매우 두렵다. 이것을 보고나서는 죄를 지을 생각이 없어진다.
　중합지옥의 중생들은 큰 쇠절구 속에 갇힌다. 옥졸들이 불에 달군 쇠절구 공을 이용해 그들의 몸이 가루가 되고 뼈가 부셔지도록 두드리는데, 쇠절구 공을 쳐들었을 때 다시 몸이 복원되어 끊임없이 고통을 받는다. 어떤 중생은 두 개의 큰 산 중간에 끼이는데, 큰 산이 이전에 살생한 돼지, 닭, 곤충, 모기 등의 머리 모양으로 변한다. 이 두 산이 부딪힐 때 지옥 중생들이 모두 죽고 깻가루처럼 짓이겨진다. 하지만 산이 나눠지면서 그들은 다시 회복되고, 또 산이 부딪히며 전과 같이 큰 고통을 받는다.

이러한 지옥의 고통을 들으면 선근이 약한 사람은 그럴 일이 없다고 생각한다. 이전에 아주 바보스러운 목동이 있었는데, 그는 감옥을 본 적이 없어서 감옥에 들어갔다 온 사람이 감옥 안의 잔혹한 광경을 말하면 아예 믿지를 않았다. "설마! 우리 주위에 어디 이런 감옥이 있어?"라고 생각한다. 견문이 적으므로 그는 어떠한 것도 믿지 않는다. 사람들도 이 목동과 같다. 그것은 자신이 전세에 지옥에서 고통을 받은 이력을 생각해내지 못하기 때문이며, 현세에서는 어떤 지옥도 보이지 않기 때문이다. 지옥 중생을 용서할만한 사정이 있다고 생각해도 사실상 그것은 사견이다. 인과응보는 그가 인정하지 않는다고 해서 없앨 수 있는 것이 아니다.

흑승지옥의 옥졸은 끓는 철물이 흐르는 불 칼로 지옥 중생의 몸을 4등분, 16등분, 32등분 등으로 나눈 후 벌건 톱과 도끼로 한 토막씩 자른다. 그렇게 잘린 몸이 금방 도로 붙어 다시 잘리는 고통을 감수해야 한다. 우리들은 손가락에 작은 칼자국 상처가 나도 상당히 참기 어려워한다. 그러니 지옥 중생의 고통이 얼마나 큰지 상상할 수 있다.

우리는 항상 억념해야 한다. 바로 이 순간 무량무변의 지옥 중생들이 고통을 받고 있다고. 우리는 우리가 얻은 선근을 그들에게 회향함으로써 그들이 해탈을 얻을 수 있기를 원한다. 동시에 자신을 위해서도 자신이 세세생생 지옥에 떨어지지 않기를 발원해야 한다. 이미 초지보살 이상의 과위에 올라가 있어 가는 곳마다 중생구제의 일을 하게 되는 경우가 아니라면 지옥의 고통을 막을 방법이 없다. 지옥의 고통은 말할 필요도 없다. 어떤 사람이 자신에게 귀에 거슬리는 말만 해도 우리는 마음에 못을 찌른 것처럼 여겨 삼사일 동안 잠도 이루지 못한다. 이처럼 인내력도 없으면서 지옥의 화염과 잘리는 고통을 어떻게 견딜 수 있겠는가?

76

지옥의 고통을 묘사함 - ②

끓는 쇳물용액에 잠겨
불 달궈진 쇳물이 입에 부어집니다.
불 달군 쇠창에 찔리기도 하며
온몸이 예리한 가시덩굴에 엉겨 있습니다.

有於沸騰溶液中　　유어비등용액중
灌注熾燒之銅汁　　관주치소지동즙
有被熾燃鐵戈刺　　유피치연철과자
周身纏繞利荊棘　　주신전요이형극

❀

어떤 중생은 무탄하지옥에서 끓는 철물에 신체골육이 타며, 옥졸이 끓인 구리 쇳물을 입에 부어 넣어 내장이 한 덩어리 화염으로 변한다. 삼지창 철창이 양 발바닥과 항문으로 들어가 양 어깨와 정수리를 뚫고 나오며, 다시 정수리에서 양쪽 하체를 통해 나온다. 온몸에 불 달궈진 철피가 감겨 살가죽과 철피가 같이 붙어 있다.『지장경』에서 "끓는 구리를 입에 붓고 달궈진 철판으로 몸을 감는다."라고 말한 것과 같다.

이런 비참한 광경을 들은 후에는 밤에 잠을 이룰 수가 없다. 붓다 시대처럼 일부가 일찍이 지옥에 떨어져 보거나 해탈한 선근이 있는 수행자는 지옥의 고통을 들은 후 오랫동안 잠을 잘 수가 없고 금방 출리심이 생긴다. 예전에 나이든 어느 수행자가 있었는데, 지옥의 고통을 들은 후 줄곧 밥을 먹을 수가 없었다. 지금은 이렇게 선근이 있는 사람이 비교적 적으니 여러분들은 많은 사유를 해야 한다. 붓다의 교언은 거짓이 없으므로 우리들은 지옥의 고통을 믿어야 한다. 그리고 악업을 짓지 말아야겠다는 생각을 해야 한다. 그러지 않으면 지옥에 반드시 떨어질 것이다.

사람들은 지옥에 떨어지는 많은 원인을 그다지 중요하게 여기지 않는다. 예를 들면 세상 사람들은 살생을 별로 대수롭지 않게 여긴다. 단지 살인만 하지 않으면 된다고 생각하여 그것에 관한 엄격한 법률만 제정한다. 동물을 죽이는 것은 당연시하는데, 특히 어떤 종교는 소나 양 등은 응당 사람의 먹잇감으로 태어난 줄로 알아 그것들을 살생할 때 당당하다. 이런 것은 모두 사견의 소치다. 여러분들은 앞으로 그런 부류의 사람을 보면 인과의 도리를 말해줘야 한다. 그가 믿든 믿지 않든 상관없이 그 사람에게 선근을 심어주는 것이 아주 중요하다. 현재 어떤 부류의 사람은 스스로 대원만을 깨달았다고 생각하며 지옥의 고통에 대해 아예 들으려고도 하지 않는데, 이것은 아주 전도된 사견이다.

지옥의 고통을 묘사함 - ③

쇠 이빨의 사나운 개에게 습격을 받아
물려 찢기고, 두 손을 하늘을 향해 쳐들면
날카로운 부리와 발톱을 가진 매가
몸을 움켜잡아 구속당합니다.

有被鐵齒之猛犬　유피철치지맹견
撕扯雙手仰向天　시차쌍수앙향천
利喙飛禽尖爪鴉　이훼비금첨조아
持執身已不由己　지집신이불유기

어떤 중생은 검엽림지옥에서 옛날 애인이 자기를 부르는 소리를 듣고 흥분되어 소리가 나는 쪽으로 간다. 하지만 어디에도 애인의 그림자는 없다. 다만 쇠 송곳니를 가진 사나운 개, 승냥이, 이리, 표범 등 맹수에게 처절하게 찢기고 놀라고 혼절하여 두 손을 위로 들고 얼굴을 하늘로 향해 눕는다. 그러면 쇠 주둥이의 까마귀, 독수리 등이 기회를 틈타 날아와 날카로운 쇠 주둥이로 그들의 골수와 내장을 파먹는다.

지옥 중생은 정말로 가엾다. 몸 보시를 할 생각은 없지만 자기의 신체를 맹수에게 먹게 주어야 한다. 불경에서 말하기를 "철 독수리가 있는데 죄인의 눈을 쪼아 먹는다."라고 하였는데, 세상에서 사음과 파계를 범한 사람은 이곳에 환생하기 쉽다. 당신이 이런 죄를 지었다면 당연히 항상 참회해야 한다. 제일 좋은 것은 금강살타 진언을 염하는 것이다. 네 가지 대치력을 통해 참회하면 그곳에 환생하지 않을 것이다.

78
지옥의 고통을 묘사함 - ④

각종 곤충류들과 수만 마리의
흑파리와 검은 벌 등이
온몸을 물어뜯어 실로 참기 어렵고
데굴데굴 뒹굴면서 울부짖게 됩니다.

有以各種昆蟲類　유이각종곤충류
萬數黑蠅蜂觸食　만수흑승봉촉식
遍體鱗傷實難忍　편체린상실난인
輾轉反側出哀號　전전반측출애호

❀

어떤 중생은 전생에 개미, 바퀴벌레, 쥐 등을 죽인 원인으로 근변지옥에 떨어져 수만 마리의 파리, 쉬파리, 독파리한테 끊임없이 빨아 먹힌다. 독벌, 대황벌 등도 그의 몸을 찔러 몸이 상처투성이가 되며, 고통에 땅 위를 뒹굴어도 아무런 쓸모가 없다.

인간 세상에서 어떤 사람이 재난을 당하면 다른 사람이 그를 도와 고통을 해결해줄 수 있다. 그러나 지옥에서는 각자 고통을 감수해야 하며 한 사람도 도와줄 수 없다. 일단 지옥에 떨어지면 각종 고통의 과보가 다할 때까지 끊임없이 고통을 받아야 한다. 그러므로 우리들은 인간일 때 지옥에 떨어지는 업을 제발 짓지 말아야 한다. 티벳불교의 많은 수행자들은 인과를 특히 중시한다. 생명의 위험을 무릅쓰고라도 하나의 중생도 상해하지 않는다. 하지만 지금 어떤 불교도들은 인과가 특히 무섭다는 것을 모르고 제멋대로 거리낌 없이 업을 짓는다. 이것은 불법이 마음속에 깊이 깃들지 아니한 소치이다. 만약 마음속 깊은 곳에서 붓다의 가르침을 받아들인다면 붓다의 교언을 대해 철저하게 믿을 것이며, 그러면 악업은 아예 지을 수가 없다.

79

지옥의 고통을 묘사함 - ⑤

어떤 이는 타고 있는 재 무더기 속에서
끊임없이 태워져 입을 쩍 벌리고
어떤 이는 커다란 철 가마솥 안에서
몸이 작은 반죽 덩어리가 되어 삶아집니다.

有者置於火燼堆　유자치어화신퇴
不斷被焚口亦張　부단피분구역장
有於鐵制巨鍋中　유어철제거과중
身成小團被烹調　신성소단피팽조

열熱지옥에서는 주변의 모든 대지의 활활 타는 화염이 한 척이나 되도록 높다. 무수한 지옥 중생은 쇠 땅바닥 위에서 태워지며 최후에는 모두 재로 변한다. 특히 무간지옥 중에서는 중생과 화염이 융화되어 한 몸으로 되어 아예 나올 수가 없으며 그들의 신체도 찾아볼 수가 없다. 어떤 중생은 불타는 철 가마 속에서 전신이 하나의 작은 반죽 덩어리처럼 줄어들어 밥을 짓는 것과 같이 삶아지는데, 정말로 그 괴로움은 말로 할 수 없다.

어느 경전에서 묘사하기를, 지옥 중생은 뜨거운 큰솥 안에서 계속 뒤집혀지는데, 신체가 수면 위로 조금 떠오르면 옥졸이 즉시 병기를 이용해 그의 머리를 사납게 공격해서 그는 어쩔 수 없이 끓은 물속으로 잠겨 들어가야 한다. 이와 같이 고통을 감수하다가 하릴없이 죽어간다. 지옥 중생은 이렇게 빨리 죽을 수 있으면 아주 행복한 것이다. 그의 가장 큰 희망은 죽는 것이다. 그러나 그의 업력으로 인해 다시 깨어나 큰 고통을 받고 죽지도 못한다.

사후 세계가 이렇듯 무서우므로 우리들은 짧은 일생에서 지옥에 떨어지는 인과를 지었는지를 신중하게 생각해봐야 한다. 항상 자기 자신을 포함해 사람들은 늙어가고 살아 있는 동안의 인연도 점점 적어지는데, 내세는 광명일지 아니면 흑암일지를 관찰해야 한다. 많은 성자들도 자신이 지옥에 떨어질까 두려움을 토로해왔다. 그럼에도 불구하고 많은 범부들이 예전에 지어왔던 수많은 죄업을 계속 지으면서도 지금 아무런 두려움을 느끼지 않는다.

총괄적으로 말하면 윤회는 확실히 무서운 것이다. 중생들은 어리석은 무명에 가려져 인과의 취사를 모르고 계속 업을 짓는 일을 하지 말아야 한다. 그리고 "현재 나는 선지식의 인도와 용맹보살의 이렇게 좋은 논전에 의지하여 자신의 미래를 어떻게 취사선택할지를 이미 알게 되었다. 이전에 지은 악취의 인을 제불보살 앞에서 전심으로 참회한다. 하루만 살아도 참회를 중단할 수 없으며, 생명이 위험에 처해도 다시는 악업을 짓지 않을 것이다."라고 생각해야 한다. 만약 마음속에 이런 생각이 생기면 이것이 곧 출리심이다.

80
지옥 과보는 임종을 하면 바로 시작됨을 사유함

여러 가지 죄업을 짓는 모든 악인들은
숨을 멈추면 바로 고통을 받기 시작하나,
지옥의 모든 무량한 고통을 들어도
전혀 두려움 내지 않음이 금강과도 같습니다.

諸作罪業之惡人　제작죄업지악인
斷氣受苦存活時　단기수고존활시
聞諸地獄無量苦　문제지옥무량고
毫不生畏如金剛　호불생외여금강

세속의 어떤 사람들은 살인방화나 승려 및 보살 비방과 같은 오무간죄를 짓는다. 이들은 숨 떨어지면 즉시 무량한 고통을 받는다. 금생과 후세에 고통을 받는 간격은 숨 한 번의 차이일 뿐이다. 그러나 그들은 팔열지옥, 팔한지옥, 근변지옥, 고독지옥에서 긴긴 세월을 상상조차 할 수 없는 고통을 받는다는 말을 듣고도 어떠한 느낌도, 조금의 두려워함도 없다. 심지어 "내가 지옥 안에 들어가지 않으면 누가 지옥에 들어가겠는가? 지옥은 두려울 게 없다."라고 말할 정도로 매우 우둔하다. 그의 이런 마음은 마치 금강처럼 단단하다.

무구광 존자는 『심성휴식』에서 "작은 고생도 참을 수 없는데, 참기 어려운 고통을 어찌 감당한다고 말할 수 있겠는가?"라고 말씀하신다. 불에 데여 상처를 입거나 추위와 같은 작은 고통조차도 참을 수 없어 하는 우리 범부 중생들이 지옥에서 그 지독한 고통을 어떻게 참아낼 수 있겠는지 묻고 있는 것이다. 이러한 가르침을 마음에 담아두지 않고 지옥에 들어가는 것을 별것 아니라고 생각하는 사람은 거대한 철공이나 돌덩이와 같다.

현재 일부 사람들 중에는 아주 미련한 사람들이 있다. 그들에게 악업을 짓지 말라, 죄를 짓는다면 지옥에 떨어질 수 있다고 말해줘도 그들은 전혀 느끼지 못한다. 타성에 젖어 뺀질뺀질해진 불교신자들도 이러한 불법을 들어도 내심 아무런 반응이 없고, 경론 속에서 비록 그렇게 설하지만 그 말을 믿을지 말지는 말하기 힘들다고 생각한다. 이를 두고 『보협어寶篋語』에서 설하되 "지옥의 고통을 듣고도 염리심을 내지 않으므로, 이런 사람은 정말 매우 어리석어 돌덩이나 쇠공과 같다."라고 한다.

이런 사람들은 근본적으로 인과를 신경 쓰지 않는데, 최후에는 결국 다만 스스로 지은 대로 스스로 받을 뿐이다. '가엾은 사람은 반드시 원망스러운 곳이 있다.'라는 속담이 있다. 가여운 거지나 불구자 혹은 중병에 걸린 사람들 역시 안타까운 점이 많이 있다. 왜냐하면 그들은 전생에 다른 사람을 해쳤거나 다른 사람의 재산을 빼앗았거나 무기를 사용하여 다른 사람의 몸을 찌르는 등 여러 종류의 업을 저질렀기에 오늘날 이렇게 불쌍하기 짝이 없게 변한 것이다. 이렇듯 세간에서 특별히 악한 일을 저지른 사람은 윤회하면서 늘 특별한 고통을 받게 되는데, 금생에서도 만약 계속 이렇게 한다면 그 고통은 반드시 영원하여 끝이 없을 것이다. 이런 사람은 매우 쉽게 지옥에 떨어지고 비록 인간계에 살아도 눈을 감기만 하면 악취에 떨어지는 공포가 바로 눈앞에 나타나고, 나아가서는 무량한 고통을 받는다.

우리는 이와 같은 사람이 되지 말아야 한다. 악인을 보면 마음속으로 마땅히 연민이 생겨야 하고, 지금의 교리공부를 통하여 법을 배우는 것이 인과응보에 대한 선악의 취사선택에 매우 도움이 된다는 것을 자각해야 한다. 또한 살아 있는 동안에는 되도록 말과 행동을 각별히 조심해야 한다. 인과법칙은 누구든 용서하지 않는다. 위로는 국왕에서 아래로는 평민, 백성을 막론하고 오직 업을 저지르면 모두 과보가 성숙된다.

우리들은 마땅히 자기의 마음이 금강으로 변했는지 아닌지를 여러 번 관찰해야 한다. 바라문교에서 이야기하기를, 금강은 한 분 스님의 뼈가 변한 것이고 천인들은 그것을 사용하여 법륜 또는 긴 창들을 만든다고 한다. 이들의 교리에 따라 선인의 뼈인지 아닌지 관계없이 아무튼 금강은 비할 바 없이 단단하다. 우리의 마음이 금강같이 단단하다면 지옥의 고통에 관해 어떤 소리를 들어도 두려움을 느끼지 않는다. 하지만 우리는 쥐 혹은 좀도둑의 바스락거리는 소리만 들어도 소름끼치게 놀란다. 용맹보살께서 말씀하시는 것은 다른 사람이 아니고 바로 우리들의 마음이 금강같이 단단하여 지옥의 고통스런 과보도 두려워하지 않을 정도로 우둔하다는 것이다.

81

지옥 고통의 무서움을 재차 사유함

지옥의 그림을 보거나 듣고
읽고 기억하며 혹은 지옥의 형상을 만들기만 하여도
능히 무서운 마음이 생기는데
하물며 진짜로 이숙의 과보를 받게 되면 어떠하겠는가?

卽便見聞地獄圖 　즉변견문지옥도
憶念讀誦或造形 　억념독송혹조형
亦能生起怖畏心 　역능생기포외심
何況眞受異熟果 　하황진수이숙과

❀

신심이 있고 선근이 있는 사람도 평소에 지옥의 이야기를 듣거나 경론에서 지옥에 대하여 묘사한 지옥 그림을 보면[137] 아주 큰 공포심이 생긴다. 그리하면 마음속으로 "만약에 내가 지옥에 다시 태어나면 어떻게 그 격렬한 고통들을 받고 참아낼 수 있을까? 겨울에 옷을

---

[137] 『비나야경』의 요구에 의해 법당 입구에는 육도윤회의 그림이 있다. 그 그림 안에 지옥, 아귀 등의 고통이 그려져 있다.

입지 않거나 혹은 좀 얇게 입거나 하면 추위 견딜 수 없다. 점심 한 끼니의 밥을 먹지 않아도 배가 끊임없이 항의하는 소리를 내고, 여름에 날씨가 더우면 바로 땀이 비 오듯 쏟아지며 불평불만으로 가득하다. 그러나 일단 정말로 지옥에 떨어지면 이런 고생들은 아무것도 아니니, 그 지옥의 고통은 그야말로 상상할 수도 없이 지독할 것이다."라고 생각하게 된다.

일부 사람들은 지옥의 조형물을 봤을 때 또한 대단히 두려워하고 놀라며 겁이 나서 벌벌 떤다. 중국의 많은 공원 안에는 대개 '지옥의 조형물'이 있다. 사천성四川省 풍도豊都의 귀신성에는 많은 지옥의 조각상이 있다. 지옥 동굴에 들어가면 구불구불한 터널에서 갑자기 염라대왕과 옥졸이 나타나고 앞에서는 시체가 떨어지는 등 여러 종류의 지옥 형상의 모습들이 굉장히 무섭다. 가짜인 줄 알지만 매우 큰 공포가 생긴다. 오로지 보기만 해도 이렇게 무서운데, 죽은 후에 정말로 지옥 속에서 직접 무량한 고통을 받을 때는 또한 어떠할까? 우리는 단지 윤회 속에서의 부분적인 지옥의 고통을 생각하고 기억하기만 해도 바로 놀라서 몸의 솜털이 곤두선다. 이를 억념하고 지옥 속의 고통이 마음과 몸을 핍박할 때 실제로 어떻게 될지 스스로 생각해 봐야 한다.

일부 사람들이 지옥의 고통을 믿지 않는다고 해도 그것이 없다고 확신할 수 없다. 인과는 후생에서 반드시 기약 없이 나타날 수 있는 것이다. 만약 지옥의 고통을 한 번 생각하기만 해도 특별히 두려운 느낌이 있다면 출리심이 생길 희망이 있다. 하지만 몇 번이고 지옥의 고통을 들었어도 마음에 아무런 느낌이 없다면 교화하기가 어렵다.

그래서 우리들은 평소에 자기의 마음 상태를 계속 관찰해야 한다. 만약 자기 수행이 특히 부족하다 싶으면 반드시 참회해야 한다. 자포자기하여 수행을 끊고 악업을 저지르며 지옥에 떨어져도 상관없다는 듯이 행동하는 것은 가장 미련한 행위이다. 설사 수행이 부족하여 지옥의 불가사의한 고통을 단박에 믿게 되지 않더라도 끊임없이 노력하고 공부하면 천천히 적응할 수 있고, 적응 후에는 악업을 저지르지 않을 수 있다. 불자로서 살생은 반드시 과보를 받는 것임을 들어 알고, 어떻게 하든지 살생의 악행을 저지르지 않고자 한다면 이것이 바로 법을 배우는 과정에서 큰 진전이 된다.

82

무간지옥의 고통이 제일 엄중함을 사유함

모든 일체의 안락 중에서
삼유의 탐애를 없앤 것이 가장 큰 행복인 것처럼
모든 고통 중에서
무간지옥의 고통이 제일 참기 어렵습니다.

所有一切安樂中　소유일체안락중
滅盡三有堪樂王　멸진삼유감낙왕
如是一切痛苦中　여시일체통고중
無間地獄最難忍　무간지옥최난인

❀

모든 고통 속에서 최고의 고통은 무엇인가? 안락 중에 최고의 안락은 무엇인가? 아래에서 이 문제를 분석한다.

삼계 중에는 많은 안락이 있다. 예를 들면 화원을 거닐며 맛있는 음식을 먹거나 색, 성, 향, 미의 욕락에 접촉하며 안락을 즐길 수 있다. 하지만 이러한 안락의 본체는 세 가지 고를 떠나지 않는 것이며, 오히려 이것은 고통의 원인이다. 오직 일체의 탐욕을 다 소멸하여 공성을 깨달아 고통을 멀리 보내면 이런 쾌락이 가장 큰 행복이 된다.

『반야심경』에 설하되 "오온이 다 공한 것을 비추어 보고 일체 고액을 제도한다."라고 하였다. 만약 능히 오온이 다 공성임을 깨우치면 그때 비로소 고통이 다 소멸되는데, 이러한 즐거움은 언어로 형용할 방법이 없고 반드시 불법을 통해야만 얻을 수 있는 것이다. 『열반경』에서 말하기를 "마땅히 정진하여 성현의 법을 성취하면 고통은 떠나고 대락 大樂을 얻는다."라고 하였다. 이때 '대락'은 여러 보살의 대지혜를 말한다. 우리가 정진하여 수행하면 부처님이 전수하신 바 성현법을 성취할 수 있고, 일체의 고통을 멀리하고 일체의 즐거움을 얻는다. 이런 종류의 쾌락은 세간의 어떤 쾌락과도 비교할 수 없다.

일체 고통 중에서 무간지옥의 고통이 가장 참기 어렵다. 『지장경』에서 "천번만번 나고 죽어도 업의 응보는 이 같으며, 억겁이 지나도록 벗어날 기약이 없다."라고 하였다. 무간지옥에 전생한다면 짧은 시간의 안락도 없어 참기 어려운 고통을 겪어야 한다. 『능엄경』에서 "만약 중생들이 악업을 완전하게 지으면[138] 아비지옥에 들어가서 무량한 고통을 받고 무량겁을 거치게 된다."고 하였는데, 여기에서 아비지옥이 바로 무간지옥이다. 이 지옥에서는 무량한 고통을 받고 무량겁을 지나도 해탈을 얻지 못한다. 그러므로 무간지옥보다 더 큰 고통을 받는 지옥은 없다.

이것은 부처님께서 직접 말씀하신 것이다. 또한 많은 대성취자들이 『지옥유기地獄遊記』에서 분명하게 강의한 것이고, 중국불교, 티벳불교, 인도 대덕의 전기에도 또한 설명되어 있는 것이다. 일부 사람들이

---

[138] 6근이 동시에 같이 지으므로 이런 악업의 죄보는 가장 커서 반드시 아비지옥에 떨어진다.

예전에 이 방면의 교육을 받은 적이 없고 보고 들은 것이 적기 때문에 이에 대해 그다지 믿지 않는데, 이는 그들의 큰 잘못이다. 지금 많은 사람들은 교리를 깊이 배운 적이 없고, 설령 지옥과 천당의 존재에 대해 알아도 어렴풋이 알 뿐이다. 오직 자기의 지혜를 불경의 교리에 부합하려 반복하여 사유해야만 지옥의 무기존재無欺存在에 대하여 정혜가 생길 수 있고, 만약 진정으로 이 교리의 정혜가 생기면 스스로 온갖 방법을 다하여 착한 일을 하고 의미 있는 일을 다 할 것이다.

 이런 도리들은 자주 생각하는 것은 매우 중요하다. 이것이 바로 소위 불법을 배우는 것이고 이것이 바로 '수행'이다. 수행은 결코 무엇이든 다 생각하지 말아야 하는 것이 아니다. 무문관 수행을 하거나 좌선 수행하는 과정에서 지옥의 고통을 여러 번 생각하고 무엇이 지옥의 원인인지 이해하고 난 후, 눈을 감고 30분 혹은 15분간 사유한다. 이 방면에 대해 사유하는 기간이 길수록 얻는 성과가 크다. 또한 마지막에는 최소한 출리심이 생길 수 있으며, 출리심이 있으면 다른 공덕 또한 생기기 쉽다. 이러한 수행이 없으면 '밀교의 대원만, 선종의 명심견성을 깨달았다'고 하면서도 '지옥의 고통스런 과보에 대해 전혀 두렵지 않다.'라고 하는, 완전히 허황된 소리를 하게 된다. 지옥의 불을 두려워하지 않는다면 인간 세계의 불을 얼굴에 붙여보자. 지옥의 불은 인간 세계의 불보다 훨씬 더 강력한데, 두려워하지 않을 자신이 있는가?

83

비유를 통하여 지옥 고통의 비통함을 사유함

이 세상에서 하루 중에 받는 고통이
삼백 개의 짧은 창에 독하게 찔리는 정도라 해도
이는 가장 미미한 지옥 고통 수준일 뿐이니
지옥의 고통은 진정으로 참기 어렵습니다.

於此一日中感受　어차일일중감수
三百短矛猛刺苦　삼백단모맹자고
彼較地獄最微苦　피교지옥최미고
難忍之分亦不及　난인지분역불급

❈

일부 사람들은 "지옥의 고통은 어떤 것이 있을까. 나는 정말 상상할 수 없다. 구체적으로 예를 들어 설명할 수 있나요?"라고 말할 수 있다. 용맹보살은 이에 대해 하나의 가설을 사용했다. 우리는 못 하나가 몸에 박혀도 매우 고통스럽다. 그런데 만약 하루 내내 삼백 개의 짧은 창이 끊임없이 자신의 몸을 찌른다면 그 고통은 형용할 수 없을 것이다.

쉴 사이 없이 시시각각 창에 찔리면서 죽지도 않는 사람을 본다면 우리는 어떤 생각을 할까? 암환자의 고통도 지옥의 고통과 비교하면 별것 아니다. 밥도 먹을 수 없고 죽으래야 죽을 수도 없는 암환자 역시 매우 비참하지만, 그 고통은 삼백 개의 짧은 창에 시시각각 찔리는 것과는 다르다. 하지만 삼백 개의 창에 찔리는 고통조차 모든 지옥 속의 고통에 비하면 아주 가벼운 것이다. 천만 분의 일만큼도 비교할 수 없을 정도로 근본적으로 같이 논할 수 없다.

보통사람들은 지옥을 두려워하지 않는다. 무명의 우둔함에 속아 가려 있기 때문이다. 만약 진정으로 지옥의 고통을 본다면 아마 먹지 않고 잠도 자지 못할 것이다. 성천논사가 설하되 "만약 보통사람이 일체 생사고통을 안다면 곧 찰나 간에 몸과 마음이 혼절할 것이다."라고 하였다. 만약 보통사람이 신통력이 있어 생사윤회의 상황을 현실적으로 알 수 있고, 특히 자기가 먼저 지옥 속에서의 참기 힘든 고통을 받은 것을 안다면, 그것을 아는 순간에 몸과 마음이 받아들일 수 없는 충격을 받아 졸도할 것이다. 월청논사 역시 말하기를 "여러 부처님이 모든 업의 과보를 비춰보는 것처럼 보통사람이 지옥 고통을 알아본다면 순간적으로 까무러칠 것이다."라고 하였다. 그런데 우리는 이 고통들을 회상할 방법이 없다. 심지어 지옥의 고통을 말할 때 일부 사람들은 웃어넘기기까지 한다. 지옥의 무수히 많은 중생들이 지금 이런 고통을 받고 있음에 생각이 미치면 바로 괴로움을 참기 어려운데, 일부 사람들은 자신의 자그마한 고통에 집착하고 기타 중생들의 심한 고통에 대하여 오히려 무관심하다.

보살은 인을 두려워하고 범부는 과를 두려워한다. 범부는 악한 과보는 악한 원인에 기원되는 것은 모르고 다만 악의 결과를 두려워한다. 특히 대도시의 많은 사람들은 평소에 함부로 행동하고 일시적인 즐거움을 도모하며 근본적으로 지옥의 과보는 상관하지 않는다. 지옥의 고통은 사실 어떠한 종류의 고통도 다 뛰어넘는다. 만약 지옥의 고통에 대해 대수롭지 않게 여긴다면 지옥의 중생에 대해 연민심이 생길 수 없다. 설사 자신이 입으로는 듣기 좋은 말을 하고 훌륭한 행위를 하더라도 수행은 실패를 맛보게 되므로 이에 대해 자신이 마땅히 반복하여 관찰해야 한다.

84

지옥 고통은 악업이 소멸할 때까지 한없이 긴 시간 동안 받게 됨을 사유함

이렇듯 참기 어려운 고통을
백구지 년 동안 직접 받아야 하며
악업이 모두 소멸되기까지는
지옥의 수명은 기필코 지속됩니다.

如是劇苦極難耐 　여시극고극난내
百俱胝年親感受 　백구지년친감수
乃至惡業未窮盡 　내지악업미궁진
期間必定不離命 　기간필정불리명

앞에서는 지옥의 고통이 얼마나 극심한 것인가를 설명했고, 지금은 지옥의 고통을 느끼는 시간을 설한다. 지옥에서는 어떤 고통이든지 매우 오래 지속된다. 백구지[139] 년 동안 받아도 멈추지 않는다. 고통이 가장 가벼운 부활지옥의 수명을 인간의 시간으로 계산하면, 인간의

---

139 구지俱胝: 인도에서 쓰는 큰 수의 하나. 일천만을 뜻한다.

50년은 사대천왕천에서의 하루이고, 사대천왕천에서의 500년은 부활지옥의 하루이다. 부활지옥의 중생들은 자신의 수명인 500년간 고통을 받아야 하는데, 그 시간은 인간에서의 1만 6천2백억 년에 달한다.

인간 세상에서 무기징역형에 처한 사람은 매우 가엾다. 만약에 그가 100년을 산다면 감옥에서 100년 동안 나올 수 없다. 하지만 지옥의 고통과 비교하면 그의 고통은 아주 적은 것이다. 또 지옥의 중생들은 악업을 다 녹여 없애지 못하면 절대로 생명이 다하지 않기 때문에 고통에서 벗어나올 기약이 없다.

『화엄경·입법계품入法界品』에서 말하기를 "모든 보報은 업業에서 시작되고, 모든 과果는 인因에서 생기고, 모든 업은 습관으로 생긴다."라고 한다. 지옥에서 오랜 시간 고통을 받는 과보는 악업으로 인해 생긴 것이다. 우리가 업을 지을 때에는 자기도 모르게 짓지만 죽은 후의 과보의 고통은 매우 참기 힘들다. 『미증유인연경未曾有因緣經』에서 말하기를 "착한 사람이 즐거움 속에 죽는 것은 마치 감옥에서 죄수가 나오는 것 같고, 악인이 두려워하며 죽음을 맞는 것은 마치 죄수가 감옥에 들어가는 것과 같다."라고 하였다. 많은 고승대덕과 선사들처럼 일생 동안 선법을 행하는 사람은 죽을 때 매우 편안한 것이 마치 죄수가 감옥에서 나오는 것 같다. 한평생 악업을 지은 사람은 죽을 때 매우 두려워하여 한순간도 인간 세상을 떠나기 원치 않는데, 바로 감옥으로 들어가야만 하는 것과 같다.

일체 고통은 인연이 있는 것이고 업력을 다하지 않으면 과보 또한 다할 수 없다. 『비나야경』에서 말하기를 "불가사의한 업력은 비록 멀다 해도 반드시 서로 끌리어 과보가 성숙되었을 때 벗어나기를 바라도 마지막에는 벗어나기 힘들다."라고 한다. 불가사의한 업력은 멀리 있어도 일단 인연이 성숙되면 반드시 자신을 찾아온다. 그에서 도망가려 해도 불가능하다. 그러므로 우리는 살아 있는 동안에 일부러 살생하는 것과 같은 악업을 짓지 말아야 하며, 온갖 힘을 다하여 선법을 닦아야 한다.

85

지옥 과보의 원인을 끊도록 가르침

모든 불선업의 과보를 초래하는 종자는
신구의身口意로 짓는 악업이니
당신은 응당 티끌만큼도 물들지 않게
마땅히 힘을 다하며 정진해야 합니다.

諸不善果之種子 제불선과지종자
卽身語意造惡業 즉신어의조악업
盡力不染纖塵許 진력불염섬진허
汝當如是而精勤 여당여시이정근

용맹보살께서 간곡하게 가르침을 주시길, 위에 서술한 모든 고통의 과보는 결코 아무런 원인 없이 생긴 것이 아니고 우리가 만든 업에서 온 것이라 하신다. 어떤 업을 지었을까? 귀납해 보면 신구의 삼문으로 짓는 악업에는 곧 몸으로 짓는 살생, 도둑질, 사음, 말로 짓는 망어, 악어, 기어, 이간어, 뜻으로 짓는 진심, 탐심, 어리석은 견해가 있다. 이 열 가지의 불선업에 의지하여 삼악취의 과보가 생긴다. 『장아함경』에 말하길 "다만 삼업을 짓고 삼선행을 수행하지 않으면 지옥에 떨어져 그 고통은 말할 수 없다."라고 한다. 신구의 삼종의 악업을 지으면서 신구의 삼종의 선행을 수행함이 없으면 중합지옥에 떨어지게 되고, 받는 고통은 측량할 수 없다.

당연히 마음속 깊이 참회하면 옛날에 지은 악업 또한 청정해진다. 『대집경』에 "백 년 동안 더러워진 옷도 하루 만에 씻어서 깨끗해진다."라고 하였다. 또 말하되 "이와 같이 백 겁 동안 쌓은 모든 불선업을 불법의 힘으로 선을 따라 사유하면 하루나 한 때 사이에 다 소멸할 수 있다."라고 하였다.

참회는 결코 어렵지 않다. 『열반경』에서 말하기를 "하나의 선심을 수행하면 백 종류의 악업을 제거한다."라고 하였다. 자성죄自性罪, 불제죄佛制罪 등 백 종류의 악은 하루 선한 마음으로 수행함으로써 즉시 없앤다.

업력은 정말로 불가사의하다. 아주 작은 악업을 지어도 성숙률이 특히 높다. 예를 들어 악심으로 하나의 중생을 살해하면 내세에 지옥에 떨어지는 이숙의 과보로 성숙한다. 반대로 관음심주를 염송하고 전경륜을 돌리며 대배大拜를 하는 등 아주 작은 선법을 실행해도 그것들의 역량 또한 매우 강하다. 그래서 『대지도론』에서 말하기를 "업력은 아주 크고 세상에서 비할 바 없다."라고 한 것이다. 업력의 그물망은 끝이 없이 퍼져 있다. 그래서 우리들은 마땅히 이에 대해 열심히 사유하여 선법을 실행하는 힘이 아주 강하다는 것을 알아야 한다. 다만 하루 동안 관음심주를 염송한다고 하더라도 맹렬히 타는 불꽃같은 지금까지의 죄업을 모두 태워버릴 수 있다. 반대로 순식간에 치심이 생기거나, 악심으로 한 중생을 살해하면 그 과보는 상상할 수 없다.

인연은 본래 이렇게 불가사의하여 오직 인이 충분히 갖춰지면 그 과보는 반드시 나타날 뿐이다. 우리는 금생에 사는 동안 비록 광대하고 넓게 법을 펴고 중생을 이롭게 하며 자량을 쌓는 큰일은 하지 못하더라도 최소한 자기의 신구의를 지켜야 하며, 절대로 나쁜 친구의 유혹에 넘어가서 본인과 다른 사람의 마음 상태를 훼손시키지 말아야 한다. 만약 상등자라서 자신의 수행을 잘할 뿐 아니라 또한 무량한 중생을 제도하여 그들이 해탈의 길을 가도록 인도하면, 마치 많은 고승대덕이나 발심이 큰 보살과 같다. 이와 같이 큰 선법의 인연이 없다 하더라도 자기를 보호하는 것 정도는 마땅히 쉬운 일이다. 자기의 생활이 어떠하든지 될 수 있는 한 악업의 요소를 섞지 말아야 한다. 만약에 자신이 매우 심각한 악업을 지었다면 인간 세상에 살아도 큰 의미가 없다.

인과를 믿는 것은 수행의 매우 중요한 절차 중의 하나이다. 우리는 마땅히 상사 삼보를 향해 많이 기도해야 하고, 보리심을 보호하는 것처럼 인과의 도리를 수호해야 한다. 이러한 견해가 있을 때 많은 사람들이 천천히 불자로 변해갈 수 있다. 우리가 어떠한 장애나 환경에 처해 있든지 인과에 대하여 확고한 정해定解가 있고, 악업을 저지르면 반드시 악취에 떨어짐을 굳게 믿으면 출리심이 쉽게 생길 수 있다.

결론적으로 이야기하면 우리들은 마땅히 여러 방법을 통하여 지옥의 고통을 사유해야 한다. 일부 사람들은 무문관 수행 중에 관상할 때 지옥의 중생들에 대해 비심悲心이 생겨 눈물을 흘리며 스스로는 악업을 짓는 것을 원하지 않게 된다. 마치 감옥에서 많은 고통을 받은 적이 있는 사람은 특별히 우둔하지 않다면 출옥한 후 다시는 법을 위반하고 감옥에 또 들어가려 하지 않게 되는 것과 같다. 우리 또한 마찬가지로 진정으로 지옥의 고통을 느낀 뒤라면 절대로 죄업을 짓기를 원하지 않고 지옥에 떨어지려 하지 않는다.

당연히 만약 예전에 지옥의 고통을 받은 것을 회상할 수 있다면 이제부터는 더욱더 악업을 지으려 하지 않을 것이다. 그러나 보통사람은 태장胎障에 가려져 이런 능력이 있을 수 없다. 만약 숙명통이 있다면 자기가 전생에 받은 고통을 기억하게 될 것이다. 부처님 시대 때 한 비구가 전세에 지옥에서 온몸에 피가 흐르는 것을 기억하고 두려워해서 승복이 핏빛으로 붉게 물들면 부처님께서 특별히 그에게 다른 특수한 옷을 입는 것을 허락하셨다. 그러나 지금의 많은 사람들은 이런 걱정을 필요로 하지 않는다. 그들의 마음은 마치 금강처럼 단단하기 때문에 지옥의 비참함에 대하여 조금도 동요하지 않는다. 그러나 우리는 마땅히 명실상부한 수행자로 변해야 하고 조금이라도 진실한 수행의 경계가 있어야 한다. 만약 아무런 경계도 없다면 짧은 인생에서 어떠한 역을 연기하든지 아무런 의미가 없다. 자신이 인간 세상을 떠날 때 마땅히 어떻게 앞길의 지옥 암흑을 마주해야 할까? 마땅히 자기에게 반복해서 물어봐야 한다.

c) 육도의 고통 ② - 축생 (게송 86~87)

86
축생의 고통을 총설함

축생은 태어난 곳에서 죽임당하고
묶이고 매 맞는 등 온갖 고통을 겪으며
고요한 곳에서 선법 닦는 기회를 여의게 되니
서로 잡아먹히는 고통은 매우 견디기 어렵습니다.

旁生生處亦遭殺　방생생처역조살
捆綁毆打各種苦　곤방구타각종고
棄離趣寂諸善法　기리추적제선법
相互啖食極難忍　상호담식극난인

삼악취 가운데서 축생의 고통은 비교적 경미하다지만 인간과 비교했을 때 그들의 고통도 매우 크다.

　축생은 일반적으로 해거축생(海居畜生: 바다에 거주)과 산거축생(散居畜生: 흩어져 거주)의 두 부류로 나뉜다. 용맹보살이 『대지도론』에서 말하길, 축생은 의지하는 주처에 따라 하늘에서 사는 것(空行), 뭍에서 사는 것(陸行), 바다에서 사는 것(水行) 3종으로 분류할 수 있다. 혹은 주야에 의거하여 주행, 야행, 주야행 3종으로 분류한다. 어떻게 분류되는지 간에 축생으로 나면 사람들에게 고통스럽게 죽임을 당하고 먹히는 것을 피할 수 없게 된다. 또한 생겨남이 우둔하여 선악에 대해 취사선택을 할 수 없는 고통을 겪는다. 사람들과 비교해 보면, 『대원만수행전행』에서 말한 바와 같이 날씨가 추울 때 사람은 최소한 땔나무를 주워서 불을 만들고 따뜻하게 불을 쬐어서 추위를 피할 줄 안다. 축생에게는 이러한 종류의 능력도 없어서 그저 그 자리에서 추위를 참다가 그냥 죽게 된다. 축생계의 범주에 속하기만 하여도 내부에서는 서로 잡아먹히고 바깥으로는 인간을 만나 포획되어 죽임을 당하는 등 마음은 매 시시각각 공포와 두려움이 가득한 상태이며, 한 입 음식물을 먹는 것도 불안하다. 우리가 평상시에 볼 수 있듯이 마당에 몇 마리의 참새가 날아올 때 참새들은 한 입 음식을 먹으며 동으로 살피고 서쪽으로 살피면서 시종 공포감을 가지고 있다. 축생들은 밧줄로 묶이고 채찍으로 맞는 것을 피할 수 없고 어떻게 취사取舍되는지도 모른다. 더욱이 선법을 수행하는 측면에서 적멸에 들게 하는 일체 해탈의 선근과는 거리가 멀다. 축생들 가운데 비록 총명하고 영리한 것들이라 할지라도 그들에게 관음심주를 백 번 염송시키려 해도 일생 동안에도 할 수가 없다. 사람은 비록 무능하고 말도 못하고 둔하다 하더라도 탑 돌기는 가능하며 묵묵히 진언도 염송할 수 있다. 그러나 축생들은 완전히 다르다. 공성의 대자비심을 구족하는 것은 말할 필요도 없고 가장 기본적인 귀의, 발심, 윤회의 고통을 사유하는 능력이 없다. 그러나 악업을 짓는 방면에서는 어떠한 것도 가능하다. 큰 물고기는 작은 물고기를 먹고, 작은 물고기는 잔 새우를 먹는다. 혹은 매는 참새를 잡고, 참새는 작은 곤충을 먹는다. 이렇듯 축생은 시시각각 약육강식의 악업에 처함을 면할 수가 없는 것이다.

 사실 축생들은 인간과 똑같이 몸이 찢겨지면 고통이 있고, 물이 없으면 갈증을 느끼며, 먹을 것이 없으면 배고파한다. 그러므로 우리들은 가련한 축생을 보았을 때 애써 그들을 도울 방법을 생각하고 묵묵히 발원 회향하여야 한다. 그들이 정등각의 불과를 성취하기를 발원하고, 자신들도 세세생생 축생으로 변하지 않길 발원해야 한다. 조심하지 않아 일단 축생으로 태어나게 되면 어떤 일을 해도 제대로 할 수가 없다.

87

산거축생의 고통을 사유함

어떤 축생들은 진주나 털,
뼈와 살, 가죽 때문에 죽임을 만나며
(어떤 축생들은) 아무런 자유가 없이 사람의 구타를 받고
채찍이나 쇠갈고리로 맞으며 일을 합니다.

有因珍珠有因毛　유인진주유인모
血肉骨皮而遭殺　혈육골피이조살
毫無自由受人打　호무자유수인타
鞭抽鐵勾等役使　편추철구등역사

산거축생散居畜生은 두 종류로 나뉜다. 하나는 주인이 있어 집에서 기르는 축생이고, 또 하나는 주인이 없는 야생축생이다. 어느 종류이든지 간에 자기 몸의 뼈나 살이 사냥꾼의 표적이 되고 자기의 신체가 자신의 목숨을 바치는 원인이 되어 버린다. 예컨대 조개나 대합은 바로 자신이 품은 진주 때문에 껍질이 파열 당한다. 누에는 누에 실로 비단을 만들어야 하므로 목숨을 바치고, 소나 양, 돼지 등은 그 살덩이 때문에 도살당한다. 코끼리는 뼈와 상아로 인해 죽임을

당한다. 주인이 없는 야생동물들은 상호간에 잡혀 먹히거나 사냥꾼들에게 포획되며, 매 시각 공포 가운데에 있어 사람이 보이기만 하여도 바로 도망친다. 주인이 있어 사육당하는 동물들은 한 점 자유가 없다. 죽임을 당해도 도망칠 방법도 모르고 처음부터 끝까지 통제와 속박을 당한다. 소, 말 등은 사람에게 걷어 채이고 채찍질 당하며, 코끼리는 쇠갈고리에 채워져 쇠줄로 만든 채찍으로 구타를 당한다. 특히 곡마단 안에 있는 동물들의 경우는 구경꾼들의 환심을 사기 위해 온순하게 길들여져야 한다. 이에 조련사는 매일매일 그들을 강압하고 훈련시키는데, 채찍질로 인한 상처는 수도 없이 많다. 이처럼 축생들은 억지로 노역을 당하고 많은 고통을 받는다.

이 때문에 우리들은 불교도로서 평상시 가죽으로 된 옷이나 신발 등을 착용해서는 안 된다. 이런 것들을 사용한다면 중생들의 생명이 직접적으로 위협 당하게 되기 때문이다. 수많은 불자들이 피가 흐르는 고기를 먹고 가죽 옷을 입게 되면 얼마나 많은 축생들이 살생당하겠는가? 사실 지금은 여러 조건들이 매우 풍족하다. 먹을 수 있는 갖가지 훌륭한 채소와 과일이 있으며 입는 것도 부지기수로 많은 인조 의복들이 있다. 동물의 고기나 가죽을 박탈할 필요가 없는 것이다.

티벳에 예전에 아주 좋지 않은 전통이 있었다. 많은 이들이 소나 양의 가죽으로 옷 만들기를 좋아하고, 여우 가죽으로 모자를 만들고 수달의 가죽을 이용하여 옷에 가장자리 장식을 하며, 소나 양의 고기를 먹었다. 그러나 최근 몇 년 동안 안팎의 많은 대덕들이 계속하여 이런 습관들을 고치기를 제창하여 각 방면에서 아주 좋은 탈바꿈을 보이고 있다. 재가인들이나 출가인들 모두 힘닿는 범위에서 중생의 생명을 해치도록 하는 용품들을 사용하지 않기를 희망해야 한다. 사용하는 사람들이 갈수록 작아진다면 상가들의 이익이 점점 없어지므로 중생에게 해를 입히는 수단들이 갈수록 줄어들게 될 것이다.

우리들은 반드시 자비심과 사랑으로 모든 중생을 유지 보호해야 한다. 이것은 모든 대승불교인들에게 주워진 책임이다. 동시에 자신이 축생으로 태어나게 될 인을 잘라내야 한다. 『변의경辯意經』에서 5가지 축생의 인을 설하길 "1. 도적질로 계를 범함, 2. 빚을 지고 갚지 않음, 3. 살생, 4. 경전 설법 듣기를 싫어함, 5. 항상 승중에 공양하는 인연을 만나기 어려움."이라 하였다. 특히 '설법 듣기를 싫어함', 이 조건은 많은 사람들이 범하기 쉽다. 샤카 빤디따가 말하길 "금생 중에 법 듣기를 전혀 좋아하지 않는다면 당신은 전생에 무수겁 동안 축생을 거쳤기에 법 듣는 의욕이 천박한 것이다. 만약 당신이 금생에서 불법 듣기를 원하지 않는다면 다음 생에서는 축생으로 떨어지게 될 것이다."라고 하였다.

『업보차별경』에서 축생으로 태어나는 열 가지 인을 다음과 같이 설하였다. "10가지 업을 지으면 축생으로 난다. 그것은 '몸으로 짓는 악, 입의 악, 의식의 악, 탐욕으로 일어나는 악, 성냄으로 일어나는 악, 어리석음에서 생기는 악, 중생을 헐뜯고 욕하는 것, 중생을 괴롭히는 것, 더러운 물건을 보시하는 것, 사음'이다." 그리고 또 『정법념처경』에서 설하되 "어리석음을 가까이하고 지혜를 떠나며, 애욕 때문에 정법을 멀리하고, 음식을 탐하고 수면을 즐긴다면 부처님께서 이것들은 축생의 인이 된다고 하셨다."라고 하였다.

그러므로 우리들은 사람의 몸을 얻었을 때 매일매일 게으르게 보내면 안 된다. 자고 먹는 것만 생각하고, 염불은 고사하고 불경 보기도 싫어하며, 선법은 전혀 짓지 않고 악업을 짓는 데에는 피곤한 줄을 모르니, 이것은 완전한 축생의 인이 되므로 우리들은 마땅히 힘써 막아야 한다.

d) 육도의 고통 ③ - 아귀 (게송 88~94)

88
아귀의 고통을 총설함

아귀는 소원하는 것이 뜻대로 이루어지지 않고
다생 동안 고통에서 벗어나지 못하며
기갈이나 추위, 더위, 피로의 두려움으로
생기는 혹독한 고통을 참기 어렵습니다.

餓鬼所欲不遂意　아귀소욕불수의
屢生痛苦不可轉　누생통고불가전
饑渴寒熱疲畏懼　기갈한열피외구
所生極其難忍苦　소생극기난인고

❁

아귀로 나게 되면 구하는 모든 것을 얻을 수 없고, 시시때때로 배고픔과 목마름의 고통을 받는다. 음식물을 얻기를 희망해도 만족을 이룰 방법이 없으며, 매일매일 분주하게 떠돌아다니며 계속하여 각종 고통이 생겨난다. 악업이 끝나지 않았기 때문에 벗어나 전생할 방법이 없다. 범부는 말할 것도 없고 붓다조차도 그들의 명운을 바꿔줄 수 없으며, 아귀계에 이르러 그들이 장차 이런 고통에서 벗어날 수 있도록 단지 그들을 위해 설법해주는 것만이 가능하다. 목건련 존자, 주신지 존자, 까다야나 존자 등과 같은 아라한이라도 묵묵히 회향하는 것 외에는 다른 방법이 없다. 그래서 우리는 반드시 주의하여 삼악취에 나지 않도록 해야 한다.

아귀의 가장 주요한 고통은 음식물을 얻을 수 없는 것이다. 입과 혀가 말라도 손쓸 방법이 없다. 사람들은 먹고 마시지 못하면 반드시 죽으나, 아귀의 업력은 매우 공포스러워 경전에 의하면 12년 동안 물과 연관된 것 단 한 글자도 듣지 못하였어도 죽을 수가 없다. 그 밖에도 그들은 무서움과 두려움의 고통을 가득 받는다. 비인간적 고통을 받으며 심지어는 지옥의 고통도 겪는다. 『제법집요경諸法集要經』에서는 삼악취의 많은 체험들이 설해져 있는데, 경에서 이르길 "먼저 악업을 지어 아귀계에 떨어지면 지옥불로 달궈 태워지고 기갈의 고통이 끝이 없다."라고 하였다. 이 경전에서 볼 수 있듯이 아귀는 아귀계 본래의 고통만 받는 것이 아니라 지옥의 고통까지 동시에 받는다.

어떤 아귀는 우리들이 말하는 '귀鬼'이다. 어떤 사람들은 특별히 귀신을 무서워해서 밤에 잘 때도 불을 끄지 못한다. 경전에서 말하길, 아귀에는 두 종류가 있는데 한 종류는 인간과 같이 살며, 다른 하나는 아귀 세계에 거주한다. 인간 세계에 거주하는 아귀들은 귀신의 눈을 가진 사람에게 보일 수 있다. 그러나 연화생 대사, 전승조사 등이 가피를 내린 성지에는 절대 귀신이 있을 수 없다. 연화생 대사께서 조복한 귀신들은 영원히 그의 제자들에게 해를 끼치지 않기로 이미 약속한 바 있다. 다만 일부 도시에서 어떤 사람들이 횡사를 당하면 그곳에는 아마도 귀신이 뒤끓게 될 수도 있다. 일부는 밤에 꿈에서 죽은 친구를 보게 되는데, 이것은 자신의 습기에 의한 것일 수도 있고, 한편으로는 친구의 목숨을 앗아간 귀신이 그의 형상을 해서 꿈에 나타나는 경우일 수도 있다. 이때 우리는 어떻게 해야 하나? 다음날 불경을 읽고 관음심주를 염하며 향을 사르고 공양한다면 그 귀신에게도 이로운 것이 된다.

죽은 친구를 꿈에서 보게 된다면 꼭 그 망자의 현몽이라고 볼 수는 없다. 그 사람이 이미 죽은 지 오래되었는데 꿈에서 나타난다면, 일반적인 경우 목숨을 앗아가는 귀신이 변하여 나타난 것이라고 한다. 왜냐하면 당신이 다른 현상에는 그다지 집착하지 않지만 친밀한 친구의 형상을 꿈에서 보면 무서움을 느끼게 될 것이고, 무서움을 느끼면 느낄수록 귀신도 갈수록 즐거워하게 되기 때문이다. 하지만 당신이 공성 가운데 안주하고 있거나 근본적으로 흔들림이 없다면 그 귀신에게도 더 승할 기운이 없게 된다. 그러므로 우리들은 평상시 귀신 꿈을 꾸었을 때 마땅히 연기주[140]를 염하여 공성으로 섭수하도록 해야 한다. 그러고도 효과가 없어 밤에 계속 악몽을 꾼다면 스님들을 청하여 불경을 외거나 혹은 자기 스스로 『금강경』과 관음심주를 염한다. 이렇게 한다면 분별념 가운데 있는 귀신이 자연히 소멸하게 된다.

사실 아귀가 사람을 해하는 이유는 그들이 비명횡사를 당한 후에

---

[140] 연기주緣起咒는 다음과 같다. "예다마 해더자바와 해덩데 칸타타가나 하와바다 대칸자야너 랴다애왐바디 마하 샤마나야 소허."

매 일주일 간격으로 한차례씩 같은 방식으로 사망의 고통을 받게 되기 때문이다. 그들은 이런 고통을 다른 이들에게 전가하기를 희망하기 때문에 어디를 가든지 모두 남에게 손해를 끼칠 뿐, 자신에게조차도 이익이 되지 않는 업을 짓는다. 이런 아귀들은 실상 매우 불쌍하기에 우리들은 마땅히 최고의 자비심, 즉 조그마한 이익이라도 갈 수 있다면 자신의 신체조차도 그들에게 보시하여도 상관없을 정도의 강한 자비심으로 회향게를 염송해주어야 한다. 만약 이런 자비심이라면 마지라준 공행모께서 전해주시는 '항복법'을 초월할 정도로 수승하다. 반대로 갈수록 집착하고 무서워한다면 아귀가 여러분들에게 악연 짓는 것이 점점 많아지게 될 것이다. 하지만 점점 집착을 없애고 신체조차도 보시할 마음을 먹으면 아귀는 마음이 만족하게 되어, 결국에는 여러분을 더 이상 해하지 않게 된다. 이것은 하나의 수승한 비결이다.

89

아귀의 고통 – ① 기갈의 고통

어떤 아귀는 입은 바늘귀만 한데
배는 산같이 커서 굶주림의 고통을 겪으며
깨끗하지 않은 오물을 조금 얻어도
삼킬 능력이 없어 고통을 받습니다.

有者口小如針眼　　유자구소여침안
腹如山丘饑所纏　　복여산구기소전
雖得少許不淨物　　수득소허부정물
然無享用之能力　　연무향용지능력

어떤 아귀의 몸은 극도로 커서 분지나 산언덕처럼 거대하지만 업력으로 인하여 목구멍은 가늘기가 길상초나 말 꼬리털 같고, 입이 작음은 바늘귀와 같다. 그러니 산과 같이 큰 배를 채우기가 어려워 기아의 핍박을 항상 받게 된다. 설령 얼마간의 음식을 얻게 되더라도 입에 가까이 대면 바로 대소변과 같은 부정물不淨物로 변해버리는데, 비록 부정물이라 할지라도 그것을 향용할 능력이 없다. 아귀의 입에는 독이 있어서 음식물이 가까이 가게 되면 불에 타서 그 음식물이 뜨거운 모래알로 변하기 때문이다. 그리고 병기를 든 지옥의 군졸들이 그들을 구타하고 다른 아귀들이 그와 서로 쟁탈을 하기에 설사 음식물을 가지게 되더라도 향유할 수 없게 된다.

아귀의 고통 –
② 몸이 몹시 여위고 음식물이 화염으로 변함

어떤 아귀는 발가벗은 채 뼈와 가죽만 남아 있고
그 야윈 뼈가 마른 막대와 같으며
어떤 아귀는 밤에 입에 불이 붙어
불에 튀어 날리는 불똥만 삼킵니다.

有者裸體皮包骨　　유자나체피포골
瘦骨嶙峋如幹薪　　수골린순여간신
有者夜晚口燃火　　유자야만구연화
投火飛蛾吞入口　　투화비아탄입구

❀

어떤 아귀는 온몸이 단지 살갗과 뼈대만 남아 있어 야윈 뼈가 드러나며, 홀랑 벗은 몸은 바짝 말라 쪼글쪼글하여 마치 타다 남은 마른나무와 같아 한 점 피와 살이 없이 껍데기와 뼈만 남아 있다. 다른 어떤 아귀는 매일 밤마다 입에서 불이 타올라 내장內障 아귀와 마찬가지로 심장과 폐 등 모든 내장이 소진되고, 음식을 조금 먹기만 하면 바로 불타는 모래로 변해버린다. 온몸이 화염에 싸여 입에서 짙은 연기가 가득 흘러나오니 정말로 그 고통은 형언할 수 없다.

　이러한 고통도 단지 대략적인 것이다. 구체적으로 나열한다면 무량무변해서 그 끝이 없으며, 한 차례로 마무리 지을 수가 없다. 세간의 감옥처럼 그저 상징적으로 몇 개의 고통을 나열할 뿐, 아귀 중생들이 받는 갖가지 고통을 다 말할 방법이 없다.

91
아귀의 고통 - ③ 저열한 아귀들의 특수 고통

어떤 하열한 아귀들은 피고름,
배설물, 분뇨 등과 같은 부정물도 못 얻고
서로 때리며, 자기 목에서
혹이 생기면 그 곪은 고름을 먹습니다.

有者劣種排膿血　유자열종배농혈
糞等髒物亦不得　분등장물역부득
相互毆打從喉中　상호구타종후중
出生腫瘤化膿食　출생종류화농식

❀

아귀 중에도 우월한 아귀와 저열한 아귀가 있는데, 저열한 아귀들은 심지어 농혈이나 똥, 오줌 등도 얻을 수가 없다. 예전에 저다르 존자께서 아귀계에 갔을 적에 오백 명의 자식을 둔 아귀 엄마를 보게 되었다. 그녀의 남편은 먹을 것을 찾아 나선 지 12년이 되었다. 어떤 청정한 비구가 코를 풀 적에 수많은 아귀들이 벌떼처럼 운집하여 그때 음식을 조금 얻을 수 있었을 뿐, 그것을 제외하고는 단 한 번도 음식을 얻을 수 없었다. 그러므로 자비를 구족한 출가인이나 거사들은 세숫물을 버리거나 대소변 시 관음심주를 염하거나 해서 아귀들에게 관상 보시를 행한다. 이럴 때에는 천만 명의 아귀들이 몰려드는 것을 우리들은 볼 수가 없다.

여름에 배설물 등에 모여 있는 작은 벌레들을 볼 수 있다. 불경에서 설하길, 이런 작은 벌레들은 아귀의 업력이 가벼워진 후 저열한 축생으로 전환된 경우이다. 이들은 업력에 의하여 깨끗한 음식물을 향유할 방법이 없으며 단지 부정물만 향유할 수 있게 된다. 그러나 아귀가 비록 아주 작은 양의 부정물을 얻을 수 있다 하더라도 그 쟁탈 과정이 아주 심하다. 손에 쇠도끼를 들고 서로 죽이려고 달려들어 최종적으로 얻게 되는데, 이에 대하여는 두 가지 해석이 있다.

첫째, 서로 구타를 하는 과정에서 다른 아귀의 몸에 있는 종기가 터지게 되어 농혈이 흐르면 그것을 쟁탈하여 향유한다.

둘째, 서로 싸우는 중에 아귀의 목구멍 속의 종기가 찢겨져서 농혈이 흘러나와 뱃속으로 들어가는데, 이로써 생명을 유지한다.

아귀들은 밤낮으로 청정한 음식을 갈망하지만 시종 얻을 수가 없다. 아귀의 업력으로 인하여 맑은 강물도 그들의 눈에는 농혈로 보이게 된다. 이러한 고통은 매우 견디기 힘들다. 아귀가 되는 인을 없애기 위해 오후 불식을 하고 팔관재계를 지키는 수행은 그 공덕이 매우 크다. 이런 종류의 공덕의 힘을 통해 아귀로 전생케 되는 인을 소진할 수 있다.

92 아귀의 고통 - ④사계절이 전도된 고통

모든 아귀계에서 봄철에는
달도 뜨겁게 느껴지고, 겨울에는 해도 차갑게 느껴지며
나무에는 모든 열매가 열리지 않고
다만 한 번 보기만 해도 강이 마릅니다.

諸餓鬼界春季時　제아귀계춘계시
月亮亦熾冬日寒　월량역치동일한
樹木不生諸果實　수목불생제과실
僅望一眼河亦幹　근망일안하역간

아귀계에서는 많은 전도된 현상들이 나타난다. 『치제자서致弟子書』에서 말하기를 "아귀에게는 종종 전도된 현상들이 나타난다."라고 하였는데, 예를 들면 깨끗한 음식물은 농혈로 변하게 되고, 무성한 삼림은 갑자기 말라비틀어지며, 맑은 강물은 아주 더러운 똥물로 변한다. 특히 계절은 완전히 전도되어 더운 여름날에는 청량한 달빛도 매우 불타듯이 뜨거워 견디기 어렵고, 얼음과 눈이 있는 추운 계절에는 따뜻한 태양도 차가운 한기를 내뿜어 뼈를 깎는 추위의 고통을 준다.

녹음이 짙고 과실이 알알이 달려 있는 나무도 아귀가 한 번 보게 되면 그 과실이 다 없어지고, 유유히 흐르던 강물도 말라서 아무 것도 없게 된다. 경전에서 말하길 "악업의 원인으로 바다도 마르게 보인다."라고 하였는데, 이 같이 아귀의 전도된 상과 그 받는 고통은 매우 강렬하다.

93
아귀의 과보를 받는 업력의 시간

연속해서 끊임없이 고통을 받으며
유위법으로 지은 죄업의 끈에
단단히 묶인 아귀 중생은
오천 년 혹은 만 년 동안 죽지 않습니다.

連續不斷受痛苦　연속부단수통고
有爲所造罪業索　유위소조죄업색
緊緊束縛之衆生　긴긴속박지중생
五千或萬年不死　오천혹만년불사

❀

아귀는 끊임없는 고통을 받는데, 그 이유는 예전에 그가 만든 많은 악업 때문이다. 악업은 수갑이 되어 그를 속박하며 기한이 다하기 전에는 벗어날 방법이 없다. 길고 긴 시간 동안에 계속 고통을 감수해야 하는데, 오천 년에서 만 년 이상 걸린다. 『장아함경』에서 설하되 "아귀의 수명은 십만 세이며, 많으면 많아지지 덜어지지 않는다."라고 하였다. 『구사론』에서 이르기를 "아귀의 세월은 오백 년이다."라고 하며(아귀계에서 하루는 인간의 한 달이다.), 『관불삼매경觀佛三昧經』에서 말하길 "수명이 가장 긴 자는 팔만 사천 세이며, 짧음은 정해지지가 않는다."라고 하였다. 이처럼 설법마다 똑같지는 않지만, 오천 년이든 팔만 사천 년이든 감수해야 하는 고통이 매우 긴 것은 공통적이다. 이런 도리에 통달한다면 우리들은 힘을 다해 아귀계에 떨어지지 않기 위해 소유한 재산을 위로는 공양하고 아래로는 보시하여야 하니, 이것은 매우 좋은 선택이다.

94
아귀 과보를 받게 되는 인연을 설함

이와 같이 일체의 모든 아귀가
한결같이 여러 고통을 받는데
그 원인은 중생들이 재물을 목숨같이 애착하기 때문이며,
인색함은 성자의 법이 아니라고 붓다께서 설하십니다.

如是一切諸餓鬼　여시일체제아귀
一味獲得種種苦　일미획득종종고
彼因愛財如命士　피인애재여명사
非聖吝嗇佛所說　비성인색불소설

❁

이상과 같은 아귀의 업을 받게 되는 것은 재물을 목숨 아끼듯 인색하였기 때문이다. 인색함은 성자의 법이 아니며 범부의 가장 무서운 번뇌 중의 하나이다. 이런 번뇌는 우리들을 아귀로 떨어지게 만든다. 『정법념처경』에서는 지옥품, 아귀품, 축생품으로 나눠 삼악취의 각종 고통을 서술해 놓았는데, 그 수명이나 생긴 인연 등에 대해 비교적 상세하게 말하고 있다. 『섭집경攝集經』에서 말하길 "인색함은 아귀계로 떨어지게 만들며, 인간으로 날지라도 빈곤하게 된다."라고 하였다.

어떤 이들은 금생에서 왜 매우 빈곤할까? 바로 막 아귀계에서 행을 고쳐서 나왔기 때문이다. 빈곤하고 싶지 않아도 방법이 없다. 예전에 한 국왕이 모든 국민의 평등을 위하여 국고의 재산을 균등하게 각각의 사람들에게 배분해주었다. 하지만 사람들의 복덕이 같지 않아 어떤 사람은 힘들지 않게 재산을 얻게 되어 날이 갈수록 부자가 되고, 어떤 중생은 특별히 인색하여 결국에는 갈수록 가난하게 된다. 그러므로 불경에서 말하길 "보시를 멀리하여 복이 없는 이유로 아귀취에 떨어지게 된다."라고 한 것이다. 보시를 행하는 것을 원치 않으면 복덕을 쌓을 방법이 없어 쉽게 아귀에 떨어지게 된다.

『정법념처경』은 아귀로 떨어지는 몇 가지 인을 설하고 있는데, "인색, 질투, 악담과 방일하게 행하여 선을 여의고, 마음에 항상 남의 물건을 탐하는 것은 성인께서 아귀의 인이 된다고 설한다."라고 하였다. 특별히 인색하고 자주 여법하지 못한 언행을 하며 방일하여 일체 선법과는 동떨어지며 남의 물건을 탐하는 것 모두가 아귀의 인이 되는데, 우리 범부들은 흔히 이를 범하기 쉽다. 이 외에도 『정법념처경』에 삼악취의 제반 고통이 설명되어 있다. 무구광 존자는 『대원만심성휴식』에서 많은 교증을 인용하였는데, 그것을 열심히 반복해서 읽는다면 윤회에 대해 싫어하는 마음이 생길 것이다. 경전의 내용을 하나하나 관상하며, 그림이나 각종 방법을 통해서 사람들에게 그 도리를 이해케 한다면 많은 사람들에게 특별히 강렬한 출리심을 내게 할 것이다.

인생은 본디 매우 짧으므로 시간이 있다면 마땅히 붓다의 여의주와 같은 금강의 말씀이나 선지식의 금옥 같은 좋은 말씀을 공부해야 한다. 사람의 몸은 정말 얻기 어려우니 유한한 시간을 충분히 이용하여 의미 있는 것들에 대해 많이 사유해야 한다. 탐하는 마음, 성내는 마음, 시샘 등으로 마음이 가득 차게 두면 안 되며, 하루 종일 아무 목적 없이 수다나 떨면서 정말 얻기 힘든 금옥같이 귀한 시간을 써버리면 안 된다. 우리는 항상 이익 중생, 붓다의 공덕, 불법의 공덕을 사유해야 하며, 시간이 있다면 입으로 끊임없이 진언 염송을 해야 한다.

우리들 각자는 응당 자기의 시간을 선법에 써야 한다. 이 몸은 견고하지 않아 물방울과 같고 결국 마지막에는 멸하므로 이 몸을 이용하여 선법 자량을 쌓는 데 이용한다면 임종 시 삼악취에 떨어짐을 면하게 되니, 이것은 매우 가치 있고 의의가 있다.

e) 육도의 고통 ④ - 천상 (게송 95~98)

95
천인의 고통을 총설함

천상계가 비록 큰 안락을 갖추고 있다 하더라도
죽음에 떨어지는 고통은 그보다 더 크니
이를 잘 알아 사유하는 고상한 사람들은
종극에는 복이 다하고 마는 천상계에 태어나는 것을 탐하지 않습니다.

天界雖具大安樂　천계수구대안락
死墮痛苦大於彼　사타통고대어피
如是思維高尚士　여시사유고상사
不貪終盡之天趣　불탐종진지천취

삼악취의 고통에 비한다면 천계, 비천非天, 인간의 삼선취三善趣는 쾌락이 상당히 많다. 특히 천계의 쾌락이란 참으로 비할 나위도 없이 크다. 운 좋게 천계로 전생한 중생들은 원하는 대로 갖추고 있어 마음껏 수용이 원만한 대안락을 즐기고 있다. 그러나 이러한 쾌락은 결코 오래가지 않는다. 비록 천인의 수명이 수 겁에 이르러도 생애에 과도하게 방일하다 보니 그들 스스로 느끼기에는 찰나에 불과하며, 자기도 모르게 수명이 다하는 임종에 다다르게 된다. 마지막에 죽음을 맞이할 때의 고통은 그야말로 예전에 누려왔던 쾌락의 16배에 해당하게 된다.

사실 인간도 이와 같아 최고의 쾌락을 맛본 사람은 고통을 잘 견뎌내지 못한다. 일부 큰 회사 사장들 혹은 높은 지위에 있는 관리들은 평소 생활에서 사치를 마음껏 누리며 즐겨왔지만, 어느 날 모든 것을 잃고 빈곤으로 빠지게 되면 현실을 도저히 감당하기 힘들게 될 것이며, 그때의 고통은 비록 하루라도 마치 몇 년을 지내온 듯 느껴지게 된다. 이처럼 천계에서도 고통을 떠날 수 없다. 이 도리를 깨닫게 된 후 우리는 순식간에 스쳐 지나가 결국에는 다하고 마는 선취의 안락에 탐착해서는 안 된다. 이러한 안락 전부는 타락의 근원이 된다.

불경에서 설하되 "혹여 수승한 선취에 전생해도 방일하여 타락한다." 라고 하였다. 가장 수승한 천계에 전생하더라도 방일하며 하루하루를 보내면 악취에 타락하기 마련이다. 많은 사람들이 평소에 선법을 행하는 이유가 천당(천계)에 가기 위해서지만, 천계의 쾌락도 아주 강한 구속을 받고 있다는 점을 모르고 있다. 너무 향락을 즐기다보니 자기도 모르게 오욕락에 끌려가게 된다. 특히 욕계천에서 제일 큰 속박은 여색이다. 부처님께서 『살차니건자경薩遮尼乾子經』에서 설하시되 "천계의 큰 속박은 여색이 심하니, 여인이 모든 천인을 유혹하여 삼악도로 이끈다."라고 하였다. 이 욕구의 유혹을 받아 수많은 천인들이 방일하며 허송세월을 보내고 있으며, 탐심과 진심 때문에 많은 악업을 쌓아왔기에 나중에는 삼악취에 빠질 수밖에 없게 된다.

우리가 이 도리를 깨달은 후에는 삼계에서 그 어느 곳을 불문하고 모두 진실한 쾌락이란 없으며 부러워할 가치가 없다는 것을 알게 될 것이다. 모든 만법은 꿈, 환상, 거품, 그림자에 불과하니 오직 윤회에 염리심이 생겨야만 진정한 수행인이라고 할 수 있다. 『법구경』에 설하되 "만물은 물거품 같고, 계교는 들의 말 같으며, 세간의 삶은 환일 뿐이니 어찌 탐할 것인가?"라고 하였다. 만사만물은 마치 물거품처럼 순식간에 사라지고 중생의 의식 또한 굴레 벗은 야생마처럼 한순간도 멈춰지질 않으니, 우리가 이렇게 연연할 필요가 있겠는가? 만약 윤회에 대하여 깨알만큼의 탐착이라도 생기면 산왕山王만큼의 고통을 불러오게 되므로 우리는 꼭 모든 탐욕을 제거하여야 한다.

물론 여기서 주로 말하고자 하는 것은 욕계천이다. 선열의 즐거움 중의 색계, 무색계에 한해서는 비록 현행의 죽음의 고통이 없다 하더라도 인업引業[141]이 다 소멸하면 사견이 생겨나서 하취에 떨어지게 될 것이다. 한마디로 말해 천계에는 진실한 쾌락이 존재하지 않는다는 점에 대해서 꼭 굳은 믿음을 가져야 한다.

---

141 그곳에 전생케 하는 총합의 업보.

96
천인의 고통 - ① 죽음을 맞아 겪는 5가지 변화의 고통(천인오쇠天人五衰)

몸의 빛깔은 변하여 종극에는 누추해지고
머리의 꽃 장식도 시들어 더 이상 꽂을 수가 없고
옷은 때에 절어 더럽고 냄새나며, 몸에는
전에 없던 식은땀이 흐르게 됩니다.

身色變得極醜陋 신색변득극추루
花鬘枯萎不喜座 화만고위불희좌
衣染汗垢身體上 의염오구신체상
前所未有汗汁流 전소미유한즙류

❈

천인의 생활은 비록 행복하지만 언젠간 꼭 죽음의 고통을 맞이하게 된다. 일단 죽게 되면 각양각색의 죽음 상태의 조짐을 보이게 되는데, 그 중 다섯 가지가 비교적 뚜렷하다. 『열반경』에 설하시되 "옷이 더러움, 머리 위 꽃이 마름, 몸에서 냄새가 남, 겨드랑이에 땀이 남, 본 좌석을 싫어함."이라 하였는데, 바로 이는 본론에서 강의하고자 하는 내용과 완전히 일맥상통한다.

구체적으로 말하면 첫째, 천인의 신체는 예전에는 미묘 장엄하였으나, 죽음을 맞이할 시에는 신체의 색상이 매우 추악하게 변한다. 둘째, 천인의 머리 목 부분에 장식한 화만(일종의 꽃 장식)은 원래는 아무리 시간이 흘러도 시들지 않지만, 죽음에 임박하면 시들어 떨어진다. 셋째, 예전에는 아무리 오랫동안 보좌에 앉아 있어도 귀찮지 않고 너무 딱딱하다거나 혹은 너무 부드러워 어울리지 않는다는 생각이 들지 않았으나, 이때가 되면 마음이 답답하고 울적해져 보좌에 앉아 있으려고 하지 않는다. 넷째, 예전에는 천계의 옷이 아무리 더럽혀도 좀처럼 때가 묻지 않았으나, 임종 전에는 천의도 허름하고 더러워진다. 다섯째, 예전에는 절대 몸에 땀을 흘리지 않았지만, 이때가 되면 겨드랑이나 등 부위에서 전혀 본 적이 없는 많은 땀을 흘리게 된다.

이상 다섯 가지 쇠상(쇠약해지는 모양)에 대해서는 여러 경론에서 말하는 것이 조금씩 다르다. 어떤 책에는 신체가 위광을 잃게 된다거나 또는 그와 같이 동거해왔던 천인의 친인척들은 모두 그를 멀리하게 되며 더 이상 상대하려고 하지 않는다고 쓰여 있다. 마치 세간의 일부 부자들처럼 그들이 무엇이든 잘 풀릴 때에는 사람마다 칭송하며 공경하게 대하지만, 일단 쇠퇴해지면 바로 멀리 피해가며 아예 발길을 끊는 것과 같다. 천인이 임종 전에도 이와 비슷한 고통을 느끼게 되는 것이다.

97

천인의 고통 - ② 천인오쇠의 고통은 피할 수 없음

천상의 천인에게 나타나는
다섯 가지 죽음의 징조는
지상에서 임종을 앞둔 인간에게 보이는
일체 죽음의 조짐들과 같습니다.

天境天人已出現　천경천인이출현
天界死墮之五相　천계사타지오상
猶如地上臨終者　유여지상임종자
所示一切之死兆　소시일체지사조

❁

선취의 모든 천인은 원래 쾌락이 그치지 않아 근심걱정 없이 하루하루를 화원에서 장난치며 논다. 그러다가 죽기 전에는 죽음을 예시하는 다섯 가지 상이 나타나게 된다. 이때에 자신의 천안을 통하여 후세에 어디로 환생하는지 관찰한다. 그때 환생한 곳의 고통을 보게 되는데, 지금 죽음의 고통이 아직 끝나지 않았는데 타락의 고통이 추가되어 이 두 가지 고통의 괴로움에 시달려서 마음속 깊이 매우 걱정하고 상심하게 된다.

천인은 매우 원만하게 모든 것을 누리기 때문에 평소에 산란한 가운데 세월을 보내며 정법을 수지하려는 생각을 하지 못한다. 지자대사께서 『정토십의론淨土十疑論』에서 「서국전西國傳」의 한 공안을 인용하여 이를 설명하셨다. 예전에 세친논사, 무착보살, 세자각보살이 도솔천에 왕생하기를 공동으로 발원하였다. 그리고 누구든 먼저 미륵보살을 보면 돌아와서 알려주기를 약속하였다. 후에 세자각이 먼저 왕생하였으나 전혀 소식이 없었다. 그 뒤로 세친논사가 왕생하였지만 삼 년이 지나서야 무착보살한테 알려주었다. 무착보살은 "왜 이렇게 오랫동안 지나서야 돌아왔는가?"라고 물어보았다. 세친논사는 "내가 도솔천에 도착한 후 한 회의 설법만 듣고 돌아왔는데 인간 세상에서 삼 년이 흘렀을 줄은 생각하지 못하였다."라고 대답하였다. 무착보살은 또 물어보았다. "세자각은 보았는가?" 세친논사는 "그는 도솔천 외원에 환생하였는데, 향락을 너무 누리고 색, 성, 향, 미의 오욕묘락에 탐착하다 보니 승천升天 이후 지금까지 미륵보살님을 뵌 적이 없다."라고 답하였다.

여기에서 알 수 있듯이 소위 보살일지라도 천계오욕 앞에서는 자신을 가눌 수 없을 수도 있다. 하물며 일반 범부는 더 말할 나위도 없다. 천인은 죽음에 떨어지기 전에 특히 엄청나게 방일하다. 죽음이 임박하여 후세의 비참을 관찰하게 되면 그들은 그제야 꿈에서 깨어나듯이 깨닫게 되고 매우 상심해한다. 이러한 비참한 상황은 일곱 날 동안 지속되는데, 33천의 일곱 날은 인간에서의 칠백 년에 가까우니, 고통을 받는 자로서는 아주 까마득하게 길다고 느껴질 것이다.

그런데 천인오쇠에 대한 경전에서의 설법은 비교적 큰 차이점이 있다. 『정법념처경』에서는 이렇게 쓰여 있다.

1. 전생에 도둑질했던 업력 때문에 죽을 시에는 모든 천녀들이 그의 꽃다발 장신구들을 빼앗아 다른 천자들한테 줄 것이다.

2. 전생에 좋은 술로 지계인들을 공양하였거나 자신이 음주하였던 업력 때문에 죽을 시에는 정신이 흐릿하고 정념을 잃게 되며 바로 지옥으로 떨어지게 될 것이다.

3. 전생에 했던 망언 때문에 죽을 때에 들려오는 천녀들의 말들을 자신에 대한 욕설이라고 오해하게 될 것이다.

4. 전생에 살생하였던 과보 때문에 수명이 짧아져 바로 죽게 될 것이다.

5. 전생의 음탕한 생활 때문에 죽을 때에는 각별히 총애하였던 천녀마저 그를 외면하며 다른 천자들과 어울려 놀 것이다.

일부 논전에서는 천인이 임종 직전 다른 천자 천녀들이 먼 곳에서 꽃을 뿌리고 "그대가 죽은 뒤에 인간에 전생하여 선업을 행하고 유지하여 다시 천계로 태어나기를 바라나이다."라고 축복하고 난 뒤에 아주 고독하고 처참하게 남겨두고 연이어 떠나간다고 한다. 이러한 고통은 그에게는 그야말로 지옥과 다를 바가 없는 것이다.

천인이 죽기 전에 나타나는 죽을 징조는 사실 인류가 죽기 전에 나타나는 죽음의 징조와 비슷하다. 어떤 사람은 죽기 전에 흰자위만 보이고 코가 비뚤어지며 침만 끊임없이 흘리거나, 혹은 전혀 두서없는 말만 늘어놓는다. 이것에 의거해서 그가 수명이 얼마 남지 않았다는 것을 판단할 수 있다. 마찬가지로 천인오쇠상이 나타났다면 바로 죽는다는 것을 뜻하는 것이다.

98

천인의 고통 –
③ 임종 후 삼악도로 떨어지는 타락의 고통

천계에서 죽음을 맞게 되는 천인에게
선업이 조금도 남아 있지 않다면
그는 어쩔 도리 없이 전생轉生하여
축생, 아귀, 지옥으로 떨어지게 됩니다.

由天界中死墮者　유천계중사타자
設若善根毫無餘　설약선근호무여
後不自主而投生　후불자주이투생
旁生餓鬼地獄處　방생아귀지옥처

천계에서 죽음에 떨어지게 된 천인이 만약 선근복덕을 다 써버렸다면 내세에 반드시 자기도 모르게 악취로 떨어지게 될 것이다. 『제법집요경 諸法集要經』에 설하되 "그의 천상 복이 장차 다하게 되면 친속은 다 떠나간다. 그렇게 타락할 때 당하는 이러한 고통에 비할 괴로움은 없다."라고 한다.

　관련이 있는 경론에서 보듯이 천인의 생활은 인간 세상의 쾌락

이상으로 엄청난 것이다. 세간의 부자와 간부들은 겉으로는 몹시 쾌락해 보이지만 실제상 내심으로 엄청난 고통을 겪고 있다. 오성급 호텔에 머무르더라도 날마다 잠을 편히 잘 수가 없다. 그들은 내면의 수행이 결여되었기 때문에 '만법이 꿈' 같은 것을 꿰뚫어볼 수 없으며, 강렬한 욕망의 억제 하에 있어 비록 한 나라에 견줄만한 어마어마한 재물을 갖고 있을지라도 오히려 진실한 쾌락을 소유하고 있다고 확신하긴 힘들 수 있다.

그 어떤 중생을 막론하고, 비록 천인일지라도 복보가 다한 뒤에는 악취에 빠지게 되어 있다. 『법구비유경』에 이런 얘기가 적혀 있다. 제석천이 임종 시에 신통력을 이용하여 관찰한 결과 자신이 한 도예가의 집에 당나귀로 전생하게 됨을 알게 되었다. 그의 몸에 오대 쇠상이 나타나고 깊은 근심걱정에 잠겨 있을 때, 마침 붓다가 삼계 중의 유일한 호주怙主임을 알아 바로 찾아가서 자신을 보호해주시길 청하고 성심성의껏 붓다께 공경 귀의하였다. 바로 이때 그는 자기가 당나귀 몸 가운데 전생된 것을 알아냈는데, 무슨 일 때문인지는 모르지만 어미 당나귀가 고삐 줄을 벗어나 이리저리 뛰어다니며 광기를 부려 도예가의 많은 도자기 그릇을 깨뜨렸다. 화가 머리끝까지 치밀어 오른 그는 어미 당나귀를 한바탕 호되게 때려 뱃속 새끼 당나귀가 죽게 되었고, 이로써 제석천은 일 겁의 업보를 건너뛰게 되었다.

모든 만법은 무상하다. 오늘 천인일지라도 내일 축생으로 전생할 수 있다. 오늘 인간의 신분으로 심하게 개를 때렸는데, 만약 참회를 하지 않았다면 일정한 시간이 지난 뒤에 어쩌면 개가 되어 있을 수 있다. 만약 부모중생에 대해 비심을 느끼지 않는다면 당신은 무엇을 하든 참된 의미가 없게 될 것이다. 석가모니불을 찬양하는 「수승찬殊勝贊」에서 설하되 "외도는 중생들의 몸으로 공양하지만, 붓다께서는 자신의 몸으로 중생들에게 보시하신다."라고 하니 이 두 가지는 매우 뚜렷한 차이점이 있다.

 우리 불교와 외도의 차이점은 무엇인가? 바로 대비심을 구족하느냐 않느냐에 있다. 만약 털끝만치의 대비심도 없다면 이는 이미 불교의 범주를 벗어난 셈이다. 여러분들의 평소 언어와 행동거지를 스스로 다시 한 번 관찰해보기를 바란다.

f) 육도의 고통 ⑤ - 아수라 (게송 99)

99
아수라의 고통

아수라는 천계의 복을 질투하기에
마음에 큰 고통이 생기고
비록 지혜를 갖춰도 업의 장애 때문에
진실제를 성취할 방법이 없습니다.

非天嗔恨天福故　비천진한천복고
心中生起大痛苦　심중생기대통고
雖具智慧以趣障　수구지혜이취장
無法現見眞實諦　무법현견진실제

아수라(비천非天)는 선취 중에서는 천계에 속한다. 『구사론석』을 보면, 비천에서 복보를 수용하는 것은 천인과 견줄 수 있다. 하지만 현명하고 능력 있는 사람에 대한 질투와 강한 승부욕 때문에 천계의 복은 있으나 천계의 덕은 없기에 '비천'이라고 불린다. 그들의 궁전은 수미산 북쪽의 바다 밑에 있는데, 일부 축생들도 비천에 속한다.[142] 『정법념처경』에서는 비천을 축생으로 분류하였으나, 『유가사지론』에서는 천계로 귀속시켰다.

우리가 알다시피 여의수如意樹의 뿌리는 비천 경내에 있으나 과실은 천계에 맺혀 있다. 비천은, 천인의 재부와 수용이 매우 좋고 아름다우며 필요로 하는 모든 것들이 여의수에서 생겨나는 것을 보고서 마음속에 불길같이 타오르는 질투심 때문에 분노로 완전무장하여 천인과 생사를 걸고 전쟁을 한다. 그러나 피 흘리는 전쟁에서 그들은 늘 참혹한 패배를 맛보며 극심한 고통을 느끼게 된다.

비천은 천계 속에 포함되어 있어서 우리 인류들과 비하면 뛰어난 복보와 지혜, 신통을 지니고 있지만 예전의 업력으로 인하여 질투심, 승부욕이 매우 맹렬하며, 이렇기 때문에 진리를 깨달을 방법이 없다.[143]

비천의 고통은 사실 매우 많으나 간단하게 요약하면 다음과 같다. 우리는 전생하여 비천이 되기를 발원할 수 없으나, 싸움을 몹시 좋아하고 승부욕이 강하며 질투심이 많은 사람들은 아주 쉽게 이러한 과보에 빠지게 된다. 그래서 우리들은 평소에 늘 자신의 내면을 관찰해보아야 한다. 나는 아주 심한 질투심을 갖고 있는가, 강렬한 승부욕을 갖고 있는가를 말이다.

---

[142] 『정법념처경』에서 말하길 "아수라는 두 종류이다. 첫째, 귀신도에 포섭되는 것은 마귀 몸의 아귀이고 신통이 있다. 둘째, 축생에 포섭되는 것은 수미산 옆 큰 바다 밑 8만 4천 유순 아래에 있다."라고 하였다.

[143] 불교 역사상에서 예로부터 비천이 그의 신분을 여의지 않은 채로 보살의 과위 혹은 소승의 예류과를 얻었다는 얘기를 들은 적이 없다.

⑤ 해탈을 희구함 (게송 100~102)

100
윤회전생을 피해야 하는 이유

윤회의 자성이 이와 같아서
천계, 인간, 지옥, 아귀, 축생 등
어디에 나더라도 묘한 것이 못 되니
윤회계는 많은 해악의 그릇일 뿐임을 알아야 합니다.

輪回自性卽如此 윤회자성즉여차
天人地獄餓鬼畜 천인지옥아귀축
生於何趣皆不妙 생어하취개불묘
當知乃爲多害器 당지내위다해기

종합하여 말하면, 이 육도 중에는 확실히 쾌락이란 전혀 없다. 윤회의 자성은 바로 이 같이 고통이 본체이며, 고통이 의거하는 곳이다. 위로 천계로부터 아래로는 지옥까지 어느 곳으로 전생하든 모두 쾌락이란 없다.

오직 인과를 믿는 사람이라면 지옥으로 떨어지기를 원치 않을 것인데, 지금 일부 사람들은 스스로 옳다고 우기며 말도 전혀 꺼리지 않고 함부로 한다.

윤회의 삼악취에는 쾌락이란 절대로 존재하지 않는다면 삼선취에는 쾌락이 있는가? 그런 것도 아니다. 만약 자신이 윤회의 진상을 알았다면 절대로 선취도 부러워하는 마음이 생겨나지 않을 것이다. 『정법념처경』에 설하되 "윤회는 바늘 끝과 같기에 언제 어디서든 낙이 없다."라고 하며, 미륵보살께서 설하되 "5도 중에는 어디에도 안락이 없으니, 청정하지 아니한 방에 절대로 묘한 향내가 나지 않는 것과 같다."라고 하였다. 윤회는 모든 고통의 근원이고 의지처이다. 마치 화장실이 깨끗하지 않은 변의 용기인 것처럼 윤회는 고통의 용기이며, 그에 의거하여 끊임없는 고통이 만들어지는 것이다.

하지만 중생들은 늘 이러한 고통에 그릇되게 집착하여 쾌락으로 삼는다. 이는 마치 불구덩이를 안락처로 간주하는 것과 마찬가지이다. 무구광 존자께서 『대원만심성휴식』에서 설하시되 "윤회의 쾌락을 탐하는 모든 중생은 불구덩이를 좋아해 고통받음과 같다."라고 하였다. 또 『묘법연화경』에 설하되 "육도 중에 윤회하면서 모든 고통의 독을 갖추어 받는다."라고 하니, 이러한 경전들로부터 확실하게 알 수 있듯이 윤회 중에는 고통을 받는 것 외에 아무런 쾌락도 없다. 따라서 삼악취의 가련한 중생들은 먹을 것도 입을 것도 없으니, 보리심을 발한 사람들이 진정으로 구하여 지켜주고 보호해주어야 한다.

101
고통만 있는 윤회전생을 피하기 위하여 정진함

머리나 옷에 갑자기 불이 붙으면
모든 것을 포기하고 빨리 불을 꺼야 하듯이
정진하여 열반의 경지에 들어가는 것보다
더 중요한 것은 없습니다.

頭或衣上驟燃火　　두혹의상취연화
放棄一切撲滅之　　방기일체박멸지
精勤趣入涅槃果　　정근추입열반과
無餘比此更重要　　무여비차갱중요

❀

끊임없이 윤회하는 것을 피하기 위하여 우리는 반드시 정진하여야 한다. 어떻게 정진하여야 하는가? 예를 들어 지금 여러분의 머리와 옷에 불이 붙었다면 모든 것을 내려놓고 가장 빠른 속도로 불을 끌 것이다. 우리가 윤회를 피하여 열반으로 들어가려면 머리와 옷에 붙은 불을 끄는 것 이상으로 정진하여야 한다. 심지어 불이 눈썹을 태워도 신경 쓰지 말고 목숨을 아랑곳하지 않으며 적멸열반의 법을 정진 수행하여야 한다. 왜냐하면 윤회를 벗어나는 것보다 더 중요한 일은 없기 때문이다.

어떤 사람들은 자신의 사업이나 가정, 거주처 등 자기가 집착하는 것을 가장 중요하다고 생각한다. 하지만 지혜로운 사람들 마음속에는 이 모든 것이 가치 없어 보인다. 우리의 집이 불에 타버렸다고 하여도 영원히 거처가 없는 것은 아니듯, 우리가 가장 주의하여야 하는 것은 해탈의 종자가 타버려서는 절대 안 된다는 점이다. 옷에 불이 붙었다 해도 해탈의 종자인 정념을 성의껏 보호하여야 한다. 이것은 경에 설하되 "단지 무상만 생각함을 머리에 불 끄듯 해야 한다."라고 함과 같은 이치이다.

우리는 해탈을 구하는 과정 중에 처음부터 끝까지 정진하여 중단함이 없어야 한다. 무구광 존자께서 『규결보장론竅訣寶藏論』에서 설하시되 "깨닫기 전에는 정진을 쉬지 않는다."라고 하셨듯이, 성취하기 전까지 우리는 영원히 정진하여야 한다. 윤회를 벗어나기 전까지 우리는 금생에서는 물론 세세생생 정진을 떠날 수가 없다.

물론 이러한 도리를 깨달은 후에 행하고 지키지 않으면 소용이 없다. 『능엄경』에 설하되 "비록 많이 배워도 수행하지 않으면 배우지 않음과 같다. 사람이 밥을 말로만 해서는 결코 배부를 수가 없다."라고 하듯이, 설사 당신이 불교에 대하여 박학다식할지라도 수행을 하지 않는다면 전혀 학습을 하지 않는 것과 별다른 차이가 없을 것이다. 마치 당신이 여러 가지 미식에 대하여 잘 알고 있지만 먹지 않으면 배부를 수 없듯이, 수행 정진이 없다면 매우 깊은 불법 도리는 자기의 마음 경계에 분명히 깨달음으로 나타날 수 없다.

102
해탈의 과위를 진실로 믿을 것을 권함

계율, 선정, 지혜로써 열반에 들어
적정과 조화를 이뤄 청정무구하며
다해 없어짐도 없고 늙어 죽음도 없으며
지수화풍 사대와 일월을 모두 여읜 해탈의 과위를 얻으십시오.

以戒定慧趣涅槃　이계정혜취열반
寂滅調柔無垢染　적멸조유무구염
無有窮盡無老死　무유궁진무노사
得離四大日月果　득리사대일월과

❀

그렇다면 어떻게 정진하여야 하는가? 반드시 계정혜 삼학을 수지하여야만 열반의 기회를 얻을 수 있다.

『능엄경』에 설하되 "이른바 마음을 섭수함이 계戒이고, 계를 인하여 정定이 생기며, 정을 인하여 혜慧가 발생하는 것이 삼무루학三無漏學이다."라고 하였다. 자신의 마음을 수호하여 번뇌산란의 부림을 받지 않는 것을 '계'라고 하며, 청정계율의 기초 하에 '정'이 생겨나며, '정'이 있은 뒤에 바로 만법에 자성이 없는 지혜를 증오한다. 계정혜 삼학에 의지한다면 모든 번뇌장과 소지장을 여읜 적멸열반에 들어가는 것이다.

열반은 두 가지로 나뉜다. 유루의 온蘊을 소멸한 '적멸'을 무여열반이라고 하고, 선하지 못함을 여의고 모든 근을 조복한 '조유調柔'를 유여열반이라고 한다. 유여열반과 무여열반은 아무런 번뇌도 없기에 '무구염無垢染'이라고 불린다. 이러한 열반은 윤회하며 생로병사를 겪는 것을 멸하였기에 늘 존재하며 영원토록 다하지 않고, 동시에 외도가 헛되이 세운(假立) 여러 가지 해탈도 멀리하게 될 것이다.

수많은 외도 교파는 금생에 정진 수지한다면 지수화풍 사대가 섭수되는 과위를 획득할 수 있다고 선양한다. 예를 들어 승론파勝論派는 색법이 실제로 있다고 믿으며, 지수화풍이 신아神我의 자성이라고 한다. 이들은 수행을 거쳐 사대 자성의 성자과위를 얻을 수 있다고 믿는다. 순세외도는 사람이 죽은 뒤에 지수화풍의 사대에 들어간다고 믿으며, 나체파(勝者派)는 소위 해탈은 일종의 색법이며 그 지위는 모든 세계의 위에 존재하고, 그 형태는 뒤집어 놓은 흰색의 우산 모양이라고 여긴다. 그리고 또 일부 외도는 수행을 거쳐 해와 달의 과위를 얻을 수 있다고 말한다. 이러한 해탈은 모두 삿된 견해이며 진실한 열반이 아니다.

법신에는 집착이나 형상이 없기에 우리가 희구하는 '열반'은 바로 적멸, 조유, 무구염의 경계를 특징으로 하며 또한 생로병사를 멀리 여읜 것이다. 이 열반을 얻은 뒤에는 지혜 법신의 공덕이 원만하고 그를 의지하여 색신이 나타나게 된다(보신과 화신). 사업 또한 구족되어 마음대로 중생을 교화할 수 있을 것이다. 그래서 삼계윤회의 고통의 원인과 결과를 끊어 없애기 위하여 우리는 반드시 삼학에 의거하여 희론을 여읜 반야바라밀다의 경계를 희구하여야 한다. 이런 종류의 경계가 바로 불과佛果이며, 일단 이를 얻은 뒤에는 붓다의 사업이 자연스럽게 나타나게 되고, 더 나아가 천하의 한량없는 중생들을 이롭게 하게 될 것이다.

⑥ 해탈도의 수행차제

a) 견도見道의 수행단계 (게송 103~107)

103
견도見道 수행단계의 칠각지를 설함

정념과 택법[144], 정진,

마음의 기쁨, 경안[145], 선정,

평등심, 이 일곱 가지가 칠각지로서

열반을 증득하는 선업 자량을 쌓게 됩니다.

正念擇法及精進　정념택법급정진

心喜輕安及等持　심희경안급등지

等捨此七謂覺支　등사차칠위각지

證得涅槃之善資　증득열반지선자

---

144 택법(擇法, dharma-pravicaya)은 모든 법法을 살펴서 참된 것과 거짓된 것, 선한 것과 악한 것을 판별하여 참된 것과 선한 것을 취하고 거짓된 것과 악한 것을 버리는 것이다. 즉 지혜로써 제법을 간택 판단하는 것이다. 혜慧와 동의어이다.

145 경안(輕安, praśrabdhi)은 마음이 가볍고 편안(輕利安適)한 것으로 능히 선법善法을 감당할 수 있게 하는 성질(堪任性)을 본질로 하는 의식작용(마음작용)이다.

이후로는 견도見道의 공덕과 지혜를 살펴본다. 수행인이 아승기겁을 거쳐 지혜 자량과 복덕 자량을 쌓은 후에 1지보살을 이루면 곧 견도를 증득한 것이다. 견도를 증득할 시에 일곱 가지 보리의 깨달음의 공덕인 칠각지七覺支가 있다. 그렇다면 그 일곱 가지는 무엇인가?

1. 염각지念覺支: 견도한 자는 범부인과 같지 않다. 처음엔 정지정념正知正念으로 근문을 다스리고 선법을 수행함이 매우 좋다. 그러나 일정 시간이 지난 후에는 정념이 그림자의 자취도 없이 사라진다. 1지보살이 되어서는 시종 자신의 인연된 바를 잊지 않는다. 어떤 선법에 주의를 기울이든지 간에, 선정에 들 때에는 말할 것도 없고 선정에서 나온 후라도 행주좌와行住坐臥[146] 그 어떤 순간에서든 정념을 잊지 않는다.

2. 택법각지擇法覺支: 범부인의 지혜란 유한하므로 어느 한 법에 통달한다 해도 반드시 다른 법까지 통달하는 것은 아니다. 그러나 1지보살은 일체법의 실상이 공성임을 결택[147]하고, 인무아人無我와 법무아法無我, 선과 악 등을 판별하는 지혜에 장애가 없다.

3. 정진각지精進覺支: 닦는 바의 선법에 대해 정진 수행함에 태만하지 않고, 풀어지기도 하고 긴장하기도 하는 불규칙한 현상이 없다. 범부들은 정진할 때도 있지만 오랜 시간 지속하지 못한다. 스승께서 한 말씀 하시면 2, 3일 동안은 매일 아침에 일어나 예배하고 그런대로

---

[146] 다니고, 머물고, 앉고, 눕고 하는 일상의 움직임을 통틀어 이르는 말.
[147] 의심을 끊고 이치를 분별함.

괜찮다가도 며칠 지나면 또 안 한다. 그러나 성자의 정진은 항상 일 년을 하루와 같이 하니, 한마음 한 뜻으로 중간에 끊어짐이 없다.[148]

4. 희각지喜覺支: 선법에 대한 환희심과 희구심이 매우 강렬하고, 진실한 법을 깨달음으로 인하여 항상 환희와 즐거움 가운데 있음을 말한다. 어떤 범부들은 낙관주의나 즐기는 파로 간주되기도 한다. 그러나 영원히 즐겁고 얼굴에 웃음꽃이 활짝 피어 있을 수는 없다. 오늘은 명랑 활달하고 마음이 상쾌해도 그 다음 날에는 미간이 찌푸려지고 고통을 느끼는 얼굴이 될 수 있다. 대다수 사람들은 윤회의 고통을 보고 느낀 게 매우 많아서 무엇을 보더라도 좋게 보지 못하고 다른 사람에게 어두운 얼굴을 내보이기 쉬운데, 이는 그가 언제나 즐겁지 못함을 말함이다. 그러나 희각지를 구비한 성자는 줄곧 진정한 법희 중에 있다.

5. 경안각지輕安覺支: 신심이 견딜 능력이 있다. 신체는 방석 위에서 몇 시간 혹은 몇 달 동안 앉아 있어도 문제없고, 마음은 수행의 주제에 매우 잘 집중한다. 신심이나 비심을 내려고 생각하면 바로 일어난다. 하지만 우리 범부들은 이와 같지 않아서 대비심을 크게 내려고 해도 내지 못하고, 진심과 탐심은 내기를 원치 않으나 항상 여기저기서 끊임없이 일어난다.

6. 정각지定覺支: 마음을 한데로 모아 편안히 선법의 경계 중에 집중시키면 산란, 번뇌 등의 각종의 장애가 쉽게 나타나지 않는다.

7. 사각지捨覺支: 수행 과정 중에 있어서 마음이 적정 평등하니,

---

[148] 1지보살 지위를 얻었을 때에도 끊임없이 정진해야 하니, 아직 궁극의 불과를 얻지 못했다면 영원히 그치지 않고 정진해야 한다.

특별히 강렬한 탐심이나 진심 등 높고 낮음이 평안하지 않은 심리상태가 출현하지 않는다.

이상의 일곱 가지 법을 칠각지라 칭한다. '각覺'이라는 것은 열반 혹은 성취를 말하는데 곧 1지보살의 공덕을 성취할 수 있음을 의미하고, '지支'라는 것은 위에서 말한 이러한 공덕에 의지하면 보리의 미묘한 지혜가 분명하게 드러나게 됨을 말하는 것으로 그것은 일종의 지극히 심오한 수행방편이다.

칠각지는 1지보살의 공덕이나 우리 범부들 또한 유사하게 갖출 수 있다. 천태 지자대사께서 말씀하시길 "이 칠각지를 수행하면 곧 도에 들어감을 얻는다는 것이 이것이다."라고 하며, 이 칠각지를 수행하면 입도入道하지 못한 자도 입도할 수 있다고 하였다. 여기에서 '도道'란 범부에게는 자량도, 가행도를 이르는 것이며, 성자에게는 1지보살이 견혹見惑[149]을 떨쳐냄으로써 견도가 현전現前하게 됨을 말한다.

『경장엄론經莊嚴論』과 같은 대승논전에서 전륜성왕의 칠륜보七輪寶를 인용해 1지보살의 칠종각지에 대해 다음과 같이 대응하고 있다.

1. 염각지의 비유인 '윤왕보輪王寶': 정념이란 항상 선법을 잊지 않는 것이기 때문에 이 선법에 의거해 이전에 단절하지 못했던 장애를 끊어내며 이전에 없던 공덕을 얻는다. 이는 마치 윤왕보가 이전에

---

[149] '견혹'은 사성제의 이치를 바르게 알지 못하는 번뇌로서 견도의 과위에서 끊어지는 번뇌를 뜻한다.

항복시키지 못했던 모든 나라나 지방을 항복시키는 것과 같다. 이것은 보리의 의처지依處支이다.

2. 택법각지의 비유인 '대상보大象寶': 1지보살의 법을 간택하는 지혜로 인법이아人法二我의 집착상을 끊어내니, 마치 대상보처럼 일체의 적을 물리칠 수 있다. 이는 보리의 본체지本體支이며 또한 자성지自性支라고 한다.(곧 보리의 본체는 무아지혜이다.)

3. 정진각지의 비유인 '준마보駿馬寶': 정진에 의거하여 신속하게 수승한 공덕을 얻고 자신이 바라는 피안에 다다르니, 이는 마치 준마가 날듯이 빠르게 달려 바라던 목적지에 다다름과 같다. 이것은 보리의 출리지出離支이다.

4. 희각지의 비유인 '신주보(神珠寶, 마니보)': 일지를 얻은 후에 현량現量[150]으로 진여를 깨달았기 때문에 신심이 항상 즐겁다. 이는 신주보가 광명으로 일체의 흑암을 제거하여 전륜왕으로 하여금 환희심이 일어나게 함과 같다. 이는 보리의 공덕지功德支이다.

5. 경안각지의 비유인 '옥녀보玉女寶': 견도할 때 윤회의 일체 속박을 끊어내고 신심이 경안지락輕安之樂을 획득하는 것이 마치 옥녀보가 감촉으로 윤왕을 즐겁게 하는 것과 같다. 이하 세 가지는 보리의

---

[150] 량(量, pramāṇa)의 뜻은 '헤아리다' 또는 '추측하다'이다. 불교 용어로는 동사로 쓰일 때는 '헤아려 아는 것'을, 명사로 쓰일 때는 인식 방법을 뜻하는데, 이에는 현량現量·비량比量·비량非量의 3량三量이 있다.

현량(現量, pratyakṣa-pramāṇa): 직접적 인식인 지각知覺을 뜻한다.

비량(比量, anumāna-pramāṇa): 간접적 인식인 추리推理를 뜻한다.

비량(非量, apramāṇa): 착오적인 현량現量과 비량比量, 즉 착오적인 지각과 추리를 뜻한다.

7. 지혜바라밀 **449**

무번뇌지無煩惱支이다.

　6. 정각지의 비유인 '대신보大臣寶': 하나의 대상에 안주하고 밖으로 흩어지지 않는 등지等持[151]로, 능히 신통 등의 공덕이 생겨나며 뜻대로 모든 바람이 이뤄져 대신보가 일체의 모든 필요한 재물을 성취함과 같다.

　7. 사각지의 비유인 '장군보將軍寶': 능히 보살로 하여금 탐욕과 진嗔의 번뇌가 없게 하며, 이 무탐, 무진의 경계에 의거하여 일체 수행의 장애를 부숴내어 모든 얻지 못했던 공덕을 얻으니, 마치 장군보가 항복할 자는 모두 물리치고 응당 수호할 자는 모두 섭수하여 위험과 손해가 없는 지방에 안주하게 함과 같다.

　우리가 『구사론』을 강의할 때 다른 방면에서 칠각지를 강술했다. 소승의 해석에서는 칠각지에 의거해 4과[152]를 얻을 수 있다고 한다. 비록 대승과 소승의 해석방법은 다르지만, 어떻게 해석하든 대소승 모두 칠각지가 무루법에 섭수됨을 인정하니, 이러한 법에 의거해 우리들로 하여금 번뇌가 일어나지 않게 한다. 오력五力이나 오근五根 등의 법은 곧 유루법이고 무루법이다.[153]

　우리들은 범부의 몸으로서 칠각지로 섭지하는 행위에 있어서 곤란함이 있다. 아직 1지보살의 과위를 얻지 못했으니 1지보살의 공덕을

---

151 삼매三昧 혹은 선정을 말한다.
152 수다원과, 사다함과, 아나함과, 아라한과.
153 범부가 섭수한 자량도, 가행도에서는 유루법으로, 성자 삼도에 섭수되는 보리분법에서는 무루법으로 분류된다.

구족함은 현실적으로 되기 어렵다. 어떤 이들은 스스로 1지보살이라 칭하기도 하지만 모두 구족하지 못했다. 아직 커다란 성취자나 유가사의 경지에 도달했음을 인증 받지 못했을 때에는 그런 공덕을 구족함은 불가능하다. 그러나 일정한 시기가 오면 각 중생들 모두 이러한 공덕을 갖추게 되므로, 지금 이러한 선법을 희구하는 것은 매우 필요하다.

104
정혜쌍운을 통해 해탈도로 나아감

응당 지혜가 없으면 선정이 없고
선정이 없으면 지혜도 없는 것이니
누구든 정혜定慧를 겸하게 되면
생사윤회의 바다가 소발자국 구덩이의 물처럼 작아집니다.

當知無慧無禪定　당지무혜무선정
無有禪定亦無慧　무유선정역무혜
何者定慧兼有之　하자정혜겸유지
輪回海成蹄跡水　윤회해성제적수

❧

이상의 분석을 통해서 마땅히 인무아와 법무아의 공성지혜를 결택하지 못했다면 해탈의 원인인 수승한 선정이 있을 수 없음을 분명히 알게 되었을 것이다. 선정에 들어가려고 하면 먼저 지혜로 만법진상을 깨달아야 하며, 그런 후에야 이러한 경계 중에 들어갈 수 있으니, 만일 깨달음이 없다면 또한 어찌 안주할 수 있겠는가?

　매우 많은 사람들이 입정入定을 갈망하나 도리어 공성법문을 배우지 않으며, 비심悲心 중에 입정하고자 생각하나 도리어 무엇을 비심이라

하는지도 모른다. 그러므로 먼저 반드시 지혜가 있어야 하며, 지혜가 있은 후에야 비로소 입정의 기회가 있게 된다. 반대의 경우에도 마찬가지여서, 만일 선정이 없다면 진실한 지혜가 있을 수 없다. 왜냐하면 지혜란 마음이 안주한 후에야 비로소 생기는 것이기 때문이다. 선정에 들어가야만 일체 사물의 진상을 알 수 있으니, 만일 마음이 안정되지 못한다면 일체 지혜를 통달함은 있을 수 없다.

이렇듯 선정(寂止)과 지혜(勝觀)는 서로 보조하고 성취시키는 관계이니, 하나가 부족해도 안 된다. 우리들에게 출세간의 지혜가 있더라도 반드시 선정을 구족해야 매우 좋은 선정도 생기는 것이며 또한 당연히 지혜도 구족된다. 선정이 만약 출세간의 지혜로 섭수한 것이 아니라면 단지 세간의 선정을 성취한 것일 뿐이다. 외도의 각종 유가수행에서도 몇 날 혹은 몇 달이 지나도 큰 분별념이 생겨나지 않을 수 있지만, 이는 결코 진정한 선정이 아니라 단지 선정과 유사한 것일 뿐이다. 만법의 본체가 공성의 지혜임을 원만구족하게 통달하고 그러한 경계 중에 안주하면 이것이 비로소 정혜쌍운定慧雙運 혹은 정혜가 원융함이다. 만약 이와 같이 할 수 있다면 끝없는 윤회 바다는 곧 점차 소발자국이 만든 물구덩이로 변할 것이며, 머지않아 모두 말라버릴 것이다.

『육조단경』에서도 말하길 "정혜는 일체이지 둘이 아니다. 정은 혜의 체體이며, 혜는 정의 용用이다."라고 하였다. 지혜와 선정은 한 맛 한 체(一味一體)라 선정은 지혜의 본체이고, 지혜는 선정의 신묘한 작용이니 두 개의 관계는 마치 등과 등불과 같다. 붓다께서 『법화경』에서 이르시길 "불자가 대승에 안주하여 그 얻은 바의 법대로 정혜의 힘으로 장엄하며, 이로써 중생을 제도한다."라고 하였다. 부처님께서 설하신 모든 대승경계란 사실 모든 사람이 얻을 수 있는 것이다. 다만 얻고자 한다면 제일 중요한 장엄은 정혜쌍운이고, 그것이 있은 후에야 겨우 무량무변의 중생을 구제할 수 있다.

단지 단일의 지혜 혹은 선정만 있다면 근본적으로 중생을 제도하기 힘들다. 더욱이 세간선정에 대해 매우 많은 고승대덕이 모두 말하신 바에 의하면, 만일 무아지혜로써 섭수하지 못한다면 재주도 좋고 수행도 높더라도 하루아침이면 모두 무너지게 된다. 이전에 한 선인이 있었는데, 그는 깊은 산속에서 사선팔정四禪八定을 수행해 굳건한 신념으로 오통五通을 깨우쳐 공중에서 자재하게 날아다녔다. 그는 매일 황궁 안까지 날아가서 공양을 받았는데 국왕과 권속들이 그를 매우 공경했다. 하루는 공양을 마친 후에 왕비가 선인에게 정례하며 공경 드리다가 선인의 발을 보고서 귀엽다는 생각이 들어 살며시 만졌다. 선인 또한 왕비의 용모가 아름다움을 보고 속념이 들어버렸다. 부지불식간에 탐애심이 일어나 선정력은 흩어져버리고 신통 또한 사라져버려 날려고 해도 날 수 없어서 겨우 걸어서 집으로 돌아갔다.

선인은 수십 년의 수행이 오히려 한 찰나에 상실되었음을 매우 부끄럽게 생각하여, 또 발원하고 새롭게 계속 사선팔정을 수행했다. 그가 산속으로 걸어 들어가 좌선하려 할 때, 나무 위에 새가 우는 소리를 듣고 듣기에 매우 번잡하게 생각되어 바로 산림을 벗어나 강가로 가서 정좌하였다. 강가에 막 앉았을 때 물속에 물고기들이 이리 튀어오르고 저리 튀어오르는 소리가 들려와 그 사람의 맑은 수행을 혼란스럽게 하였다. 그는 또 강가를 떠나서 다른 곳을 찾다가 결국엔 사람도 새도 물고기도 없는 산골짜기를 찾았다. 선인은 산골짜기 안에서 천천히 수련해 결국에는 다시 사선팔정에 들게 되었다. 오래지 않아 그는 비상비비상천非想非非想天으로 왕생하였고, 팔만대겁의 천수를 누렸다. 그러나 천수를 다한 후에 선인은 축생으로 떨어져 한 마리의 비리(飛狸, 날아다니는 삵)가 되었다. 이는 왜 그런 것인가? 왜냐하면 그는 당시에 새 울음소리와 물고기가 방해하는 소리에 나쁜 생각이 일어나 "이 물고기들과 새들이 놀랍게도 내게 대항하다니, 장차 반드시 너희들을 모조리 없애야겠다!"라고 했다. 이런 나쁜 생각이 정화되지 못하여 천복을 다 누린 후에 바로 비리로 변해 항상 새와 물고기를 먹게 된 것이다.

 석존을 찬탄하는 문장 중에 말씀하시길 "외도에서 일컫는 모든 선정경계란 비록 잠시나마 억지로 분별념을 눌러서 천계로 전생되어도 마침내 악취중생으로 떨어지게 되는 것에 불과한 것이다. 붓다이신 당신께서는 무아지혜로 포섭하여 닦는 선정으로써 궁극적으로 윤회를 초월하시었다. 설령 세간선정을 성취하지 못한 사람이라도 무아지혜에 의거한다면 세간을 초월하는 수승한 과위를 얻을 수 있다."라고 하였다. 이처럼 정혜쌍운은 매우 중요하다. 이에 사라하 존자께서 말씀하시되 "방편을 여읜 공성은 정도가 아니고, 공성을 여읜 방편도 정도가 아니다. 둘을 같이 갖춘 자가 있다면 이 사람은 해탈도를 얻은 것이다."라고 하신 것이다.

105
14가지 무기법에 대한 논쟁으로는 해탈도에 들어갈 수 없음

이른바 14무기법[154]에 대해
세간일친世間日親[155]의 말씀에 따르면
이 같은 법에 생각이 매이지 말아야 하니
그것에 의지해도 마음이 적멸에 들지 못합니다.

　　所謂十四無記法　소위십사무기법
　　世間日親所言說　세간일친소언설
　　於此等法莫思索　어차등법막사색
　　依之非令心寂滅　의지비령심적멸

『중아함경』, 『잡아함경』 등과 같은 경전에 14가지 무기법無記法에 대한 설명이 있다. 우리들은 평소에 불경과 논전을 많이 읽어야 한다. 금생이나 내세에 이익이 되는 여의보와 같은 대·소승 경전이 있다면

---

154 14무기법十四無記法은 외도의 14가지 형이상학적인 질문에 대해 부처님께서는 침묵으로 대답하신 데서 나온 말이다.
155 태양의 벗이라는 뜻으로, 부처님을 이른다.

여러 번 훑어봐야 큰 이로움이 생긴다.

14무기법에 관하여 붓다께서 정중하게 말씀하시길 "이런 종류의 문제들은 이해하긴 하나 특별히 상세하게 탐구할 필요는 없다. 왜냐하면 지혜가 얇은 자들을 의지해서는 진상眞相에 부합되는 답안을 얻을 수 없을 뿐만 아니라, 이러한 법이 그들에게 반드시 이로운 것이 아니기 때문이다."라고 하셨다.

이 14무기법은 외도外道가 부처님께 제시한 14개의 물음을 말한다. 예를 들어 만동자라 불리는 한 젊은 사람이 일찍이 붓다께 청해 이 14개 문제를 가르쳐 달라 했는데, 당시에 붓다는 이에 대해 답을 안 하셨다. 왜냐하면 이러한 현학적인 문제는 해탈의 근본이 아니라서, 다른 이로 하여금 열반을 깨닫는 곳으로 들어가게 할 수 없기 때문이다.

일반사람에 대해 말하자면 고제苦諦를 알고, 집제集諦를 끊어 생로병사에서 해탈하는 것이 힘을 다해 해결해야 하는 절박한 문제이다. 곧 독화살을 맞은 사람이라면 서둘러 의사를 찾아가 화살촉을 뽑고 독을 제거하는 치료를 해야 하는 것이 급선무이다. 만일 독화살이 어떻게 만들어졌는지, 어느 지역에서 발사되어 왔는지를 계속 확인하려고 한다면, 그 문제를 확실하게 알게 되기 전에 독이 퍼져 사망하게 되는 것과 같다.

그래서 부처님께서는 중생 앞에서, 특히 외도나 법기法器가 못되는 자 앞에서 그들에게 이익을 가져다 줄 수 없다면 입을 다물고 말씀을 안 하신 것이다. 이러한 방법은 우리들 후학자들도 따라야 할 가치가 있다. 즉 우리가 사람을 접할 경우, 그가 근기가 되는지 아닌지 알 수 없다면 중관이나 밀법 등을 말하지 않아야 하는 것이다. 우리들은 부처님처럼 타심통을 갖고 있지는 않지만, 스스로의 지혜관찰에 의거해서 상대방이 그에게 말해주려는 불법과 상응하는지를 살펴야 하니, 이는 매우 중요하다.

14무기법은 다음과 같다.

1. 나와 세간은 항상 존재하는가? 또한 무상한가? 혹은 이미 항상 존재하며 또 무상한가? 이미 항상 존재하지 않으며 또한 무상하지 않은가?

이 4가지를 일러 전제사변前際四邊이라 한다. 붓다께서는 이에 대해 답하지 않으셨는데, 왜냐하면 상대방이 실제로 깨닫는 것이 매우 중요하기 때문이다. 만약 "나와 세상은 항상 존재한다."라고 말씀하시면 그들은 실제 있다고 집착하게 되고, 만일 "나와 세간은 무상하다."라고 하면 그들은 또한 단멸에 빠지게 되니, 상유와 무상 모두 아니라 하거나, 그 두 가지가 같이 겸해 있어 두 가지는 모두 성립하지 아니함도 아닌 것이니, 이리하여 붓다께서는 대답이 없으셨던 것이다. 아래의 문제들은 이에 의거하여 분류하였다.

2. 나와 세간은 끝이 있는가(有邊)? 아니면 끝이 없는가(無邊)? 혹은 유변하고 또한 무변한가? 유변하지 않을 뿐만 아니라 무변하지도 않은가? 이 네 가지는 후제사변後際四邊이라 부른다. 본래 공성의 측면에서 이야기한다면 우리와 세상 모두 본체가 없고, 세속의 측면에서 말한다면 우리와 세간은 연기법대로 끊임없이 흘러갈 뿐이다. 그러나 이러한 심오한 법리는 법기가 아닌 자는 근본적으로 이해를 못하니, 『중관보만론』에서 이르길 "이 같이 깊은 법은 법기가 아닌

자에게 설하지 않는다."라고 한 것이다.

3. 붓다께서는 열반 후 나타나셨나? 아니면 나타나지 않으셨나? 혹은 나타나셨을 뿐만 아니라 나타나지 않으셨나? 나타나지 않으셨을 뿐 아니라 나타나지 않으신 게 아니었던 것인가? 이 4가지는 열반사변涅槃四邊이라 한다.

4. 신체와 목숨은 일체一體인가? 아니면 타체他體인가?

이 14가지의 질의에 대해서 부처님께서는 어떤 때에 설법이 있을 수 있고 어느 곳에서 설법이 있을 수 없는지 알고 계시니, 『사백론』에서 설하되 "부처님은 행하심도 행하지 아니함도 아시고, 말씀하실 바와 말씀하실 바가 아님도 아신다."라고 한 것이다. 우리들 후학자들은 마땅히 힘을 다해 이를 따라 배워서, 사람들이 질문하지 말아야 할 문제들을 말할 때에도 우리 스스로는 말을 지극히 조심해서 대답하지 말아야 할 것이다.

당연히 또 다른 한 가지 해석 방법이 있다. 승의勝義 중 일체가 모두 공한 것에 대해서는 부처님께서도 대답할 방법이 없다. 세속 중에는 단지 인연을 구족해야 하니 어떠한 환영도 다 같이 나타날 수 있지만, 상대가 이런 연기를 통달하기 전에는 우리가 그에게 상유常有라고 말해도 받아들이기 어렵고, 무상無常이라 해도 받아들이기 어렵다. 근기가 성숙되지 않은 사람은 사견이 비교적 커서 어떤 것을 말해도 받아들이지 않으므로, 우리들은 말하지 않거나 혹은 좌우를 살펴 그에게 "식사하였습니까? 비가 올 거 같습니까?"라고 말하는 것 외에는 말을 많이 할 필요가 없다. 왜냐하면 그는 이에 의거해서는 일체 번뇌를 끊어내고 적멸도에 들어갈 수 없기 때문이다.

7. 지혜바라밀

106 청정실상을 드러내주는 12연기법을 설명함

무명無明에서 행行이 생기고, 행에서 식識이 생기며,
식에서 이름과 색色이 생기고,
이름과 색에서 여섯 가지 감각기관(六處)이 생기며,
그것을 따라 접촉(接觸)이 생긴다고 능인[156]께서 설하십니다.
접촉에서 느낌(受)이 생기고, 느낌에서 갈애가 생기며,
갈애에서 취함이 생기고, 취함에서 유有가 생기며,
유에서 태어남(生)이 생깁니다. 또한 태어남이 있어서
근심과 병과 늙음과 구하여도 얻지 못하는 괴로움과
죽음과 공포 같은 극심한 고통의 무더기가 생겨나는 것이니
태어남이 없으면 이 모든 것이 멸하게 됩니다.

無明生行行生識　무명생행행생식
由彼中生名與色　유피중생명여색
由名色中生六處　유명색중생육처
從中生觸能仁說　종중생촉능인설
觸中生受彼生愛　촉중생수피생애

---

[156] 석가모니를 말함.

由愛生取彼生有　유애생취피생유
從有出生若有生　종유출생약유생
出憂病老求不得　출우병로구부득
死與畏等劇苦蘊　사여외등극고온
生滅則令一切滅　생멸즉령일체멸

여기에선 12연기緣起에 대해서 설한다. 우리들이 12연기를 이해한다면 순세외도가 말하듯 '사람이 죽는 것은 등불이 꺼짐과 같고, 죽은 후에는 어떤 것도 없는' 것이 아님을 깨닫게 된다. 중생들은 열반을 얻기 전까지는 그의 업력으로 인해 끊임없이 윤회계를 표류하게 된다. 만일 전생과 내생에 대해 그다지 믿음이 일지 않는다면 반드시 선지식에 의지하여 12연기의 이치를 통달해야 한다. 많은 사람들이 이전에 이 방면의 교육을 받을 기회가 적었다. 그 때문에 무구광 존자께서 『대원만심성휴식』에서 12연기를 가장 심오한 소량법장所量法藏의 이치[157] 중에 들게 하셨으니, 만일 이 이치를 통달할 수 있다면 세속의 연기에 대해 완전히 알 수 있다.

무구광 존자에 의하면 연기는 모두 3가지가 있으니 본성연기本性緣起, 윤회연기輪回緣起, 열반연기涅槃緣起이다.

1. 본성연기: 만법이 현현한 그때를 곧 공성이라 하니, 불생불멸不生不滅이오 불상부단不常不斷이다.

---

[157] 2제의 이치와 연기자성의 교리가 이에 속한다.

2. 윤회연기: 삼계중생이 수레바퀴처럼 회전하니, 윤회 중에 쉬지 않고 흘러 굴러간다.

3. 열반연기: 도연기道緣起와 과연기果緣起를 나누어서 열반을 얻는 방법 및 과위공덕을 얘기한다.

연기법을 통달하는 것은 매우 중요하다. 유일하게 부처님만이 겨우 이런 연기법에 대해 말할 수 있으며, 기타 어떠한 현자도 모두 승의의 공성연기와 세속의 12연기에 대해 밝힐 수 있는 능력이 없었다. 그래서 12연기에 대해 신심과 정해를 굳건히 해야 한다.

12연기를 나누어 설명하면 다음과 같다.

① 무명無名: 오온五蘊의 가합假合에 집착하여 아我를 삼고, 나아가 아소我所가 생기니, 이는 12연기의 근본이다.

② 행行: 무명으로 선업, 악업, 부동업不動業[158]을 짓는다.

③ 식識: 행업에 의거해 육도 중의 하나에 들어가 그 취취의 인식이 일어난다.[159]

④ 명색名色: 생이 이뤄지는 찰나에 밖으로 나타나는 육처六處의 전전단계인 오온五蘊으로 '명名'은 명칭은 있고 실체가 없는 색법色法과

---

[158] 4선 8정을 말함. 이 업은 욕계의 업과 같지 않으며 인연을 만나면 다른 취의 성숙과보로 전환된다.

[159] 6도六道는 불교에서 중생이 깨달음을 증득하지 못하고 윤회할 때 자신이 지은 업업에 따라 태어나는 세계를 6가지로 나눈 것으로 지옥도地獄道·아귀도餓鬼道·축생도畜生道·아수라도阿修羅道·인간도人間道·천상도天上道를 말하는데, '나아가는 세계 또는 장소'라는 뜻의 취취를 써서 6취六趣라고도 한다.

수상행식受想行識의 4온으로 알려져 있으며, '색色'은 곧 색온色蘊으로 태아로 머물 당시의 응락凝酪[160] 등을 가리킨다.

⑤육처六處: 이때 형성된 눈, 귀, 코, 혀, 몸, 의식의 육근六根.

⑥촉觸: 이 이후로 근根, 경境, 식識 세 가지가 취합됨을 말미암아 촉을 생기게 한다.

⑦수受: 촉으로 말미암아 수(느낌)가 생기는데, 즐거움(悅意), 즐겁지 않음(不悅意), 중간의 세 가지 대상경계로부터 쾌락, 고통, 불고불락不苦不樂의 세 가지 감각작용이 생긴다.

⑧애愛: 수受에서 애가 생겨나니, 곧 애착하는 경계에 대해 즐기는 마음으로 받아들이는 탐애貪愛, 좋아하지 않는 대상경계에 대해 받아들이지 않으려 하는 외애畏愛, 중간의 느낌에서 생기는 등사애等舍愛가 있다.

⑨취取: 애愛에 의거하여 취가 생기는데, 좋아하는 대상경계에 대해 받아들임을 진행하고, 좋아하지 않는 경계에 대해서는 방치함을 진행한다.

⑩유有: 취取로 인해 형성되는 업인을 말하며 내세의 과보를 끌어들이게 된다.

⑪생生: 유有로부터 훗날의 오온을 발생하게 한다.

⑫노사老死: 생生이 있는 뒤에는 반드시 근심, 병듦, 늙음, 구하나 얻지 못함, 사망, 두려움, 비애, 뜻의 고통 등과 같은 거대한 고통의 무더기가 있게 된다.

---

160 중음신이 수정란에 든 후 첫 번째 칠일 중에 형성되는 것.

무명에서 노사까지는 고리가 연결되어 있듯 서로 긴밀히 연관되어 있다. 만약 우리들이 무명을 없앤다면 곧 행이 멸하고, 행이 멸하면 식이 멸한다. 무명 하나가 멸함으로써 기타 열한 가지 인연도 함께 단멸하게 되니, 결국에는 윤회를 끊고 생사에서 벗어나게 된다.

이런 수행법은 매우 중요하니 성문, 연각에서부터 대승 보살에 이르기까지 모두 십이연기 수행을 통해서 깨달음을 얻게 된다. 어떤 이들은 이에 대해 반신반의하며 스스로 사후에 다시 전생됨을 믿지 않는다. 내세가 존재하지 않는다고 의심하는 사람도 12연기를 듣고 생각하고 분석하여 판별하여 본다면 이 방면에 근본적으로 회의가 있을 수 없다. 범부의 견해는 자주 변하므로 우리는 오랜 기간 동안 노력해서 진귀한 정해定解를 영원히 마음 경계에 존속되게 해야 한다. 그렇지 않다면 참으로 많은 경계 중에 점차로 구름이 흩어지듯 소멸되어버릴 것이다.

107
12연기법의 심오함을 찬탄함

이 연기법은 붓다께서 설법하신 보장實藏으로
가장 진귀하고 가장 심오하니
누구든 능히 이 진실한 뜻을 보면
이미 진여의 법신을 깨달은 것입니다.

此緣起乃佛語藏　차연기내불어장
彌足珍貴最甚深　미족진귀최심심
何者若能眞見此　하자약능진견차
已睹眞如佛法身　이도진여불법신

앞서 이야기한 연기[161]는 붓다께서 49년 동안 설법하신 망망대해처럼 넓고 끝이 없는, 불경 중에서 제일 진귀한 정화精華로 마치 여의보왕과 같다. 이 도리는 정말 심오한 것으로, 만일 어떤 이가 듣거나 고찰하는 방식으로 완전히 12연기의 진의를 깨닫고 시종일관 퇴보하지 않는다면, 그것은 그가 이미 친히 여래지혜법신을 봤거나 혹은 친히 문수보살,

---

161 세속 중의 12연기, 승의 중의 심오한 공성연기.

관음보살, 석가모니불을 뵈었다는 것이다.

근등군패 대사께서 원적에 드시기 전에 제자들로 하여금 그의 귀에 대고 『연기찬緣起贊』과 『대원만원사大圓滿願詞』를 읽게 하셨는데, 다 듣고 난 후에 마음 깊이 만족해하시고는 원적에 드셨다. 만일 우리가 연기법에 통달할 수 있다면 이는 붓다를 친견하는 것과 다르지 않다. 인달와 대사께서도 『친우서강의親友書講義』 중에서 『도간경稻稈經』을 인용해 설하시되 "십이인연을 보는 것은 곧 법을 보는 것이요. 곧 이는 붓다를 뵙는 것이다."라고 하였다. 연기법의 중요한 점은 『중론』에서 "만약 사람이 능히 일체 인연법을 현량으로 보게 되면 곧 고제를 본 것이며, 집·멸·도제를 본 것이 된다."라고 한 것처럼, 만약 어떤 사람이 일체의 연기법을 깨닫는다면 고제를 꿰뚫어볼 수 있으며, 또한 집제·멸제·도제를 꿰뚫어볼 수 있다는 것이다.

이렇듯 12연기에 정통하게 된다는 것은 매우 중요한 일이다. 사람들은 자신의 사업이나 가정이 매우 중요하다고 여긴다. 그러나 이런 것은 단지 자신의 혼란한 업력이 나타난 것으로서 모두 꿈속의 일에 불과해, 꿈에서 깬 다음에는 원래의 그 일들은 존재하지 않는 것과 같다. 제일 중요한 것은 바로 해탈이다. 해탈하고자 한다면 승의와 세속제에 통달해야 하나니, 이는 모든 수행자에게 없어서는 안 되는 것이다.

12연기에 대해 통달하게 된 후에도 아주 많은 공덕이 있다. 예를 들어 전생과 내세가 존재하지 않는다고 여기는 어리석음을 제거하고, 자생自生, 타생他生, 공생共生, 무인생無因生의 사견邪見을 단절하며, 윤회에 대해 염리심이 일어나 해탈도에 나아가려는 마음을 갖추게 된다. 전생의 선근이 있어 일찍이 붓다 혹은 성자의 앞에서 공성과 12연기법에 대해 들었을 것이나, 윤회 속에서 흘러내려 오는 과정 중에 이러한 종자를 상자 안에 넣어버려 줄곧 싹이 돋아나지도 못하게 되었다.

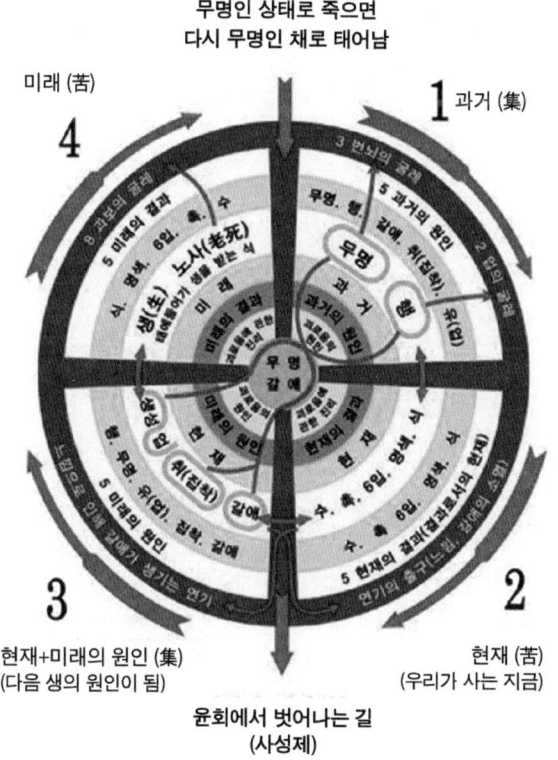

지금 우리들은 그것을 가져와 마음 밭에 씨를 뿌리고 곧바로 그것을 소생하게 해야 한다. 왜 어떤 사람들은 금생에 공성空性에 대해 들으면

7. 지혜바라밀 467

갑자기 목 놓아 울게 되는가? 이는 곧 그 사람이 전세의 선근종자로부터 깨어나게 되었기 때문이다. 이전의 매우 많은 대덕이 선지식을 만난 적이 없고 단지 일반 속인일 뿐이었으나, 후에 갖가지 인연에 의거하여 불법을 만나 그의 선근종자가 회복될 수 있어서 현전에 매우 빠르게 깨달음을 얻을 수 있게 되었다. 이렇듯 예전에 대승불법과 선지식을 의지한 선근이 있는 이는 금생에 단지 아주 작은 인연만 있어도 바로 깨달음으로 들어가고 연기진리를 통달하게 되는 것이다.

b) 수도修道의 수행단계 (게송 108~110)

108
도의 본체인 수도위의 팔정도를 설함

바른 견해, 바른 생활, 바른 노력과
바른 억념, 바른 삼매, 바른 말과
바른 행위, 바른 사유가 여덟 가지 성스러운 길(八聖道)이니
적멸을 얻기 위해 이를 수행해야 합니다.

正見正命與正勤　정견정명여정근
正念正定與正語　정념정정여정어
正業正思八聖道　정업정사팔성도
爲獲寂滅當修此　위획적멸당수차

여기에서는 수도修道단계(수도위修道位) 수행의 공덕에 대해 이야기한다. 수도위란 2지에서부터 10지까지 이르는 것을 말하는데, 이 게송에서 논설한 팔정도는 곧 등지보살登地菩薩의 경계이다. 팔정도 중의 '정견正見'은 적어도 2지보살 이상 되어야 갖추는 공덕으로, 분별에

사로잡힌 범부들은 미치지 못하는 경계이다. 우리들의 지금 정견, 정업, 정사, 정어 등은 단지 유사한 공덕이 될 뿐이다.

1. 정견正見: 이전에 견도위에서 이미 깨달은 법성으로 지금의 수도위에서 재차 완전히 단정한다.

2. 정명正命: 속임수로 위의를 보이는 등의 다섯 가지의 사명邪命을 단절한다. 수도위의 보살은 사사로운 업으로 생활하지 못하며 속이고 여법하지 못한 것을 통하여 생존하지 못한다. 수도위 보살은 차지하고 자량도의 수행인들이라 하더라도 그들의 생활 역시 특히 청정해야 하는데, 수도위에 이른 다음에는 더 말할 나위 없다.

3. 정근正勤: 견도위 때 이미 만법의 진여공성을 증득했으며, 2지보살 이상은 이에 대해 더욱 정진하고 수지해야 함을 말한다. 정진은 일정한 시간이 되면 멈출 수 있는 것이 아니다. 더 나아가 보리를 얻기 전에는 반드시 정진해야 한다. 우리들이 비록 이미 보리심을 발했다 하더라도 몸과 입과 뜻은 중생에게 봉헌해야 하느니, 단지 한 호흡이라도 남았다면 진심진력으로 중생을 이익 되게 해야 하며, 이러한 정신이 있어야만 비로소 진정한 보살이다. 세인들도 의미 없는 목표를 추구하기 위해 여전히 매일 밤낮으로 다 노력하는데, 우리 수행자들이 중생을 위해 원만한 보리과를 희구하면서 언제 정진이 필요 없을 때가 있겠는가? 2지보살에 이르렀어도 휴식해도 된다고 여긴 적이 없으니, 우리들 초보학습자들이 어떻게 바로 태만할 수 있겠는가? 사실 경계가 높으면 높을수록 정진과 이타심도 강해지나, 경계가 비교적 낮은 사람들은 일반적으로 그리 열심히 정진하고 싶어 하지 않는다.

4. 정념正念: 자신이 깨달은 경계에 대해 잊지 않고 생각한다. 견도의 정념과 비교한다면 당연히 수도위의 경계가 높다.

5. 정정正定: 한 가지 인연에 안주함을 가리킨다. 이 역시 견도위의 경계를 뛰어넘는다.

6. 정어正語 : 깨달음을 중생에게 전수해주는 일체의 청정언어를 말한다. 수도위 보살 이상이 설하실 때의 쓰는 말씀이 바로 정어인데, 우리들 범부인들은 언어 중에 부정한 말들이 혼합되어 있다. 어떤 사람이 조리정연하게 강의하더라도 그의 동기 안에는 자신의 이익만을 생각하고 다른 사람을 생각하지 않음이 있을 수 있다. 이렇게 자신의 이익을 챙기고자 할 때 나오는 언어들에는 의심할 바 없이 거짓된 성분이 많이 섞여 있다. 그러므로 도를 수행하는 성자의 언어야말로 비로소 진정한 정어인 것이다. 어떤 이들은 단 하나의 악한 생각이 생겨나는 것도 매우 두려워한다. 사실 범부로서는 악한 생각이 절대로 생겨나지 않는다 할 수 없다. 하지만 오랜 기간 동안 생겨나지 않거나 자신의 선근을 훼손하지 않게 하는 것으로도 이미 잘한다 할 수 있다.

7. 정업正業 : 삼문 특히 신체와 언어로 짓는 일체의 불선업을 단절하고 모든 행동이 이치에 맞고 법을 따른다.

8. 정사正思: 제법실상을 깨달아 집착이 없고 사리私利만 챙기는 것이 없기 때문에 발심과 사유가 완전히 청정해짐을 말한다.

이상을 팔정도라 하며, 이는 수도위 보살의 공덕이다. 우리들은 이 여덟 가지 공덕을 얻기 위해 마땅히 정진해야 한다. 그러한 후에야 여래의 무상 과위를 얻을 수 있다.

109

팔정도가 '도道'가 되는 이치

태어남이 곧 고통인 것을 일러 갈애라 하는데
갈애는 집제의 원인이 되며
이 집제가 소멸해 다하는 것이 해탈이니
해탈은 능히 팔정도로 인하여 얻게 됩니다.

        此生卽苦稱謂愛   차생즉고칭위애
        愛卽彼之集諦因   애즉피지집제인
        滅盡此等卽解脫   멸진차등즉해탈
        能得卽八聖道支   능득즉팔성도지

※

왜 팔정도를 '도道'로 세우는가? 사제四諦 중에서 그것이 '도제道諦'에 속하며, '집제集諦'를 끊고 제거하여 해탈을 얻을 수 있게 하기 때문이다.

  삶은 고통이다. 태어남이 있으면 반드시 고통이 있다. 사람들은 아이를 낳는 것을 아주 기뻐하고 경축할 가치가 있는 일이라고 생각한다. 하지만 아이가 태어나면 그날부터 모친은 고통의 바다에 빠지고, 죽기 전까지 애써 일해야 한다.[162] 붓다께서 말씀하시길, 오온을 가까이

취하면 바로 고통이라고 하셨다. 사람들은 무언가가 생기면 바로 애착을 일으킨다. 즉 좋아하는 물건에 대해서는 탐욕이 생기고 싫어하는 사물에 대해서는 두려움이 생긴다. 애착이 있으면 바로 무량한 고통이 생긴다. 일체 고통의 근원은 결국 집제이며, 이것은 또한 업과 번뇌로부터 생긴다.

그 업과 번뇌는 어떤 방식을 거쳐 제거할 수 있을까? 『보성론寶性論』에서 말한 것처럼 우선 고제의 본체를 알아야 하고, 그 다음 그의 원인인 집제를 제거해야 한다. 이는 먼저 자신에게 병이 생긴 것을 알아야 하고, 이어서 병이 생긴 원인을 찾아야 하는 것과 같다. 병이 생긴 원인에 따라 그 병에 맞게 약을 쓴 후에야 우리는 건강을 회복할 수 있다. 이와 같이 도제에 의지하여 집제를 멸한 후에야 비로소 진실한 해탈을 얻을 수 있다.

많은 사람들이 "나는 정말 고생을 하고 있다! 이런 고생 정말 싫다!"라고 원망하며 말한다. 사실 하늘을 향해 원망해도 소용없다. 당신이 진짜로 고통을 제거하고 싶다면 바로 문사수 행을 거쳐 무명, 번뇌, 자아의 집착을 모두 제거해야 한다. 그때 얻는 즐거움을 불교에서는 해탈이라고 한다. 당연히 해탈은 아무 이유 없이 얻어지는 것이 아니니, 어떤 방식에 의지하여 얻어지는 것인가? 바로 앞에서 말한 팔정도의 의해서 얻어진다. 이 팔정도는 도제에 속하고, 도제에 의지한 이후에 비로소 멸제滅諦가 나타날 수 있다.

그래서 일체 고통을 제거하기 위해 수도가 반드시 필요하다. 이러한

---

162 아이가 있는 사람은 더 강렬히 느낄 수 있고, 출가승처럼 아이 없는 사람들도 옆에서 부모의 고통을 보고 느낄 수 있다.

도로 가장 좋은 것이 팔정도이다. 비록 우리 같은 보통사람으로서는 진실을 바로 수용하기는 어려운 일이나, 유사한 방식으로 수행하여도 점차 진리를 깨닫는 데에 이르게 된다.

110
사성제[163]의 지혜를 정진하여 닦음

사실 이와 같은 연고로 견見이 되니
성스러운 네 가지 진리(四諦)를 항상 정진해야 합니다.

事實如此故爲見   사실여차고위견
聖者四諦恒精勤   성자사제항정근

❁

만약 고생을 여의고 낙을 얻고 영원히 윤회에서 벗어나고 싶으면

---

[163] 사성제四聖諦는 사진제라고 하며 네 가지 틀림없는 진리라는 뜻이다. 사성제는 부처님 가르침의 골격을 말하고 있으니 다음과 같다. 첫째, 고제苦諦: '미혹인 이 세간은 모두가 고'라는 것이니 이것을 고성제라고 한다. 둘째, 집제集諦: '고의 원인은 어디까지나 끝없이 구하여 마지않는 애착과 집착'이라고 하는 것이니 이것을 집성제라고 한다. 셋째, 멸제滅諦: '이 애착과 집착을 완전히 없게 하는 것이 고가 없는 진실한 경계'라 하는 것이니 이를 멸성제라 한다. 넷째, 도제道諦: '이와 같은 고가 없는 경계로 나아가자면 팔정도를 닦아야 한다'는 것이니 이것을 도성제라 한다. 위 사제를 고성제, 고집성제, 고멸성제, 고멸도성제라고도 하고 줄여서 고집멸도 사제라고 한다. 사제 가운데 고와 집은 미망 세계의 결과와 원인을 밝히고 있으며, 멸과 도는 깨달음의 세계의 결과와 원인을 가르치고 있다. 이 사제는 우리에게 주신 부처님 최초의 법문으로서, 이 세계와 진리는 어떠한 것인가를 이 법문에서 배워야 한다.

반드시 사성제 수행을 잘 해야 한다. 기타 법의 수행으로는 꼭 성취를 얻는다고 할 수 없다. 외도들처럼 매일 갠지스 강에서 씻고, 혹은 오화五火로 몸을 불태우는 것으로는 해탈에서 갈수록 멀어질 뿐이다.

사성제의 진여 성품을 깨닫기 위하여 우리는 늘 정진 수행하여야 한다. '사성제'에는 '성聖'자가 들어 있다. 왜냐하면 그것이 유일한 성자의 경계이기 때문이다. 일체의 고통을 가진 보통인은 이에 통달할 방법이 없다. '사성제'를 깊이 이해하면 곧 만법의 실상을 깨닫게 되는 것이다.

일부 평범한 사람들은 사성제에 통달하는 것은 말할 것도 없고 믿음을 낸다는 것도 어렵다. 하지만 믿지 않는다 해서 그것의 본체가 바뀌는 게 아니다. 『유교경』에서 말씀하기를 "달을 더워지게 하고 태양을 차가워지게 한다 해도 붓다가 말씀하신 '사성제'는 그 본체를 변하게 할 수 없다."라고 하였다. 우매한 자가 품는 여러 종류의 의심이 진상을 사라지게 하거나 진리를 무너뜨릴 수 없는 것이다.

수행자가 되어서는 응당 사성제를 수행해야 한다. 왜냐하면 그것이 붓다가 가르치신 모든 교언을 포함하고 있기 때문이다. 석가모니의 첫 번째 전법륜이 바로 사제법륜인데, 깊이 들어가면 사성제의 멸제와 도제 중에 간접적으로 제2 전법륜과 제3 전법륜의 교의가 포함되어 있다. 그래서 대승의 관점에 따르면 곧 제1 전법륜 중에 윤회중생이 성불하기 위한 완전하고도 원만한 방편법이 갖춰져 있는 것이다.

8. 재가불자를 위한 핵심 수행 규결 (게송 111~113)

111

재가불자도 능히 해탈을 성취할 수 있음

재산을 포기하지 않은 재가자라도
취사를 통달하면 곧 번뇌의 강을 건널 수 있습니다.
사성제를 깨달은 그들은
하늘에서 내려온 것이 아니고
곡식처럼 땅에서 나온 것도 아니며
과거의 업 따라 윤회하는 범부였을 뿐입니다.

未拋舍財諸俗人　미포사재제속인
了知取舍越惑河　요지취사월혹하
現前聖法之彼等　현전성법지피등
亦非從天而降臨　역비종천이강림
非如莊稼由地出　비여장가유지출
昔隨惑轉之異生　석수혹전지이생

낙행왕은 재가수행자이다. 많은 재가자들이 염려하기를 "부처님께서 대소승의 경전 중에서 출가의 여러 가지 공덕에 대해서 말씀하셨다. 출가한 사람은 마치 시원한 곳에 사는 것과 같고, 보통사람은 불구덩이에 있는 것 같다. 한마디로 보통사람은 출가한 사람만 못하다. 그렇다면 이런 보통의 나는 도대체 성취를 할 수 있는가 없는가?"라고 한다. 낙행왕은 용맹보살 앞에서 출가하기를 원했다. 국가의 대소사를 모두 제쳐놓고 조용한 곳에 의지하여 정진 수행하고 싶어 한 것이다. 하지만 용맹보살은 대답이 없었다. 그에게 돌아가서 백성들에게 이익을 주라고 타이르고 국정을 포기하지 말라고 일렀다.

본래 출가의 공덕은 아주 큰 것이다. 하지만 일부 사람들은 재가자의 신분으로도 능히 성취할 수 있다. 많은 재가자들이 종종 "나는 도대체 출가를 해야 하는가 말아야 하는가? 출가하지 않고 해탈에 도달할 수 있는가 없는가?"라고 고뇌하지만, 실은 아무 것도 확정적이지 않다. 인도의 84분의 대성취자 중 단지 5분만이 출가한 분이다. 나머지 79분은 모두 재가자들이다. 불교 역사상에서 보면 붓다가 계시던 시대에 파사익왕 등 많은 국왕과 또한 일부 신심 있는 거사들이 성과聖果를 얻었다. 게다가 티벳불교의 많은 대성취자들이 출가하지 않았다. 재가자들도 번잡한 세상에 살면서 처자식과 재물을 버리지 않더라도 취사선택을 잘 알고 선악업보를 믿으며, 윤회 고통 및 공성도리 등을 이해하면 업과 번뇌의 강을 넘어 성과를 깨닫는다.

이미 수승한 성불과위를 성취한 석가모니불 및 문수보살, 관음보살

등 대승 보살과 목련존자, 사리자 등 소승 아라한들의 성취는 비처럼 하늘에서 떨어진 것이 아니고 농작물처럼 땅에서 자란 것도 아니다. 실은 그들도 수도하던 과정 중이던 예전에는 업장이 무겁고 번뇌에 미혹된 평범한 범부였다. 밀라레빠 존자께서 이르시되 "그들(불자들)은 내가 '금강지' 혹은 어떤 과위에 있는 보살의 화신이라고 생각한다. 이것은 그들이 나에 대해 경건한 신심이 있는 것을 설명하지만, 정법의 측면에서 본다면 이보다 더 엄중하게 잘못된 견해는 아마 없을 것이다. 나는 단지 일체의 번뇌에 속박된 범부였으나, 불법에 대한 신심이 있었기 때문에 정력을 집중하여 정법을 수행하고 무량한 고통을 참아내어 지금에야 비로소 원만공덕을 얻었다. 하지만 나뿐만이 아니라 어느 누구라도 불법에 대한 신심이 있다면 똑같은 공덕이 생길 수 있다. 그때가 되면 그들 또한 금강지 혹은 불보살의 화신이라고 불릴 수 있다."라고 말씀하신 바와 같은 것이다.

이렇듯 재가자라도 인과의 취사선택을 이해하고 정진 수행하면 또한 해탈의 기회를 얻게 되므로, 모든 사람이 다 출가할 필요는 없다. 옛날의 성취자 중에는 재가자가 많았고, 그들은 성취를 얻기 전에 또한 많은 번뇌를 가지고 있었다. 부처님 또한 과거 생에서 보살도를 행하실 때 범부의 모습을 보이기도 했지만 번뇌의 속박에서 해탈을 얻고 성과를 얻었다. 특히 티벳불교 닝마파 중에는 많은 대성취자가 출가하지 않고 부인과 자녀를 두기도 했지만, 죽기 전에 서상과 성취상이 나타나 무수한 사람들로 하여금 불법에 대해 신심이 생기게 하였다.

우리 범부들은 다른 사람들의 행위를 비방하지 않는 것이 제일 좋다. 특히 어떤 사건에 대해 확실히 알고 말하기 어려우며, 특히 밀법의 수승한 행위에 대해 확실히 일목요연하기 어렵다. 나는 예전에 '은자뿌더 국왕'의 공안에 대해 설한 적이 있다. 당시에 일부 나한이 기타 주에 도착했을 때 하늘 높이 그의 화원을 날아서 지나간 적이 있다. 거리가 매우 멀었기에 국왕이 분명히 보지 못하고 대신들에게 "저 빨간색의 큰 새들이 날아서 왔다 갔다 하며 무엇을 하느냐?"고 물었다. 대신들은 '그것들은 새가 아니고 석가모니의 제자'라고 대답했다. 국왕은 선근이 있는 사람이었기에 석가모니불의 이름을 듣자 즉시 대신심이 생겨 "어떻게 해야 붓다의 존안을 뵐 수 있을까?"라고 물었다. 대신들은 "붓다께서는 아주 먼 곳에 계시니, 아마도 여기에 올 수 없을 것입니다."라고 아뢰었다. 그날 밤 국왕은 붓다가 계신 방향을 향하여 공손히 기도를 올렸다. 그러자 이튿날 이른 아침 마치 신으로 변하기라도 한 듯 붓다와 5백 명의 나한이 하늘을 날아와서 공양을 받았다. 국왕은 온갖 힘을 다하여 매우 광대한 공양을 올렸다.

공양이 끝났을 때 국왕은 붓다에게 성불의 도를 구했다. 붓다께서는 "만약 당신이 부처가 되려면 일체의 욕망을 끊고 부지런히 계, 정, 혜 3학을 수행해야 하며 6도六度를 지녀야 한다."라고 말씀하셨다. 그러자 국왕은 싫다고 하면서 "나는 많은 첩들과 함께 즐기면서 부처가 되는 편리한 방법을 원한다."라고 말했다. 그러고는 이어 "나는 남섬부주 화원에서 매우 만족하게 지내네. 차라리 여우가 될지언정 석가불의 자리는 바라지 않나니, 묘욕妙欲을 갖추고 함께 해탈하기를 바라네."라고 노래를 불렀다. 즉 왕궁 안의 섬부화원에 미련이 많아서 한 마리의 여우로 변할지언정 불과佛果는 원하지 않는다. 만약 해탈이 있다면 묘욕과 첩들을 버리지 않고 함께 해탈할 것이라는 것이다.

이때 모든 나한은 그의 시선에서 사라졌다. 붓다께서는 그가 근기가 수승한 자라는 것을 알고 무량한 탄청(壇城)을 기이하게 변화해내고 그를 위하여 관정을 수여하셨다. 그는 그 자리에서 밀종의 일체 경계를 깨달았다. 붓다는 밀종경론의 모든 속부續部를 그에게 전수해 주었고, 국왕은 우진 지역의 중생들에게 불법을 널리 홍양하였다. 이것은 믿을 수 있는 역사서에 기록되어 있는 것이다.

이렇듯 석가모니 붓다께서 은자뿌더 국왕을 위주로 한 일부 사람들에게 직접 밀법을 강의하신 적이 있다. 『시륜금강時輪金剛』, 『문수진실명경文殊眞實名經』 등은 모두 붓다께서 직접 설하신 것이다. 그런데 현교顯敎의 일부 사람들은 붓다는 지금까지 밀법을 강의한 적이 없고 밀법은 일종의 편견이며 사견이라고 생각한다. 이것은 마치 소승에서 붓다는 지금까지 대승의 공성을 선설宣說한 바 없다고 여기는 것과 같다. 사실 밀법에는 여러 가지의 깊은 비결이 있으며, 이는 재가자의 신분이라 하더라도 그것에 의지하면 완전히 성취할 수 있는 것이다.

112
실수행實修行의 핵심 규결을 밝힘
- "마음이 제법의 근본"

두려움을 여읜 자, 국왕이여! 어찌 다시 서술함이 필요하겠습니까? 유익한 가르침의 핵심 비결은 바로 이 『친우서』에 있으니 그대는 마땅히 이를 따라 마음을 조복하십시오. 세존이 말씀하시길 마음이 바로 제법의 근본이라고 하셨습니다.

離畏何須更繁述 이외하수갱번술
有益竅訣此義藏 유익규결차의장
汝當調心世尊說 여당조심세존설
心乃諸法之根本 심내제법지근본

❁

여기에서 '이외離畏'는 낙행왕에 대한 경어이며 또한 그를 찬탄하는 말이다. 외적의 공격과 내부 번뇌의 두려움을 여읜 국왕에게는 많은 말로 설명할 필요가 없다. 많은 비결을 귀납하여 말하면 바로 자기 마음을 조복하는 것이 핵심이라는 것이다. 만약 당신이 『친우서』의 내용을 모두 정복하는 것이 어렵다면 오직 자기 마음을 조복하는 것을 배우면 된다. 탐진치 등 악심에 전환되지 말고 늘 착한 마음에 처해 있고, 중생에 대해 자비심을 품고 마음을 고요하고 부드럽게 조절한다.

무엇을 일러 '마음을 부드럽게 조절함(調柔)'이라 하는가? 이에 대해 티벳불교의 어떤 대덕大德이 양털을 비유하여 말한 바 있다. 물을 뿌리지 않았을 때에 양털은 수시로 움직이고 아주 작은 바람에도 날아간다. 하지만 그 위에 약간의 물을 뿌리면 양털은 바로 움직이지 않는다. 우리의 마음 또한 이와 같다. 불법을 듣지 않은 경우 마음이 번뇌에 따라 움직이지만, 경을 들은 후엔 즉시 마음을 억제할 수 있다. 그래서 어떤 사람의 행동을 보면 바로 그가 법문을 들었는지 안 들었는지를 알 수 있다. 말과 행동이 거칠고 난폭하다면 그는 분명히 법을 들은 적이 없는 것이다. 몸속에 부드럽게 조복된 마음이 있을 수 없다. 반면 어떤 이의 언어와 행동이 여법하다면 그의 마음 또한 비교적 부드럽게 조복되어 있는 것이다.

자기 마음을 조복하는 것은 매우 중요하다. 붓다께서 말씀하시길 "마음은 일체 법의 근본이다."라고 하셨다. 또 "마음의 조화로움은 최고의 선묘善妙이다. 그것은 안락으로 이끈다."라고 하시며 마음이 해탈과 속박의 관건이 됨을 밝히셨다. 화지 린포체 역시 『자아교언自我教言』에서 말씀하시길 "많은 비결을 한 조목으로 귀납할 수 있으니, 곧 자기가 자신의 마음을 관찰하는 것이고 이것이 세간법과 출세간법의 요점이다."라고 하였으며, 『대승본생심지관경大乘本生心地觀經』에서도 설하길 "삼계 중 마음이 주체가 되고, 마음을 관하는 자는 결국 해탈한다."라고 하였다.

낙행왕은 국정에 매우 바빴다. 어떤 고사에서 이르기를, 당시 낙행왕은 팔백사십만 백성을 통치했다 하니, 그의 나라가 매우 크고 일도 아주 많았음을 짐작할 수 있다. 그래서 그가 많은 법을 수행하는 시간을 내기는 것은 불가능했다. 비록 지금의 일부 재가자들도 매우 바쁘다. 하지만 매일 바쁜 것은 모두 각종 산란한 일 때문이다. 하루 종일 먹고 마시고 놀고 수많은 정갈하지 못한 일 때문에 자신의 마음을 조복하는 것은 생각조차 하지 못한다. 하지만 수행하는 사람이라면 응당 미처 끝마치지 못한 자질구레한 일이 남았더라도 시간을 짜내어 경론을 읽고, 자주 자기의 마음을 관찰하고 법을 수행하는 근본 요령을 터득해야 한다.

113
하나의 구결을 진심으로 닦아도
해탈의 공덕을 얻음

그대에게 설한 이 가르침을 받드는 것은
비록 비구라 하더라도 행하기 어려우나
힘을 다해 그 중 하나의 덕만 닦아도
인생의 실다운 뜻을 갖추게 됩니다.

如是奉勸汝教言　여시봉권여교언
縱是比丘難盡行　종시비구난진행
隨力能修其一德　수력능수기일덕
當令人生具實義　당령인생구실의

이상으로 낙행왕에게 설한 이 완정完整한 『친우서』는 재가자는 말할 필요도 없고 속세의 모든 것을 포기한 승려조차도 완전히 행하기 어려운 것이다. 많은 스님들이 중생을 교화하는 과정 중에서 일부 재가자들에게 특별한 자비심으로 간단히 관음심주만 염송해도 된다며 편의를 봐주시곤 했다. 사실 『친우서』에는 백여 개가 넘는 게송이 있으나, 그 내용은 간단해도 진정한 승려라면 반드시 수지하여야 한다. 다만 용맹보살께서 말씀하시길, 이렇게 바쁜 국왕뿐만 아니라 세상의 일체 번다한 일을 버린 비구라 할지라도 『친우서』의 요점을 수행하기는 쉽지 않다. 자신의 힘이 미치는 범위 내에서 만약 하나의 선법을 행하더라도 의의가 있는 것이니, 이런 공덕에 의지하면 '얻기 어려운 사람의 몸'[164]을 헛되이 한 것이 아니라고 하셨다.

불법은 넓고 끝없는 바다 같아서 모든 경론을 하나하나 수행해야 한다면 분명히 어려움이 있다. 그런즉 우리는 중요한 핵심 요결을 장악해야 하고 선택해서 수행해야 한다. 모든 내용을 다 수행하지 못하더라도 재가자들 역시 상황에 근거하여 자신에게 맞는 간단한 법문을 하나 선택해서 장기간 수행하고 생활 속 번뇌를 제거한다면, 얻기 어려운 사람 몸을 얻어서 허송세월을 보내지 않게 될 것이다.

『수목격언水木格言』중 다음과 같은 교훈이 있다. "여러 법을 전부 알기 힘들지만 조금만 알아도 큰 이익이 있다. 이는 강의 모든 물은 마실 수는 없지만 조금만 마시면 갈증을 풀 수 있는 것과 같다." 사실 모든 불법, 모든 지식을 손금 보듯 알기는 어렵다. 하지만 조금을 알아도 자기에게 큰 이익이 있다. 예를 들어 『석가격언釋迦格言』을 모두 외울 수는 없지만 하나의 게송만이라도 외우고 자주 공부하면 생활에 큰 이익이 있을 것이다. 또한 『친우서』의 전부를 외우는 것은 불확실하더라도 단 하나의 게송만이라도 이해하고 그것을 이용하여 자기를 관찰하고 매일매일 세간팔법을 깨뜨리는 게송을 염송하면 완전히 자기의 마음을 조복할 수 있다.

---

[164] 각주 108번 '가만난득' 참고.

이전에 쩽아와 게세께서 6년 동안 "손해와 실패는 스스로 받아 감당하고, 이익과 승리는 그에게 봉헌한다."라는 게송을 열심히 수행하여 결국에는 자기가 애착하고 아끼는 것을 완전히 끊어버렸다. 이것이 강물을 다 마실 수는 없어도 한 그릇만 마시면 갈증을 풀 수 있는 것과 같은 것이다. 불법은 반드시 전부 정통할 필요는 없다. 팔만대장경을 하나하나 정통한다는 것은 비현실적인 일이다. 그 중 하나만 선택하여 능통할 수 있다면 자신에게 크나큰 이익이 있다.

그렇다면 스님은 한 구절만 강의하면 되는가? 이는 그렇지 않다. 모든 중생의 기초가 뚜렷이 다르므로 만약 한 구절만 가르친다면 근기가 다른 많은 중생에게 다 맞출 방법이 없다. 붓다의 그 많은 설법은 각각의 중생으로 하여금 필요한 대로 고르게 하는 위함이다. 『친우서』의 백 개가 넘는 게송 중에서 어떤 이는 이 게송에 칭찬이 자자하고, 어떤 이는 저 게송에 매우 감명을 받는다. 결국 모두 그 중에서 이익을 얻는다. 그래서 이 교언은 정말로 아주 중요하므로 우리는 이 이치를 잘 체득해야 한다.

III. 회향 및 마무리

(게송 114~118)

114
회향

모든 사람들의 선업을 수희찬탄합니다.
제가 지은 삼문의 선행은 불과를 얻기 위해 널리 회향합니다.

隨喜諸善三門善 수희제선삼문선
爲得佛果普回向 위득불과보회향

우리는 마땅히 모든 성자와 범부가 지은 일체 선업에 대하여 마음 한가득 기쁨으로 수희찬탄한다. 그리고 내 자신이 신구의 삼문으로 행한 바 일체의 선법 공덕은 일체 중생들에게 회향하며 그들이 무상원만한 정등각[165]의 불과를 얻기를 발원한다.

만약 회향할 줄을 모른다면 "문수사리용맹지文殊師利勇猛智, 보현혜행역부연普賢慧行亦復然, 아금회향제선근我今回向諸善根, 수피일체상수학隨彼一切常修學"을 염송하고 아울러 문수보살과 보현보살님을 따라 수행하는 것을 관상하길 "문수보살님이 이렇게 회향하면 나도 그렇

---

[165] 올바른 깨달음, 곧 일체의 진상을 터득한 무상의 지혜로, 부처님의 지위를 가리키기도 한다.

게 회향하고, 보현보살님이 이렇게 회향하면 나도 그렇게 회향한다."
고 하면 된다. 혹은 "근본스승이 이렇게 회향하면 나도 곧 그렇게
회향한다."고 관상해도 된다.

그분들의 회향은 반드시 직접적으로나 간접적으로 중생에게 이익
되게 하는 것이지, 자신의 향락을 탐하고 생활의 즐거움을 위하여
회향하는 것이 아니다. 적천보살께서 설하시길 "직접적이거나 간접적
으로 오직 중생을 이익 되게 행하고, 모든 유정의 이익을 위하여
대大보리에 회향한다."라고 하였다. 대보살의 회향은 바로 많은 중생의
이익을 위하여 위없는 대보리를 구하는 것이다. 그러므로 우리는
회향할 때 큰 원력을 가지고 섭지해야 한다.

115
잠시적인 도道의 과보

이와 같은 선근복덕의 자량으로써
그대는 세세생생 무량한
인간과 천계의 세간복을 누리고
마치 성자 관자재보살처럼
많은 고난 중생을 섭수하며
출세간에서 늙고 병듦과 탐심, 진심을 제거해야 합니다.

如是以此善福蘊　여시이차선복온
汝於無量生世中　여어무량생세중
擁有天人世間福　옹유천인세간복
猶如聖者觀自在　유여성자관자재
攝受數多苦難衆　섭수수다고난중
出世除老病貪嗔　출세제로병탐진

❀

우리는 『친우서』 설법을 듣고 용맹보살이 이 수승한 논전을 지은 선근 자량을 일체 중생에게 회향하며, 그들이 무량한 세세생생 인천의 복보를 얻기 원한다. 인간과 천상의 복보는 두 가지 방면으로 나뉜다.

하나는 자재하게 수행하는 복을 갖춰 선정, 지혜, 신통, 자비심, 보리심 등 수승한 공덕을 얻는 것이다. 둘째는 대자대비 관세음보살처럼 한량없는 중생의 일체 고난을 제거해주고 그들이 안락함을 얻을 수 있도록 인도하는 것이다.

우리 모두 응당 이 같이 발심해야 한다. 중생의 고통을 보면 마땅히 그것으로써 스스로의 정진을 채찍질하고 발보리심의 원동력으로 삼는다.

우리가 고난 중생을 연민히 여겨 흘리는 눈물은 바로 그들의 생명을 연장하는 눈물이다. 이런 대비심의 충동이 있으면 손을 뻗어서 그들이 곤경에서 벗어나도록 도와주기를 발원하고, 그들이 절망의 그늘에서 헤쳐 나와 생명의 빛과 아름다움을 보게 한다. 일상생활 중에서 단 한 명의 가여운 중생에 대하여도 보고도 못 본 체하지 말아야 한다. 우리는 오래도록 많은 경론을 통해 보리심을 공부하고 중생에 대해 자비심을 내야 한다. 중생들의 고통을 보고도 모르는 체한다면 불법을 수행했다고 할 수 없다.

우리 모두는 관세음보살처럼 발원하여야 한다. 관세음보살의 자비심은 매우 크다고 경에 밝혀져 있다. 붓다께서 관세음보살에게 설하시길 "그대는 사바세계에 큰 인연이 있다. 천상과 용신, 남자와 여자, 신神과 귀鬼 내지 육도윤회의 죄로 고통받는 중생이 너의 이름을 듣고 너의 형상을 보며 너를 사모하고 너를 찬탄하면, 이 모든 중생이 반드시 위없는 도에서 물러나지 아니하며 항상 인간 천상에 나고 묘한 기쁨을 갖춰 받으며, 인과가 성숙하면 부처님의 수기를 얻는다."라고 하였다. 우리는 마땅히 관세음보살처럼 고난에 처한 사람을 구제하고 중생을 교화하며, 설령 단 한 명의 중생을 위하는 일일지라도 좋은 일을 하며 온갖 마음을 다하여 수행하여야 한다.

116
마지막 발원 – 구경불과究竟佛果

마치 아미타부처님같이
수명이 한량없는 세간의 보호주가 되십시오.

猶如阿彌陀佛尊   유여아미타불존
世間怙主壽無量   세간호주수무량

이것은 최후 발원이다. 무학도無學道의 과위, 곧 불과佛果에 있을 때 아미타불과 같이 스스로의 불국토를 건립하고, 더 나아가서 윤회의 세계가 비어지기 전까지 중생을 이롭게 하는 서원을 없애지 않는다.

아미타불이 보살도를 행하실 때에 한 국왕이 되었다. 이후 세자재왕여래世自在王如來 밑에서 출가했는데, 호는 '법장法藏'이었다. 당시에 그는 48개 대원을 발했었는데, 그 중에 한 가지 원이 다음과 같았다. "만약 내가 불과를 얻으면 시방세계 중생들이 지극한 정성으로 내 나라에 왕생하기를 바라고, 내지 10념十念[166]을 염불하고 왕생하지

---

[166] 불교신자의 극락왕생을 위한 열 가지 마음가짐 또는 10번의 염불. 『관무량수경觀無量壽經』에서는 '나무아미타불'을 10번만 계속해서 염불하면 극락에 왕생할 수 있다고 구체적으로 설하였다. 그러나 『무량수경』에서는 아미타불의 48원願

못하는 자가 있으면 정각을 취하지 아니하리라." 이러한 큰 원을 발한 후에 그는 아주 긴 세월 속에서 널리 중생을 제도하고 마침내 불과를 원만히 성취했다. 우리도 또한 아미타불과 같은 소원을 발하고 무량무변의 중생이 이롭도록 하면 이것이 구경의 발원이며 올바르게 회향하는 것이다.

중 제18원에서 설하기를 "십념을 갖추면 왕생할 수 있다."라고만 하였고, 그 구체적인 내용은 밝히지 않았다. 한편 『미륵소문경彌勒所問經』에서 설하는 십념은 극락왕생을 바라는 보살이 갖추어야 할 다음의 열 가지 마음가짐을 말한 것이다.

①모든 중생에게 자심慈心을 가지고 대한다. ②모든 중생에게 비심悲心을 가지고 대한다. ③목숨을 아끼지 않고 불법佛法을 받든다. ④괴로운 일을 견디어 끝내 후퇴하지 않는다. ⑤깨끗한 마음으로 재물을 탐하지 않는다. ⑥진리를 깨치려는 마음을 항상 지닌다. ⑦모든 중생을 업신여기지 아니한다. ⑧항간에 떠도는 말에 귀를 기울이지 아니한다. ⑨바른 생각을 하며 흩어진 마음을 가지지 아니한다. ⑩마음에 부처님을 새기어 망념을 버린다.(출처: 한국민족문화대백과, 한국학중앙연구원)

117 상술上述의 도리를 귀납하여 총결함

지계, 지혜, 보시로 생긴 공덕의
큰 명성이 허공과 대지에 두루 퍼지고
인간과 천상의 젊은이들의
탐욕 애착 번뇌가 적멸하여지며
중생의 혹업惑業[167]이 다 멸해지고
생사윤회를 끊어 여래의 법성을 증득하며
티끌 세간을 여의어 이름 역시 사라진
허물없고 두려움 없는 과위를 증득하십시오.

戒慧施生淨大名　계혜시생정대명
遍及虛空大地上　편급허공대지상
人類天衆妙齡者　인류천중묘령자
喜樂生愛定寂滅　희락생애정적멸
盡息惑纏苦有情　진식혹전고유정
壞生死證如來性　괴생사증여래성

---

167 미혹迷惑의 업. 탐·진·치 삼독심의 무명번뇌를 혹惑이라 하고, 이 혹에 의하여 선악의 행위를 일으켜서 짓게 되는 것이 업業이다.

超離塵世名亦息　초리진세명역식
證得無懼無罪果　증득무구무죄과

❀

마지막으로 본론의 주요 내용을 귀납한다. 간략하게 말하자면, 우리는 성실하게 계율을 지키고 지혜, 보시를 실행한다. 이 3가지 공덕을 갖춘 사람은 명성이 천상과 지상에 널리 퍼지게 될 뿐만 아니라 감각적 쾌락과 번뇌를 소멸시킬 수 있다. 우리는 이 공덕의 인도로 자기의 모든 번뇌를 없애고 결국은 생사를 끊는 지혜 법신을 얻기 바란다. 또한 중생의 업과 번뇌와 살가야견薩迦耶見[168]을 제거하고 끊임없이 유전하는 생사윤회를 끊고, 원만여래정등각의 과위를 증득하여 꿈과 같고 환상과 같은 업장을 벗어나고, 죽음도 없고 얻음도 없으며 옴도 없고 감도 없는 수승한 경계를 얻게 한다.

말하자면 하늘 아래 무변의 일체 중생이 계율을 청정하게 하며, 지혜를 구족하고 보시의 실행을 거쳐 잠시 인천선취의 즐거움을 얻고, 결국에는 석가모니불과 같은 원만공덕을 얻으며, 무량무변의 중생을 교화하고, 더 나아가서는 허공이 끝나 없어지기 전에 중생을 구제하는 사업 또한 끝이 없기를 발원한다. 이것이 곧 우리가 발원하는 수승한 큰 원력이다.

---

[168] 유신견有身見이라고도 한다. 오온五蘊의 일시적 화합에 지나지 않는 신체에 불변하는 자아가 있고, 또 오온은 자아의 소유라는 그릇된 견해를 말한다. 각주 86번 참조.

118
후기

아사리 성자 용수보살이 낙행왕에게 권면한 『친우서』를 원만하게 지음.

인도 켄포 편지천살와잡덕와, 대라잡와만득즉갈와[169]는 삼가 티벳어로 번역하고 교열함.

阿闍黎聖者龍樹勸勉摯友樂行王的《親友書》撰著圓滿
아사려성자용수권면지우낙행왕적《친우서》찬저원만
印度堪布遍知天薩瓦匝德瓦 大羅匝瓦萬得卽噶瓦拜則
인도감포편지천살와잡덕와 대라잡와만득즉갈와배칙

---

[169] 티벳 츠송더잔 국왕 시대의 유명한 삼대 번역사 중의 한 분이다.

용수 보살 (龍樹菩薩, 용맹보살, 150~250)

고대 남인도의 전승조사로서 불교 역사상 십지(十地)보살의 지위에 오른 분으로 공인된 대성취자. 붓다께서 여러 경전에서 친히 용수보살의 출현을 수기하신 바 있으며, 붓다 열반 후 불교 내부의 쟁론이 있을 때 대승중관 사상을 집대성하였으며, 인도의 성천보살과 함께 중관학에 정통한 대보살로 추앙받고 있다. 인도에서 널리 불법을 펼친 후, 『친우서』의 설법 대상인 낙행왕의 아들로 태어난 마왕 파순의 화신 구력태자에게 본인의 육신을 기꺼이 보시하고 원적에 들었다.

한역 및 강설자_ 수다지 캔뽀 (索達吉堪布)

티벳승. 1962년 중국 쓰촨성 루훠에서 출생하였으며, 1983년 사천성 오명불학원(五明佛學院)으로 출가하여 직메푼촉(晋美彭措) 린포체의 제자가 되었다. 중국어에도 능통한 대강백으로 현재까지 중국인 승려와 신도들에게 불교의 심오한 교리를 전수하고 있으며, 수십 권의 티벳 불서를 중국어로 번역하고 강설해 오고 있다.

우리말 번역_ 지엄 스님

1956년 전북 김제 출생. 19세에 구례 화엄사에 입산 출가하여, 월하 화상을 계사로 비구계를 수지하고 화엄사 강원을 졸업하였다. 봉암사 등에서 14안거를 성만하였으며, 화엄사 강원 강주, 운암사 도감을 역임하였다. 1995년 중국에 유학, 남경대학에서 철학박사학위를 취득하였고, 사천성 오명불학원에서도 수학하였으며, 해인사 승가대 교수로 재직하면서 『입보살행론광석』, 『대원만수행요결』, 『불자행 37송 강설』 등을 번역하였다. 중국 유학중이던 1999년 운명적으로 만난 대성취자 연용상사를 근본스승으로 모시고 수행하며 전법을 받았으며, 현재는 서울 미륵정사, 상해 용화선원과 남경 관음사에서 법을 펼치고 있다.

친우서 親友書

초판 1쇄 인쇄 2018년 5월 25일 | **초판 1쇄 발행** 2018년 6월 4일
지은이 용수보살 | 한역 및 강설 수다지 캔뽀 | 편역 지엄 | 펴낸이 김시열
펴낸곳 도서출판 운주사

(02832) 서울시 성북구 동소문로 67-1 성심빌딩 3층
전화 (02) 926-8361 | 팩스 0505-115-8361
ISBN 978-89-5746-516-5 03220   값 25,000원
http://cafe.daum.net/unjubooks 〈다음카페: 도서출판 운주사〉